中国近现代财政学名作新编丛书

刘守刚　刘志广　主编

租税转嫁与归宿

〔美〕塞利格曼
——
著

许炳汉
——
译

刘雪梅
整理

刘守刚

上海远东出版社

图书在版编目（CIP）数据

租税转嫁与归宿 /（美）塞利格曼著；许炳汉译；
刘雪梅，刘守刚整理. -- 上海：上海远东出版社，
2024. --（中国近现代财政学名作新编丛书）. -- ISBN
978-7-5476-2008-3

Ⅰ. F810.42

中国国家版本馆 CIP 数据核字第 2024T2V252 号

责任编辑　王智丽
封面设计　徐羽情

中国近现代财政学名作新编丛书

刘守刚　刘志广　主编

租税转嫁与归宿

〔美〕塞利格曼　著　　许炳汉　译　　刘雪梅　刘守刚　整理

出　　版　**上海远东出版社**
　　　　　（201101　上海市闵行区号景路 159 弄 C 座）
发　　行　上海人民出版社发行中心
印　　刷　上海锦佳印刷有限公司
开　　本　635×965　　1/16
印　　张　24
字　　数　323,000
版　　次　2024 年 11 月第 1 版
印　　次　2024 年 11 月第 1 次印刷
ISBN 978 - 7 - 5476 - 2008 - 3 / F · 741
定　　价　98.00 元

目　录

主编的话 ……………………………………………… I

整理凡例 ……………………………………………… I

整理者导读 …………………………………………… I

译者序 ………………………………………………… I

原著三版序 …………………………………………… I

原著四版序 …………………………………………… I

绪论 …………………………………………………… 1

术语：冲击、转嫁、归宿；还元、消转；压迫、税收之逃避、效果

第一篇　税收归宿学说史

概说 …………………………………………………… 15

卷一　古代学说

卷一　古代学说 ……………………………………… 17

第一章　讨论一般消费税者 ………………………… 17

创始：霍布斯、克拉多克、卡尔拍拍

第一节　以消费税并不归贫苦消费者负担说 ……… 19

孟、瓦特豪斯、福奇

第二节　以消费税归一般消费者负担说 …………… 23

配第、柏那比、笛福、薛力丹、尼哥尔、布鲁克斯、曼力、豪吞、腾普尔、

约翰·得·维特、塔刻、杨、腾普尔、柴尔德、卡立、纽真特、樊特凌忒、波斯德士威、福尔斯忒

第三节　以消费税将转嫁于地主说 ……………………… 48

匿名的学者、巴尔特尼、安姆哈斯特

第四节　以消费税将归商人负担说 ……………………… 51

匿名的学者、罗伯、阿什力、美国学者

第二章　赞成奢侈品单一税者 ……………………… 62

张伯雷、巴刻、当斯、理查孙、塔刻、尼哥尔、福尔斯忒

第三章　赞成房屋单一税者 ……………………… 70

德克、波斯德士威、福奇、和斯力、马西、杨

第四章　赞成一般财产税者 ……………………… 76

卡尔拍拍、笛福、德累克、瓦格斯太甫

第五章　赞成土地单一税者 ……………………… 80

洛克、达味喃特、阿斯季尔、坎特隆、伍德、樊特凌忒

第六章　赞成折衷制度者 ……………………… 87

沃波尔、累内尔、纽真特、斯图阿特、斯条亚、杨

卷二　近代学说 ……………………… 97

第一章　重农学说 ……………………… 97

魁奈、米拉波、麦舍、杜滂、波度、勒特洛内、杜尔哥；富兰克林、汉密尔顿

第二章　绝对说 ……………………… 109

亚当·斯密、李嘉图

第三章　平均分散说 ……………………… 116

乐观派——万里、曼斯菲尔德、笛克孙、杨，汉密尔顿；卡那特、孤塞、社尔步雷，普力特维次、退耳、得布洛利、斯泰因；蒙特哥美利马丁、吉本、卫尔斯、锡尔曼、库力、汉密尔顿、亚未柏立

悲观派——蒲鲁东、波尔斯

第四章 还元说或偿还说 ·················· 134

杨、克累格、萨托立阿斯、和夫曼、穆尔哈德；帕栖、武洛斯歧、德斯吐·得·特雷西、杜谱伊诺得；巴克斯忒、诺勃尔；劳、谢富勒、皮尔逊

第五章 折衷说 ·················· 142

萨伊、西斯蒙第、加内、帕烈，杜谱伊诺得、焚宜、勒啦波列；冯·图楞、劳、冯·霍克、普林斯斯密；理查琼斯、布坎南、詹姆斯·密尔、栖聂、马卡罗和、密尔、福塞特、克力夫勒斯力；巴斯塔布尔、格累齐阿尼、罗孙得尔、那托利、提法罗尼

第六章 不可知说 ·················· 155

赫尔德、汉密尔顿、麦来、亚未柏立

第七章 社会主义说 ·················· 157

拉萨尔、社曼

第八章 数量说或数理说 ·················· 159

库诺、福伏、贞琴、潘塔莱奥尼、窝拉斯、维克塞尔、孔尼格立阿尼、巴隆；马歇尔、埃奇沃斯

第二篇 税收归宿之理论

第一章 一般原则 ·················· 171

  第一节 一般研究 ·················· 171

    第一项 物品系耐久的抑系易坏的? ·················· 173

    第二项 货物受独占法则支配抑受竞争法则支配? ··· 176

    第三项 税收系一般的抑系特别的? ·················· 177

    第四项 资本能完全移动否? ·················· 177

    第五项 物品之需求有弹性否? ·················· 178

    第六项 生产上利便之不同影响于供给者若何? ······ 182

    第七项 物品之生产费系均一乎，递增乎，抑系递减?

    ·················· 187

    第八项 课税于边际抑课税于剩余? ·················· 193

第九项　税收系重税抑系轻税？ ···················· 194

第十项　税收系比例的抑系递变的？ ·············· 195

第十一项　课税品系精制品抑系粗制品？ ·········· 196

第二节　结论 ······································· 196

第二章　农业用地税 ·································· 198

第一节　一般研究 ··································· 198

第一项　课于经济地租之土地税 ················ 200

第二项　依照土地之面积或肥瘠而课之均一土地税 ··· 201

第三项　课于土地总产额之土地税 ·············· 202

第四、五项　依照土地纯利或其买卖价值而课之土

地税 ······································ 204

第六项　依照租价而课之土地税 ················ 210

第二节　结论 ······································· 213

第三章　城市不动产税 ································ 214

第一节　一般研究 ··································· 214

第一项　课于宅地所有者之税收 ················ 218

第二项　以房价为标准而课之税收 ·············· 222

第三项　课于房地所有者之税收 ················ 227

第四项　课于房屋总租之税收 ·················· 230

假设情形；实际情形；房主与地主；房屋之需要；磨阻；差别的地方

税；"苛重的"及"利益的"地方税

第二节　结论 ······································· 247

第四章　动产税、资本税及利息税之归宿 ·········· 249

第一节　一般研究 ··································· 249

第一项　课于一切资本之均一税 ················ 250

第二项　不均一的资本税 ······················ 252

转嫁于原主与新购主间者；转嫁于借主与贷主间者；抵押品税；转嫁于

生产者与消费者间者

第五章 利润税 ···································· 259

  第一节 一般研究 ································· 259

    第一项 依出产总额或出卖总额而课之税收 ·········· 260

      课于竞争业之税收；课于独占业之税收；最后效果；价涨高于税额说

    第二项 课于总收入之税收 ················· 272

      在竞争情状下；在独占情状下

    第三项 课于纯收入或纯利之税收 ············· 274

    第四项 依定额而课之税收 ················· 278

  第二节 结论 ····························· 279

第六章 工资税 ·································· 281

    课于专门职业收入之税收；课于寻常工资之税收

第七章 其他税收 ································ 284

  第一节 一般研究 ························· 284

    第一项 人头税 ······················ 284

    第二项 遗产税 ······················ 284

    第三项 国产税 ······················ 285

    第四项 输入税与输出税 ················· 286

    第五项 印花税 ······················ 290

      证券物品交易税

    第六项 所得税 ······················ 294

  第二节 结论 ··························· 295

第八章 结论 ··································· 297

    乐观说与悲观说；一般趋势；贡献于立法家之劝谏

附录书目

亚当·斯密以前（1776 年前）之著作 ············· 305

亚当·斯密以后（1776 年后）之著作 ············· 330

书目补遗 ································ 343

主编的话

　　为什么要新编这套近现代财政学名作丛书？那个年代的财政学者的思考与努力，为什么在今天仍然值得我们重视？应该以什么样的原则来新编这套丛书？这是我们在新编这套丛书之前需要回答的问题，也希望借此使读者更好地理解我们新编这套丛书的初衷。

一

　　"财政是国家治理的基础和重要支柱"，财政学要完成这一使命，就要基于国家治理视角推进基础理论的创新。但基础理论创新从来不是"无中生有"或"前无古人"的事业，它必然有自己的发展历史与成长脉络。

　　对中国来说，推进国家治理体系和治理能力现代化所需要的财政学基础理论创新，主要针对的就是"二战"以后所形成的主流财政学的缺陷。这种财政学的核心概念和知识体系主要建立在新古典经济学这种选择范式经济学的基础之上，它以孤立个人主义作为方法论，以均衡分析和最优化分析为手段，将财政问题变成了一种工程技术问题，完全忽略了制度与历史等问题。可问题是，政府的财政行动兼具政治、经济、社会、法律与行政管理等多重属性，是在特定国际国内环境下人与人之间互动的产物，其中还始终伴随着各种价值判断和评估，这远非价值中立下的均衡分析和最优化分析所能适用的。此外，古今中外的历史都显示出，财政对国家和社会的演化产生了重要的决定作用，一国的财政史往往是其国家历史最为重要的组成部分，因此，财政社会学/财政政治学的研究都主张通过财政来探究国家的性质、前途和命运①。

在推进财政学基础理论创新时，我们要认识到，在财政学的研究传统或财政学思想史中，除今天主流财政学这种选择范式外，还存在基于欧陆传统的交换范式②，它将财政学看作是一个跨学科的研究领域，甚至是一个独立的学科。虽然当前我国财政学界对这一传统并不熟悉，但这一传统却是财政学最早传入中国时的主要传统，是从晚清至新中国成立前一直流行的传统。因此，从某种意义上说，我们今天推进国家治理视角下的财政学基础理论创新，就是要延续或回归这个在中国曾经存在并中断多年的传统，这也使中国学者的努力可以成为国际学术界自 20 世纪末以来重建财政学理论体系努力的一部分③。由于中国具有利用财政工具进行国家治理的悠久实践和思想传统，并且当前推进国家治理体系和治理能力现代化的努力所提供的鲜明的问题意识，将使中国学者有可能为财政学基础理论创新作出独特而重要的贡献。

二

虽然中国有丰富且源远流长的古典财政思想，但对近代中国来

---

① 财政社会学/财政政治学的上述主张可参见葛德雪：《财政问题的社会学研究路径》，载《财政理论史上的经典文献》，刘守刚译，上海财经大学出版社 2015 年版；熊彼特：《税收国家的危机》，刘志广、刘守刚译，载《税收哲人》附录，上海财经大学出版社 2018 年版。

② 关于财政学不同研究范式的辨析可参见马珺：《财政学研究的不同范式及其方法论基础》，载《财贸经济》2015 年第 7 期。

③ 其中典型的代表就是美国财政学者理查德·瓦格纳，他根据财政社会学和意大利财政学传统而创新财政基础理论，代表作为《财政社会学与财政理论》（中文版即将由上海财经大学出版社出版）。

说，财政学的发展却主要是"西学东移"① 的结果。自鸦片战争后，中国的古典财政思想从总体上并不适应现代要求，需要加以改造或发展。魏源（1794—1857）的财政思想，被称为"标志着我国传统的财政思想之历史变革的转折点"②。后来冯桂芬（1809—1874）等晚清学者继续呼吁"采西学"，但现代财政知识的传播在此时仍步履艰难。有些学者，因去国外考察后而由传统教条的卫道士变成现代财政知识的积极传播者，如王韬（1828—1897）；而有些人即使出使国外多次，也仍坚决反对西法，如刘锡鸿（？—1891）。就总体而言，到 19 世纪末期，中国引入和运用的是西方财政学知识，除马建忠（1845—1900）和严复（1854—1921）等少数人外，很少有人深入到财政理论的层面。对近现代财政理论的了解和理解的不足，也成为洋务运动派和维新运动派的重要局限。

在西方工业文明的冲击下，"近代中国人向西方学习的内容经历了一个由器物层次、制度层次到观念层次不断提升的曲折的历史过程"③。对财政理论的传播与研究正是这一过程的产物，近代留学生为此作出了卓越的贡献。其中，留日学生胡子清（1868—1946）于 1905 年在东京出版的《财政学》一书，被认为是中国学者出版的最早财政学著作④。不少留学生在留学期间系统学习了财政学，还有一些留学生的博士论文就是直接研究财政学或财政问题的，很多在国

---

① 与之对应的另一个概念是"西学东渐"，主要是指明末清初并且延续到清朝中叶，伴随着耶稣会士来华传教而展开的西方科技传入中国的历史事件，后来逐渐蜕变为"西学东源"，这使中国失去了通过吸纳西方近代科技来实现科技转型的机遇；而"西学东移"，主要是指晚清到民国随着中国睁眼看世界所带来的科技和近现代社会科学的引入。具体参见刘大椿等：《西学东渐》，中国人民大学出版社 2018 年版。

② 参见胡寄窗和谈敏：《中国财政思想史》，中国财经出版传媒集团、中国财政经济出版社 2016 年版，第 573 页。

③ 邹进文：《近代中国经济学的发展：以留学生博士论文为中心的考察》，中国人民大学出版社 2016 年版，第 32 页。

④ 参见许康和高开颜：《百年前中国最早的〈财政学〉及其引进者——湖南法政学堂主持人胡子清》，载《财政理论与实践》2005 年第 6 期。

外出版，取得了较高的国际学术地位①，一些留学生甚至直接师从当时国际著名的财政学家②。这些留学生回国后成为传播和研究财政理论的主体力量，虽然他们有的进入学界，有的进入政界，有的则辗转于学界和政界之间，但他们在繁忙的教学或政务之余，仍积极从事国外财政学著作的翻译，或者撰写了大量财政学教材与专著。从数据上看，自晚清以来，财政学方面的专著和译著占据了经济类出版物的主体地位，根据《民国时期总书目（1911—1949）：经济》，财政类出版物有 2181 种，其中，财政类著作出版物为 1090 种③。胡寄窗对 1901 年至 1949 年间自撰和翻译的经济著作刊行总数进行的多角度统计分析表明，按照学科分类，财政学排在第一位，位于经济学原理和货币学之前④。

　　近代留学生对财政学的学习、研究以及国内财政类著作的出版繁荣，直接反映了财政在从传统国家治理迈向现代国家治理的过程中所具有的重要作用，很多当时的财政学著作直接回应了现代国家建设面临的重大问题，其中很多是基础性问题，具有超越时代的价

---

①　在《近代中国经济学的发展：以留学生博士论文为中心的考察》一书的第四章，邹进文专门考察了近代留学生与财政学研究，其列出的留学生及其博士论文有：马寅初的《纽约市的财政》、朱进的《中国关税问题》、李权时的《中国中央和地方财政：中央、省、地方政府财政关系研究》、陈岱孙的《马萨诸塞州地方政府开支和人口密度的关系》、寿景伟的《中国的民主政治和财政：财政制度与思想发展研究》、尹文敬的《中国税制》、朱炳南的《经济剩余与税收》、陈友松的《中国教育财政之改进——关于其重建中主要问题的事实分析》、田炯锦的《英美地方财政的国家监督研究》、刘炳业的《德国、意大利、奥地利、捷克斯洛伐克和波兰的资本税（1919—1923）》和周舜莘的《资本税》；其中，马寅初的《纽约市的财政》在 1915 年的《美国政治与社会学学会年刊》中得到美国宾夕法尼亚大学帕特森的积极评论，朱进的《中国关税问题》被列为纽约哥伦比亚大学丛书，寿景伟的《中国的民主政治和财政：财政制度与思想发展研究》的英文版在 1970 年获得再版，等等，具体参见邹进文：《近代中国经济学的发展：以留学生博士论文为中心的考察》，中国人民大学出版社 2016 年版。

②　如马寅初、朱进和寿景伟都师从著名财政学家塞利格曼教授。

③　参见北京图书馆：《民国时期总书目（1911—1949）：经济》，书目文献出版社 1993 年版。

④　参见胡寄窗：《中国近代经济思想史大纲》，中国社会科学出版社 1984 年版。

值，他们对当时财政制度利弊的研究及对财政改革的思考，仍然值得今天的我们思考和借鉴。特别值得提及的是，那个古今中西交汇的年代也是财政学在我国的早期发展阶段，那批学者往往既有深厚的中国古典传统基础，又大胆吸收了来自西方特别是欧陆财政学的理论，从这些财政学著（译）作中，我们不仅可以看到学界先辈们接受、消化国外财政学思想的努力，还可以看到他们融通古今中外财政思想以构建中国特色财政学的努力。

三

虽然通过其他人的系统研究①，我们可以了解这一时期财政学著（译）作的一些基本情况，但每个人在做研究时，对思想与材料的取舍会有不同，原版原论始终是学术研究不可或缺的文献。这些年来国内也陆续再版了那个时期的部分财政学著作，但要么是单本（套）②，覆盖面非常有限；要么被纳入其他丛书当中③，学科特色难以凸显。同时，由于原本繁体竖排不大符合现代读者的阅读习惯，且很多著作出版时间已久、印数又非常有限，绝大部分图书馆所藏

---

①　如邹进文：《民国财政思想史研究》，武汉大学出版社 2008 年版；邹进文：《近代中国经济学的发展：以留学生博士论文为中心的考察》，中国人民大学出版社 2016 年版；胡寄窗和谈敏：《中国财政思想史》，中国财经出版传媒集团、中国财政经济出版社 2016 年版；等等。另外，中国期刊网上还可以下载关于相关著作与学者思想的专业研究论文。

②　如三联书店 2014 年再版的孙怀仁的《中国财政之病态及其批判》；中央财经大学整理、中央编译出版社 2015 年出版的《崔敬伯财政文丛》（三卷）；上海社会科学院出版社 2016 年再版的达尔顿《财政学原理》的中译本；河南人民出版社 2018 年再版的霍衣仙的《中国经济制度变迁史》（主要涉及历代田赋、税制和币制）；等等。

③　主要是指商务印书馆近年来出版的《中华现代学术名著丛书》，目前已经出版了财政学著作 7 本，分别为马寅初的《财政学与财政——理论与现实》（2005）、罗玉东的《中国厘金史》（2010）、何廉和李锐的《财政学》（2011）、万国鼎的《中国田制史》（2011）、陈启修的《财政学总论》（2015）、陈友松的《中国教育财政之改进》（2017）和陈兆鲲的 *The System of Taxation in China in the Tsing Dynasty*，1644—1911（《清代中国的税收制度》，2017）。

书目非常有限，且被纳入古籍或近代文献范围，借阅也存在诸多不便。因此，综合各方面的情况，我们认为仍有必要挑选这一时期的部分优秀著（译）作，以丛书的形式集中进行出版。

在选择书目时，我们主要考虑下面几个因素：一是对于近年来已经新编出版的著（译）作，本丛书不再将其纳入出版计划，这样本丛书与已再版的书目可以形成互补关系；二是主题涉及尽可能广泛，以反映该时期财政学研究的整体面貌，涉及对财政学基础理论的探讨、对当时国家面临的主要财政问题及通过财政改革推进国家治理体系建设的探讨，以及对国内外财政史的理论性探讨；三是著作出版期限为 1900—1949 年，特别是辛亥革命前后、北伐战争前后及抗日战争前后这几个时间点的著作；四是将译著也纳入新编丛书，该时期译著的原版主要来自日本、德国、英国和美国，它们既反映了当时国际上财政学研究的现状，也构成中国财政学思想变迁的重要组成部分。

在丛书整理出版时，除了将繁体变简体、竖排变横排外，我们尽可能保持书的原貌，以此为基础进行必要的校订，主要涉及专有名词、个别文字和标点符号的调整（详情请参见每本书的整理凡例）。另外，为方便读者更好地理解所选书目的学术贡献及其与同时代同主题著作的内在联系，整理者为每本著（译）作写出了导读，并对文中提及的部分史实与原理加以注释。

相对于这一时期数以千计的财政学出版物来说，本丛书所选择和能选择的书目是极为有限的，还有很多优秀的著（译）作未能被纳入进来。但我们并不将之视为遗憾，因为新编出版本丛书的主要目的就是要让大家关注并重视这一时期的财政学著（译）作，进而推动财政学的基础理论创新。如果能初步实现这一目的，我们也就心满意足了。

感谢上海远东出版社将本丛书列入出版社"十四五"期间重点出版计划，不惜成本支持学术事业。感谢上海财经大学公共经济与管理学院及弘信资本的高建明先生慷慨地为本丛书的出版提供资助。

感谢上海远东出版社曹建社长对本丛书的大力支持，他不仅亲自参与了丛书出版的策划，更是经常亲自过问并安排相关工作的进度与细节。感谢上海远东出版社诸位编辑悉心细致的工作，他们的精益求精为丛书增色不少。最后，我们要特别感谢丛书中各本书的整理者，他们在繁重的教学与科研之余，不计名利地加入到这一工作中来，用他们的辛勤付出共同支撑了本丛书的出版。

上海财经大学公共经济与管理学院　刘守刚
中共上海市委党校（上海行政学院）经济学教研部　刘志广

整理凡例

为了今天的读者阅读与使用的方便，本书在整理时除了将字体从繁体改为简体、将排版从竖排且从右到左改为横排且从左到右外，尽量保持原貌。但在以下几个方面，整理者还是做了一些改变。

1. 将专有名词中比较常见或著名的人名、地名，一律改为当前比较通用的译法（参见对照表 1），不常见或不著名的则不改。对于人名是否著名的一个简单判断标准是，仅凭姓就可以在百度搜索中准确定位的人。

2. 学术性专有名词，若原书的译法跟今天不同的，也改为今天的译法（具体参见表 2）。

3. 将因为排版变动原因而变化的表示方位的词加以改变，比如原文为"如左"，现在改为"如下"。另外还有一些纯粹写法的变化，比如"唱议"今天写作"倡议"（具体可参见表 3 中的说明）。

4. 原文使用的文中夹注，一律改为页下脚注。个别带图的注，为阅读方便，用楷体字放在正文中。整理者为了补充说明而添加的脚注，则用"整理者注"加以标注。

5. 原书中的阿拉伯数字比较少，一律保留；为阅读方便，原书中大量使用的汉字数字，整理者基本上都改为阿拉伯数字。对于今天习惯性使用的一些汉字数字则予以保留，比如用于成语或俗语中。

6. 标点符号的使用基本尊重原书，只有极个别地方使用的标点符号在今天认为是错误的或者不合适的地方，方才有所改动：（1）在外国人名中的"名"与"姓"之间加"·"，如原文为"托马斯孟"，现改为"托马斯·孟";(2)原书中在叙述书名时未加书名号,现一律加上;(3)名词列举,原书在名词之间未加符号或者使用逗号,现加上或改为顿号;(4)极个别情况下,因句子太长不便阅读或者容易引起误解时,整理者会添加逗号。

7.若能确定原书为纯粹笔误或者印刷错误的,整理者将其直接改为正确的;若有把握是错误的但并不确定,则在正文改动后再用"整理者注"的形式加以说明;对于没有把握是错误的文字,一律不改。

8.其他有必要改动的,若只涉及个别地方而无普遍意义,则用"整理者注"的形式加以说明。

9.原著目录标题与正文标题有多处不统一或不规范,根据出版规范要求作了统一或改动。

表1　专有名词人名调整对照表

原文人名	原译人名	现译人名	调整说明
Adam Smith	亚丹斯密	亚当·斯密	今天的通用写法
Wicksell	威克塞尔	维克塞尔	原书中既有译作"威克塞尔"又有写作"维克塞尔",根据今天习惯译为"维克塞尔"
Seligman	塞力格曼	塞利格曼	原书中既有写作"塞力格曼"也有写作"塞利格曼",根据今天习惯统一译为"塞利格曼"
Held	嘿尔德	赫尔德	今天的通用写法
Quesnay	揆内	魁奈	今天的通用写法
Von	封	冯	今天的通用写法
Sismondi	西思蒙第	西斯蒙第	今天的通用写法
Mirabeau	密拉波	米拉波	今天的通用写法

（续表）

原文人名	原译人名	现译人名	调整说明
Say	塞/舍	萨伊	原书中对于 Say，译者给出了两个译名，实际上是同一个姓
Marshall	马沙尔	马歇尔	今天的通用写法
Edgeworth	厄治卫司	埃奇沃斯	今天的通用写法
Locker	陆克	洛克	今天的通用写法
Hamilton	哈密尔敦	汉密尔顿	今天的通用写法
Bastable	巴斯退勃尔	巴斯塔布尔	今天的通用写法
Benjamin Franklin	卜雅明·法兰克林	本杰明·富兰克林	今天的通用写法
Menger	孟革	门格尔	今天的通用写法
Böhm-Bawerk	朋拜维克	庞巴维克	今天的通用写法
Walras	窝拉斯	瓦尔拉斯	今天的通用写法
Elizabeth	伊利萨伯	伊丽莎白	今天的通用写法
Pantaleoni	潘太雷俄尼	潘塔莱奥尼	今天的通用写法
Pennsylvania	宾夕法宜亚	宾夕法尼亚	今天的通用写法
Yale	耶尔	耶鲁	今天的通用写法

表 2　专有名词调整表

原译名	现译名	调整说明
限界	边际	今天经济学界使用的名称
需要/需要曲线	需求/需求曲线	今天经济学界使用的名称
伸缩力	弹性	今天经济学界使用的名称

（续表）

原译名	现译名	调整说明
租税	税收	今天经济学界将 tax 翻译为税收（租和税有性质的不同）。本书将正文中的租税一律调整为税收，不过书名仍保持原来的译法
托辣斯	托拉斯	音译的不同写法
辨士	便士	音译的不同写法

表 3　纯粹的文字写法调整表

原用词	现用词	调整说明
左列	下列	文字排版方式变化导致
如次	如下	文字排版方式变化导致
次列	下列	文字排版方式变化导致
輓近	晚近	"輓近"对应的简化字应该是"挽近"，但在现代汉语中已经不用"挽近"，故一律改为"晚近"
唱/唱议/提唱/唱导	倡/倡议/提倡/倡导	纯粹写法变化
发见	发现	纯粹写法变化
化费	花费	纯粹写法变化
印像	印象	纯粹写法变化
原素	元素	纯粹写法变化
攸久	悠久	纯粹写法变化

整理者导读

对于民国时期的财政学，邹进文先生曾经评价说，那时的中国财政理论"迎来了它辉煌灿烂的发展期，达到了中国近代以来前所未有的新高度"。初版于1931年的《租税转嫁与归宿》，就是体现民国财政理论发展状况的一个证物。本书整理者中的一位至今犹记，在1989年入读财政学本科专业后，就不断听闻师长提起美国财政学者塞利格曼，也曾到图书馆搜寻塞利格曼的著作，可在当时一无所获，也不知道早在20世纪30年代塞利格曼就已有三部著作在中国出版。

在面对这部30多万字的《租税转嫁与归宿》[①]书稿时，整理者一则以喜，一则以愧。喜的是，一部凝聚塞利格曼和民国学者心血的著作，终于可以重新呈现在治财税者的面前；愧的是，一部具有如此重要性的著作，竟被束之高阁数十年。如今随着《租税转嫁与归宿》以及一大批近现代财政学经典著作的新编出版，民国学者的努力终于可以不再被辜负，今天的财政基础理论发展也能接续上曾经的良好学术传统。

---

① 过去的学者通常将tax译为"租税"，以符合中国古代对于正式财政收入的说法。不过，现在通常将tax译为"税收"，这是因为在今天政府正式财政收入来源中，"租"与"税"有不同的来源，反映不同的经济性质。因此，本书在整理时一律将"租税"改为"税收"以符合今天的使用习惯，惟有在书名中仍保留过去的译法，以反映历史面貌。——整理者注

一

为了应对时代的危局，在那个古今中西交汇的民国时代，学者们大胆地"拿来"，广求智慧于宇内。跟清末民初时主要通过日本向西方学习有所不同，在20世纪二三十年代，已有诸多中国学者更多地转向欧美，直接从西方寻求治国之道。民国时期重要的财政学者马寅初、李权时、寿景伟等人就是如此，他们的财政学博士论文，都是经本书作者塞利格曼指导而写成的。

塞利格曼（Edward Robert Anderson Seligman，1861—1939）在美国是一位极为知名的财政学家。他在获得哥伦比亚大学的学士学位之后，曾赴德国、瑞士及法国等地学习三年，深受欧陆财政学的影响。随后他在哥伦比亚大学获得博士学位，并留校长期从事教学工作（1885—1930）。在1885年塞利格曼参与发起了"美国经济学会"，并于1902—1904年间任会长。他热衷于公共事务，曾在纽约市、纽约州、国际联盟等很多组织或委员会中工作，为多国政府提供财政建议。在20世纪30年代，塞利格曼还担任了《社会研究百科全书》的总编辑（1930—1935）。他个人的藏书规模几乎无人可及，数量达到惊人的二万册，后来被哥伦比亚大学买去。

在学术观点上，塞利格曼属于兼收并蓄型或者说是折衷主义，在政治立场上则被认为是谨慎的自由主义者。他接受了德国历史学派的一些观点，比如赞成对后发国家的工业部门实行保护政策，也将奥地利学派的边际方法用于分析社会问题。在财政税收领域，塞利格曼出版了诸多杰出的论著，包括：《税收的转嫁与归宿》（1892）、《累进税收的理论与实践》（1894）、《租税各论》（1895）、《所得税》（1911）等。上述著作中的三本，在民国时期即已被翻译为中文，即《租税转嫁与归宿》（许炳汉译，商务印书馆，1931年）、《租税各论》（第10版，胡泽译，商务印书馆，1934年）、《累进课税论》（岑德彰译，商务印书馆，1934 年）等。美国财政学者格罗夫斯在《税收哲人》一书中高度肯定塞利格曼著作中体现出来的学识渊博性，即在阐述一个主题时，往往从亚里士多德开始回顾文献与观点，这样的能力无人可及。

《租税转嫁与归宿》一书的译者许炳汉先生（1899—1986）①，浙江黄岩人，早年毕业于北京大学，后留校任教。他曾任上海商务印书馆和南京国立编译馆编译，也先后任教于东北大学、交通大学贵州分校、暨南大学、复旦大学等高校。目前在网上还可以看到一些曾受教于许炳汉先生的学生所写的回忆文章，称赞他"朴实无华""学识渊博，中英文造诣都极深""一本《财政学讲义》讲得滚瓜烂熟，板书工整而有条理""他的备课笔记，已翻破多本，然后再用纸糊上。上面的字迹密密麻麻，改了又改，中文之外又是英文，有的还注上了希腊文，令人叹为观止"。

《租税转嫁与归宿》一书，第一版出版于 1892 年，然后在 1898、1909、1921 年分别出版了第二、三、四版（本书收录了第三、第四版的作者序）。许炳汉先生翻译的是正是 1921 年的第四版，整理者所使用的是商务印书馆 1933 年的再版本（初版于 1931 年）。再版本在版权页上注明"国难后第一版"，就这么将时代之痛凸显于我们的眼前。

对于《租税转嫁与归宿》这本书，许炳汉先生赞叹说："书中理论之精确，结论之绵密，征引之广博，文字之优美，凡研究财政学者，类能知之，无待译者词费。"他还称赞这本书说，"不尚臆说，但重实际，无一处不从事实立论，故其学说，百击不懈，窃恐后之学者，虽有千百继起研究此问题，终难度越塞氏，猗欤盛哉！"事实上，许炳汉先生的说法，也正是今天新编出版这本书的意义所在。

---

① 为搜集和核对许炳汉先生的个人信息，整理者先后请教了邹进文、杨志勇、柯伟明、范乐天等诸位老师，特此感谢。可惜有关许先生的信息，仍然过少。

二

约翰·内维尔·凯恩斯在《政治经济学的范围与方法》一书中，将税收归宿问题视为财政学中唯一属于实证分析的问题，认为它跟财政学中其他的理论规范不同，难以进行理论的探讨。塞利格曼对此的说法则是，"税收归宿之问题，为经济学上最复杂之一问题，亦为经济学上最不注意之一问题"。他的意思是，这个问题其实很重要，但又过于复杂、特别困难，学者难以给出答案，甚至在很多学者看来，"唯一之回答则为不能回答"。

不过，塞利格曼认为自己已经掌握了税收归宿的原理。在他看来，曾经的学者之所以在税收转嫁方面犯错，或者他们提出的学说"纷综错杂，几使吾人昏乱，莫辨取舍"，原因在于"缺乏首尾一贯的一般经济学原理及分配原理"。对塞利格曼在税收归宿方面的理论，格罗夫斯教授在《税收哲人》一书中是这么评价的："塞利格曼是现代学者中第一个尝试对税负归宿问题的所有主题都进行详细探讨的人，而且他探索结果的相当部分也经得起时间的考验，至目前为止仍是大学教科书中的标准教义。"

在《租税转嫁与归宿》一书中，塞利格曼首先清晰界定了一系列与税收转嫁有关的术语（"绪论"），比如税收冲击、转嫁与归宿、税收还元、消转等，并纠正了部分学者在术语使用方面的混乱与错误。然后，他用两篇内容来分别评论税收归宿学说史和阐明自己的税收归宿理论。

在第一篇中，塞利格曼又以亚当·斯密为界，将税收归宿学说分为古代学说和近代学说。持有古代学说的学者，在时间线上是从霍布斯到斯密，在学说内容上可以分为以下几类：支持一般消费税者；赞成奢侈品单一税者；赞成房屋单一税者；赞成一般财产税者；赞成土地单一税者；赞成折衷制度者。塞利格曼分别评述了这些学者就转嫁与归宿发表的看法。持有近代学说的学者，在时间线上从亚当·斯密到当时依然在世的学者（包括埃奇沃斯和塞利格曼本人），在学说内容上塞利格曼将他们分为以下八类并分别加以评述：重农学说；绝对说；平均分散说；还元说；折衷说；不可知说；社会主义说；数量说或数理说。

在第二篇中，塞利格曼先对税收转嫁与归宿问题，陈述了自己确立的一般原则，然后逐一研究以下重要税收的转嫁与归宿情况：农业用地税；城市不动产税；动产税及资本税；利润税；工资税；其他税收（包括人头税、遗产税、国产税、输出入税、印花税、证券物品交易税、所得税等）。最后，就税收转嫁与归宿，塞利格曼得出了财政学上可以适用的一般结论。

就今天的学者来说，对于税收（准确地说应该是税负）是否转嫁、最后归宿是谁，大多记得的一般结论是，它与法定纳税人是谁关系不大，而取决于供求双方弹性的对比，谁的弹性（面对价格变化，供给量或需求量的变化）更大，谁承担的税负就更少。但在各种具体情况（不同的产品部门、市场结构、税制构成等）下，税收转嫁与归宿情形如何，多数学者可能并不清楚。更加专业一点的财税学者，可能会考虑以下这些影响税收转嫁与归宿的因素：生产要素的转移；让生产要素流动在时间上成为可能的各种条件；垄断与竞争；需求及供给弹性（供给弹性包括成本递增、成本递减以及成本不变等条件）；特别税与普遍税等。事实上，这些因素几乎全都被塞利格曼提出来并一一地加以考虑。他还重点分析了边际生产者（marginal producer），这类生产者没有能力自己消化税收，对征税的反应干脆就是停止生产。于是，产品供给减少，产品价格提高，就是说以边际生产者的死亡为条件完成税收向消费者的转嫁。

塞利格曼一共揭示出以下11种有关税收转嫁的原则（第二篇第一章的结论）。

1. 凡课税品之性质愈耐久，则每年课税之次数愈多，而将来所有者逆转未来税收于原主之负担亦愈重。

2. 若课税品系独占品，则其价格不定于任何边际生产品；故税收之转嫁转不如在边际生产品依生产费递增律而生产时之易易。

3. 税收愈普遍，则凡与此有关之生产者所能逃避无税收之范围愈窄，故生产者愈愿自己担负税收。

4. 若资本固着，或不能完全移动，则税收之转嫁，必较其在不如此时之转嫁为更微而且缓。

5. 若课税品之需求少弹性，则生产者即易提高其物价而转嫁其税于消费者。但若需求易变动，则生产者必负担税收之大部，否则必改营他业。

6. 市上一种货物，其生产费若有大小之别，则优等生产者能担负税收，而劣等生产者即因课税而有岌岌然不能图存之势。

7. 课税品若依递减生产费而生产，则消费者对于税收之负担，势必较工业依均一生产费或递增生产费而生产时为重。

8. 因物价常定于边际生产费，故在税收仅及于剩余而不及于边际时，其转嫁必较少发生。

9. 税收愈轻，则供求间之均衡愈不乱，而发生或阻止转嫁之寻常作用亦愈微。

10. 税收若系递变税而非比例税，则税收转嫁之倾向随税率累进而愈强，累退而愈弱。

11. 若课税品系精制品，则凡转嫁于消费者之税收，必由消费者负担。至若课税品系生产上之用品，则税收转嫁之情形，即再发生，而决定此税是否转嫁于第二、第三或最后消费者之一切其他条件，又复发现。

在研究完税收转嫁与归宿的理论与实践之后，塞利格曼对于政策制定与税制改革，还提供了真知灼见。在他看来，那种认为"税收负担终将因转嫁的存在而分散到社会各阶层"的乐观说不能成立。因此，立法者不能用一切旧税终将变为良税为借口，抵制税制改革，又不能用一切税收无论如何征收皆归于社会全体负担为借口，任意开辟新财源。当然，同一逻辑而产生的悲观说（无论怎么征税都将由穷人负担）或不可思议说（无法预料任何税收之最后效果）也不足取，塞利格曼分别指出了它们的谬误所在。在《租税转嫁与归宿》出版及再版过程中，西方国家已开始广泛征收直接税（所得税与财产税），对于这些税收，塞利格曼逐一分析了它们的转嫁与归宿情况。大致上，他认为，对纯粹的差别地租和纯利润（二者都是经济剩余）征收的所得税不会转嫁，遗产税、投机利得税等财产税也因课于经济剩余而不能转嫁。对于当时仍有人坚持的间接税（消费税），塞利格曼不太赞成，因这样的税大多会转嫁到社会中境况最差者而致不公平。最后，塞利格曼给予立法者的建议是：如果立法意图是让税收直接归社会某些阶级负担，那就选择转嫁机会极少的税收，如垄断税、公司纯利润税、遗产税、所得税等；如果立法意图是让纳税人感觉不到纳税负担的话，那就选择可全部转嫁的税收，如进口税、几种国产货物税、营业执照税、公司总收入税等。

三

这样一本英文初版为 1892 年、中文初版于 1931 年的著作，除了文物的价值外，于我们今天还有何意义？特别对于当下的财税学者或对财税问题感兴趣的人来说，塞利格曼这本书因当时学术术语尚不成熟、数学使用还不普遍，而在解释某些经济现象时，看起来有些累赘笨拙，那还值得去阅读吗？

答案是肯定的。

之所以如此，首先是因为税收转嫁与归宿问题本身的重要性。正如塞利格曼强调的，"财政学上之问题，无有更重要于此者"。在理论上，税收的转嫁与归宿，既涉及经济效率，又牵涉社会公平。若不知道所征税收实际被转嫁到何方，也就不知道税收对各种产业的影响是促进还是摧毁，对不同阶层民众的财富地位是削弱还是增强。正因如此，塞利格曼强调，选择税收必定要合于经济正义的原理，而要实现经济正义就必须受税收归宿原理的指导，"在我们了解（或自以为了解）税收的归宿之前，我们根本没有办法从伦理学立场来判断一种税收是否正义"。当然，在这本书的结尾，塞利格曼也警告税，对于税收转嫁与归宿的研究，"有裨于经济正义之研究，而不能代替经济正义之研究也。昔人曾谓税收归宿之学说既非财政学之天使长，又非财政学之魔王，旨哉言乎！旨哉言乎！"这样的警告，一直值得治财税者深思。对于今天建设现代财税制度的中国而言，要建构一种既符合效率又兼顾公平的税制，就不能不考虑税收的转嫁与归宿。而塞利格曼这本书，对于相关理论与实践的总结，已经达到基本完备的地步，他的结论也基本经受住了实践的检验，后代学者在此基础上能够增添的内容很少。因此，对于探讨税收的转嫁与归宿问题而言，《租税转嫁与归宿》是一本绕不开的书。

之所以如此，还因为这本书极具思想史的意义。思想史反映的是时代，在思想史上《租税转嫁与归宿》至少具有两方面的时代意义。一方面，它反映了在探索现代税制的过程中欧美学者的思想演进过程。塞利格曼用极为丰富的书面史料和亲身经历的学人辩难，为我们展现了西方学者为了实现现代财税制度而进行的艰苦探索。借助于这本书提供的材料，我们能够更好地理解不断走向现代的西方世界。另一方面，它也为我们理解民国那一批学者睁开眼睛看世界、无问东西择精华的心胸提供了条件。尤其是，我们若将那时财税思想引进、税收制度探索、现代国家建设进程结合起来加以考察，就可更好地明悟历史深处的规律性特征。

总之，从《租税转嫁与归宿》一书中，民国那一代学者曾经受益颇多，而今天接过前辈火炬的吾辈学者，相信也能从中受益，进而为探索运用财税制度促进国家现代化贡献自己的力量。

译 者 序

　　哥伦比亚大学教授塞利格曼氏所著《租税转嫁与归宿》一书，为塞氏一生最精心得意之作，亦为财政学上有数名著之一。书中理论之精确，结论之绵密，征引之广博，文字之优美，凡研究财政学者，类能知之，无待译者词费。是书出版以来，风行世界各国，法、意、日本诸国均有译本，至我国则尚付缺如，译者深以为憾。夫税收研究占财政学上重要部分，而税收转嫁与归宿之研究，尤为税收研究中之骨髓问题，则塞氏此作，在财政学研究上之重要，直可不言而喻矣。窃不自揣，试为译述，以饷①学者。

　　原著前半部历述各派之归宿学说，广征博引，极古今理论之大观；后半部定出税收归宿之一般原则，暨各种重要税收之实际归宿；不尚臆说，但重实际，无一处不从事实立论，故其学说，百击不懈，窃恐后之学者，虽有千百继起研究此问题，终难度越塞氏，猗歟盛哉！

　　译者深觉原著后半部不易译，而前半部尤不易译，译者往往为一字一句而踌躇数日，屡作屡改，屡改而仍不称意，甚矣名著之难译，有如斯耶！

　　原书附注极有价值，学者读之，可以与原文互相参证，互相发明；以是译者必于每节之终（如原有附注者）附述原注译文。至若原书引文系自附注译出者，则恕不再译，以免重复，但亦必书"见

---

　　①　今天一般用"飨"字，原文用"饷"亦可，意思相同，都是用酒食款待、招待。——整理者注

某书某页"字样，以明来历。

　　译者于下笔时，固力求与原文符合，然以限于个人学力，不合之处，自知难免，海内外君子，庶几教之。

　　译者深得力于学友陈建民兄，凡关于疑难之解释，词句之审择，皆赖陈兄匡助，译者深为感激，用志数语，以示不忘。

二十年①二月九日

许炳汉序于商务印书馆编译所

---

　　①　此为民国纪年，即公元 1931 年。——整理者注

原著三版序

自本书二版问世以来，为时已十一载矣。各国财政上之实际问题，已唤起世人对于税收归宿问题之新兴趣，因新兴趣遂有新著作，而吾人即利用此新著作，使本书之所论列，遂能十分新颖。虽学说自身无大变更，然既加入新材料，则内容为之充实，篇幅因而增加矣。

于专述学说史之第一篇中，特注重于某某重要学者，而尤注重于十七十八两世纪之学者，因本书前数版均未加以注意也。著者深望经此增补之后，学说史方面之材料，可称完备，至少就英国载籍而论，可称完备也。

关于税收归宿说之重要部分，重要的增补与删改如下：全书绪论完全重作，而且大加扩充。关于农业用地税，特注重于实际上重要之研究，俾研究更为清晰。又鉴于地方财政之日趋重要，故论城市不动产税之一章，实等于重作。第四章则插入一段，详论抵押品税。第七章特别注意于新课之证券物品交易税。此外关于较新研究之征引及前版漏述之几种新论题，在本版各章上，几均有所增补云。

一九〇九年十月
塞利格曼序于哥伦比亚大学

原著四版序

流光易逝，本书第三版刊行以来，倏又十一载矣。此十一载中，世人对于归宿学说之贡献，比较尚鲜，故本版只须略加修改。若夫过去十年间震撼人心之事件，则乃研究税收一般效果之资料，而非研究归宿问题之资料，置之不论可也。除征引古籍（散见于本版各章，尤见第 29、74、77、84、89、97、101、109、115、120、193、199、369、372[①] 等页）较前更为繁博外，本版重要之删改多关于税收还元之各论题（第 202、220、243、305 页）以及利润税剩余税之归宿（第 381、410 页）云。

一九二一年二月
塞利格曼序于哥伦比亚大学

[①] 原版此处为中文数字且数字间用逗号，为阅读方便，此处改为阿拉伯数字且用顿号。后面书中正文的中文数字也照此处理。有关数字和标点的处理方式，在凡例中已有说明。——整理者注

绪　　论

税收归宿之问题，为经济学上最复杂之一问题，亦为经济学上最不注意之一问题。古今来讨论此问题者，虽诚不乏其人，然其见诸书籍上，或日常生活上，常目之为极简易粗浅之问题，如帕烈（Parieu）所谓"不学者尚能知其为简单"（simplicity of ignorance）者是也。然而财政学上之问题，无有更重要于此者，因无论何种税收制度，言其要点总在于税收及于社会之影响。一税收之赋课也，不确究其归宿何在，则吾人对于税收之实际效果与其公正，无从下一适当之意见。故本书之作，不但历述古来学者之学说，而且意欲解决理论上之问题，同时且特别注意于实际方面之讨论。

未入本论，先述术语。在课税时，吾人必须分清三个观念。第一，课税于某甲；第二，某甲移转此税于某乙；第三，此税竟为某乙所负担，或某乙更移此税于其他最后负担此税者。由此观之，最初纳税者，未必即为最后负担税收之人也。此种税收移转之过程，名曰税收之转嫁（shifting of the tax），至负担之落着于最后纳税者，则名曰税收之归宿（incidence of the tax）。故税收之归宿者，乃转嫁之结果也；而真正之经济问题，则在于转嫁之性质。

英语关于财政上术语，颇觉缺乏。归宿一语，虽表示转嫁之最后结果，然对于税收原始赋课之直接结果，吾人殊无一常用之语表明之。"赋课"（assessment）者表明自上而下之过程也，而吾人所需求之术语则须表明自下而上之过程，故"赋课"一语，不能适用，法文之 percussion，意文之 percussione，皆有课税最初结果之概念。故法、意学者名税收之转嫁为 repercussion，[①] 而名其最后结果为归宿（incidence，incidenza），于义洵[②]属确切。

英语名词最能表明此种观念者，莫如"冲击"（impact）一字。吾人常言税收"冲击"（impinging）于某人或某物，故税收之"冲击"，殆可表明冲击之动作。且吾人寻常所云子弹之冲击者，实含有此种意义者在。故课税于最初纳税者之直接结果名曰税收之冲击，税收之冲击恰与世人所常称之"原始归宿"（original incidence）或"最初归宿"（primary incidence）者相当——其实此种称法是错的。盖归宿仅有一种，即最后归宿，此归宿惟当税收最后落着于负担税收者而始发现。若是吾人可得三种不同观念——一曰税收之冲击，二曰税收之转嫁，三曰税收之归宿；此三者各恰与税收之赋课、税收之移转、税收之落着相当。冲击者最初现象也，转嫁者中间过程也，而归宿乃为结果。混冲击为归宿，何异混归宿为转嫁，其为不当一也。

严格言之，税收冲击之意义，不仅表示原始赋课之直接结果，即凡纳税而后转嫁于人，当其尚未转嫁之时，皆有此冲击之现象。如课税于甲，甲移其税于乙，乙更移其税于丙，丙为最后负担此税者；当此情形，吾人自可说税收先冲击于甲，继冲击于乙。又冲击常辗转转移，或屡次反复。惟当纳税者同时而为税收负担者时，则冲击即随生归宿，或变成归宿。依同理，若最初纳税者亦为税收负担者，则税收之冲击，即随生归宿，中间并无转嫁之过程。总之，归宿表明结果，至转嫁——假令有之——则表明过程。

吾人于兹，所当着重之一点，即纳税者由转嫁而逃免税收之负

---

① 法、意学者间亦用 translation, traslazione 者，此字恰与英语之"transference"或"shifting"相当。法人常说税收之转嫁为"rejetés"，至吾国则用"thrown off""shifted"等字云。

② 洵，在古汉语中作副词用，意思是"确实，实在"。——整理者注

担是已。逃税之法多矣，学者非可与转嫁混同。自来学者对于此点之分析与命名，非常欠缺不全。[①] 本书于此，意欲辨析此中之疑点，且提议凡可认为确定之术语。

税收之转嫁，有前转，有后转。例如课税于生产者或卖者，而生产者或卖者各移转其税于消费者或买者，是即税收之前转（forward shifting）。反之，先课税于消费者或买者，而消费者或买者各移转其税于生产者或卖者，是即税收之后转（backward shifting）。复次，如卖者转嫁其税于买者，而买者再转嫁于其他买者，依次递推，累次转嫁，其终也税收最后落于最后之买者或消费者，是即税收之叠转（onward shifting），故税收之转嫁有前转、后转、叠转三种。[②]

与税收之转嫁确有几分不同者，是为税收之还元或偿还（capitalization or amortization of taxation）[③]。此现象之要点（关于此要点，本书容后详论之）[④]，即在某种情形下，课税品之买者得将未来应纳之一切税收预在买价中扣除之事实，此种事实即为税收还元之要点。例如投资有价证券之寻常利息例为五厘，某种公司债券本以面价发卖，因国家征课一厘税之故，而此种债券之价格，遂由面价而降为八折，此时税收已自债券之资本价值中扣除，扣除之数，适等于税收之还元价值（the capitalized value of the tax），于是债券新购买者遂能以低价买得之故，逃免将来应纳之一切税

---

①　英法学者实际上毫未辨清此种混同，德国学者虽已稍稍辨清，但仅仅做到如此。惟意国学者之成绩较好，尤以潘塔莱奥尼（Maffeo Pantaleoni）（见氏所著之《税收转嫁论》（Teoria della Traslazione dei Tributi）及其后之那托利（Fabrizio Natoli）（见氏所著之《税收经济效果之研究》（Studi su gli Effetti economici dell' lmposta）二氏为更著，惟二氏之分析，亦有可议之点耳。

②　德人自冯·霍克（von Hock）（1863 年）以来，即惯有此等概念，而以Fortwälzung, Bückwälzung 及 Weiterwälzung 三名词名之，但此三者均属于转嫁（Ueberwälzung）之下。

③　capitalization or amortization of taxation，今天的财政学著作一般译为"税收的资本化"或"税收的资本还原"。原书译为"还元"，整理者感觉比"资本化"或写作"还原"更好，因此一律不做更改。——整理者注

④　详见本书第二篇第一章第一节。

收云。

少数学者概以税收还元之现象为转嫁之一种，就某项意义言之，此种见解似诚有理，盖买者实已转嫁其税于卖者而逃税[1]故也。实则转嫁与还元迥然有别，学者不可以不察。盖转嫁者移其一时之税于他人，而还元则移其将来全部之税于他人。例于商人转嫁其税于生产者，每经一度之课税，即有一度之转嫁，生产者每次依税额而减低其卖价，此转嫁也。至于还元则不然，买者实在纳税，惟物之原主或卖者先从其卖价中扣除买者将来所要缴纳之一切税收而已。前者移一税于他人，后者则一次移全部税收于原主；盖税收还元，实指价格的变化而言也，此种变化，与未来一切应有税收之资本价值相等。故转嫁与还元，二者实有显著之区别。是以税收既转嫁，则不能还元，既还元则不能转嫁。例如课房屋税于房屋租借人，租借人或可转嫁其税于房主，但不能还元；课土地税于佃户，土地税即还元，但不能转嫁于现在地主。故转嫁与还元二者实为相反而非相补之概念也。

然无论为转嫁，抑为还元，纳税者总因彼此之交易而逃避税收之负担，使人类间无此买卖之行为，则无税收之转嫁，亦无税收之还元。此外亦有非因于交换而因于生产而生之第三逃税方法者。例如政府课税于精制品，或课税于生产物品之时，在某种情形下，生产者恐加税于价，货物之销路减少，于是一面自己负担税收，一面竭力谋生产方法之改良，从生产费之节省，借以补税收之损失。若是生产者因生产费之节省，不但可以抵补税收之损失，甚或于抵补之外，尚有利益可得。

吾人究何以名此现象？德人名此为税收之"消除"（throwing off, Abwälzung），意人则称之为税收之"弃却"（rejection），或"除

---

① 当代税收理论中"逃税"一词，一般仅指非法逃避税收义务。需要注意的是，本书译者使用的"逃税"是一个广义的概念，只要是企业没有承担税负都算在内，包括转嫁、合法避税、非法逃税等。——整理者注

去"（removal）。① 凡此诸种名词，以其含义毫不能显出此种现象之
特征，故不妥切；名此曰"消除"，曰"除去"，则吾人亦可在税收
之转嫁时曰纳税者消除或除去税收也，二者得毋混同？故本书特创
立一名曰"税收之消转"（transformation of taxation）以名之，盖有
取于转失为得转损为利之义也。夫税收之除去或消除（"弃却"）等
词，皆可用以名三种逃税方法——转嫁、还元与消转；而惟消转一
词，始足以表出转损为利之特征云。

　　学者间尝有疑及社会上是否有此税收消转之现象。此问题远在
休谟（Hume）之时，即已有人论及——至迟在其时论及，且尝联带
引起税收能否促进工业进步之疑问。就一般而论，谓税收能促进工
业之进步者，实属一大疑问。盖课于工业之税收，大概确视为工业
之阻碍物而非视为工业之刺激品。在自由竞争制度之下，孳孳求利；
虽诚足以激起个人乘机图利之观念。然亦常见生产者因某种新负担，
亟求生产方法之改良，以是此种负担往往能唤醒工业界之昏睡而使
其脱离旧方法者，确为常见之事实。例如18世纪时代，苏格兰课于
麦酒酿造业之税收，即促进酿酒方法之改良，一时酿酒者转损为利，
此固人人之所熟知也。他若19世纪时代，欧洲大陆之甜菜制糖税，
制糖者因此税之负担，首先注意于制糖成本之减低，此亦为彰明昭
著之史迹。借令无税收之刺激，生产者诚或有自动改良之一日，然
所谓税收纵非生产改良之原因，而谓为生产改良之副因者，当非无
理之言也。无论何时，如有此种现象发生，即随有税收之消转——
由损失而转成得利。

---

　　① 关于税收消转之现象早为劳和（Rau）所述及，而 Abwälzung 一词，则初见诸
冯·霍克所著之《国家经费与债务》(Die Öffentlichen Abgaben und Schulden)一书。潘
塔莱奥尼在其《税收转嫁论》第28页上，称此为税收之丢开（rigetto dell' imposta）；那托
利在其《税收经济效果之研究》第22页上，称此为税收之除去（remozione dell' imposta）；
他内拉力（Tenerelli）在其《间接消费税问题》(L'Azione delle Imposte Indirette sui
Consumi)第67页上，称此为税收之除去（rimozione dell' imposta）。

然而财政学上迄未辨清税收之消转为何物。有数学者以为消转即转嫁，[①] 自吾人视之，此二概念实完全不同。在转嫁时，税收即离却纳税者而归宿于最后负担税收者，此税收乃归宿于最初纳税者以外之人。至于在消转时则不然，其时税收直归宿于最初纳税者，最初纳税者之逃其税，不由于税收之转嫁，乃由于税收之消转。有归宿然后有消转，消转者乃归宿之反动也。苟无归宿，即无消转，苟有转嫁，则税收之不归宿于最初纳税者可知矣。故消转与转嫁二者实为相反之概念也。

抑或有人误混消转为税收之逃避（evasion of taxation），[②] 然此现象为完全不同之现象，吾人随即可明白。其他学者又有过于推广消转之范围，不但将因生产上各种改良而得之节省，包括在内；即凡因消费上改变而得之储蓄，[③] 亦包括之。其实后者，如后之所示，应当列入其他之一类也。

故税收之消转，亦为逃税之一法，而且必与转嫁、还元二者同归一类。三者之中，以转嫁为最常见，还元次之，至消转则不常见。转嫁与还元虽显为相异甚且相反之现象，然此二者与消转有二共通之异点，一为逃税方法之各异，二为结果之各异。转嫁与还元因物

---

① 而尤以德国学者为甚。虽冯·霍克首先说到 Abwälzung，后之学者即用此字为与 Ueberwälzung 义同之普通名词。例如劳和（Rau）及普林斯密斯（Prince-Smith）在《国民经济与文化史季刊》（Vierteljahrschrift für Volkswirtschrift und Kulturgeschichte）卷 13（1866）发表之"论税收之转嫁"（"Über die Abwälzung"）一文，即犯此病。赫尔德（Held）在 1868 年《政治学杂志》（Zeitschrift für die gesamte Staatswissenschaft）上刊登之"论税收之转嫁"（"Zur Lehre von der Ueberwälzung der Steurn"）一篇，首先注意消转实非转嫁之事实，但氏迄未以 Abwälzung 一词名消转，仍用 Überwälzung 名之，抑若二词义同者。参阅原文第 481 页及第一篇第二部第六章。瓦格纳（Wagner）详述消转之现象甚晰，而且以 Abwälzung 名之，但氏分转嫁为消转叠转二种，而以消转属转嫁之下。参阅氏所著之《财政学》（Finanzwissenschaft）第二篇（1880）第 331 节第 154 页。晚近德国学者应用此等名词，更为混乱，竟无一而能辨别清楚者。

② 维克塞尔（Wicksell）在其所著之《财政学理论之研究》（Finanztheoretische Untersuchungen）第 12 页上（1896）即犯此病，此书之最初几版，实未辨清此二者之异点云。

③ 潘塔莱奥尼在其《税收转嫁论》第 25 页上即有此种错误。

品之交换而逃税，而消转则因生产而逃税，此方法之不同者也。转嫁与还元纳税者虽可逃避税收之负担，但决不能获利；至于消转，纳税者借此不但可以逃税，抑且可以转失为得，转损为利，此结果之不同者也。

转嫁、还元与消转三者虽同为逃税，然此亦非唯一之逃税也，三者之外，尚有一更普通者——此即税收之逃避（evasion of taxation）是也。在上所论三种逃税方法之任何一种，纳税者不论其如何逃税，政府总有税款之收入。税收不论为转嫁，为还元，抑为消转，纳税者总有其人。即就消转而论，生产者虽可借此而转损为利，然彼仍纳税于政府，于政府之税收，固无丝毫之影响也。

至于税收之逃避，不但纳税者逃其税，即政府亦无收入之可言。故惟当无收入时，始有税收之逃避。例如税收若有一部分脱漏，则其脱漏之部分，国库即无收入。就财政学上言之，税收之逃避，等于不课税，而就政府之收入言之，则直等于无税收。至若在前此三者之逃税时，政府固仍有收入也。

税收之逃避，种类颇多——以合法逃避（legitimate evasion）与违法逃避（illegitimate evasion）二种为最重要。违法逃避，义甚简单，即违反法律而逃避其税是也。彼"漏税者"，"用计偷关者"，或用其他逃税方法者皆是也。然而无论如何，逃税者所获之利益，即为政府所受之损失。至于合法逃避则不然，即适合法律而逃避其税也，政府对于法律上所禁止之物品，往往寓征于禁，征收重税。个人若因税过重，限制物品之消费者，即为合法逃避。是故若无消费之减少，即无所谓合法逃避矣。合法逃避更可分为意中逃避与意外逃避二种。所谓意中逃避者，即立法者已预料其逃避于立法之初，故其逃避乃在立法者之意中。关于此种税收之赋课。立法者之目的，原在于社会之公益，不在于国库之收入，如美国之征收鸦片税或各邦纸币税，立法之目的在于禁止个人吸烟或发行纸币，是其例也。其他如征收高关税亦同此理，政府之征收关税，原为阻止或禁止外货之输入，若外货果不输入，则虽无税收可言，而立法之目的固已

实现矣。所谓意外逃避者，立法者当立法之初，不欲其逃避，乃因
税收之赋课，或税收之增加，消费者乃大减其消费，而致影响于国
库之收入，或国库竟毫无收入可言，此则出乎立法者之意料，故曰
意外逃避也。此种情事，在世界各国之国产税立法时，往往遇到。
复次亦有合法逃避与违法逃避合并者，惟合并后之合法逃避必变成
意外逃避耳。此盖若政府原期人民不纳税，则人民之不纳税，自不
违反法律也。例如美国政府当南北美战争时代，加重麦酒税，一时
酒税每一加仑从五角增至二元，结果不但使消费大减，而税收上诈
骗之事，且因之层见叠出，此即为违法逃避与合法意外逃避合并之
良例。

　　若吾人综括前面之讨论，吾人得将逃税之种类，列成系表
如下：

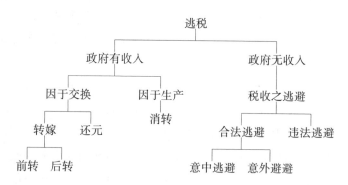

　　各种逃税，以转嫁为最重要。税收之逃避，非常简单，故无详
说之必要。税收之消转，殊不常见，仅略论之可矣。税收之还元与
转嫁，殊有密切关连，故莫如论转嫁时而述及之之为愈。介乎税收
之冲击与税收之归宿间之过程者，乃转嫁之现象也，吾人对于此现
象，须作一详尽之研究。

　　学者不但不能辨明转嫁与他种逃税之区别，即对于一税之转嫁，
与其落在转嫁者身上之偶有之负担，亦多未能辨别清楚也。

　　例如吾人研究税收在买者与卖者间、或在生产者与消费者间之
转嫁，则吾人所要注意之问题，是为：物价因课税而增高乎？若物价

果增高，则吾人即谓税收转嫁到某程度，但即在税收完全转嫁时，卖者亦未必无丝毫之损失。譬如一种物品，其价格之增高，往往致于售额减少，而且售额减少，其卖价虽贵，而卖者所得利润之总额，往往反比前减少。在此种情状下，不但买者负担税收，即卖者纵能完全转嫁其税收，亦必蒙受损失也。

此等偶有的负担，吾人可括名之曰税收之压迫（pressure of taxation）。故除本书第 2 页①所述之三种概念外，尚有第四种概念。换言之，吾人寻求税收之历程，吾人应辨别：(1)税收之冲击；(2)税收之转嫁（及其他逃税）；(3)税收之归宿；(4)税收之压迫四个概念。实在言之，税收之压迫，不仅为归宿之结果，而且与归宿未发生前之各种阶段有关。② 是故从冲击，从转嫁或他种逃税，以及从归宿，皆可生出税收之压迫，或偶有的负担。故税收之压迫，不但纳税者有所感觉，即不纳税者，亦固往往感觉也。

税收之归宿，与归宿之压迫，有一区别，此则显然。税收之归宿者，乃表示税收负担者最后所纳之税款也，常人每以税收负担者之负担，等于其所应付之税额，或以应付之税额，度量其负担之轻重。但有时生产者因课税之结果，不但能依税额提高其物价，而且所提高之数，更比税额为多者，此层吾人读后自明。在此种情状下，不但税收归宿于消费者，而且落在消费者身上之负担，较税额为大。税收负担者之损失，多于国库之所得，归宿之压迫云者，殆即包括此种额外损失而言也。③

税收冲击之压迫，可以前第三节上所述之事例说明之。生产者虽可完全转嫁其税收，然因售额之减少，常致利润之低落，此种利润之低落，即为税收冲击之压迫，此种压迫，不能因税收之转嫁

---

① 新编本在第 1 页。
② 如那托利在其所著之《税收经济效果之研究》上批评潘塔莱奥尼时，就已指出。
③ 亚当斯教授（Professor Adams）在其所著之《财政学》(Science of Finance) 第 388 页上，似未注意及此，氏说："政府若无一分收入，则人民自无一分付出。"巴斯塔布尔教授（Professor Bastable）虽无此种谬误，然误将此种额外损失包括于归宿中，而不包括于归宿之压迫中，见氏所著之《财政学》(Public Finance)3 版第 361 页。

而有所冲消也。反之若税收先为消费者缴纳负担，而生产者或因售额之减少，而蒙受损失，此损失即为税收冲击于消费者的压迫及于生产者之反应。复次已纳税之生产者，因某种理由只能转嫁其税额，而不能并此税额之利息而转嫁之（译者按：生产者先要填付税收故云），生产者所受此种利息之损失，即为税收冲击之压迫。①

　　关于逃税之压迫，莫如引税收之逃避以为例以说明之。如课税于货物，物价依税额而增贵，税收通常或直接冲击于消费者，或由转嫁而及于消费者，消费者于此必限制其消费，甚或至于完全不消费；如此，则消费者自无税收之负担。然人生也有欲，焉能不消费，当某物昂贵之时，则人势不得不降而求其次之代用品，甚或完全牺牲其欲望，欲望之不能满足，则其人必感觉痛苦，痛苦亦人生之一损失也。然此损失，只可谓为逃税之压迫，而不可谓为归宿之压迫，良因其人既未纳税，自无归宿。由此观之，税收之负担，殆为未纳税者及纳税者所共同感觉也。善夫克能有言曰："纳税者所受之损失，转少于不纳税者所受之损失。有人于此，日必绕道二哩以避其所谓过桥税者，则其人对于免纳过桥税所享之利益，当更比纳过桥税之多数人之所享利益为少云。"②

　　此种考究，已使适所征引之学者提议完全不用"税收之归宿"之名词，而以"税收之效果"（effects of taxation）代替之。③ 所幸此

<hr>

　　① 潘塔莱奥尼在其所著之《税收转嫁论》第21页上，误以此种利息为税收归宿于生产者之一部分负担，如那托利在其所著之《税收经济效果之研究》第37页上，指出国库若无一种收入，则不能有归宿，其言甚是。

　　② 见爱德文·克能（Edwin Cannan）在《皇家税收研究委员会报告》(1899)(Memoranda chiefly relating to the Classiflcation and Incidence of Imperial and Local Taxation of the Royal Commission on Taxation)第166页之文字。

　　③ "余确信吾人可以避免'税收之归宿'名词之使用。此名词对于吾人研究税收之公正与利便，非常限制。因吾人常仅以税收之'真正归宿'（real incidence）在最后纳税者……故吾人不如研究税收之效果之为愈。"见克能在同上《报告》之文字。

不妥当之提议,学者鲜有赞成。① 尝考税收之效果,意义有二。就狭义言之,税收之效果者,乃指上述各阶段之直接效果也。如转嫁为冲击之效果,归宿为转嫁之效果,税收之压迫为冲击、转嫁以及归宿之效果。就广义言之,税收之效果者,乃表示课税后之结果也。一税收之赋课也,其效果甚多:有足使实业衰萎而民穷者;有足使生产振兴而使民富者;有为社会不能减轻的祸害者;有行之而必有弊者;有对于全社会为非常有利者。

凡此种种,实为重要之问题。然非吾人先解决转嫁与归宿之问题,则对于此等问题之研究,未易下手。科学之进步,端赖分析之日进精密,分类之日进精细。若仅泛论税收之"效果",则如本书前面之全部分析,将皆归于无用之途矣。由此种分析,吾人始能断定最重要之问题是为转嫁与归宿之问题。研究税收归宿问题者,初不必注意于税收一般效果之阔大问题,其所要特别研究者乃为:税收最后落在何人身上(on whom does the tax ultimately fall)之一问题。若此问题一解决,吾人乃能进而讨论税收及于各阶级或各个人之压迫所生出之效果。是故转嫁者过程也,归宿者结果也,而财富分配之变化乃为效果。

若是,税收归宿之讨论大半依于税收转嫁之研究。吾人当前所当研究之真正问题,乃在于考究税收前转、后转或不转之条件。惟

---

① 学者中惟埃奇沃斯(Edgeworth)似倾向于克能之提议,埃氏在《经济杂志》(Economic Journal)卷10(1900)第172页上发表"论都市地方税之归宿"("The Incidence of Urban Rates")各篇,首即声言:"本文所谓归宿乃指经济学家所当研究之一切税收之效果而言。"然在前注所述之《报告》第132页上,埃氏曾引征学者对于"此种于某阶级有损,但于国库并无利益——之效果,是否可称为税收之归宿"之怀疑,而称赞其是。吾人亦知税收之效果确为"经济学家所要研究"。巴斯塔布尔则以"此语久为学者所沿用,而且甚简便,吾人殊不应忽弃而不用。"见《财政学》三版第361页。那托利说:"如人人所能明白,所改之词反不如原用之词,吾人纵能达到区分现象为归宿之效果与其他效果之一点,然究不能辨清归宿之效果,反与其他之效果混淆不清。"见氏所著之《税收经济效果之研究》第311页。又如劳福哥(Row Fogo)所说:"'效果'一词,实觉不妥,例如地方税有损害房屋租借人之康健道德之效果……若以'归宿'替代'效果'则含义较觉紧切……'效果'一词含义殊太泛云。"——见劳福哥所著之《论英国地方税之改革》(An Essay on the Reform of Local Taxation in England)第127页附注及第131页。

吾人能明了税收向何方转嫁，为何故转嫁，及如何转嫁，然后吾人始能发现税收之实在归宿；亦惟吾人能发现税收之实在归宿，吾人始能进而讨论税收之一般效果。本书于后即本斯旨，先为评述历来转嫁归宿学说之历史，继乃研究积极的理论。本书第二篇讨论最新之创造学说；为便于论究起见，故先则讨论一般之原则，继则逐一研究各种重要之税收，终则得到财政学上可以适用之一般结论。

第一篇　税收归宿学说史

概　　说

自来论税收转嫁与归宿之学者,① 亦如论其他经济问题之学者,大致可分为两派,而以重农学者与亚当·斯密创成分配论之时代为此两派之分野。第一派学者——殆全系英人——所述之学说,可综名之曰"古代学说"(the early theories)。

英国在亚当·斯密以前,关于税收之著作,约始于 17 世纪中叶。百余年来,税收归宿之理论,除少数重要例外不计外,时散见于主张实际改革或反对实际改革而著之小册子上。惟不待至斯密前之数十年间,税收归宿一般理论之研究,在经济论文上即占较重要之地位。古代政治家与夫小册子之著者,其在财政上之建议,大都以稍稍确定的归宿理论为根据。吾人若能依照各首创者从归宿学说

---

① 包括税收归宿学说史者,仅有德文二书。一为恺尔(J. Kaizl)所著之《税收转嫁学说》(Die Lehre von der Überwälzung der Steuern),一为法尔克(G. V. Falck)所著之《亚当·斯密以后税收转嫁学说之发展之评述》(Kritische Rückblicke auf die Entwickelung der Lehre von der Steuerueberwälzung Seit Adam Smith)。惟此二书仅论述近代之学说,即在其时亦不适用。各派著作家皆略去不论,其中实有重要者。二书皆系编年体裁,且稍稍分析各派之学说。法尔克纪述古代德国学者之学说较详,恺尔虽未论及法国几个最著名之学者,然对于法国著作家则较熟识。惟二子对于英国学者除斯密、李嘉图、密尔几人外,几不述及;而且不知欧洲大陆及美国之学者。法尔克自己几无确定之见解,至恺尔则笃信德国一二前人之学说,故本人鲜有独到之创作。虽然,吾人所可依以研究税收归宿问题者,仅此二书耳。恺尔之书原系博士论文,内容较淹博。恺尔后任布拉格大学(University of Prague)教授,并为波希美(Bohemian)许多经济论文之著者,在奥匈专制时代,曾任财政总长之职云。

推得之实际推论而分成各派，则眉目当可清晰；由此点观察，亚当·斯密以前之学者，大致可分为六派如下——

第一，讨论一般消费税者（those who discuss the general excise）。

第二，赞成奢侈品单一税者（those who favor a single tax on luxuries）。①

第三，赞成房屋单一税者（those who favor a single tax on houses）。

第四，赞成一般财产税者（those who favor a general property tax）。

第五，赞成土地单一税者（those who favor a single tax on land）。

第六，赞成折衷制度者（those who favor a more electic system）。

古代学者对于此种问题既少研究，而所可依据之书籍，又复寥寥无几，故吾人评述"古代学说"之历史，自应略较详细，若夫意在略述归宿学说之一般发达史者，初不必如此也。

至在重农学者与亚当·斯密以后学者之见解，吾人概称之曰"近代学说"（the modern doctrines），本书将于卷二中论之。惟关于此等学者见解之区分，较难准确；良因彼此见解，多有共同之点，吾人殊不易明白划分之也。兹为便于讨论起见，分其税收归宿学说为八大派如下——

第一，重农学说（the physiocratic theory）。

第二，绝对说（the absolute theory）。

第三，分散说（the diffusion theory）。

　　（甲）乐观说（the optimistic theory）。

　　（乙）悲观说（the pessimistic theory）。

第四，还元说（the capitalization theory）。

第五，折衷说（the electic theory）。

第六，不可知说（the agnostic theory）。

第七，社会主义说（the socialistic theory）。

第八，数量说或数理说（the quantitative or mathematical theory）。

---

　　①　此处所用"单一"(single)一字，并非与"重复"(double)相反之意。本文意即谓一般奢侈品税而外，并无他种税收。

卷一　古代学说

第一章
讨论一般消费税者

　　"消费税"（excise）即物品税之谓，此项税收或课之于生产者，或课之于本国商人。消费税与课于输入商之关税有别；虽货物入口之后，亦有课以国内税或消费税者，然二者究竟不同。此等国内税或消费税，一般均视之为转嫁于消费者，因之此等税收虽先课于生产者或商人，然通常概称此税为间接消费税；惟英国政论家断不承认此一般见解。关于消费税归宿之学说实可分成四类如下：

　　第一，以消费税虽先由商人转嫁于消费者，然此税终不归贫苦消费者负担说。

　　第二，以消费税将归一般消费者负担说。

　　第三，以消费税将转嫁于地主说。

　　第四，以消费税终归商人负担说。

　　最古学者，其倡议消费税制也，仅粗窥事实之皮相，以为消费税为课于消费品之税收，故即推定此税为消费税。倡议者之理想，原在赋课费用税，而在彼辈视之，则以赋课一般消费税而此理想最易达到。此种计划虽为多数古代学者所喜倡，然至后来赞成者固多，反对者却不少。迄至18世纪中叶，此问题遂为最剧烈论战之焦点，赞成一派率以沃波尔(Walpole)为领袖云。①

英国学者中主张以费用为课税标准者,殆以霍布斯(Hobbes)为最早,霍氏著书,适在 1643 年英国初行消费税之后。霍氏以为消费税为税收公平与普遍学说之逻辑的系论,此层与后来欧洲大陆税收改革家之见解相同。霍氏以为若课税于财产,必致破坏勤俭储蓄之美风,而奖励奢侈浪费之恶习;至于消费税,因人人必有消费,故断不能如其他许多税收之易于逃避。② 消费税计划,遂为有数学者所赞同。例如克拉多克(Cradock)谓:"一般消费税(人士非难及呈请取消者甚力)若能善为组织,实为税收中之最公平者:除出卖而得利者,及购买物品不知不觉间纳税而无怨言者外,无一人负担此税。"③ 又有一学者述及荷兰消费税时,称此税"确为世界上最轻最公平之税收,于任何人损害最少。"④ 实在此制度如此脍炙人口,故

---

①   关于学者加入此著名"消费税计划"(excise-scheme)(实则绝非一般消费税计划)之辩论之史迹,详见雷萨(Leser)所著之《英国消费税》(Ein Accisestreit in England)之各篇论文,及利卡萨勒诺(Ricca-Salerno)所著之《17 世纪末叶 18 世纪前半叶间英国之财政学说》(Le Doctrine finanziarie in Inghilterra tra la fine del secolo XVII e la prima meta del XVIII)。此外同时代之小册子名称,详见辛克拉(Sinclair)所著之《英国岁入史》(History of the Public Revenue of the British Empire)上所附之书目。雷萨与利卡萨勒诺二氏讨论之论文,多未论及税收归宿问题。就二氏所论到此问题之论文以及同时之其他著作而为意法学者所未述及者,本书于后论述之。

②   "所谓课税公平云者,乃公平课税于消费品而非公平课税于各人消费相同者之财富之谓。所以然者,盖以人之能勤俭持躬者,消费少而储蓄多;其人之负担若反较怠惰而只知挥霍不知储蓄者为重,则勤俭者将因之而失望曰:诚能储蓄,亦殆不能受国家之保护也,安用俭为! 此课税于财产之弊也。若课税于消费品,则人人依其平日之用费而公平纳税,又私人之浪费挥霍者亦不能逃税。"——见霍布斯所著之《巨鲸》(Leviathan, or the Matter, Form, and Power of a Commonwealth Ecclesiastical and Civil)第三十章、第二篇、第 181 页。欲知此段所根据之税收利益说(benefit theory of taxation)之详细者,可参阅塞利格曼所著之《累进税之理论与实际》(Progressive Taxation in Theory and Practice)二版第 150—157 页。

③   见克拉多克所著之《整理关税消费税策》(An Expedient for Regulating the Customs and Excise Approved by divers well affected marchants and others of the city of London)第 1 页。

④   见《改良国货以利英国国计民生论》(England's Interest Asserted in the Improvement of its Native Commodities; and More Especially the Manufacture of Wool)第 33 页。著者系一真心爱国之士。

卡尔拍拍（Culpeper）能说："吾人单纯之消费未尝课税太重，斯言也，已为一般承认之格言。"① 卡尔拍拍又在他段曰："在繁荣之国中，国内消费税为最良好之税收，其他无一税足可与之比拟；且此税既无丝毫取之于土地，而劳动者在需求盛时亦乐于纳税。"②

然消费税行之不久，而小册子著者对于消费税之归宿，始有更确定之见解。于是学者之意见，纷歧不一，兹说明之于下。

第一节　以消费税并不归贫苦
消费者负担说

经济学家对于消费税之归宿，首先发表确定意见者，厥为托马斯·孟（Thomas Mun），孟者乃鼎鼎大名之重商主义家也。孟讨论意大利、荷兰两国之税收制度，而寻其要点则在于"一切输入新工艺品之关税，课于生畜、土地、房屋买卖让与之税收，女子嫁资税，饭店旅馆营业执照税，人头税，以及课于在其国内产销之米、酒、油、盐等税"，夫此种税收世所视为"暴民之具，而使民陷于穷苦可

---

① 　见卡尔拍拍所著之《论重利减轻对于本国之利益并论减低利率至如他国之最低者之重要》(A discoure showing the many advantages which will accrue to this Kingdom by the abatement of usury together with the absolute necessity of reducing interest of money to the lowest rate it bears in other countries, that, at least, we may trade with our neighbours upon equal terms humbly presented to the High Court of Parliament now sitting)第 3 页。观此书之名即可知卡尔拍拍之所以在本书所引之一段文字后随有下列一段之忠告也。其文如下："然则宜课税于盘剥重利，世间消费当无过于此者矣；愿课税于征收消费税者，因盘剥重利实为课于吾国农商业之重要消费税故也。"

② 　见同上著第 2 页。卡尔拍拍反对土地课税之增加，且发表极激昂之文字如下："抑土地能担负否？曰，若非仅如日前之困苦，而且若不设法补救，则土地确不能担负；哀哉！土地已奄奄一息，若非施以有力之补剂，则其垂毙可翘足而待也。各区田园，多成荒芜，佃户既不愿租种，地主无力设备，合多数亩之设备仅足供一亩之用，大半损失殆尽。抑更有进者，土地不啻人之心脏，为全国命脉之所寄也；是以吾人苟非自愿沦于殖民地状态，以取灭亡之祸者；则吾人应竭力爱护土地。"

怜之地者也"。① 然孟则声言此为谬误之见解。盖工资必比例于生活
必需品之增贵而增贵，故久而久之，课于贫民之税收必先转嫁于雇
主而由雇主再转嫁于制造品之富裕消费者。② 此确为良好之现象，因
富者自此将"不得不减少其浪费及怠惰无所事事之仆役"。③ 推孟之
意，以为消费税之所以可取者乃因此税可转嫁于雇用工人之生产者，
或无论如何此税决不归社会大多数之消费者负担之故，此则甚明。

其他学者又将消费税并不归大多数消费者负担之学说，更推进一
步，而主张一般税收真无负担之阔大学说。例如瓦特豪斯
（Waterhouse）主张"课税于贫苦之人"，而贫苦之人仍可借工作之增多，
工资之增高，"而取回其所纳之税收"；并谓吾人必可视税收如一种贷
款，其利息不久即归还于纳税者。④ 又有某学者定下原则曰："课税于
民，可使民富。"⑤ 又曰："税收者，既无所累于国家全体，又无所累

---

① 见托马斯·孟所著之《国外贸易与英国富源》（England's Treasure by Foreign Trade,or The Ballance of our Foreign Trade is the Rule of our Treasure）第十六章"论君主之收入如何可以公正筹集"第 151、152 页。

② "又此等重税,其有害于人民之幸福者,亦非如普通所言之已甚。因贫民之食物,虽因课税而增贵,然彼等之工价,亦随之而增贵。故税收之负担（假令有之）,仍归于富者担负。富者养尊处优,怠于作工,即愿作工,亦不作此类工作,故富者必得雇用贫民而为贫苦人工之大消费者。"——见同上著第 154 页（又见阿什力的《经济学丛书》[Ashley's Series of Economic Classics]第 85 页。）

③ 见同上著第 155 页。——这些指向英文原著页码的提示都是原书所有,整理者不做任何调整。在下文中还有译者指向中文译著（即本书）的页码,整理者将逐一指出在新编版本中的页码位置。——整理者注

④ "人民以金钱献纳于国君,国君仍以工资、薪俸、交换品、货物归还于人民。凡君为保民而收税,君仍用民而付以工资,凡输将于国库者,仍将流出于市场:金银之周流于国内,无异于血脉之循环于人身……所纳之税款,并非遗失也,是乃货款也……官吏一手向民要钱,而一手给民以钱,居民上者虽有权征收税收,然民上雇用人民而付还工资,取之于民,而仍用之于民也。"——见威廉·瓦特豪斯（William Waterhouse, Esq.）所著之《有比较然后知优劣论》（One tale is good until another is told,or,some sober reflections upon the act for chimney-money drawn up for the use of some neighbors,and thought useful to be communicate to the good people of this nation）第 29、30 页。

⑤ 见《税收无负担说》（Taxes no Charge:in a Letter from a Gentleman,to a Person of Quality showing the Nature,Use,and Benefit of Taxes in this Kingdom,and Compared with the Impositions of Foreign States）第 5 页。

于特种人民；斯乃有利于全体国民者也。"① 此学者证明此说之主要
议论是为："第一，因国家以税收收入充作政费或军费，能使货币流
通不息；第二，因不特贫民藉课税而有事可作，即国家亦可藉此以减
轻一种救贫负担。"② 此著者所言且较瓦特豪斯为更进一步；盖瓦氏不
过称税收为一种贷款而已，至此著者则直主张税收应可视为救济贫民
之贫民的银行也。③ 自著者视之，一切税收，诚无优如消费税者。"消
费税实为一切税收中之最公平者：因人之纳税无一人而可谓为被压迫者，
纳税者即以自己为其课税评价人，各按照其消费而欢喜纳税云。"④

又有同时代之某匿名小册子著者亦以"消费税为其他一切税收
中之最公平的较不难堪的税收"，并相信不轻不重之税收，决不致于
使人民感受痛苦而节减其消费。⑤ "值十二便士之糖而抽一便士之税，
人有因此而果少用糖者乎？值十二便士之丝带而抽二便士之税，人
有因此而少用丝带者乎？每十二便士而抽三便士，人将因此而不为
掿蒱⑥博奕者乎？值十二便士而抽四便士之税，试问妇女有能因此而
果不带珍珠金钢钻抑或不买扇与镜乎？"此著者固确信值三抽一之
税收为无害于民，然自今日之吾人视之，恐多不以此为然也。

然孟与其后继者所持多数消费者真不负担税收之见解，迄未十

────────

① 见《税收无负担说》第9页。

② 见同上著第13页。还有附带之理由，即"国中之最坏分子，如放荡邪侈之徒"亦实已纳税，而且因此税包括关税，故藉此税"能阻止有害贸易"。

③ "世人常以税收对于最下贱人民亦为一种负担，此实大谬。因下贱人民所纳者少，而由政府征收税收后之费用所得回者多，故国家课税于民，而仍用之于民者，则此税收实可视为贫民与工人之银行也，彼等藉此可以有事，藉此可以养活。"——《税收无负担说》，第17、18页。

④ 见同上著第25页。著者虽反对慈善业、独占业、货币之交换，及人头税、职务捐、游历捐等，然氏曾提议征课犹太人税、戏馆营业捐，与夫课于"国中败类及淫荡男女"之税收，以补一般消费税之不足。无怪著者在他处亦自认曰："若是吾竟杂集一种乱七八糟之议论矣。"——见同上著第19页。

⑤ 见《乔治、汉斯二人对于英国现事之讨论》(A Familiar Discourse between George, a True-hearted English Gentleman; and Hans, a Dutch Merchant: Concerning the Present Affairs of England)第37、38页。

⑥ 掿蒱，音 chū pú，一种用来赌博的游戏。——整理者注

分进展。其后数十年间，谓消费税真有负担及于贫苦消费者之见解，渐占势力，此种见解本书将于次节研究之。但至 18 世纪中叶，学者仍有复信孟之说者，就中以福奇（Fauquier）为最著。福奇发挥极透彻锐利之议论，意在说明课于劳动者之税收，无论为直接工资税，或生活必需品税，必由劳动者转嫁于他人。福奇定出其一般原则如下："贫者并不、从未而且断断不能缴纳任何税收者也；凡无丝毫之物者，自不能纳税。"① 福奇又进而假定贫民所得之工资常仅足以糊口，故若因课税而致生活必需品涨高，或其工资有所减少者，则劳动者即不能依其旧日所得以为活，故其货币工资势非比例地增高不可②。实在福奇相信工资往往超过于税额之比例而增高，但氏迄未思所以证明之；氏虽确曾说明课于货物生产者或卖者之税收其转嫁于买者当超过于税额。③ 顾此种论断，对于利润方面纵能真确，然其推理必不能适用于工资。姑无论如何，福奇则固确信税收仅归富裕消费者"即依赖所得为活之富者"负担。而且"推而至于如世人所谓最有影响于贫民之税收，而初视之此税似由贫民直接缴纳者"，亦属如此。④

　　福奇之实际结论，确与孟不同。盖孟主张一般消费税，而福奇

---

　　①　见福奇所著之《如何筹集目前战费而不致于增加国债论》(An Essay on Ways and Means for raising Money for the Support of the Present War, without Increasing the Public Debts)第 17 页。

　　②　"若课税于劳动，或课税于最下贱劳动者所必需用之物品，而劳动者仍要生活，既要生活，则其工资必定提高。"——见同上著第 20 页。

　　③　"若因课税……而普通生活必需品非常腾贵以致劳动者不能依其旧日工资以为生者，则其工价必随生活必需品之腾贵而腾贵。"——见同上著第 19、20 页。

　　④　见同上著第 20 页。与此相似之议论见诸约在同时期之某小册子名《论世人以课税太重致国家不能继续作战之谬误》(The man's mistaken who thinks the taxes so grievous as to render the nation unable to maintain a war)，尤详于该书之第 11 页。此书大都抄袭《论税收不重故此决非国内不安之原由》(The taxes not grievous and therefore not a reason for an unsafe peace)书中之所论。二书均在战时著成，迨夫战事既了，学者又有一种不同之意见，吾人试观《论本国税收之性质及其负担》(The Nature and Weight of the Taxes of the Nation: showing that, by the continuance of heavy taxes and impositions … trade is destroy'd, the poor increas'd; and the miseries and misfortunes of the whole kingdom)，即可明白。

则反对之，以为不如用他法而可更易于达到此同样结果——即消费税。① 对于二氏结论之异同，兹姑不论，吾人于兹所当特别注意之一点，即此二氏不但均信消费税必不归贫苦消费者负担，但必转嫁于雇主；而且均信若消费税果归消费者负担，则此消费者必为富裕消费者。此说后为詹姆·斯杜阿特（Sir James Stuart）所承认，② 至亚当·斯密、李嘉图二人又为之发挥之，于是此说遂蔚然成为正统派学说之一部云。

第二节　以消费税归一般消费者负担说

大多数学者相信消费税归一般消费者负担，消费者不论贫富殆无一而不负担之。此种阔大学说首为著名经济学家兼统计学家威廉·配第（Sir William Petty）所创。配第亦以英国学者最先著书专论税收问题著闻于世。③ 故凡在配第书中之税收归宿的一般理论，本书应有详论之必要。

配第首论土地收入之获得，氏谓获得之方法有二，——或"划开全国土地之一部专充公家用途"，或"征收土地税"。此种土地税即"由各个地主之地租中分出一部分"，而在草莱新辟之国中（大概某种免役税先已保留），此税实为良税；因地主负担一部分，消费者亦负担一部分故也。是故"不但地主要纳税，即凡吃一鸡蛋或生于地主土地上之一葱，与夫雇用吃地上产品之工匠者，亦要纳税"。④ 配第又谓至在古国如英国中，地租规定已久，一旦征收土地税，则地主势必因此重订其地租而独获利，故此税殊不公平。地主"一面提高其收入，一面则增加其粮价"，于是加倍获利。因为土地

---

① 见本书下面第 104 页。——新编本在第 72 页。——整理者注
② 见本书下面第 137 页。——新编本在第 94 页。——整理者注
③ 见威廉·配第所著之《赋税论》(A Treatise of Taxes and Contributions)。
④ 见同上著第 20 页。

税最后必归消费者负担，或如配第所言"土地税变成一种变相的消费税，负担最重者痛苦最轻"。①

配第亦论及房屋税或即"课于房租之税收"。配第以为房屋税之影响，较诸土地税之影响为更不确定，"因房屋含有两种性质：其一，房主自住而不租于人者，则其房屋为一种消费之性质；其二，房屋出租于人者，则其房屋为一种营利之性质……故若为营利性质之房屋，则房屋税为有类于土地税；若为消费性质之房屋，则房屋税为一种消费税。"② 从上所述，吾人即可推断配第固以房屋税为转嫁于消费者或房屋租借者，若租借者本人而为生产者，则此房屋税必更转嫁于消费者。

论到"关税"，配第以为"输出税""输入税"将皆转嫁于消费者。配第于此且先说明国家征收关税之原则，氏反对关税之重大理由则因关税常课之于生产上必用之原料品，或如配第所言"关税课之于尚未制成之物品及正在制成中尚未精制之货物"之故。③ 至于人头税，配第以为此税不能转嫁，且因此税之不公平而反对之。④ 配第又断言消费税为一切税收中之最良税，且说此税虽转嫁于一般消费者，然不能再行转嫁。关于此点消费税确为土地税房屋税所不及，因就吾人之所已知，此二税收仅有一部分转嫁于消费者故也。

配第对于一般财产税之见解，颇关重要，氏在其卷一税收论上即认明此种税制之缺点，后来英国逐渐取消此制。配第在缕述此制之各种弊端与滥用后，⑤ 末乃言曰："余反对此制，不愿有所多言，

———————

① 见威廉·配第所著之《赋税论》第21页。

② 见同上著第21页。

③ 见同上著第36页。配第后又附言曰："此吾所以谓世人所称之关税为不合时宜的，不合理的税收也，此无异于未消费而先纳税。"——见同上著第70页。

④ 配第太息痛恨于英国税制而言曰："若此之紊乱、横暴、无规则及纳税资格之杂乱，故吾人殊难重视此种救弊方法之适当也。"——见同上著第41页。

⑤ "今日盖有课于人民财产税者，岂特动产不动产课税十五分之一与二十分之一，即推而至于人民之职务、能力、与无形财产，亦被课税。中间发生欺骗、串通、胁迫、肆扰之事甚多，人有故意愿其课税而使人格外相信者，亦有贿通税吏而得减成纳税者。弊窦既层见叠出，然而政府不能阻止、调查或探究税收上营私舞弊之痕迹也(例如烟窗税)。"——见《赋税论》第61、62页。

余可立引无价值的，而且非常无价值的，极讨厌的、不好的之俗语以概括之。"然配第在其他种著作上，则似深信课及动产之可能云。①

　　本书不便讨论配第赞成以费用为税收标准之许多理由，② 吾人今兹之所论，仅述下列一点即可：配第先以消费税为理想税收之原则为其立论之出发点，主张一般消费税为达到此结果最确实最迅速之方法。配第讨论赋课单一税于某一种消费品之方法，或如配第称此税为"聚积消费税"（accumulative excise），或"课于某特种物品"之税收，而此种物品实可视为"最切近于一切费用之普通标准者"。但配第却偏好课税于"正可消费之各种必需品"之计划。③ 然氏亦自觉此法"太麻烦"（too laborious），故提议"吾人应列一种物品单，内中物品最易计算而且最与消费切近"之计划以代之。

　　配第之见解，随间接消费税之逐渐推行而渐次流布于社会。17 世纪末叶之学者多热心主张一般消费税制度。某重要小册子著者先定出消费税之定义，④ 次乃进而阐明其理，谓货物之"制造者"虽填付税款，然彼等实转嫁其税于社会一般，而一般初未尝有所感觉也。自著者视之，此实为消费税莫大利益之所在，盖若直接课税于消费者，则消费者势必感觉痛苦而有所怨怼矣。⑤ 此著者且极言国家

----

　　①　配第竟有一种预测，谓"若各地人民能指天誓日缴纳其税收，则动产税之赋课必使最黑暗方面之种种黑幕揭开矣。"——见《智者一言而足》（Verbum Sapienti；or ... the method of raising taxes in the most equal manner）第 17 页（载在配第所著之《爱尔兰之政治解剖》[Political Anatomy of Ireland]附录。）参阅塞利格曼所著之《税收论》（Essays in Taxation）第 48 页。

　　②　详见《赋税论》之第十五章。

　　③　配第称此为"征收消费税之极完全理想。"——见同上著第 69 页。

　　④　"吾人所谓消费税云者，吾人意谓……凡课于国内消费品之一切税收"。——《论征收消费税之利便》（A Discourse [by way of essay] humbly offer'd to the consideration of the Honourable House of Commons, towards the raising money by an excise, demonstrating the conveniency of raising moneys that way）第 3 页。

　　⑤　"制造者不过先填出金钱，一至货物出卖，彼辈即提高物价以取回其填款；但人民于购买时不知不觉付出，并无若何痛苦。吾人慎毋以为商人缴纳一切关税消费税也，彼辈不过税收填付者，实际上何尝负担？且人民于隐约不觉间付税，故若彼辈先填付现钱，则人民对于纳税，必无若何之反抗。"——见同上著第 4 页。

应课税于生活上所必需而且为人人所不可缺少之物品；著者以为如此，不但国库之收入可旺，即税收普遍之原则亦可实现。①

其时又有一学者特注重于公平原则而主张消费税。此学者因鉴于其时一般财产税制之名存实亡，实际上已变成土地税，故主张消费税。此学者曰："夫彼此纳税之能力相等而彼之所纳要二三倍于此之所纳，天下可痛可悲之事，孰有甚于此焉者乎？"② 此学者论到一般财产税之理论与实际之绝不相符，不禁太息曰："但所谓计划甚好之税收，行之竟若此之不善，实际上显出非常不公平！"氏又附言曰："盖据已往之经验，即知人民必誓不愿坐视若辈与其邻人之任人勒索也。"③ 若夫消费税则不但无此等困难，而且与"人人应当纳税"之原则相合。此外有可得而言者，即每种旧税皆为良税（every old tax is a good tax）之理论，首为此学者所述明，此理论后来变成非常重要。"一人已流血甚多，若又从而再取出多量之血液，则其人必立即毙命。非然者，若稍假以时刻，待其血液稍充，精力稍足，则纵再取血，亦无伤害危险，若能渐渐为之则更妙；夫国家课税之道，亦犹是也。"

此外又有因消费税可转嫁于全体消费者而相信此税，其说见诸

① 此方法即为"凡课税之物品，须具消纳量大、人人所必需及生活上所必要之性质：若消纳量不大，则税款虽微，人民恐亦引起烦言。若为人人所必需，则人人无不纳其所应负之税。若为生活上所必要，则人民必不能因纳税而不用此物品。"——见《论征收消费税之利便》第8页。

② 见《创立公平土地税刍议》（A Proposal for an Equal Land-Tax, humbly submitted to consideration）第3页。

③ 见同上著第4页。此学者因此反对承包商与告发者。关于包税问题，数为其时学者所论及，最早有某小册子著者赞成此制。赞成之理由则因"税收既有无穷之欺骗情事，因之人民常常逃税，此等欺诈最为承包商所严密探究，因彼等愈能细心探究，则漏税之事愈少，漏税之事愈少，则彼等获利愈多；因人类对于私利之注意必较公利为厚。"——见《市民之警报》（The City Alarm or the Week of our miscarriages, which have hitherto obstructed our proceedings, and will now retard them if not speedily removed, whereunto is annexed a treatise of the excise）第32页。其后有某学者反对包税制度，谓"苟行包税之制，则认额以外之剩余，全入包税商之私囊中，否则全数税款，皆可涓滴归公。"——《增进消费税收入刍议》（A Proposal for advancing the revenue of excise, humbly offered to the Honourable House of Commons in Parliament assembled）第11页。

柏那比（Burnaby）之著作。柏氏主张推广国内货物税，其特别计划是为征课麦芽税。依柏氏之意，以为"各人比例于麦芽之价格而纳税，故所感觉之负担常较他税为轻".① 柏那比定出其一般原则如下："凡税收愈普遍，则敢信税收愈公平（惟几种特别情形除外。）"次又定出小前提："吾敢说，无一人能否认此种税收之普遍，以其如此普遍，故任何人皆不能不依其消费之多寡而纳其所应纳之税。"从上所述，自易得出"无人感受痛苦而鸣不平，所费者少，则纳税亦少"之结论。

其后十年，有某著者亦相信麦芽税之利益。此著者之赞成此税，原为此税之公平与普遍。此著者之言曰"税之最公平者，莫如麦芽税"，又税之最普遍者，亦莫如麦芽税，"因无一人能逃避其应纳之全数（或近于全数）"故也。② 又以人人各依其消费而纳税之理论为根据而极言一般消费税或特种消费税与税收公平之玉律相吻合者，当推霍顿（Houghton）。霍顿苦心擘划课各种物品如皮、革、家禽、鱼、忽布实③及风车、水车等税之计划。霍顿以为"若课税而得其平，则人民无可兴何为而不若此课税之怨言"。④ 有数小册子著者且更进一步而赞成消费税，谓此税能促进出产物品质之改良。例如笛

① 见柏那比所著之《条陈下院两策》（Two proposals, humbly offer'd to the Honourable House of Commons, now assembled in Parliament. I. That a duty be laid on malt, in the stead of the present duty on beer and ale. II. That a duty be laid on malt, and the present duty on beer and ale be continued）第 2 页。参阅第 24 页。

② 见《论如何于 1697 年筹足 1200 万或 1400 万而不假手于募债增税策》（Proposals to Supply His Majesty with Twelve or Fourteen Millions of Money or More if requir'd for the Year 1697 Without Subscriptions, or Advancing the Present Taxes）第 3 页。

③ 原文未注英文，查英文原版此处单词为 hops，即啤酒花，因此忽布实是音译。——整理者注

④ 此著者附言曰："因人人必纳此等税收,而且随男女所用之多寡而纳税;如贫者所用者寡，则纳税亦寡，富者所用者多，则纳税亦多，一随彼等所消费为依归，故人民纳税之公平诚莫如上述之税收者矣。"——见霍顿所著之《筹款书》（A Book of Funds: or some reasonable projections and proposals for raising three millions of money per annum, for supplies, to be granted by His Majesty. By such ways and methods as will be least burdensome to the people, during the war. Most humbly offer'd to the considerations of both Houses of Parliament. By Thomas Houghton, of Lyme-Street, Gent.）第 13 页。

福（De Foe）讨论麦酒税时，即有此种主张，氏所持议论辨而妙。笛福之言曰："强性麦酒腾贵之原因有二，其一因二重之课税，其二因酿酒者制造更强之麦酒，藉此可以提高其价值而能负担税收。"①

又有某学者在注疏配第议论之一部后，极力主张一般消费税制。氏曰："实在论之，吾敢信此税或为普通所拟议之各种税收中之最公平最无害者。"② 此学者以为不但人人即以自己为课税评价人，而且税收殆为最后消费者所不知不觉间缴纳；此税且能导入国民于节俭，能使土地免于负担，土地者乃公共财富之真正源泉也。③ 然此学者亦深感于此税之几种缺点④，且常研究使土地免于过重税收之目的，可否用他法而更易于达到。⑤

此外尚有许多学者，虽信消费税必可转嫁于多数消费者，然对于此税之一般利益，渐生疑虑。有数学者仅在税率方面批评；虽承认消费税之原则为正当，但主张必需品之税率宜较低。例如薛立丹（Sheridan）⑥ 谓"消费税若能公平赋课，确为最优良最简易之税收"，

---

① 见笛福所著之《根据消费税短评著者之主张而拥护现行消费税》（The State of the Excise, etc vindicated, from the remarks of that author of the short view, etc. , wherein some other escapes of that author are likewise taken notice of）。

② 此学者亦如其时一切学者之主张，而附言曰："惟藉以整顿贸易而课于几种外国有害奢侈品之税收除外。"——见《某乡绅致其城中友人书》（A Letter from a Gentleman in the Country to his Friend in the City: touching Sir William Petty's Posthumous Treatise; entitled Verbum Sapienti, etc. ），此文有人疑为卡尔拍拍所作，但恐未必真确。

③ "此实为自由之显著景象，人人确以自己为课税评价人：此税殆于不知不觉间征集，使多数人（彼等对于微小税收，易生怨言）纳其税而无所怨怼。且此税不直接影响于土地，如吾国土地税之有害者：此税有如此奖励——实在宣扬——节俭之效，质言之，此税责备一切不节俭者，如白痴疯人者然。"——见同上著第 14 页。

④ "消费税为完全公平之税收，夫人而知之矣。虽然，吾今不能无间然于此税。不仅吝啬者，即凡环境逼迫其苟且者，无不乐于避免税收。"

⑤ 参阅本书下面第四章。

⑥ 见薛立丹所著之《论法律、法庭、自由、财产、宗教、法国计划对于英国之关系、税收、商业及国会之由来与权力》（A Discourse of the Rise and Power of Parliaments, of Laws, of Courts of Judicature, of Liberty, Property, and Religion, of the Interest of England in reference to the Designs of France, of Taxes, and of Trade. In a Letter from a Gentleman in the Country to a Member in Parliament）第十三章"税收论"。

且发表寻常赞成此税之议论。① 惟讨论特种消费税例如麦酒税时，薛立丹则主张此税当课之于财富阶级而不当课之于劳动者。② 或因薛立丹对于消费税之真正利益，尚无定见，故致有征课独身者之税收以代替此税之提议。③ 又著名论文名《贸易丛论》（ *Britannia Languens* ）④ 之著者，亦多有同样之精神。此著者以为消费税原所以课于富者之奢侈品，并主张若果课税于日常必需品，则税率必宜极轻。⑤ 未几吾人即见学者间有一种见解，以重消费税确有害于民生，以为国库当赖对于从来逃税之物品课以"轻消费税"之收入。⑥ 最后因社会人士之渐信重消费税之终必影响于消费者，故有数学者主张征收特种消费税以减少过度的消费。如提议征收砖瓦税以防遏伦敦之发达而致损及郊野区域者，即其良例。⑦

---

① "消费税应课之于行将消费之一切货物。个人纳税之或多或寡，一随其愿意生活奢侈抑俭朴；循斯道也，个人无不依照其平日之享受或实际富力而纳税。除依照其消费而纳税外，并无多纳。真正之财力，唯于其用度上表出。"——见同上著原版第 175 页。

② "凭吾人之纯洁天良而言，则此消费税实应课之于贵族与地主，而不应课之于工匠与劳动者，因彼等实少负担能力故也。"——见同上著第 176 页。

③ "吾已想到一种税收，吾信此税为世界各国空前未有之新税……此即课于独身者或不结婚者之税收。凡绅士及贵族以上各阶级之年长子弟，在上述限定年龄期间（自 20 岁至 25 岁）而未结婚者，其各每年依下列税率等规定而纳税。又凡已结婚之男子而不与其妻同居者，则纳 4 倍之税。" 见同上著第 177、179 页。

④ Britannia Languens, or a Discourse of Trade Showing the Grounds and Reasons of the Increase and Decay of Land-Rents, National Wealth and Strength, etc.

⑤ "但吾从前及现在皆已述及消费税，且知一二才能之士几皆骇嗟于新消费税之提起，吾今必详为解释而辨明之：第一，吾亦以凡消费税之影响于有益贸易或使有益贸易负担太重者，皆有损害之影响。第二，欲求消费税之普遍，非但不便，抑且不必。窃思可课于各种奢侈品及饮食器具之过多者，或课税于本国消费之几种输入品。此类税收必无害于任何商业，且无碍于出口品及复出口品。此外亦可课极轻税于寻常饮食物衣服等，以维持国用。"——见同上著第 294 页。

⑥ "重关税与重消费税，皆大有碍于商业……救济之道，唯有减轻关税及求消费税之更为普遍而已。"故著者提议"课轻税于向未纳税之物，以开辟一新财源。"——见《偿还国债议及国会所论事项纪述》（A Proposal for the Payment of Public Debts, and an Account of Somethings Mentioned in Parliament on that Occassion）第 20 页。

⑦ "征收砖瓦税，足以阻止京城周围房屋之过度建筑，藉免有头大于身之现象。"——《读哈赤松所著对于国债国款现状之计算与批评一文后之感言并附呈筹款新计

（转下页）

综上所论之著者，均确信课于生产者或商人之税收转嫁于消费者之学说，均以消费税为适当可行之税收，虽其赞成此种税法之程度，容有不同，而其主张则固后先同揆①也。但后来有许多学者虽亦相信税收归宿于消费者，但同时则惟因税收归宿于消费者而竭力反对一切消费税，彼等虽承认消费税转嫁于消费者说，但彼等不信消费者应当担负全部负担。消费税制度成立不久，而持此种反对论调者，后先继起矣。②

此种继长增高之反对，大大形诸 18 世纪初叶之某苏格兰小册子上，书中描摹帝国未来之悲惨，且预言全社会之逐渐贫穷，历历如绘。③ 而尤以当沃波尔消费税计划之时，关于消费税之有害结果，尤

（接上页注） 划》（Animadversions and Observations upon a Treatise entitled some Calculations and Remarks relating to the Present State of the Public Debts and Funds . . . by Archibald Hutcheson . . . to which is added a new proposition to raise money for the use of the public. Humbly submitted to the consideration of both Houses of Parliament, etc.）第 47 页。此著者又附提征收碟税之计划。

① 揆(kuí)，猜测。——整理者注

② 最先反对此税之一学者，发表极激昂之文字如下："假令在吾人目下困难以前而课麦酒、啤酒、梨酒与苹果汁之税收，与夫课税而致人民之困苦、烦扰与负担，则必使任何计划者立召死亡之祸。溯此税原为克林威士辈所首创，用以维持万人咒骂之革命与成立无秩序之纷乱，吾人应废除此制，俾吾人得重享旧日君主时代之自由与太平。"——见福平·腓立普斯(Fabian Philips)所著之《制度革新论》(Restauranda: or The Necessity of Public Repairs by Settling of a Certain and Royal Yearly Revenue for the King)第 95 页。

③ "吾国商人为课于商业上税收之最先填付者，但商人可藉贵族绅士而获倍蓰(xǐ——整理者注)之利息，彼贵族绅士者大多消费重输入品者也。"

"吾国贵族与男爵当其土地有税，土地出产品如麦芽、啤酒、麦酒有税之时，即易断定其所能消费外国输入品者能力若何，其购用此等物品者，需费几何。"

"当贵族男爵贫穷之时吾国市民即立觉其营业之必衰落。"

"吾国工匠当此营业衰落、金融呆滞之时，亦必相率而赴国外之垦殖地。"

"若夫一般平民则何如，酒如此其贵也，盐税如此其重也，当此百物昂贵苛税扰民之时，平民辛苦所得，殆存无几，故无能力缴纳地租；故吾国势必演成统国皆贫之现象。"——论《吾国现时之商业及统一前后税收收入之比较》(A short view of our present trade and taxes compared with what these taxes may amount to after the union with some reasons why (if we enter in an union) our trade should be under our own regulations)第 5、6 页。有人疑此书系笛福(Daniel De Foe)所作。

为学者所痛陈。① 有数学者甚愿不以消费为课税之一般标准，其反对消费税之根据，则以此税使贫苦消费者负担太重，惟因其使贫苦消费者负担之太重也，故反对之。

一以此种推证的结果，二以税吏之查究频繁，② 故消费税计划，遂为多数人所厌恶。即拥护沃波尔计划者虽极力声辩沃氏计划初非与人人痛恶之消费税可比，然终无效。③ 有数学者甚且深举反对之理由，以为消费税对于消费品之数量未尝加以适当之辨别，故实违反税收公平之原则。④ 然就大体而论，则以消费税及于贫民压迫太重之

———————————

① 参阅下段："吾国之有消费税，实始于内战之时，其时国内大乱，全国陷于纷乱状态。因此税为民间所厌恶，故此派诿此为彼派所提议。彼派亦诿此为此派所提议；但前此国会某议员行将到会仅仅提到税收之名称而尚无恶意之时，国人已相顾失色，不啻如大祸之将临，方今国人阨腕呻吟于苛税杂捐之下，苟有人焉又欲从而推广此税，则吾人应如何对待此人。"——《为某市行动矛盾告市民与自由保有不动产者》(A Word to the Freeholders and Burgesses of Great Britain, being seasonable and serions remarks upon the inconsistent conduct of certain borough in sending instructions to their represntatives to oppose Excise Bill, and yet re-electing them after their being rewarded with places for voting the same)第 31 页。

② 关于税收在此方面之材料，以当时一本小册子上之一段有力文字说得最妙，兹摘引于下："以生而自由之吾英人，其栈房，其店铺、住宅，乃至于其寝室，无论昼夜，即见有无赖之徒闯入搜查，翻箱倒箧，无所不为，而在彼辈视之，或以此为分所应为者。若辈若不论其薪水，则直一文不值耳。又忠实之家亦不信任此等无赖之徒，彼等必欲为此麻烦之事，此种麻烦即素来对此和平之绅士者亦雅不愿受之。直言之，此实为可恶的压迫，是故生如回人，回教徒辈所视为与狗豕相去几希者之吾耶稣教徒，其遭受此种压迫恐无更甚于此者矣，吾安得而不长太息！"——见《烟商与酒商之主张》(The Vintner and Tobacconist's Advocate, being remarks upon, and a full answer to those scandalous papers published in the Daily Courant, under the title of the Occassional Financier, and under the names of Carus and Meanwell)第 26 页。

③ 例如某学者痛驳一般消费税之主张，而谓其议论为"一种巧悦媚人之言，为一种过度之诽谤，为一种非常愚蠢之工作，为非常不公正之坏影响，及败坏人心之举动"，故行之必"使民怨日腾"耳——见《国会某议员答其本地市长书》(The Reply of a Member of Parliament to the Mayor of his Corporation)第 20 页。学者可参阅布力斯科(N. A. Brisco)所著之《沃波尔之经济政策》(The Economic Policy of Robert Walpole)第 123 页及以下。

④ 此类批评以后来某一著者说得最妙，此著者曰："此种准确，此种比例的公正，此种公平——一般消费税决难达到。盖在此情形下，凡美衣肉食者与夫限于境遇厉食粗衣者，皆纳同一之税收"。——见《告梨酒苹果汁制造者以外之英国选民文》(An Address to Such of the Electors of Great Britain as are not Makers of Cyder and Perry)第 15 页。

议论为最得当日人士之同情云。

最先著书指摘消费税之缺点者，卡立（Cary）其一也。卡立首从一般原则立论，谓国家创立税收制度，宜使"贫者担负税收之小部分，或完全不负担，因贫者只宜从事于劳动与战斗，而不宜于纳税故也。"① 卡立曰，人之为收入而终日辛勤，若必分其一部分以纳税，非但其人有所不愿，即政府课民以区区之税，国库收入究亦至属无几。② 然氏反对消费税之最大理由，厥为此税之不公平；盖富者虽较贫者之消费为多，然一则从一切必需费用外之剩余以纳税，一则分其仅足糊口之款额以纳税，其为不公平者何如！③

卡立之见解，几与近代民主党之见解相吻合，其后数十年间，学者时宗奉其说。18 世纪之初，有胆气之某学者抨击"此等苛暴不公平而且最足以使无力担负之贫民，陷于穷迫困苦之税收。"④ 此学者又发表彼所谓"真确而恐非一种常常确定之观察"；此即"当课税于土地时，富者比贫者多纳；而当课税于土地出产品时，贫者比富者多纳"之观察。此学者又进而指明"富者纳土地税为其有土地也；贫者纳日用必需品税为其无日用必需品也"之议论。⑤ 因为此学者相

---

①　见卡立所著之《就英国商业、民穷、税收、各项而论如何对法继续作战》（An Essay on the State of England in Relation to its Trade, its Poor and its Taxes, for Carrying on the Present War Against France）第 173 页。

②　"人民以汗血换得之金钱，使其分出一部分以纳税，人未有不怜惜而不愿者。且人民所纳，究属无几，故课税于民，民觉其苦（例如烟囱税及人头税），不但无补于国库，而且有害于政府；盖课税而招强健辛苦而占国中大多数人民之怨憎故也。"——见同上著第 174 页。

③　"一般消费税决非良税，因非但税吏在民间勒索苛迫，而且此税毫不重视贫民。贫民所纳反较其邻居之最富者为多；盖富者消费课税品，虽较贫者为多，然富者纳税而外，尚有余物，贫者平时毫无积蓄，日入仅足以仰事俯蓄，故其所纳之税收，实觉过重。"——见同上著第 174 页。

④　见《公平课税非勒索说》（Fair Payment no Spunge；or, some considerations on the unreasonableness of refusing to receive back money lent on public securities and the necessity of setting the nation free from the insupportable burden of debt and taxes）第九章"论税收之公平"第 60 页。

⑤　见《公平课税非勒索说》第 61 页。

信物品税必使贫者之负担较重，故赞成土地税[①]与资金税。[②]

然而消费税归宿之见解，至 18 世纪中叶渐为世人所忘却，幸有二学者出而竭力指明，故印象入于一般思想者甚深。就中某一学者且完全不采前人所持税收标准之旧说，而特创课税应按照财产而不应按照消费之原则。此学者曰，消费税者，违反此种基本原则者也，以其违反此原则，故有不公平之弊。[③] 且也，就令消费税可视为财产税——即物品税——则此消费税亦完全不公平；盖课税于物品，商人不但转嫁其税于消费者，而且又从而添增甚多，故所转嫁者实超过税额而有大害于贫民之生计。[④] 此著者又随其指摘消费税弊端之热烈，洞悉工资随必需品腾贵而增高，因之全社会终皆蒙受损害之道理。[⑤] 假令此著者不着重于第一点——贫民之负担，而着重于第二点——一般社会之负担，——则此著者当可归入孟·福奇之一派也。[⑥]

又有尼哥尔（Nickolls）（或丹格尔 Danguel）者，指出一般消费税之不公平，其所论毫无矛盾之处。丹格尔深信课于消费者之税收，即归消费者负担。[⑦] 依丹氏之意，消费税不依照纳税者之能力之大小而赋课，故为完全不公正之税收；因能力之估量，当依财产而不当

---

① 见《公平课税非勒索说》第 67 页。

② 见同上著第十章"论税收之不公平"第 71 页。

③ "消费税以其为一切税收中最有害于自由者，故为最不公平之税收，并且使财产负担最重……消费税为最不公平之税收，良因课税于民，应依财产……而消费税则依物品消费量之多寡：凡子女甚多之贫民，其所纳税收反较拥有百倍财产之独身者为多。"——见《为反对一般消费税制告各界文》(An Appeal to the Public, in relation to the tobacco and a revival of the old project, to establish a General Excise)第 51 页。

④ "消费税之赋课，必使财产之负担最重，而尤以课之于必需品或人民习以为不可缺少之货物为更甚，因税收愈积愈多故也；是故最初纳税者，不但要纳税，而且遇到极大之困难、压迫及搜查。"——见同上著第 52 页。

⑤ "因工价随劳动者消费品之增高而增高，且因人工昂贵而影响于吾国国内外之全部商业……观于此即足以知商人虽先受迫，而税收之为害，必继续增剧，终且祸及于全社会。"——见同上著第 52、53 页。

⑥ 参阅本书第 24—29 页。（在新编本中为第 19—23 页。——整理者注）

⑦ 见丹格尔所著之《论英法两国关于商业上及增进富强方法上之得失》(Remarks on the Advantages and Disadvantages of France and of Great Britain with Respect to Commerce, and to the Other Means of Increasing the Wealth and Power of a State)。

依消费。①

反对消费税之理论，得其他学者之发挥而更有力。此等学者不但指出税重必使消费者不得不减少其消费而受大害，而且说出国库收入亦将因税重而锐减，关于此点，以后来第安·斯威夫（Dean Swift）说得最妙。第氏谓二加二不能常为四之算术原则可适用于关税上之语，当消费税辨论时已为学者所痛引，其实此语亦可同样适用于国内税上。②

因消费税之广遍的影响及其偶有的结果而发表最巧妙之反对议论者，当见诸布鲁克斯（Brooks）之稍后著作上。布鲁克斯代表理发匠与造假发者请愿取消小粉税。③ 布氏首引造小粉者谓税收减少足以增加国库收入之论文而称赞其是，④ 次乃援引"造假发粉者"所为

①　"此等税收之所以被人反对为有不公平不公正之弊者，实因贫富对于生活必需品缴纳相等之税收故也。假定人民分为二部分，人数差相等；一则仅依手足劳动以为生，一则有钱，有娱乐，凡事悉雇他人代劳，试思此二种人能力之相差，不啻如天渊之隔，然而二者对于必需品或毫无浪费奢侈性质之物品，竟负担相等之税收。夫所纳之税收在富有之独身者视之固甚轻，然在子女多、财产少之有用国民视之，则殊觉过重也。"——见同上著第26页。著者之实际提议，可参阅本书下面第66页。（在新编本中，为第46页。——整理者注）

②　"夫货物课税愈重，则其消费即愈减少10倍，此为人人所共知，吾信一般商人亦应承认此理者也。故政府课税于任何货物，昔时每磅抽1便士，今若每磅抽2便士，则此货物之消费必不及前之十分一，而此货物之输入亦不及前之十分一，结果国库收入减少十分之八。"——见《与普尔忒内论改变税收计划等现情书》(The Norfolk Scheme: or a Letter to William Pulteney Esq. on the present posture of affairs, particularly with relation to the scheme for altering the method of collecting the revenues, by converting the customs into excises, etc.)第27页。

③　见布鲁克斯所著之《英国之利益》(England's Interest: or free thoughts on the starch duty wherein is set forth the advantages that will attend the farmers and landholders; and also some observations relating to the powder and the hardships and inconvenience that the barbers and perukemakers are subjected to thereby, to gether with a recital of what will be laid before the Parliament. Also an address to his Royal Highness the Duke of Cumberland, relating to the army to which is added a letter to a member of the Honourable House of Commons)。布氏在其早年作品《减轻小粉税略说》(A Short Treatise for Reducing the Duty on Starch)上，亦有相似见解。

④　"敬请愿人谨贯一得之见，以为小粉税减轻必可增进小粉之消费，即此项税收亦必可倍蓰于现在。"——见同上著第19页。

之欺骗，① 终乃唤起世人注意于普通忽略之税收二种影响。由小粉中取出食料后之渣滓为"猪类饲料"之佳品。布鲁克斯曰："以小粉渣滓为饲料，则猪类之鲜肉腌肉必价昂而利厚"，此吾人之所知也。课重税于小粉则人将大减其小粉之消费，而猪类饲类以恶，猪肉之质味亦以恶，于是输出于殖民地与垦殖地之营业，将受莫大之影响。② 布鲁克斯后来又想到更重要之议论。布鲁克斯曰，有军于马尔巴罗（Mallborough），其士卒面敷"以上白麦粉制成之白粉，则其士卒老者以少，丑者以美，色丽而雅，笑容可掬，以此种士卒而去招募新兵，则人无不乐于从戎者；故用此法以募兵，其功效当胜于将官所用之寻常说法也"。

关于消费税制可否之主要争论，转向此税及于劳动者影响如何之问题，而尤侧重此税影响于工作代价之问题。吾人已知孟及其后继者曾谓就消费税为课于劳动者生活必需品之税收而论，则此税收必转嫁于雇主。至于配第及其一派则以课于生活必需品之税收必为劳动者负担。配第一派对于税收归宿之理论，所见虽同，而其对于工资高低之价值，见解不同，有以高工资为有利者，有以低工资为有利者，见解既不同，故其论断遂各异。17世纪末叶18世纪前半叶之多数学者，均以课于生活必需品之税收，必大可促进劳动者生活状况之改善，工作效率之增进，使其作事细心而节饮酒。故此等学者均以课税于劳动者之生活必需品，实为促进工商业之利器，而有益于一般社会。盖工资低廉，即是生产费低廉之意也。此等学者之言曰，当课税于生活必需品时，不但可使劳动者不得不作工更苦、更久，以维持其生活——此为对于劳动者之利益；而且雇主方面之工作代价亦可藉以减少——此为对于社会之利益。此种低工资有利之信仰，后渐为今日吾人常称之高工资经济说所代替，但非常迟缓；嗣后社会人士亦渐次不信任征课生活必需品税之政策矣。但从此点反对消

---

① 见布鲁克斯所著之《英国之利益》序文第4页及第30—31页。
② 见同上著第32—33页。

费税，或赞成消费税者，其实际论断则固均以同一税收归宿说为根据；换言之，即皆信课于生活必需品之税收必归劳动者负担。①

关于高工资非但不利于劳动者而且不利于社会之学说，最先见诸托马斯·曼力（Thomas Manley）之著作上。曼力指出英国工资之高贵为英国制造业不能与荷兰竞争之主要原因。同时，曼力又谓高工资必无益于劳动者，因不但"人民以多得之钱，悉费之于狂饮之中，于是其状况反比工资低廉时为更穷"；而且"所得多额之工资愈多，则劳动者作工之日数愈少"。② 未几，又有其他某学者对于"高工资之有害"，发表极相同之见解，③ 且提议国家应设法"减低国内制造者之工资，至能使其节饮酒、不浪费为度"。

惟曼力及其后继之匿名著者，皆未尝提议用工资税之特殊方策。曼力仅仅概论英国当以"抑制本国工资"为先务；④ 至某匿名著者则主张用激烈间接的方法以减低工资。⑤ 但自此说发表后，即有人注意

① 本书以下所论列之少数学者，曾在叔尔策葛昧尼次（Schulze Gavernitz）所著之《大工业》（Der Grossbetrieb）第 2—10 页述到。此书近由荷兰（O. S. Hall）译成英文名为《英国与大陆之棉业》（The Cotton Trade in England and on the Continent）惟著者并未从财政的立场论之耳。学者可参阅布棱他诺（Brentano）所著之《论工资、工作时间与工作效率之关系》（Das Verhältniss von Arbeitslohn und Arbeitszeit zur Arbeitsleitung）二版第 57 页。

② 见托马斯·曼力所著之《对于 6 厘重利一事之调查并说明卡尔拍拍等对于此事所攻击之不当又主张国人应节用奢侈品以及减低各业工人等之工资》（Usury at six per cent examined, and found unjustly charged by Sir Tho. Culpeper and J. C. with many crimes and oppressions, whereof 'tis altogether innocent. Wherein it is showed the necessity of retrenching our luxury and vain consumption of foreign commodities, imported by English money; also the reducing the wages of servants, labourers and workmen of all sorts which raiseth the value of our manufactures, 15 to 20 per cent. dearer than our neighbours do afford them, by reason of their cheap wages, etc. ）第 19 页。

③ "技工所得工资之高贵，不但大有害于雇用此等技工之雇主……而且大有害于商业，使本国制造品昂贵，外人无力购买。"——见《英国目前之先务》（The Grand Concern of England explained; in several proposals offered to the consderation of the Parliament）第 54 页。

④ 见托马斯·曼力所著之《对于 6 厘重利之一事之调查并说明卡尔拍拍等对于此事所攻击之不当又主张国人应节用奢侈品以及减低各业工人等之工资》第 22 页。

⑤ 其方法"欲使一切英人购买本国生长本国制造之物品，使本国之消费增加，且使今之无所事事者从事工作，而又令其尽量作工，如是则彼辈之工资自可跌落矣"。——见《英国目前之先务》第 55 页。

于此说之明白系论。由是主张利用课税权为改良社会与整顿劳工之手段者，遂立现于——或者以此为嚆矢——约翰·豪吞（John Houghton）之著作上。[①]

豪吞在其专论此题之一章上，首先定下原则曰："吾国在粮食贵时比在粮食贱时之国运更兴隆，制造者之生计更富裕，制造品之卖价更低廉。"[②] 又定出其大前提曰："民食足斯民怠惰矣。"[③] 故当劳动者得高工资时，则彼等即停止作工，以其所得耗费之于酒色之中，放僻邪侈，无所不为矣。就英国而论，一寻常工人，三四日之工作，殆能维持全星期之生活。[④] 假令食物比前昂贵，则劳动者必格外勤苦，而出产品亦可增多。[⑤] 由此观之，食物昂贵，其结果殆能使民勤国富也。豪吞为维持此种"人为的昂贵"起见，故不特提议谷物输出奖励金制度，而且主张增高啤酒、麦酒与酒精之税率，及征课"每磅羊毛 4 便士"之新税。[⑥] 依豪吞之意，国家果能依此而行，则可使"下贱人民不离开正当职业而为非"，而且应使"彼等之粮食更贵，使彼等不得不更加勤苦，因之制造品可增多而价可贱"。[⑦]

关于配第所持税收归宿之一般理论，本书已经解释之矣，[⑧] 氏在其后来论文上发表与豪吞大致相同之见解。配第于其讨论此题之一

[①] 见约翰·豪吞所著之《与友人讨论如何促进农商业书》（A Collection of Letters for the Improvement to Husbandry and Trade）。本著所引各段，见原著第二册。

[②] 见同上著第 174 页。

[③] 见同上著第 175 页。

[④] "当袜架工人与织丝袜者能得高工资时，则见彼等鲜在星期一星期二作工，但费其大半光阴于酒店赌博之中……织布工人常于星期一狂饮大醉，至星期二头痛，星期三织机损坏。至于制鞋者，宁愿效圣克利斯平（St. Crispin）之行为，而被人绞死，而不愿于星期一谨切作事也；彼等苟有 1 便士之钱，或能向人借得值 1 便士之物者，其性情终是如此。"——见同上著第 177 页。

[⑤] "制造者若因食物之昂贵，不能如平日每星期作工三日以维持其平常生活者，则彼等必作工四日或谋其他之方法。"——见同上著第 181 页。

[⑥] 见同上著第 183 页。

[⑦] 见同上著第 184 页。

[⑧] 见本书上面第 30 页。（新编本在第 23 页。——整理者注）

章上，首言"国家征收某种税收与公共赋课，实可增加而非减少国家之财富也"。① 配第以为食物贱时，劳动者必毫无所得，② 故配第称赞生活必需品税为绝对可行之税收。③

其时学者多有以生活费之增加，可促进人民勤苦之思想，然学者要非皆主张用课税法以保持此种人为的昂贵，主张用他法者，亦不乏其人。例如威廉·腾普尔（Sir William Temple）以为欲救爱尔兰之困难，莫如使"国内人口增加，人口一增加，则生活必需品必昂贵，于是一家之人（无论男女）无不勤于作事矣"。④ 未几，又有其他某学者亦依同法证明"粮食最低廉时人工常最贵"之理，⑤ 且谓生活必需品之增贵，不但无害于劳动者，而且未尝使生产者之费用增加。

至 17 世纪末叶，英国鉴于其劲敌荷兰之已往事实，朝野上下渐信税收真足以奖诱国民勤俭之学说。不但其本国著作家如腾普尔之流⑥继续唤起世人注意于荷人，即荷兰本国学者亦著书而盛道消费税之种种利益，此种言论，由翻译而流入于英国社会，试证诸名著《政治格言》（*Political Maxims*）之著者言论，即可信然；英人常拟此

---

① 见配第所著之《政治算术》(Political Arithmetic)第二章。

② "衣服店等之主人雇用许多之贫民,据彼等观察,当谷物非常富足之时,贫民之工作必较贵：且彼等鲜有所得(因彼等如此荒唐,其作工之目的,仅在求饱饮酒……而已)。"——见同上著第 45 页。

③ 配第甚且主张于年谷丰登之时,将多余谷物送至"公共仓库"("public store-houses")存储。

④ 见腾普尔所著之《论爱尔兰贸易之进步》(An Essay upon the Advancement of Trade in Ireland)第一篇第 116 页。

⑤ 《利息概论》(Some Thoughts on the Interest of Money in General, and Particularly in the Public Funds, with Reasons for fixing the Same at a Lower Rate with Regard especially to the Landholders)。其议论如下："下等人民其作工也,每日仅图口腹之饱而已,若彼等作工 3 日足敷一星期之生活,则彼等必费其他 3 日之光阴于嬉游之中,苟有人焉,欲强其作工,则彼等必要求另添工资。"——见原文第 73 页。

⑥ 腾普尔所著之下一段文字,常常被人论到："国家收入以消费税关税为大宗：消费税为十分普遍之重税,余曩日旅居阿姆斯特丹,入一酒馆,偶吃一盘寻常之鱼肉,据云即此区区一物,须经过 30 次以上之课税云。"——见腾普尔所著《荷兰各地之考察》(Observations upon the United Provinces of the Netherlands)第 226 页。

书系荷兰著名政治家约翰·得·维特（John De Witt）所著，实则非是。① 此书之著者主张课税于劳动者，因 "一切课税之方法，皆可激刺人民，而使其入于技巧、勤俭之途故也"。②

此种低工资有利之学说，直至 18 世纪而仍然风行于世。18 世纪中叶，主张此说之最著者佐赛阿·塔刻（Josiah Tucker）其一也。塔刻留心于 "下级下民"，且以为 "彼等若毫无管束，或③管束之而不严"，则 "彼等必入于邪恶矣：邪恶必随有浪费，而浪费之金钱，则由于工资之高贵，或其他更有害之方法"。④ 塔刻曰，英国 "人民之不良，可谓极矣，彼等随工资之增高，粮食之低廉，而愈变为堕落，愈变为怠惰，而愈不能为生"。⑤ 塔刻复进而讨论 "某极机敏绅士而本人又为被服之一大制造家" 征课生活必需品特别税之计划。据此绅士之观察，"当谷物粮食异常昂贵，生活非常困难之时，工作成绩最优良，而且工资最低廉。——但当物价低廉之年，劳动者即变为怠惰，工资高而工作成绩不好。" 塔刻附言曰，"故此绅士遂推断国家课高额关税、税收、及消费税于生活必需品，决不致于有害商业……此等税收终且成为商业之主要维持者。——且税收更可增高，使贫民感觉作工则得活，不作工则不得活而后可。"⑥

塔刻自谓本人："赞成此种计划，确有理由。" 惟为 "富有同情心及恻隐心之人"，在深思熟虑后，对于此种计划不免稍生疑虑，⑦ 故思

---

① 《荷兰与夫利斯兰之真正利益及政治格言》(The True Interest and Political Maxims of the Republic of Holland and Friesland)，英人拟此书系约翰·得·维特及荷兰其他伟人所著。原文出版时，著者匿其姓名。以吾考之，此书确为彼得·得·拉库特 (Pieter De la Court)所著。得·维特曾写过一二章，惟内容所论，并非与吾人所论有关耳。吾人现在确已探知得·维特所作之内容云。

② 见《真正利益》第 109 页。

③ 原文为"成"，估计是"或"之笔误，据改。——整理者注

④ 见塔刻所著之《略论英法两国在商业等方面之得失》(A Brief Essay on the Advantages and Disadvantages which respectively attend France and Great Britain with Regard to Trade,etc.)二版第 36 页。

⑤ 见同上著第 37 页。

⑥ 见同上著第 54 页。

⑦ 塔刻甚且谓此计划"为一种极奇异的计划"。

用其他二法以代之，其一奖励外人之移居，[①] 其二提高选举权上财产之资格；[②] 据塔刻之意，用此二法，不但可以发生同样之结果，而且"可以使工价跌落，及阻止劳动者之任何结合"，如此"吾国贫民之品行，庶无可指摘，而工价亦庶可低廉如其他任何商业国矣"。洎[③]乎后来，塔刻之意见，日趋温和，无复如从前之激烈，不特转而主张直接奢侈品税，[④] 而且最后放弃其低工资有利之争论矣。[⑤]

谓工资并不随粮食价格之增高而增高之学说，亦为有数学者所发挥，此等学者对于限制麦物之输出表示反对。彼等并不否认物价之涨高，然彼等以为食物价格高，并非使工资高，实在使劳动者勤勉。例如亚瑟·杨（Arthur Young）不但谓"吾人从未见粮食价格同而工资高之事实"，[⑥] 而且谓"必先使生活费增高，而后民间勤勉之风气可以深深养成，民生在勤，惟勤勉而工业国人民始可立足于世界"。[⑦] 氏继而又曰，"在工业猛进之国中，必先藉高税收之作用而后

---

① 塔刻"外人归化"计划之利益，以为"用此法，工价可以继续跌落，职工反对雇主之结合组织，可以免除，人皆习于勤勉，而竞争好胜之心以兴。"——见同上著第 42 页。参阅第 91 页。（新编本在第 62 页。——整理者注）

② 提高选举权上财产之资格，凡工人有 200 镑以上之财产，始得有选举权，提高后之结果，则"选举之权利，可诱引每个工人于节俭储蓄之途，（而不致于如现在之沉湎于酒或收受微小之贿赂）……故贫民可以日减，工价可以跌落。"——见同上著第 52、53 页。

③ 洎 jì，到，及。——整理者注

④ 参阅本书下面第 99 页及第 68 页。（在新编本中为第 67 页及第 47 页。——整理者注）

⑤ 参阅克拉克（W. E. Clark）所著之《经济学家佐赛阿·塔刻》（Josiah Tucker, Economist）。

⑥ 见《论现时谷物自由输出之利益》（The Expediency of a Free Exportation of Corn at This Time with some observations on the Bounty）著者亦系《农民告英人书》（Farmer's Letters to the People of England）之著者。见原书二版第 21 页。（原书中正文漏标此注释的所在地，今据上下文标注在此处。——整理者注）

⑦ 见同上著第 28 页。杨在其他种作品上亦有同样之观念，例如在其《农民告英人书》第 27—32 页援引下注之短论，而称赞其是。又在其所著之《政治算术》（Political Arithmetic containing Observations on the Present State of Great Britain and the Principles of her Policy in the Encouragement of Agriculture）上，援引豪吞之格言曰，善哉"奖励人民习于高贵之生活也"。杨称赞豪吞曰："奖励人民习于高贵生活之观念，实为有胆有识，吾确信此为合理之观念。"——见同上著第 110 页、111 页。

可使工价提高……"

谓消费税有益于劳动者之学说，发挥得最完全者莫如腾普尔（Temple）某匿名作品上之所说。腾氏著成此书，适在亚当·斯密之先不久。1765 年，伦敦工人因食物昂贵与工作缺乏，遂起暴动，腾普尔鉴于此事，心中有感，遂着手著一短论，证明物价昂贵足以激起劳动者之勤勉而大有利于其人。① 自此短论出版后，越 5 年著者又为之订正增补，内容大增，遂以巨册刊行于世。腾氏在此书中倡"一奇论，谓税收有使工价跌落之倾向"，并谓"粮食贱人工常较贵"，而认此为无人不知之真理。综观其全书所论，实以三种自然明白的原则为基础。兹括述之如下："第一，好逸恶劳，人之恒情，人类唯有被饥寒所迫，而后始肯作工而勤勉。第二，吾国贫民大都仅为获得养命必需品或嫖赌费用而作工，若一旦得此，即停止作工而必待饥寒交迫而后始作事。第三，贫民者若终日作事而不嬉游，于个人于社会均有莫大利益。"②

腾普尔以为当粮食极贵之时，劳动者必切于寻觅工作，寻觅工作者多，则其时之工资必跌。"由是勤勉之风气，随之而生；劳动

① 此篇短论之标题解释其论旨甚为明晰：《论税收之足以影响吾国工业界之工价并论吾国劳动者之一般品性。据经验以说明劳动者惟迫于饥寒而始肯作工，且若一国之生活必需品低贱而其能在商业上显露头角者，往古未之前闻，未来且决不能》（Cosiderations on Taxes as they are Supposed to affect the Price of Labour in our Manufactures；also，Some Reflections on the Genaral Behaviour and Disposition of the Manufacturing Populate of this Kingdom；showing，by Arguments drawn from experience，that nothing but necessity will enforce Labour，and that no state ever did，or ever can make any considerable figure in trade，where the necessaries of life are at low price）第 29—31 页。堪宁干（Cunningham）在其所著之《近代英国工商业之发达》（Growth of English Industry and Commerce in Modern Times）第 560 页，谓此篇系腾普尔所著，腾氏原系特洛布立治（Trowbridge）之一布商，与威廉·腾普尔爵士系属前后两人，学者慎毋混同；爵士所持见解，虽与腾氏多相同，但其著书约先腾氏一世纪云。参阅本书上面第 49 页。（原文缺失具体页码，查证英文版后补入，新编在第 35 页。——整理者注）
② 《论工商业》（An Essay on Trade and Commerce：containing observations on taxes as they are supposed to affect the price of labour in our manufactories together with some interesting reflections on the importance of our trade to America）。

者麕①集于工主之门，要求工作，但求有工可作，不论工资多寡；向之每星期仅作三四日之工作者，今则作五六日矣。人工亦货品之一也，其供多者其价自跌；而且若无人为的动作与自然的事故之阻碍，其价终必跌落。吾之奇论征诸经验而如此不爽；又粮食之昂贵有使工业界工价跌落之倾向，亦如此证明而不爽。"② 腾普尔又进而证明此提案之反面，即食物低廉有使工资高、人工贵之倾向。就荷兰之事实，足予腾普尔议论以极有力的证佐。实在言之，腾普尔未尝主张课于劳动者税收之增加，③ 但氏竭力指出课于生活必需品之税收，无论其为消费税，或输入税，总有良好影响及于劳动者与一般社会。④

此说之精义在上面所引之书中，虽已发挥尽致，然其最激昂有力而且如同格言之文字，则见诸腾普尔之其他著作上，⑤ 本书摘引一段以为援引腾氏议论之结束，实合体例。腾普尔曰，"使贫民戒酒勤勉之唯一方法，唯有使贫民除眠食时间外，有不得不全日作工以得其日常生活必需品而后可。"⑥ 腾普尔在论及荷兰之经验后，⑦ 断言最好之法，莫如"在丰年时，征收生活必需品税"。⑧

当此极多著作家莫不异口同声主张此说之时，苟有人焉，欲起而独倡相反之异说，窃恐孤掌之难鸣也。然而反对者谓低工资未必

---

①　麕(jūn)，一种鹿。——整理者注
②　见《论工商业》第 16 页。
③　见同上著第 282—286 页。
④　腾普尔又在他处叹曰，"使吾人能设法使工业界劳动者能黾勉(mǐn miǎn，意思是勉励，尽力——整理者注)作工，能养成勤俭不饮酒之习惯，其效果之大，岂可限量。"——见同上著第 31 页。
⑤　见腾普尔所著之《工商立国论》(A Vindication of Commerce and the Arts, proving that they are the source of the greatness, power, riches and populousness of a state)。此篇短论，重刊于俄威斯通（Lord Overstone)的《商业论精华录》(Select Collection of Scarce and Valuable Tracts on Commerce)。
⑥　见《商业论精华录》第 534 页。
⑦　"荷兰之工资，比必需品价格为低，每物课税非常之重；因此人民皆非常勤力。"——见同上著第 532 页。
⑧　见同上著第 516 页。

有益于国家，谓不必藉课税以减低工资，其说初虽未为经济学家之通行学说，然后来则渐渐风行于科学界与商界云。

否认低工资有益于国家之学说者，当推佐赛阿·柴尔德（Josiah Child）为最早。柴尔德与曼力辩论之时，柴尔德声言不服曼力所言"害英国贸易者，工资之贵也"之说。柴尔德定下原则曰："四境之内，无一处而工资不高者，则知其国之真富也；反之，若工资日跌，此即为可为其地贫穷之证据。"① 柴氏又言曰，欲故为减低工资者，只有坏结果，且势必使国人相率而走入工资较高之外国，是为渊驱鱼，为丛驱雀也。② 柴氏曰："吾国祖先诚曾实行以法律减低工价之政策矣（虽无若何效果），但嗣后吾人亦如其他商业国，对于此事已日渐聪明，吾甚望继续如此。"③ 然同时柴氏似未放弃食物高贵有益于劳动者之旧说，氏在他段上，讨论食物昂贵及于工业之影响，其说多与古代学者之所言相合。④ 氏甚且谓消费税足以促进国民之节俭。⑤ 故就此说应用于财政学上而论，柴尔德实不可视为反对旧说者。

古代学者中证明高工资之经济者，当推约翰·卡立为最明晰，关于卡立之他种见解，本书已述之矣。⑥ 卡立提出一问题如下"工价

---

①　见柴尔德所著之《贸易论》(A Discourse about Trade，wherein the reduction of interest of money to 4 per centurn is recommended，etc.)序文第 11、12 页。

②　"若吾人以法律减低人民之工价，则国人必离乡别井，迁往其他工资较高之国家。"——见同上著。

③　见同上著第 13 页。

④　"贫民在粮食极贵之国中之生计必较其粮食极贱之国中为充裕，又在百物昂贵之岁之生计必较在百物便宜时为充裕，(尤关于公益方面)，因在百物便宜之时，贫民在一星期中不愿作工 2 日；若辈平居无储蓄观念，要多少，赚多少，所希望者仅可维持其惯过之下贱生活而已。"此段文字，初见诸柴氏早年著作名《贸易与利息概论》(Brief Observations concerning Trade and Interest of Money) 第 11 页，后重刊于《贸易论》(A Discourse about Trade)上。

⑤　"利息之减低，与本国消费品税之赋课，实为从来最普及的最有效的戒奢崇俭法，最足以强迫人民入于节俭，节俭者乃致富之大道也。"——见《贸易论》上"论贸易与利息"部之第 27 页。

⑥　见本书上面第 44 页。(新编本在第 32 页。——整理者注)

果能阻止吾国之制造业抑或阻碍吾国生产品之改良乎。"氏解决此问题曰："吾国制造业与生产品，可不必减低贫民之工资而自能继续进步。"卡立乃进而分开二项阐明其议论。第一，关于农产品，卡立曰，吾人应知虚的工资必随食物价格而变化。① 故工资之减低，殆必先有物价之降低；而物价之降低，殆必见地价之低落。"君若不降低农产品之价格，君必不能减低工资，君若降低农产品之价格，君必得降低地价。"② 第二，关于制造品，卡立谓世人仅注意于此，仅见物价已继续跌落，而工资并不随之跌落。③ "然则何由而然哉？吾必应之曰，此乃由于制造者之技巧，及制造方法之改良，有以使之然也。"氏又进而说明机器如何促成此种结果之理论，④ 末乃断言"新计划之日日新，使吾国之制造业日趋简易，卒之制造品亦日趋低廉，故制造品之所以低廉者，非由于贫民工价之跌落，实由于制造者之智慧也。"⑤

观于此段极可玩味之文章，即足以知晚近工业上几种最新学说之如何古旧矣；顾其时学者之应用此说于税收问题上者，究不甚多。吾人诚亦见后来数十年间，时有人指示课税于工资之失策。例如某重要学者谓："下级人民之工作，所关于商业国家者，非常重大，世人殊未可置之度外，或等闲目之。"⑥ 其后数年纽真特（Nugent）郑

---

①　"至于第一种，即就吾国农产品而论，吾意贫民工资之减低，对于农产品必无利益，即对于英国亦毫无利益之可言，而况英国人民万不能依他国之低工资以为生；盖吾人须知无论何国，其工资必与粮食价格成正比例。"——见卡立所著之《就英国商业、民穷、税收各项论如何对法继续作战》第144页。

②　见同上著第145页。

③　"就平日观察之所得，已知其如此；12年前每磅价12便士之糖，今则仅卖6便士矣；现时酒精之价仅当从前卖价之三分一；他如玻璃瓶、丝袜以及其他制造品（名目繁多，不胜枚举），其价格仅当几年前之一半耳。顾物价虽如此减跌，然而贫民之工资，未闻有所跌落也。"——见同上著。

④　"凡此皆可节省许多之人工也，故所雇劳动者之工资，不必减少。"——见同上著第146页。

⑤　见同上著第147页。

⑥　此小册子著者反对本国雇用外人。此著者在历述雇用本国劳动者之利益后，复进而言曰："夫牧畜业之极下贱粗工，对于国家之存在，对于商业之进展，　　（转下页）

重声言曰："课税于物，必无利益；课税于物，适足以使勤苦者饿死，但决不能引诱怠惰者与浪费者入于勤俭之途也。"① 至 18 世纪中叶，主张消费税者之前提与其结论，又遭一更激烈之攻击。

就中以樊特凌忒（Vanderlint）为一最重要者。初视之，樊氏一若主张国家唯由工资之减低而始能繁荣者。② 然氏虽为工资之减低而要求取消生活必需品税，③ 然实系坚决主张高工资之一学者，在氏所期望工资之下跌，仅为一种外观的下跌，换言之，即工资因税收之取消，币量之增加而致之下跌也。自樊氏视之，物价将愈趋下跌，④ 物价下跌，工资自高。⑤ 实在樊氏对于以劳动者生活程度高为极善可行之学说，具有坚决之信仰。⑥ 不特此也，樊氏且首倡一说——此说至晚近而始占重要——意即谓劳动者占消费者之大部分，一国之中，若有巨大之消费，则有利的生产事业日益发达，而国民

（接上页注）　颇有功劳；今彼等始则因政府之课税于各种生活必需品，而致其不得不提高工资，继则因此等税收而使其工价腾贵，此不但加重劳动者之困难，抑且非谋国之道；今吾国之所以逐渐不用本国人而用外人者（此即指爱尔兰人而言），未必非此之故也。"——见《牧畜者之呼吁》(The Grasier's Complaint and Petition for Redress：or the necessity of restraining Irish wool and yarn；and of raising and supporting the price of wool of the growth of Great Britain considerd)第 44、45 页。

①　见纽真特所著之《论土地税之减轻》(Considerations upon a Reduction of the Land Tax)。

②　"自吾视之，减低现时之工资为增进……商业所绝对必要。"——见樊特凌忒所著之《金钱万能》(Money Answers all Things：or，an essay to make money sufficiently plentiful amongst all ranks of people and increase our foreign and domestic trade，fill the empty houses with inhabitants，encourarge the marriage state，lessen the number of hawkers and pedlars，and in a great measure preventing giving long credit，and making bad debts in trade)之序文。

③　"吾确信课于劳动者消费品之税收，应完全取消，若不取消，工资决难减低。"——见同上著第 159 页。

④　此可由其著作之标题，即可明白。书中关于货币之理论虽多优点，然就此点所论，实为货币论之重大错误，而使此书不能行于世云。

⑤　见同上著第 34 页、69 页及第 86 页、87 页。

⑥　氏历举各种理由。其一即以高工资可以奖励劳动者之成绩优良。"假令设法充分奖励劳动者，则劳动者愿意加倍努力，所作成绩当胜于前 10 倍。因吾确信无鼓励斯无出力之言为不易之名言故也。"——见同上著第 122、123 页。

全体亦日益繁荣，然此巨大之消费，端赖于消费者之购买力。——换言之，即端赖于劳动者之工资贵，生活程度高。①

　　其后 20 年，尼哥尔（丹格尔）起而彻究此事而言曰，②"吾人若信增加消费税可使吾国劳动者节饮酒，或俭朴如法人之仅依草根、栗子、面包与茶以为生（实即忍饿）；或如荷人之仅食干鱼、酪乳以果腹者，吾人殊过于妄想也。一旦吾国劳动者不复能提高其工资以从其所欲，则劳动者必辍工以太息，弱者受教区救济，强者挺而走险。"③

　　主张新说一派中之最著名学者，是为波斯德士威（Postlethwayt）。波氏发表一段文字（实即抄袭本书上段所引丹格尔的一段），反对课于大多数消费者之税收。④ 波氏曰，工资定于食物价格，⑤ 但工资因课税而增加者，将使生产费增加，而不能使生产费减少，使本国与外人竞争处于不利之地位。结果全社会均遭覆灭，自然劳动阶级亦在其列。依波氏之意，工资因课税而腾贵者，为人为的腾贵，此种腾贵，将使一国出产品"价格腾贵"，凡与此有关系者无不蒙受损害。⑥ 但波氏在其他书上，则又指出因自然的原因，而劳动者得有高工资与余暇者，则此即可为成绩好、生产多之铁证。⑦ 马西（Massie）者，亦波氏并世之名儒也，氏在其意在证明消费税对于劳

---

　　①　樊氏反对任何计划之足以"使贫民生计更苦，或使其应消费而不能充分消费以满足其合理欲望者；因贫民占人类中之大部分，若一旦贫无所购，则其影响于一般物品之消费者甚大，穷其极必且使其他人民之营业日形衰落"。——见同上著第 69 页附注。

　　②　见《论英法两国关于商业上及增进富强方法上之得失》。参阅本书前面第 47 页，注一。（新编本在第 33 页注⑦。——整理者注）

　　③　见同上著第 261、162 页。

　　④　"增加本国消费税，未足以使本国劳动者如法人之不饮酒与节俭，或如荷人之俭省也；一旦吾国劳动者不能如其所欲而提高其工价，则彼等不入于教区，必变为盗匪。"——见波斯德尔威所著之《大不列颠之真正制度》(Great Britain's True System)第 160 页。

　　⑤　"若每日所不可或缺之衣食等物，价格低廉，则工资自跌，或人工自低廉矣。"——见同上著第 144 页。

　　⑥　"若一般工价腾贵超出其自然标准之上，与夫因此而吾国出产品与制造品添增人为的价值，而致价比竞争国为昂贵者，则吾国之海外贸易，将为外人所攫夺；于是吾国之亡无日矣。夫吾国货品之所以昂贵者，无他，乃由于国内税收之故也。"——见同上著第 158 页。

　　⑦　见《商业大字典》(The Universal Dictionary of Trade and Commerce)第一册，概论。

动者为一种"苛税"（"pinchbelly tax"）之某著作之书名上，发表相似之结论，惟其措词则异常激烈云。①

关于此点，当以那但业・福尔斯忒（Nathaniel Forster）之所论为最明白，福尔斯忒痛骂人之"敢主张课重税于生活必需品之可使此等物品生产额增加，并主张贫民惟迫于穷困而始肯勤苦"。② 福氏称此"为贪图私利之学说，而于其学说本身未尝不可以增进其利益"。福氏附言曰，"但此究系错误的、非人道的学说。"③ 氏又进而说明其所以错误之理；福氏曰，若工作愈多，可使工资愈低，则课税并不能使贫民勤苦，但适使其反耳。

至此，辩论遂呈转变之趋向。有数著者如塔刻等，至此始觉悟前说之非。塔刻实著一专论证明高工资之国家若与低工资之国家竞争，前者必战胜后者之理。④ 塔刻曰：工资高者，未必即使生产费增高，盖工资高者，其术必精，费而出者，仍得而入也。塔刻又设问曰，"富国每日给敏捷的、精巧的技师以 2 先令 6 便士，不且较贫国每日给迟钝的、笨拙的粗工以 6 便士为更便宜乎。"⑤ 又顺堡（Schomberg）亦发表更新之理论，谓："在低工资国中之人工，常较高工资国中之人工为贵。"⑥ 而

① 见马西所著之《谨陈反对增重麦芽税或麦酒税之理由，说明此税不但使英国地主大受损失，而且有害于吾国几种制造业，且证明此税对于劳动者为一种苛税》（Reasons humbly offered against laying any further tax upon the malt or beer，showing that such a tax would not only cause great losses to the landholders of England，but be prejudicial to several branches of our manufactures，and prove a pinchbelly tax to some hundred thousand families of labouring people）关于马西的其他见解，可参阅本书下面第三章。

② 见福尔斯忒所著之《研究现时粮食昂贵之原因》（An Enquiry into the Causes of the Present High Price of Provisions. In two Parts：I of the General Causes of this Evil；II of the Causes of it in Some Particular Instauces）第 49 页。

③ 见同上著第 55 页。

④ 见塔刻所著之《政治论与商业论 4 篇》（Four Tracts in Political and Commercial Subjects）。第一篇，"论富国与贫国（假令天然之利便相等）在粮食生产上及制造品低廉上之竞争富国是否占优胜。"

⑤ 见同上著第 34 页。

⑥ 见顺堡所著之《从历史上政治上批评商约之税则》（Historical and Political Remarks upon the Tariff of the Commercial Treaty；with Preliminary Observations）第 156 页。

美儒韦伯斯特（Webster）亦讥笑旧说。①

时至 1751—1775 年，吾人已见课税于劳动足以促进工业而有利于社会之学说，大有摇动之势。社会既有此种怀疑，益以学者主张如上所论②之阔大学说，谓此种税收，无论及于全社会之结果如何，然要皆增重贫民之困苦，于是消费税制完全失却社会之信仰，自后无复有人相信此税者矣。吾人于兹所当注意之一点，即无论赞成或反对消费税者，③ 其所持归宿之理论，毫无二致；赞成必需品之课税者，为此税之归贫民负担也，反对必需品之课税者，亦为此税之归贫民负担也。总之，两派所持税收归宿之学说，概以消费税为归大多数消费者负担云。

第三节　以消费税将转嫁于地主说

试与前节所论列之学者一比，则知学者主张消费税为归宿于地主者，实系少数。古来大思想家之以为一切税收均转嫁于地主者，诚然不乏其人，④ 至若仅仅指出消费税最后归宿于土地者之特别学说，学者信奉之者究不甚多云。

最先主张此说者，恐系 1691—1700 年时之某匿名小册子著者。此著者特别论及"课于饮食物，及市场上买卖之其他几种物品之内国消费税"。⑤ 氏称消费税为"烦扰的鄙贱的税收"，⑥ 对于寻常所谓消费税必归消费者负担之议论，氏皆力说其谬误。氏之言曰，农民

---

① "吾闻有持笨拙残酷之论者，谓课税于工资可因加重贫民生计之艰难而有提倡勤勉之利益，论者竭力而言曰，莫如使人人皆穷，因穷而后能苦也。"——见韦伯斯特所著之《六论自由贸易与财政》（A Six Essay on Free Trade and Finance）。

② 参阅本书前面第 43—46 页。（新编本在第 32—33 页。——整理者注）

③ 惟樊特凌忒不在此内，樊氏态度详本书下面第 123 页。

④ 参阅本书下面第五章。

⑤ 见《目前应如何筹款始为上策议》（Some Considerations about the Most Proper Way of Raising Money in the Pressent Conjuncture）第 15 页。

⑥ 见同上著第 27 页。

对于其消费品之纳税愈多，则其缴付地租之能力愈减。① 不特此也，国家征课消费税，惟农民与地主独受痛苦；所以然者，盖若课税于农民的出产品，例如麦芽税，则农民将不得不负担税收之大部分或全部，否则必致需求大减而价跌。当此之际，真正得利者为酿酒者，酿酒者买进原料品价廉，而卖出之制成品则仍为旧价。② 由上以观，此著者对于税收何以能使制造品增贵而何以不能使农产品增贵之一点，似未解释甚明。

又有同时代之某学者谓："课于本国物品之一般消费税，实为真正的土地税，其及于地价与地租之影响，一如吾人所称之土地税，或月税。"③ 此学者明白价格随供给增加而跌落之一般原理；④ 但彼以为英国货物之供给如此之大，故市价悉听命于买主而莫可如何。⑤ 故课于货物之税收，必归生产者或卖主负担；且因盈天地间无一物而非为地上之产品，故课于农产品之税收，实为一种土地税。⑥

当学者纷纷聚讼于沃波尔消费税计划之时，吾人则知在为指明

---

① "一般主张消费税者，每以为此税能使土地免除负担，此种议论，实基于错误的想像：此非使吾国之土地免除负担，实使土地之负担永远加重也。农民所买之货物愈贵，则其缴付地租亦愈少，农民纯产物愈少，则农民必重估其他税。例如课税于铅类之税收愈重，则木材等之收入愈少；推而至于其他各物类亦如此。"——见《目前应如何筹款始为上策议》第28页。

② "各处贫苦农民之受此税压迫也明甚；凡愈能纳税者，反愈不纳税：例如麦芽税，究由何人负担？乡间麦芽之消费，必因课税而减少，于是其价跌落，至于各大城市之酿酒者……将独获利益，因彼等买进麦芽便宜，而出卖之酒，则仍如旧价，或比旧价昂贵，故惟贫苦农民独受损失。"——见同上著第29页。

③ 见《英国目前税收计划书》（An Essay upon Taxes, calculated for the present juncture of affairs in England）第10页。

④ "若买主欲买之心，急于卖主欲卖之心，则市价必涨；反之，若卖主欲卖之心，急于买主欲买之心，则物价必跌；因之课于货物之税收，亦随买卖当事人买卖之缓急而归宿于一方焉。"——见同上著第10—12页。

⑤ "但论到英国现状，吾想随处可以见出国内物产之丰富，及人民消费此等物品能力之欠缺……其结果必致无论征课任何物品税，而买主总要减去税额而后买。"——见同上著第12页。

⑥ "一般消费税与土地税，无甚要别，因二者同为课于土地出产品之税收故也。"——见同上著第11页。因著者之目的在于减轻土地之负担，故赞成一般财产税制。参阅本书下面第四章。

消费税之有害效果之小册子上，亦多有相同之见解。就中以巴尔特尼（Pultency）① 与安姆哈斯特（Amhurst）② 二人所说为最佳。此等学者在讨论税收之归宿时，间有辨明税收究竟归宿于地主抑于佃户者。又有某学者更进而详究此问题，此学者以为恰如土地税之先由佃户或农民缴纳而转嫁于地主，③ 消费税——例如盐税——虽先由农民负担，然最后必由地租之减落而归宿于地主。④ 即假定消费税转嫁于贫苦消费者，然贫苦消费者终不负担此税；盖若以消费税代替土地税，则地主将有多钱以"款待"下人，将有多钱以"改良田地"，于是劳动者可获利益。⑤ 然此著者议论之诚实及其逻辑，确有可议之处。盖其他学者之所以反对消费税者，为其影响于地主利益也，至此著者一面坚决赞成消费税，而一面则期期然以为不可增加土地税，⑥ 以一人而持如此相反之见解，何异以子之矛，攻子之盾！

其后关于特种消费税终归地主负担之见解，极其普通。⑦ 即降至

---

① 见巴尔特尼所著之《述盐税之复兴》(The case of the revival of the salt duty fully stated and considered with some remarks on the present state of affairs, in answer to a late pamphlet entitled a letter to a freeholder on the reduction of the land tax to one shilling in the pound)。著者援引洛克所说一切税收皆归宿于土地之言后，又曰："吾更能援引许多诸如此类之议论……但吾不愿再引，所以然者，窃恐吾将变为主张土地税之人也；吾之极大希望在于吾国一般税收之减轻。"——见第 49 页。著者对于生活必需品税及工资税之效果之见解，详原文第 54 页。

② 见安姆哈斯特所著之《反对消费税议》(An argument against excises, in several essays lately published in the craftsman and now collected together)第 67、76 页。

③ "此等税收虽先由佃户缴纳，然最后必归宿于地主；地主不得不依照税收将其所收之地租减少。"——《论盐税与土地税》(The case of salt-duty and land-tax offered to the consideration of every freeholder)第 10 页。

④ "税收并不影响于农民，因农民向地主租地，仅付减去税额后之地租故也。"——见同上著第 11 页。

⑤ 若商人纳税，商人仍可转嫁其税于消费者。"然则何人负担之。若归一般负担，则劳动者必负担之；但劳动者殊不应诉苦也。"——见同上著第 13 页。

⑥ 此著者称土地税为"不公平的税"，因"人人皆知动产之纳税者甚少，甚或决不纳税：夫金钱者流动之物也，由甲流至乙地，由此人转至彼人，周流不息，故不知课之于何人，课之于何处。"——见同上著第 9 页。又著者以为全国中各地土地税极不公平，因之提议免除土地税，而拟"课税于一二日用品或几种奢侈品以代之。"——见同上著第 17 页。

⑦ 参阅达昧·啸达麦芽税之见解，详下面第五章。

1790 年，据云一般反对麦芽税之理由，大半因为"此税最后归地主负担而有害于地主并且以后应当设法减轻地主之负担之故"。① 又亚当·斯密亦以麦芽税必无影响于"产生大麦土地之地租或利益"之说之非是，故觉本人有力辨之必要。② 吾人亦见有某苏格兰学者发表相似之概念，此殆亦理论趋势之反映欤？此学者在论及最近麦酒税之严厉实行时，得知麦酒消费之减低与田价之跌落间有一密切之关系。③

第四节　以消费税将归商人负担说

吾人若不论及学者中之主张消费税决不转嫁、但归最初纳税之商人负担之学说，则吾人对于学者所持消费税之各种见解之研究，不免有不完全之嫌。大概此说初发现于 17 世纪消费税初行之时，当时以一群女工之代表名义，上书请愿撤消消费税，将民间之困苦，发为有韵之文字，怨诉之悲音，溢于纸上矣。④

---

① 　见《税收原理之研究》(An Enquiry into the Principles of Taxation)第 138 页。

② 　见《原富》卷五第二章第二节第四目。

③ 　《论麦酒税、啤酒税之病国厉民》(A short view of the prejudice arising both to the country and revenue from the imposition on ale and beer granted to the city of Edinburgh and other boroughs in Scotland submitted to the consideration of the proprietors and farmers of land, etc.)第 5 页。

④ 　《良好妇女等谨出而痛陈消费税之弊害。就目前之营业状况而论，对于韦克托所课之新货物税之负担，余等绝不能担负。自此税行后，营业锐减，物价上涨，祸且必致余等室家云亡而不止。妇女等咸感于情状之堪怜，民生之憔悴（虽条例不料如此），爰出而为民请命，以解下民之倒悬，集合妇女同人于村小巷，一致议决吁请共和政府俯念下民艰难，迅觅补救之方，临书不胜屏营待命之至云云》(The good womens cries against the excise of all their commodities. Showing, as the business now stands, they are in no case able to bear such heavy pressures and insupportable burdens, occassioned by the juncto's new impost on their wares. Whereby they are like to fall into great want of trading, and putting off their commodities at the price formerly, to the utter undoing of their dear husbands and families for ever. Therefore having a fellow-feeling of one anothers' lamentable and languishing

（转下页）

其后数年，又有某学者（男性）亦从同一眼光研究此问题，措词更激烈，而理论更新颖。此学者以为商人所受消费税之害，不只一端。第一，商人输入外货，必先填款，故必需巨大资本，且因债务者屡不偿清债务而受损失。[①] 第二，不但因课税而加价，影响于其货物之销路，且有时课税过重，商人有不敢将全部税额加入于物价之势，因之商人遭受二重之损失。[②] 最后还有一层，即消费税诱起极大之欺诈与漏税，凡此皆有"大害于商业"。[③] 故此著者始则大声疾呼曰："望注意最近主上及其党徒加重商业之负担而陷全国于不可挽救的贫穷之一事。"[④] 继求国人回守"吾国先民之良好旧法"，并以财产税为国家正税。[⑤]

17 世纪时代，此等零星散见之议论，殊无多大重要，然至沃波尔消费税计划之时，反对此计划者用尽各种议论以抨击之，故此说

（接上页注）　cases(notwithstanding any act to the contrary) have put forwards themselves to seek redress of their aggrievances, and inabilities of etheir overburdened husbands insufficiencies and unsatisfying performances in their several occupations; have convened together in a femiline convention in Doe-little lane, and tendered their aggrievances and complaints to the consideration of the commonwealth; desising speady redress therein）.

　① "货物之负担如此之重，故凡经营烟、酒、盐等物之买卖者，其所需资本必倍蓰于其他之营业……凡课于烟、酒、盐等物之消费税，概由输入商缴纳，输入商既以其资本购买外国之货物，又以其资本缴纳关税与消费税，及货物卖后，若债务者不能如期偿付或无力偿付，则商人之资本与其开费，不免尽付流水。"——见《述消费税之弊》(Trades destruction is England's ruin or Excise decried Wherein is manifested the irregularity and inequality of raising money by way of excise to defray the charge of the nation)第 6 页。

　② "货物之负担，非常之重；故不但阻碍货物之销路，而且使商人不得不比负担不重时之卖价为更便宜。"——见同上著第 7 页。

　③ "凡商人之肯昧良说誓者，肯说谎言者，无大财产者，与夫能施鬼蜮技俩者，则常能设法免缴甚高之关税与消费税，故其卖价自比老实纳税者之卖价为更便宜。"——见同上著。

　④　见同上著第 8 页。

　⑤　当共和政府时代，课于入口货之消费税乃与关税同时并征，因此种税制之紊乱，遂引起一番论战，而 1653 年之三种小册子于是出现：Quærie stouching reducement of the excise to the customs; Jeremiah Watts. An answer to quærries touching reducement of the excise to the customs; and a whippe for the custome-house curre or survey of Jeremiah Watts his pamphlet。

遂重为特别提出云。

例如某一最激烈之小册子著者谓"不自由的商人"在冒海洋之危险与缴纳入口税后，"又受不纳消费税不许提货出卖之困苦。"① 此著者谓商人如此受尽中途留难与不方便之苦楚，而且往往失却卖货之机会。氏以绝妙之文字，缕举反对消费税之九大理由，② 而指摘此税之最大弊端，在于"负担上之不平均与不公平，加极重之负担于商人肩上，而使国中极精勤技巧之分子皆为之非常懊丧，有裹足不前之势。"③ 氏常不惮烦谓消费税为"可恶的，而且常常被人咒骂的税收。"④ 此著者痛陈消费税有九种不公平之弊，其措词之激烈，求诸英国载籍，殊不多觏，惟后来有某著者（著者自署斯拉西彪拉［Thrasybulus］）著书痛述消费税有 33 种之缺点，其激烈差可与之相比云。⑤

---

①　见《论消费税之病国厉民》(Excise anatomized. Declaring that unequal imposition of excise to be the only cause of the ruin of trade, the universal impoverishment, and destructive to the liberties of the whole nation.)第 5 页。

②　此著者谓税吏为"狠如虎狼(以消费税法为护符)，非括尽商人之大部分财产，不足以厌其无穷之欲壑"——见同上著第 6 页。氏又谓其他税吏"为现代之无行的恶人、假收税之名，鱼肉闾里，其霸横无道，其无所不用其极之凌暴，恐为前古所未见也"。——见同上著第 9 页。

③　见同上著第 4 页。著者又在他处附言曰："商人之畏税吏，无异于威士斯旅客之畏其旅店主人也，旅客于晚饭时，偶于鸡蛋之间，见一鸡蛋行将孵化成鸡，旅客惊恐之余，乃急将此鸡蛋吃下，惶惶然惟恐其主人见之，又须纳税也。"——见同上著第 9 页。

④　见同上著第 19 页。推其结果势必致使"吾国曩时富庶太平之景象，转成贫穷紊乱之世界矣"。——见第 11 页。

⑤　参阅《论消费税六书》(Six Letters on Excise and Particularly on the Act Passed in 1789, for Subjecting the Manufactures of and Dealers in Tobacco and Snuff to the Laws of Excise)。从 92 页之咒骂文字中，引征下列几种，虽未加以解释，然亦足见其激烈之一般矣。消费税之提议是"危险的、压迫的、而且违背宪法的"，"惊扰的"，"破坏自由的"，"失策的"，"不合政治上的公平而且非治国之道的"，"有危险的"，"有害于人民之虔敬与宗教的"，"贻无穷之害于幸福的"，"显然违犯神圣之原则"，"非常愚蠢而且非常卤莽"，"窒碍难行的"，"极为不人道"，"为祸国殃民之源"，"无比的压迫"，"以苛刻卑陋之手段诬陷人于罪"，"极可笑的而且极可鄙的"，"完全不可采用的"，"卤莽的而且无用的"，"极不适当的"，"根本不是的"，"与目的相背驰的"，"经率的而且失算的"，"大有反于公平交易"，并且"永不利于国库收入的"。可参阅原文第 1—22 页。

其他辩论者名安姆哈斯特欲占两派之位置，故另署丹维兹
（D'Anvers）之假名于其作品。安氏并不否认消费税转嫁于消费者，
但氏以为此税亦有害于商人。氏尝指摘反对者而言曰，"吾子以为课
税于商，使商人直接纳税，使其商业上之周转为之阻碍，而商人果
无若何之损失、若何之困难、及若何之负担乎？抑商人者若以纳税
之钱，转投之于其他之途，不且可图大利也乎？"① 安氏定出其一般
结论曰，"课税于商业，究已害及于吾国几种有利之商业矣。"②

吾人怀疑安姆哈斯特是否真有课税于商业常有害及商业上一般
利益之意见——此种意见，常见于 17 世纪之著作上，就中以留挨
斯·罗伯（Lewes Roberts）在其名著上所说为最善。③ 但关于课于商
业之税收究竟归宿于何人之问题，在征收殖民地糖税时，讨论得更
详尽。本书略述此等学者之一二议论，当饶有趣，彼等皆以糖税必
归卖者或制糖者负担云。

一篇 17 世纪短论之某著者，一头脑清晰之人也，其言曰，人谓
糖税归买者负担，此"直贻笑方家耳"。盖因"课税于糖，糖税不论
由何人缴纳，而负担此税者，确系制糖者。买者虽可纳税，其如卖
者之不能增高糖价何"。④ 氏又言曰，在价格固定不变如啤酒者，酿
酒者自易加税于价格之中，至若在"价格不固定，买卖者断断然争
少论多，而税收尚未付过"之情形下，则其事迥然不同。因在此情

---

① 安氏附言曰："物价必定于供求之情形，若供过于求，则商人得利少，求过于供，则商人得利多。"——见丹维兹所著之《驳消费税论第二篇》(The Second Part of an Argument against Excises; in answer to the objections of sevearl writers)第 19 页。

② 见同上著第 20 页。参阅第 41 页。

③ "若关税轻，则各国商人咸乐与其国通商，否则课重税于货物，则其地之商业必立呈衰落，而害及于其国云。"——见留挨斯·罗伯所著之《国外贸易丛论》(The Treasure of Traffic, or a Discourse of Foreign Trade. Wherein is showed that the benefit and commoditie arising to a Commonwealth or Kingdom, by the skilfull merchant, and by a well-ordered commerce and regular traffic)第 61 页。

④ （注一）见《垦殖地之呻吟》(The Groans of the Plantations: or a true account of their grievous and extreme sufferings by the heavy impositions upon sugar and other hardships, etc.)第 9 页。

状下，以卖者之竞行出卖，结果价格不得不跌落也。① 氏定出其一般原则如下："支配市场者，非税收，乃是货物之丰歉。就吾人平日经验之所得则知课于销路广之货物之税收，每由买者负担一部分，但若在市场存货堆积，货物滞销之时，（如吾国现时之情形，并且将来永远如此。）则买者必毫不负担，而全部税收，统归卖者负担云。"②

　　时至 1741—1750 年间，因征课糖税之提议，而复引起此问题之讨论。③ 当时多数学者以为糖税必归卖者负担云。若卖者而同时又为制糖者，则其理论适与上节之所论相同，——即归地主负担之理论。因在此情状下，制糖者同时为地主，而又为商人故也。例如意在证明糖税必归宿于制糖者之某一小册子，谓此问题之重要关键，在于糖之供给量能否限制之一点。此著者之言曰："夫物价定于供求之关系，已为人人所公认；故所要讨论者，在何种情状下，吾人能使供适于求，在何种情状下，吾人不能使供适于求；因在前一种情状下，税收归消费者负担；在后一种情状下，若几次供过于求，则几次必归生产者或制造者负担，历历不爽。"④ 著者又进而由特别之数字，说明糖之为物，属于后一种情形。⑤ 又有讨论此同一问题之某学者定

----

　　① "价格乃处决于买卖双方之合意，而非由法律所能指定也。在吾国目前情状下，买者天然占上风：买者对卖者曰，汝若不加税于糖价中，则吾将买百磅多之白糖；汝若要我纳税，则汝必少得七先令。此所谓二五之与一十……买者曰，余必可纳税，但若卖者自己愿意负担，则彼亦未始不可也。卖者宁愿负担税收，而不愿不卖其糖。倘此卖者不愿意出卖，则除此以外，其愿意出卖者，固大有其人也。"——见《垦殖地之呻吟》第 9 页。

　　② 见同上著第 10 页。

　　③ 远在 1736 年时，沃波尔即举产糖殖民地之衰落状况为反对增重火酒税之一理由云。参阅沃波尔所著之《某国会议员函致其在野友人述明反对政府阻止火酒零卖之理由》(A Letter from a Member of Parliament to his Friend in the Country containing his Reasons for being against the late act for preventing the Retail of Spirituous Liquors, etc, etc.）。

　　④ 见《斩绝根株》(The Axe [once more] Laid to the Root of the Tree. Published for the universal benefit of mankind and dedicated to the landholders of the British dominions）。详《英国糖税概论增补》(A Supplement on Taxes in General on British Sugar) 第 1—2 页。

　　⑤ 见同上著，详《英国糖税概论增补》第 9、21 页。

出相似之一般原则。① 他如约翰·阿什力（John Ashley）亦得到相同
之结论，其言曰，"据经验而知糖税影响于制糖者，实比消费者为
甚。"② 研究此问题之某一最后小册子著者，辨驳税收转嫁于消费者
之议论，并极力声言糖价随其输入欧洲市场上之多寡而变动，与各
地所课之税收无关。③ 因糖之为物，使其供求适合，实较其他货品为
更难，故此著者谓糖税终必归于制糖者负担。④

最后还有同年之某学者，以为外国市场之绝无，与英国市场
上存货之充斥，势必使生产者负担糖税云。⑤

关于糖税归宿之问题，后至美国独立时，而复引起学者之讨论，
当时议论纷纷，莫衷一是，就中有某一有力学者，谓糖税之压迫，

---

① "若必需品之供给，适合市场上之需求，则其卖者能强迫买者负担税收。反之，
若市场上供过于求，则卖者绝对不能使买者负担，因货物过多，物价立受影响，卖者纵欲
竭力转嫁其税收，其如物价之跌落何。"——见《反对糖税增加议》(Considerations against
laying any New Duty on Sugar, wherein is particularly shown, that a new imposition will
be ruinous to the sugar colonies)第 7 页。

② 见约翰·阿什力所著之《论美洲英殖民地之贸易与税收第二篇》(The Second
Part of Memoirs and Considerations concerning the Trade and Revenues of the British
colonies in America)第 79 页。阿什力在 10 年前，即已渴望政府将糖列入非课税品单内，
而允许其输出各地市场云。

③ "由此观之，糖价随输入欧洲糖量之多寡而涨跌，初不关于税收之轻重
也。"——见《糖业概况》(The State of the Sugar Trade; showing the dangerous
consequences that must attend any additional duty thereon.)第 4 页。

④ "又糖之一物，不能依照市场上之需求而供给，有如其他各物者，而其所以不能
之原因，则因：（一）垦殖糖地，经费浩大；（二）甘蔗产量无定；（三）甘蔗生长须时较长；
（四）其他各种原因。"——见同上著第 4、6 页。与此相似之议论，见诸《根据事实说明糖
税必归制糖者负担而且必不能增加国库收入论》(Reasons, grounded on Facts, showing
that a new duty on sugar must fall on the planter, and that a new duty will not certainly
increase the revenue.)。

⑤ "本国市场上之存货过多，而又无外国市场可以运往，以觅高价之销路，于是制
糖者遂不能提高其糖价，以收回其所纳之税收，盖价格端视市上供求之情形而定故
也。"——见《论增加英属垦殖地糖税之厉商病民》(Considerations relating to the laying
any additional duty on sugar form the British plantations, wherein is shown that such duty
will be injurious to the commerce and navigation of this kingdom, ruinous to our sugar
colonies, beneficial to those of France, and insufficient for the purposes intended)第 9—
13 页。

必全部或一部落于制糖者身上。此著者之言曰，"课税收而糖价涨，糖价涨而糖之消费必减；——消费减则价必跌；——若价跌至某一点下，则已使消费减少之税收，必归于制糖者负担，此事理之至明显者。"① 著者又以即令糖价不跌，然而制糖者仍与其他负担税收者及不负担税收者，同感痛苦也。"倘使糖价不跌，而由议会颁布条例，规定一定不变之糖价，而制糖者仍与未尝买糖者，及凡买糖者，同负一部分之负担，而且极大部分之负担云。"②

自学者推广消费税效果之理论于输入税后，不久即有人更将此理应用于其他货物税。例如在讨论丝税问题时，时有人谓取消丝税之利益，必归造丝者而不归于消费者。但学者中之以为此容未必如是，而且以为市场状况，有使价格不得不跌者，固亦未尝乏其人也。③ 然而主张税收不转嫁之说者，仍后先继起，而且立刻推广此说于其他税收，如收条税（tax on receipts）与铺捐（shop tax）。有某学者声言"现时乡绅辈国家智识之缺乏莫过于彼等几皆相信：不论依何种方法，课于商业或商业行为之税收，商人常能增加其税于课税品中，因之彼等最后可转嫁其税于消费者"。④ 著者之言曰，物价诚然

---

① 《美国忠义者之主张与要求》(The Case and Claim of the American Loyalist)第 98 页。

② 此著者附言曰："未有一消费品之价格甚涨，而且继续甚涨，而其他各消费品不随之而涨者。就后者而论，制糖者仅负担一部分，但就前者而论，则除负担如普通所负担者外，还要负担全部税收云。"——见同上著第 99 页。

③ 例如某一学者声言外国造丝者不能提高其价格，因"彼等对于其每年出产品之急于出售，至低当如吾国之急于买进，而且吾敢说外人之欲卖，急于国人之欲买，推厥原因，则由各地输入太多，有供过于求之势故也。"——《论关于下院某委员会拟行取消粗丝入口税之议案》(Considerations relative to a Bill under the Consideration of a Committee of the House of Commons for taking off the Duty on all Raw Silk of every Denomination, that shall be imported into Great Britain)第 35 页。

④ 此学者曰："盖物价定于市场，市面货多则价贱；市面货缺则价贵……故物价之贵贱，殆不能由商人作主：商人必为市场所支配。"——见《为反对收条税告英国各地工商书》(第二书)(A Second Letter of Advice Addressed to all Merchants, Manufactures and Traders of every denomination in Great Britain concerning the odious and alarming tax on receipts, in which their fears and jealousies of future alterations of the act, with intent to force it upon them, by Ministry are considered, etc., etc.)第 15 页。著者系奥方味·歧特(Oliver Quid)。其第一书出版稍早，读者甚多，不一年而已再版 6 次云。

涨高，然物价之所以能涨高者，无他，乃由于生产者覆灭货品稀少之结果也。故曰，"此种视若珍宝之税一行，而商业必随之而衰落，商家必随之而倒闭矣。"①

又有反对收条税，而且承认商业税归消费者负担之某学者问曰："但何由而始归于消费者负担?"曰，"当政府用尽极有害之方法，课极高税收于商业时。"② 著者选糖入口税为例。糖税先由商人缴纳，而后归宿于制糖者，然若供给无变化，则价格不能增加。生产者于是限制其产额而提高其价格至能抵补税收为止。③ "但价格未提高，而税收随之而至，一切之压迫杂来矣。"因其产额之减少而"用具、船舶、水夫与夫装璜等之使用，亦为之减少，故国中凡与此直接有关之各业，及其一切附属业，多受影响"。况物价涨高，消费者必更减少其消费，"于是营业益衰落"。及其终也，漏税之事将日增月盛矣 ④。

故惟"由商业之一部分的衰落，及资本雄厚者间接受大害，资本不雄厚者直倒闭后"，而税收始归消费者负担。此著者末又断言曰，"此种应用于商业上重要事项之推理，吾人确信其可以放诸四海而皆准。"⑤ 无论如何，此理亦为反对铺捐之某学者所承认，此学者谓"在假定的情状下，对于使一般人负担铺捐之不可能之一事，吾人可毋庸辨难"。此学者曰："盖历久而后见其如此：吾人总不见有一

---

① 见《为反对收条税告英国各地工商书》第 16 页——就吾所知，收条税之最初提议，见于《英国利息要论》(Some Thoughts on the Interest of England, etc. , etc.)之一书。著者又附带建议征收英国银行纸币税。

② 见《为收条税严告各界文》(A Serious Address to the Public concerning the Tax on Receipts with a few observations on the present critical and very alarming situation of this country with regard to trade, revenues, national debt, and principles of government.)第 25 页。

③ "若税收过高，生产者于市面存货充斥时，不能收回其所纳之税收，而必廉价出售者，生产者必愈减少其产额，迨及市面存货不多，物价能涨至抵补其税收而后已。"——见同上著第 28 页。

④ 在收条税面方之漏税，即是贴用假印花。见同上著第 22 页。

⑤ 见《为收条税严告各界》文第 28—29 页。

消费者公然承认曰，吾已于所买货物之价格中付过铺捐矣。"①

纵观本章所论列之著者，无论其所持消费税归宿之学说为何，然反对此税者，要各特别注重于其反对之理由，且彼等为显示税制之缺点起见，往往列举不同的而且一部分互相矛盾的理论。② 然学者反对消费税之主要理由，还因此税之查究频繁，使民不胜其扰之一点。自 18 世纪初叶以还，税制积弊愈深，民间恨之入骨，③ 即消费税三字，已足燃起一般民众之愤恨矣。

厌恶此种税制之偏见，由英国而传及于美洲殖民地，各次建设消费税之提议，皆遭猛烈之反对。如在 18 世纪中叶，马塞诸塞州 (Massachusetts) 严厉讨论消费税法之时，萨缪尔·库拍博士（Dr. Samuel Cooper）痛骂其法，一则曰 "此种极可恶的计划"，再则曰 "此种灭人家国的害物"，④ 三则曰 "在此种可恶的经济制度之下，除最可鄙视、最为人群所不齿之人外，恐无一人而肯担任此职者（即

① 见《致赞成铺捐撤消之少数下院议员书》(A Letter to the Minority in the House of Commons, who voted on the 24th April, 1787, in Favour of a Motion for the Repeal of the Shop Tax)第 5 页。

② 例如下述小册子：《述五先令煤税之害，此税有碍于英国之治安，使贫民之负担过重，害及本国之海运与船员，影响于吾国内河航驶者，如船夫、煤船水手、舿船船夫、运煤夫等，危及本国藉煤为本之制造业，而尤以制造盐玻璃及各种制铁业为甚；（因课税而各业人民必往产煤之国，或离开本国），并且大有害于国库收入》(The Mischief of the Five Shillings Tax upon Coal, is Here Humbly Represented, That this tax is inconsistent with the safety of England, partial upon the poor, pernicious to our shipping, and seamen, destructive of our river-men, viz. boat-men, keel-men, barge-men, ballast-men, coal-heavers, etc. Fatal to our manufactures made with sea-coal: especially salt, glass, and all sorts of gross ironwork; (that by this tax mus be run into the coal countries, or out of the kingdom), and highly Injurious to his Majesties Revenue.)。

③ 试举下一段文字，以为一般对于消费税之意见之范例："民间平日所受税吏之种种虐待，实在罄竹难书；其武断，其诡谲，其恫吓良民方法之最鄙陋，其曲断事物之违反法律、公理与事实的证明，凡此皆其罪恶之昭彰者。"——见《述税吏之压迫、霸横及其偏私》(Remarks on the Horrible Oppressions, Insolencies and Unjustifiable Partialities of the Commissioners of the Excise, with Some Historical Collections of Matter of Fact)第 59 页。世人常目税吏为"倚人之血以为生，若辈全恤他人之灾难而横施剥削。"见同上著第 50 页。

④ 见萨缪尔·库拍博士所著之《危机》(The Crisis)第 3、4 页。博士附言曰："人之有常识者，未有不知消费税法之推行，将摧残吾人之一部分自由者也。"

消费税征收员）"。① 距此 30 年后，纽约有某学者至鄙邻邦之消费税
制度为一种"可耻的奴隶制度"。②

后数年，某书大声疾呼攻击各邦烟糖税制度，于是反对之程度达于
极点矣，此书冠以警语："一切自由各州之恐怖。"且描述下列之预言：
"倘将来国会实施一种葡国或英国的消费税制度，倘有几百千万卑鄙之
徒，出而维持此制，则吾美洲天然地域之划分将使此法不数年而归于失
败。大西洋岸各州之几百万人民，将相率而逃往于密西西必河西岸之
地，以此为避难之所，以此作海外桃源。若此，而消费税必独施于旷无
人烟之地；至新兴之自由国家与帝国，必沿密苏里河两岸而扩张云。"③

纵观以上所论之著作，则知学者由消费税之讨论，引出各种税
收归宿之理论，几乎面面想到。有以此税毫不转嫁者，有以此税转
嫁于地主者，以此税转嫁于消费者，亦有以此税再由消费者转嫁
于劳动者之雇主者。持此等见解者，类皆具有十分之确信，——惟
除少数例外外，罕有理解经济学之基本原理者。④ 虽然，前人之主张

---

① 见萨缪尔·库拍博士所著之《危机》第 8 页。与此相同之观念，亦形诸《怪物之
怪物》（The Monster of Monsters, a true and faithful narrative of a most remarkable
phenomenon which lately made its appearance in this metropolis to the surprise and terror
of all his Majesty's good subjects dedicated to all the virtuosi of New England)之一书。

② "怪哉贤如康涅狄格州（Connecticut）之民而亦征课如可耻的奴隶制度之消费
税于其商民也。"——《诚实乃为真正政策说》(Honesty showed to be the true policy; or a
general impost considered and defended)第 6 页以下。

③ 见《消费税法之性质及其影响纪略》（A Short History of the Nature and
Consequences of Excise Laws including Some Account of the recent interruption to the
manufactories of snuff and refined sugar)第 111 页。

④ 对于上面所提及的消费税计划之各种无甚价值的反对，详见下列各书：Nath
Polhill, Reflections on the Present Conduct of the Populace relating to the Government,
particularly the Prime Minister; and the late Motion for a new excise; An Examination of
the the late Conduct of the Ministry with respect to the Duties on tobacco and wine;
Seasonable Reflections occassioned by the Bills expected in Parliamint relating to the Duties
on Wines and Tobacco; Remarks upon a Pamphlet entitled Considerations occassioned by
the Craftsman upon Excises and Cautions of the Maltsters, Hop-Planters, Brewers, Distillers
and others trading in Excis'd Goods or Merchandize to their Brother Electors of Members to
save in the next Parliament of Great Britain)。

与证据，每为近代学理之重要预告，近人之学说，固无往而非渊源于前人之所说也。虽古代学说，吾人无一而可称为一致承认的学说，无一而可称为有权威的学说，然就中见解较优，而渐得学子之赞成者，则为消费税势必转嫁于消费者而使大多数劳动者之负担增重之一说。以是科学上之意见（若能称为科学的），渐与一般之意见相一致云。

第二章
赞成奢侈品单一税者

一般消费税——课于生产者或商人之税收之意——即大多数学者所视为一种间接消费税,此税至 18 世纪时代,而渐失其势力。推原其故,厥有二种,一因学者不复以贫苦消费者负担此税为公平,二因学者以此税为有害于商业;因此间接的一般消费税之观念渐衰,而直接的特种消费品税之观念,遂代之而兴。向之先课税于生产者或商人,今则直接课税于消费者;向则意在使一般消费者负担,今则意在仅使特种奢侈品之购买者负担。简言之,即废止间接必需品税,而代以直接奢侈品税之计划是也。

此法之最初暗示恐见诸张伯雷(Chamberlayne)之某本 17 世纪著作上。此著者详述一种计划,而综其大要则为提议"课重的而且特别的税收于凡足以酿成过多或奢侈、放荡、怠惰、骄奢、淫佚之货物"。① 但氏仅言 "仿邻国之惯例",而于氏之究竟指直接奢侈品税,抑指间接奢侈品税而言,吾人不能十分确定。至若此世纪末叶某一学者之主张,则无此种疑惑。此学者细心提议 "由购买者或消费者缴纳"之货物税制度。② 依照此学者在其论文上所述之计划,关于奢侈品之意义,从其

---

① 见张伯雷所著之《上两院利国大计策》(Englands wants or several proposals probably beneficial for England, humbly offered to the consideration of all good patriots in both houses of Parliament)第 4 页。

② 见 J. M 所著之《筹集 500 万以上款项不使贫者纳税、富者受苦而纳税者愿意输将刍言》(To the Honourable the Knights, Citizens, and Burgesses of the House of Commons in Parliament Assembled, Proposals most humbly offered for Raising〔in all likelihood〕upwards of Five Millions of Money without Charging the Poor or burdening the rich by such Ways and Means, that for the greatest part thereof the Payers will voluntarily Tax themselves)第 1 页。

"一切人民，均依照其在合理的、必需的用费以上之浪费之程度而纳税"之一段文字，显出非常明白。此学者对于世人所谓由此法使买者易致负担太重，故应由"得利之卖者"纳税之反对，又为之解释而明辨之。[①] 其答辩分为三层：第一，若货物未卖，商人可毫不纳税；第二，卖者之提高价格，不敢超过税额；第三，漏税之机会减少。[②] 氏又断言税收即归纳税者负担，而不能转嫁。

其后数十年间，其他学者亦持同样之观念。例如巴刻（Parker）提议一般消费品税以代替其他一切之税收。巴刻特将一般财产税或土地税与其所拟之新税比较，而谓土地税非常不公平，而且仅仅或作或辍的征课，至于新税，将使个人依照其能力而缴纳，而且实际归各人负担。[③]

又有某学者，则从税收公正之真正标准在财产而不在消费之学说，而推出其奢侈品税计划。此学者之言曰，"所谓课税公平之金科玉律云者，乃仅指人民之财富方面而言也；故当国民中之较穷者（常系劳动的及勤苦的）已有极重之负担，而为社会公益起见，则有非向民筹集款项不可之势，处此之际，吾说惟富者应济国用之

---

① "抑反对此法者，谓购买此等货物者，恐因此而出钱太多，恐太吃亏，故理应由卖者纳税，因卖者操奇计赢，有利可获故也。"——见 J. M 所著之《筹集 500 万以上款项不使贫者纳税、富者受苦而纳税者愿意输将刍言》第 4、5 页。

② "若稍假思索，则对于反对者之答辩，自可明白。第一，凡货物之未出售者，均可不纳税；第二，卖者不能有何正当之借口，而增高其价格超过于寻常价值……第三，不易漏税，因纳税者系买者，而非卖者，故卖者自不受制于买者，既不受制于买者，则卖者自无逃税之事也。"——见同上著第 5 页。

③ "第一，因土地税常不公平，至此税（'课于商品之税收'）则不然，因每人各依照其能力与需求而纳税故也。第二，若与全国人数一比，则知纳土地税者仅少数人，此外纳税能力较强而反一无所纳者，比比是也；至若此税则仅少数人，甚或无一人逃税，每人之所纳虽微，但每年必纳若干。"——见巴刻所著之《废土地税改征良税刍议》（Proposals for a very Easy Tax to raise between Two and Three Millions of Money per Annum，（if not a greater sum）in the room of the Land-Tax，to begin to pay the public debts，and to discharge this nation not only from all those taxes that these two late expensive wars have loaded us with，but from all those taxes that are paid to her Majesty，in a few years' time with other happy consquences，that will accrue to the Kingdom in general，if it should be laid on and continu'd. Also Proposals for the further encouraging the Woollen-Manufactures of this Kingdom in foreign parts.）第 6 页。

不足。"① 故氏提议应当课税之奢侈品种类，若珠宝、花边、精织品、假发、武器、马车及各种饮料。在著者之意，行此种税制可有一极大利益，即可使社会上减少从事生产此等奢侈品之劳动者之需求，并且可使此等劳动者之工资降低，因为英国所以不能与其邻国竞争者，大半由于工资高贵之故。② 为实现此种目的起见，著者且赞成以法律限制伦敦房屋之建筑，因此"勤苦之民庶可不为奢侈所引诱矣"。③

谓商业衰落由于工资高贵之意见，本书就其他方面业已论及。④ 此实为其时学者常常讨论之问题，但稍后有某主张奢侈品税制者则极力抨击此说。⑤ 依照其作品之标题，明白表明商业衰落之原因，不在于劳动者工资高，乃在于商人利润过高，而尤因于富者之奢侈习惯，由是至于"外国奢侈品"之过度消费。⑥ 此著者发表其一般原则曰，"一切税收，当课之于与最后消费相切近之货物，当课之于直接消费者，且依照各人消费之多寡，天下之最不公平最荒谬者，莫过于人无所消费而纳税"。⑦ 此著者赞成课税于消费者，而不赞成课税于生产者或输入商，其理由则因税收随每次转嫁而聚积，"结果

① 著者附言曰："但行之必须非常和平，且欲使纳税者乐于输将起见，则对于纳税者应于现在或将来给以一种报酬。"——《论如何增进商业及在数年内偿清国债而不致于增重土地负担之方法》(An Essay on Ways and Means for the Advancement of Trade and for paying off in a few years the debts of the nation, without laying any additional burden on land)第 8 页。

② "除偿清国债而外，其次促进商业发达之方法，莫如降低本国之工价。以吾国劳动者之工资太高，故本国制造品不能在外国市场随意贱售，职此之故，吾人坐视国外各种重要贸易，尽为工资低廉之邻邦所攫取，而莫可如何。"——见同上著第 44 页。

③ 见同上著第 46 页。
④ 见本书上面第 44—50 页。
⑤ 见《筹饷刍议……证明英国国外商业之真正障碍不在于贫民之工价贵而在于上流社会之牟利与靡费》(Proposals for Carrying on the War with Vigour, raising the Supplies within the year and forming a National Militia. To which are added considerations in respect to Manufacturers and Labours, and the Taxes paid by them; the inconveniences of credit for small sums, and the courts lately erected to recover them intended to demonstrate, that it is not the dearness of the labour of the poor but the profits and expences of high classes of people, which are the real clog on the foreign trade and commerce of England)。

⑥ 见同上著第 52—54 页。
⑦ 见同上著第 11 页。

愈积愈多，穷其极，商人既为纳税而获利，又为成本或原价而获利"。① 因之此著者提议继续课税于"举凡可以列入不必要的消费，及近代浮华时髦之装饰品等一类货物"，盖因"奢侈、欢闹与浪费已达于极点"故也。②

又有学者名当斯（Downes）亦坚持课税于"富者、骄傲者及浪费者之奢侈品"。③ 氏谓此种税收，将无碍于商业，议论巧而辨。据当斯之意，以为课于此等货品之税收决不致于此等货品之消费减少，实则反能使之增加。盖因此等货品愈昂贵，则凡富有之家，与夫竞事浮华者愈欲购买以炫耀其阔绰也。④ 当斯曰："假令课税于上述物品，吾不信购用此等物品者之即减少，盖就吾略知现时上流社会之情形，则知彼等不以纳税为可惧，实以无此等物品失面子为可羞。"当斯亦赞成课税于消费者，而不赞成课税于生产者或商人，其理由亦如前一学者，即藉此可以阻止物价之累积增高，当斯以为物价之累积增加是不法的。⑤ 吾人于兹又可注意者，即当斯曾提议贴用"印

---

① "货物之价值,常与货物之税收混合,而成一般之所谓价格,彼商人者于货物移转时,总要得多少利润;由甲商转至乙商,甲获其利,由乙商转入丙商,乙增其价,辗转相转,层层获利,迄货物入于消费者之手,而税收渐次膨胀,致'纳税者所缴之税收,2倍于英国政府之所得云。'"——见同上著第10页。

② 见同上著第31—32页。其中亦有纸牌税一项,因"纸牌戏系一种愚行,举国风行;无贵贱,无男女,无老幼,皆醉心于此,以致废时废业,伤风败俗,浪掷无量数之金钱,生出难以形容之不良影响"。据此学者之意,以为"凡有合理之见解而不为此时髦之愚笨的邪行所迷者,必诚心赞许"此税也。抑更有趣者,即此学者首先认经济学上之最新理论,所谓资本不过收入之还元之学理。氏在论及政府公债利息之减低,其卖价势必低落时,他说:"民众仅注意于收入,而且希望收入价值之增加,初不关于资本,斯真毫无可疑之事实……又彼等趋向此意之原因,不难发现。"——见同上著第17页。

③ 见当斯所著之《论如何年筹几千万镑不藉税吏之征收不压迫贫民不损害商业不强人纳税而人自乐于纳税策》(A scheme plainly demonstrating how several hundred thousand pounds may be rais'd yearly to the government without officers to collect it, without oppression to the poor, without hurting trade and without any person's being oblig'd to pay it, but when he pleases so to do, etc.)第13页。

④ "愿或者谓课税于奢侈品,必有害于商人与工人;以吾思之,吾敢断言其必无害;因骄奢者虽化费较大,亦所甘愿……抑更有进者,吾未尝不以为当今侈风甚盛之世,课税于此类物品,必可增进此类物品之消费。"——见同上著第14页。

⑤ 见同上著第22页。

花或标记"① 于物品上，以为课税凭证之计划，——此计划迨至百二十五余年以后，美国政府采纳达维德·卫尔斯（Mr. David A. Wells）之提议，而始行之于内国税制上，成效卓著云。

当 17 世纪及 18 世纪初叶之时，此种各别的建议，罕得学子赞成，惟不迨至 18 世纪中叶前不久，而学者提倡此说如此有权威，故大堪人士之注意。

奢侈品单一税方法详解于某匿名著作上，② 此书之著者究系何人，言人人殊，迄今尚未确定。有推此书系理查孙（Richardson）所著者，亦有推此系德克（Decker）所著者，以吾思之，大概前说者近是。③ 此著者竭力反对一般消费税，"因其大有害于商业故也"。其方法则为"课税于奢侈品之消费者，而取消其他一切之税收、消费税与关税"。④ 氏又

---

①　见当斯所著之《论如何年筹几千万镑不藉税吏之征收不压迫贫民不损害商业不强人纳税而人自乐于纳税策》第 15—18 页。当学者呶呶然争辨于消费税制之时，有某学者拥护沃波尔计划，谓沃氏计划，实为真正的奢侈品税，至于土地税，不啻一般消费税也。见《为说明土地税不如内国烟酒税事告英人书》（An Humble Address to the People of England, being a demonstration that a land tax is more prejudicial to trade and liberty than an inland duty on wine and tobacco）一书。

②　《论英国国外贸易衰落地价下跌之原因及其挽救之方法》（An Essay on the Causes of the Decline of the Foreign Trade, Consequently of the Value of Lands of Britain and on the Means to Restore Both）。

③　关于推测此书著者系德克而非理查孙之根据，参阅帕尔格累夫的《政治经济学辞书》（Palgrave's Dictionary of Political Economy）卷一第 519 页某条。又在塔刻之《商业概论》（A Brief Essay on Trade）第 129—149 页，尼哥尔之《论英法两国关于商业上及增进富强方法上之得失》第 264 与 268 页，及亚瑟·杨之《政治算术》第 244 页上，均推此书系德克所作。工纳教授（Professor Gonner）者，即系《辞书》上某条之著作人也，谓 1749 年出版之书上，书面署有德克名字。然在 1756 年出版之书上（此版与其原版，本书著者均存有）则并无著者姓名，此又何说者。反对此书系德克所著之最有力的理由，则因德克系主张房屋单一税者，其所著主张房屋单一税之短论，又约与此书同时，而在 1750 年与 1760 年之各书每提及房屋税，必说到德克之计划，若是，德克是明明主张房屋单一税制者。若谓此书系德克所著，则是以一人而持绝不相同之计划，而在后著上，并无片言只字提及前著所述之方法，窃恐天下决无是理也。堪林干教授（Professor Cunningham）亦以此书非德克所著。参阅堪氏所著之《英国近代工商业之发达》第 409 页注三。又亚瑟·杨在其《政治算术》上，则云此二书均系德克所作，而谓房屋税为德克的"得意的计划"，然要知此书之学说较早，或无论如何，此书出版较早。工纳教授在《经济杂志》卷十八（1908）第 629 页上，虽撤消其此书系德克著作之主张，但并未拟及理查孙为此书之著者云。

④　见同上著第 44 页。

将其应当课税之少数物品单开出。① 在著者之意，税收必归于纳税者负担，而终不转嫁，此则不言而喻。氏附言曰："此计划之最大利益，在于此税毫无吾国现行税收之广遍的、有害的而且损害商业的结果；因为此税不但不使任何物品之价值提高，而且可以禁止奢侈，奢侈者，乃民德实业之害物也，害物除而人民始可富厚繁荣矣。"②

热心主张奢侈品单一税计划者，佐赛阿·塔刻其一也。塔刻在其某一重要著作之附录上，略述税法之大纲。③ 塔刻提议此法之主要理由，包含于其一般原则中，氏曰，"夫各人依照其任何物品使用之多寡而纳税，必为公正的、合理的；而吾人所能最可凭靠之依据（因此事有不能精确与确实证明之故）；是为一般之人总各依其地位而生活。"④ 故按照各人奢侈品之消费而课税，实为最公平之税法也。主张此税法者，塔刻而外又有丹格尔，⑤ 关于丹氏反对一般消费税之理由，本书于前，已经述及。⑥ 丹格尔首先说明税收之一般原理，颇关重要。⑦ 次乃断言："仅课税于各种奢侈品与消费品（惟绝对必需

---

① 亚当·斯密论及著者的"著名计划"，称其计划为课税于"一切物品"（见《原富》卷五第二章），巴斯塔布尔称其方法为"各种物品消费税法"（见《财政学》二版第 318 页）；二氏所说均不甚确切。盖著者之法既非课税于"各种物品"，亦非课税于"一切物品"，但仅仅课税于某几种"奢侈品"而已。著者以为此法之一主要优点，即此法有"禁奢法的作用，使民间用费，上下有度"。——见《论英国国外贸易衰落地价下跌之原因及其挽救之方法》第 51 页。

② 见同上著第 52 页。

③ 见塔刻所著之《英法两国商业上之得失略论》(A Brief Essay on the Advantages and Disadvantages which respectively attend France and Great Britain with Regard to Trade) 上之附录，名为"附录奢侈品单一税法"。

④ 见同上著第 153 页。——原书错为"第 15347 页"，今根据英文版改正。——整理者注

⑤ 见尼哥尔（实在是丹格尔）所著之《论英法两国在商业上及增进富强方法上之得失》。

⑥ 参阅本书上面第 47 页。（新编本在第 33 页。——整理者注）

⑦ "每一论及构成一国收入之各种税收，及每种税制之弊病，热心国事者未有不欲想出一种最公正、最简便、最公平以课于一切物品之税法者；换言之，即依照各人由社会上所得之利益而课之税法也；就穷者而论，应使税收影响之所及，适能促进其勤勉为限度，毋得剥夺贫民营生之希望；至就富者而论，应合理而课之，而不可横征暴敛，换言之，即依照其动产不动产之多寡而课之也。"——见同上著第 268、269 页。

品除外）而一任各人自由缴纳之税制，实为达到此等目的之最适当
者。"丹格尔赞成原著者之计划，① 而赞成之之理由，尤因各人费于
各种奢侈品之款额，可以视为各人拨充此种用途之收入的大概标准，
故特别称赞之。② 最有趣者，吾人竟觉此说行及于美国，后来皮拉
瑟·韦伯斯特（Pelatiah Webster）竟采用此说以力劝国会实行物品输
入税。韦伯斯特之言曰，"一般消费税必可使各人之负担均平，因各
人将各依其消费之多寡而纳税，是故费用最多者，其费用能力必最
强云。"③

　　奢侈品税之计划，在英国方面，大要无甚反对遇到。惟其时有
某一学者则明白声言赞成消费税，或课于生产者或商人之税收，而
不赞成课于消费者之直接税。其结论之根据，则以课税品之消费者，
实不觉得其税收，因"若税收混在物价之中，税即被人忘却，或少
留印象"，至若直接课税于消费者，则税收"即被人觉得极讨
厌"。④ 此著者附言曰，"人之忽于人类之研究，不注意于人情，不留
心于人性者，皆不宜于治人者也。"⑤ 此著者不但以首倡如后代拥护
一般间接税之普通理论著称，而且亦以首先发现以收入为目的之税
收，与以社会福利为目的之税收之区别闻于世，⑥ 此二种税收之区

――――――――――

① 丹格尔推德克为原著者。
② "氏以此种物品之每种为一种收入之财产之标准，此种收入，氏拟每金镑课税
3便士云。"――见同上著第 269 页。
③ 见《六论自由贸易与财政特别说明可课税于物品而无害于商业或累及于国人
之理》(A Sixth Essay on Free Trade and Finance particularly showing that Supplies of
Public Revenue may be drawn from Merchandise, without injuring our trade or burdening
our people)。
④ "有两种税，其一，纳税者付出后即无所觉得，其二，有使人觉得收入每年减少
之作用，二税之间，实有一大异点在焉。"――见《某议员与友人讨论碟税书》(A Letter
from a Member of Parliament on the Plate Tax)第 27 页。
⑤ 见同上著第 29 页。
⑥ 著者谓税收可大别为二：其一为以收入为目的之税收，其二为以社会福利为目
的之税收。"一切税收之赋税，当含有此二目的，或一目的。以收入为目的之税收者，欲
以税收充国家之必需经费者也。以社会福利为目的之税收者，即寓征于禁者也，例如课
税于外国制造品之输入或消费，以免害及本国制造品，或课税于有害社会之几种奢侈品
等。"――见同上著第 13 页。

别，在晚近研究上，渐占重要位置云。

然观上所述，可知大多数之著者赞成直接奢侈品税。学者中之赞成此种税法者——此税不久实行，惟为现行税收之补充，而非为单一税——尚有福尔斯忒（Forster），[①] 福氏者，即坚决反对课税于工资之人也；又波斯德士威（Postlethwayt）亦稍稍赞成此税。[②] 自某几种奢侈品税成立为英国税收制度之一般计划后，此问题之讨论遂告停止云。

---

① 见福尔斯忒所著之《现时粮食昂贵原因之研究》（An Enquiry into the Causes of the Present High Prices of Provisions）第一篇第三章"论税收"第 50—53 页。

② 关于波斯德士威之修改的主张，参阅本书下面第 104 页。（原书未标明此注释所在位置，今根据英文版放在此处。这里说的页码，在新编本的第 46 页。注意译者的注释与英文版有不同，同时在英文版注释中还有以下内容，被译者略去："在 1785 年，对税收的某些效果有一个相当不寻常的预测："减免法案和商店税对家计的影响如此之大，肯定会使大部分人陷入贫困和毁灭；而且会阻碍婚姻，再加上对女仆的征税，会导致卖淫现象的增加，一切甚至无法想象。"《一位慈善家关于过度征税的信》，伦敦，1785 年，第 85 页。——整理者注）

第三章
赞成房屋单一税者

18 世纪之税制改革家,常好倡单一税计划。学者不但承认消费税归消费者负担,而且认清国家以不课税于商人以免阻碍商业发展为得策,因而主张奢侈品单一税制,以为如此税制当可改良;然此仍不过进一步之办法,欲行此制,总必调查奢侈性质之消费。若能选出普遍的而且为人人周知的消费为标准,则既可达到同样结果,又可省却许多麻烦。学者主张合于此标准者为房屋税,故提议房屋单一税制,以替代一般消费税制云。

主张此制之重要学者,首推马太·德克爵士(Sir Matthew Decker)。① 德克初有课税于茶叶消费者以代替课税于茶叶输入商或商人之思想;但以此为不关重要,故语焉不详。德克乃进而提议"一般消费税",氏尝反复说明其所主张之一般消费税,与寻常所谓一般消费税之意义,完全不同,依德克之言,其计划即为仅仅"一种单一消费税,而且为课于房屋之税收"。② 德克详论此税之特质,并详述其主要优点如下:"若一切税收悉行废止,则不但可以阻止形形色色之偷运,而且可使成千累万之已从事于或现仍从事于偷运之

---

① 见德克所著《房屋单一税制刍议》(Serious Considerations on the Several High Duties which the Nation in General 〔as well as its trade in particular〕labours under: with a Proposal for Preventing the Running of Goods, discharging the Trader from any search and raising all the Public Supplies by one Single Tax)。

② 见同上著第 15 页。

穷苦可怜者得免于灭亡"；抑更有进者，"今之商人与铺主，动辄被人告发，有虚报而不实者，有为微故细事者，朝被告发，夕被搜索，不胜其扰，若税收废止，则无此弊矣"；且藉此而"商人、铺主与栈主可仅以半数之资本经营商业，而其利润之所获，则亦不减于往昔，抑或反较前增加。"①

　　吾人观德克之所论，处处着重于生产与商业之利益，因依氏之意，此等利益，久而久之，必甚重要。关于此点，若观氏对于课税于劳动者之见解，即可明白。氏虽希望"最下贱最穷苦人民"之房屋免税，然氏所以如此主张之理由，则因"借此而下贱穷苦之人工，庶可格外低廉"故也。② 依德克之意，课于生活必需品之税收，必真归宿于雇主而不归宿于劳动者，又德克赞成生产与商业之一般思想，亦可从氏之结论明之。氏在其结论上发表期望曰，愿今日之英国亦如古代之太尔（Tyre），"其商贾富埒③王侯，其贩夫为地球上之尊敬者。"④

　　德克之主张，为多数热心赞成者所宗奉。多数赞成者赞成房屋单一税而不赞成一般消费税之理由，则因行房屋单一税制而生产者与商人之负担较轻，因生活必需品之税轻，则工资必可跌落也。例如某匿名短论之著者在说及以新方法"代替吾国现行无条理之税法"时，力言"可提议殆与德克计划相同之一种更有利的计划，必可使勤苦者免除每种税收之负担，由此而地主与社会上一切有用分子，皆获极大之利益"。⑤ 又波斯德士威亦以为工资因课税而增高为一种人为的增高，必有害于劳动者与社会全体，氏且提起疑问曰，"吾国

---

　　①　见德克所著《房屋单一税制刍议》第 23 页。
　　②　德克附言曰，"且彼等所作成之货物，可因此而如他国之低廉，甚或比他国更低廉也。"——见同上著第 16 页。
　　③　埒 liè，意思是"等同"。——整理者注
　　④　见同上著第 32 页。
　　⑤　见《五百万收入如何筹措议》(The Case of the Five Millions fairly stated in regard to Taxes，Trade，Law，Lawyers，etc.) 第 17 页。

税收之增加，终且不致覆灭吾国之商业乎?"① 为避免此种结果起见，故氏赞成"一种适中的公平的房屋税"，或如氏在他处所述"课一般税于房屋，或其他之物"。② 但吾人觉得波氏对于房屋单一税之适当，心中未甚确然自信，其后氏且提议奢侈品单一税制以代之。③ 又福奇亦赞许德克之计划，关于福奇竭力反对消费税之理论，吾人已熟知之矣。福奇之议论殊属简单，其言曰，"因消费者既须负担税收之全部，故从消费者之打算，对于税收之如何赋课，与夫课税于何物，实无若何之区别。消费者之所要实在关心者，即在于负担国家必要之经费，能否尽量减少，人民纳于政府之税收，能否涓滴归公，以应国家所以课税之目的。"④

又有少数学者，虽希望以窗户税代替房屋税，然对于德克计划之原则，表示赞成。主张窗户单一税者以和斯力（Horsley）为最重要，和氏在德克发表其计划后即提出其主张。⑤ 和斯力最着重于税收"单一"（singleness）之一点，其言曰，"自我视之，若为一种单一税，则不论其税课之于何物，均无重要区别。"⑥ 然和斯力并非窗户税制之首倡者，和氏前十年之某一学者，因为此税之实在公平，曾首倡此论，惟自晚近之我人视之，殊不以此税为公平也。此学者之言曰，"贫苦之民住居于小屋之中，其设置窗户，聊以通风透日而已，未尝有稍多以求起居之安适也；若夫贵族与绅士之家，崇楼广

---

　　① 　见波斯德士威所著之《说明税债增加之弊害》（Great Britain's True System wherein is clearly shown, that an increase of the Public Debt and Taxes must, in a few years, prove the ruin of the Monied, the Trading and the Landed Interests etc Humbly Submitted to the Consideration of all the Great Men, In and Out of Power）第 132 页。

　　② 　见同上著第 130、134 页。

　　③ 　"任人自由缴纳的一种税收，此税独课之于各种奢侈品与消费品，（惟绝对的必需品除外）。"——见同上著第 319 页。参阅本书上面第 102 页。（在新编本的第 46 页。——整理者注）

　　④ 　见福奇所著之《如何筹集目前战费而不致于增加国债论》第 22 页。福奇实在赞许德克的计划，惟稍有修改耳。

　　⑤ 　见和斯力所著之《对于德克氏所拟房屋单一税制之商榷》（Serious Considerations on the High Duties examin'd; addressd to Sir Matthew Decker）。

　　⑥ 　见同上著第 32 页。

厦，窗户甚多，其设置也，岂特为通风透日，抑且为装饰也。"①又
"归并一切税收而独取资于窗户税"之同一概念，又为二三十年后之
某学者所提出，② 其时各种单一税之思想，已行将不流行于社会矣。
窗户税之计划，卒为得·罗姆（de Lolme）所热烈反对，氏提议"依
照房屋内部之广狭或容积而课税"，而房屋之孔穴，则应除去不税，
盖必如此，而"世人不复斤斤然节省日光之透入：世人将可自由吸取
屋外之空气矣"。③

德克提出房屋单一税之计划，即遭坚决反对论者之抨击，就中
以马西（Massie）为最著名。马氏在其为驳击福奇之税法而著之较早
著作上，④ 仅仅发表一种温和的反对论调，⑤ 及至次年，马西则倾其
全力以攻击德克个人。⑥ 氏列举其反理之理由，本篇于此，不便一一
缕述，仅就其指摘房屋单一税制之缺点而述之斯可矣。氏非难房屋

① 见《改良税制刍议》(The Occassional Monitor：Containing a scheme or proposal
for taking off the several taxes on land,soap,starch,candles,leather,plate,etc. and replacing
the said duties by another tax，which will bring in more money in a more easy and equal
manner and less burdensome to the subject)第二篇第 6 页。兹有一点，值得吾人之注意，
即此著者为最先主张价涨高于税额说(the excess-of-tax-over-price doctrine)之一人，(此
说详本书第二篇第五章)其言曰，"无论何时，若课税于任何物品，则此物品价格之腾贵，
必超过于税额之 2 倍，此为甚彰明较著之事实也。至于何故如此，必然致此之理由，极
为明显，无待说明。"见同上著第 3 页。著者对于此种简单现象之理由，迄未肯说明之。
② 见《合并土地税等为某种单一税制刍议》(Considerations on the National Debt
and Net Produce of the Revenue：with a plan for consolidating into one rate the land and
all other taxs，by which more money will be raised；individuals not pay half the present
taxs；smuggling altogather prevented；... the poor exempted from every contribution，
etc.)第 31 页。
③ 见得罗姆所著之《关于窗户税制之观察》(Observations relative to the Taxes
upon windows or Lights)第 55 页。
④ 见马西所著之《对于福奇所著之如何筹集目前战费而不致于增加国债论一文
之观察》(Observations upon Mr. Fauquier's Essay on Ways and Means for raising Money to
Support the Present War without increasing the Public Debts,etc.)。
⑤ 马西反对房屋单一税法,其程度还不如其反对税额过大之剧烈。
⑥ 见马西所著《论德克氏房屋单一税制之不善》(The Proposal, commonly called
Sir Matthew Decker's Scheme for one General Tax upon Houses,laid open；and shewed to
be a deep concerted project to traduce the wisdom of the legislature；disquiet the minds of
the people；and ruin the trade and manufactories of Great Britain)。

单一税之提议实"欲以一切公共经费独取资于征课英国物品与制造品之单一的一般税也"。就此税之归宿而论，氏确信此税将转嫁于消费者，盖"凡农民商贾所付之税收，不论其为多为寡，而农民商贾必从其出卖之物价上取回之"。① 氏因土地税终可归地主负担，故赞成现行之土地税。② 关于其他各税之归宿，氏则复信旧说，谓"各国所行之税法，如此其善，故能奖励勤俭之美德，而惩罚奢惰之恶习"。③ 其后未几，亚瑟·杨亦反对德克之计划，及其计划所依据之归宿理论。依杨氏之意，谓房屋税强迫人民缴纳，非因其消费也，实因其有房屋也；消费税可为人民有能力纳税之证明，至房屋税则毫不可为人民有能力纳税之证明。④ 杨氏之论，可谓房屋单一税制议论之尾声，盖未几自诺尔斯爵士（Lord North）施行房屋税制后，而

---

① 见马西所著《论德克氏房屋单一税制之不善》第 114 页。氏又在他段上附言曰："彼农民商贾者，实为地主与消费者间之买卖经理人也，经理人每次出卖其货物，必得一种手续费，此手续费实超过于一切税收与其他费用之上，此其理谅人人已知之矣。"——见同上著第 116 页。

② "地主出卖或出租其土地，均不能因课税而得较多之钱，因地主必由地租纳其税故也；是故购买土地者必先考量将来能有多少之净收入；租地之农民必先考量其谷物、家畜、羊毛、牛油、乳饼等之能卖得多少价钱……而且因此等货物之价格定于而且必然定于一般购买者之购买力（惟荒年除外），故土地税必归于地主负担。"——见同上著第 38 页。

③ 见同上著第 68 页。马西竭力反对税收增加之态度，可从二重要小册子见出，惟在此二书中，马西毫无论及税收归宿之问题耳。参阅《述反对增抽意大利等国熟丝进口税之理由》（Reasons humbly offered against laying any further British duties on wrought silks of the manufacture of Italy, the Kingdom of Naples and Sicily, or Holland; Showing the probable ill consequences of such a measure in regard to the landed interest, woollen manufactories, silk manufactories, fisheries, wealth and naval power of Great Britain），及其《论新行苹果酒税及于毛织业及纽芬兰渔业之影响》（Observations on the new cyder. tax, so far as the same may affect our woollen manufactories, Newfoundland fisheries, etc.）又马西曾提议课税于独身者与鳏夫，盖氏以为此税将无影响及于物价与人工故也。参阅氏所著之《如何筹巨款以维持 7 年之战费而无害于英国工商业策》（Ways and Means for Raising the Extraordinary Supplies to carry on War for seven years, if it should continue so long, without doing any prejudice to the manufactories or trade of Great Britain）。

④ 见亚瑟·杨所著之《政治算术》第三章第一节。当法国革命时代，与此房屋单一税制相似的计划，再为法人所提倡，参阅布郎克·歧利（M. Blanc Gilli, de Marseille）所著之《财政上方法之改革》（Plan de Révolution concernant les Finances, on Découverte de l'Impôt unique du Toise）。

房屋单一税之议论，遂告终止云。①

___

① 　晚近所谓房屋单一税云者，盖指房屋免课不动产税之意。吾人于兹所当注意之一点，即远在 17 世纪时代，吾人即知有某一学者曾提议房屋税应比土地税为轻。此学者之言曰，"吾刻已对公平而有所发言，夫所谓公平者，公平其名，不公平其实，吾不禁反对之，此即房屋与土地在税收之负担上，应成相等之比例是已，此事若凭吾人理性之判断，必不合于理也。"——见《创立公平土地税刍议》(A Proposal for an Equal Land Tax, humbly submitted for consideration)第 10 页。

第四章
赞成一般财产税者

　　当 17 世纪末叶，英国历代所行之一般财产税，实际上已变成一种土地税。① 顾当时亦如今日不乏补偏救弊之士，多数学者相信补救现在弊端之最良方法，厥为重征各种动产税，而尤注重于不可捉摸的动产②，持此论者大多主张课税于生息之贷金，稍后则又有人主张课税于借债契据或一般资金以补充之。凡此主张，均以课于贷金之税收必归宿于贷主之说为根据云。

　　此说最先见诸少卡尔拍拍（Younger Culpeper）之著作上。③ 卡氏曰，课税于土地，税归地主负担；课税于商业与奢侈品，税归纳税者负担；而盘剥重利者则逍遥法外一无负担者也。④ 今若课税于生息之贷金，则不特可以减少重利盘剥之害，抑且因此税归贷主负担，

---

　　① 见塞利格曼所著之《税收论》(Essays in Taxation)五版，第 45—48 页。
　　② 译者按：此即指各种权利，如版权、专卖权之类。
　　③ 见卡尔拍拍(Sir Thomas Culpeper)所著之《再论减轻重利之必要并答辩曼力所著之对于 6 厘重利一事之调查一书之所论》(The Necessity of Abating Usury re-asserted; in a Reply to the Discourse of Mr. Thomas Manley entitled, Usury at six per cent examined, etc., together with a familiar and inoffensive way propound for future discovery of summes at interest, that they may be charged with their equal shares of Public Taxes and Burdens, etc.)曼力论文及其对于此问题之见解，详本书第 51 页。卡尔拍拍之早年作品及其见解，详本书上面第 23 页。(新编本在第 19 页。——整理者注)
　　④ 见同上著第 5—7 页。

可以使当时负担过重之土地的价值腾贵。①

又有一学者研究税收归宿问题之困难各点，更为透澈，此学者认为在寻常情形下，利息税有转嫁于借主之倾向，然氏以为此不难由议会立法防止之，且相信可用一切债务及抵押品之强制登记制度以厉行此税。② 复次达味喃特（Davenant）亦思"以议会之聪明，实行此税，并无困难之处"，氏提议课税于"重利盘剥者，彼辈实社会中之真正懒人，不劳而食，徒吸取他人之所得以为生"。③ 然此不过达氏一时偶然之思想耳，其所持税收归宿之根本理论，则与此稍有不同。④

其他学者希望不特包括生息之贷金，而且包括一切之动产，以构成一般财产税制。例如反对"土地单一税"之某著者主张"生息之贷金与有其他一切不确定收入之款项，均依照吾国地租之相当比例而纳税"。此"相当比例"（due proportion），如著者之所证明，其税率实远高于土地税率。⑤ 约在同时代之其他二学者，亦热心赞成此种计划，关于二氏消费税之见解，本书已经述过。⑥ 其一，以为课税

---

① "余不禁深慨夫地主与商人之自相攻讦。商人曰，愿课税于土地，土地有负担之能力者也，商业则不能；晚近地主曰，愿上帝发仁慈，使土地得免于课税，土地已不堪命矣；愿课税于吾国不重要的商业及所买卖之奢侈品；若是任盘剥重利者日事盘剥；一任为富不仁者日昌也。然苟稍假思索，则知农商者同一体而利害攸关，农夫力田，惟恐蝗蝻，商贾航连，惟惧海盗，彼盘剥重利者不犹农之害虫，商之海盗也乎！"——见卡尔拍拍（Sir Thomas Culpeper）所著之《再论减轻重利之必要并答辩曼力所著之对于6厘重利一事之调查一书之所论》第15页。

② 《筹款以应目前急需之妙法》（A Plain and Easy Way for the Speedy Raising of Money to Supply their Majesties Present Occassions: which will also, very much tend to the advancing the Value of Lands）著者系英国某牧师。

③ 达氏以为"一切人民应负其所应负之负担。"又曰，"然此必由于议院之聪明，若下院果决心实施此税，则当可达到目的，否则万难达到。"——见查尔·达味喃特（Charles Davenant）所著之《筹集战费法》（An Essay upon the Ways and Means of Supplying the War）。

④ 见本书下面第119页。（新编本在第82页。——整理者注）

⑤ 此著者主张"一切不确定收入之纳税应倍蓰于地租，或至少要多三分之一；盖因从事耕稼者。常有极重的无穷的修理，各种的负担，耕种上的困难，每日的辛苦，及重大的不测灾害与损失故也。"——见《某绅致其友人书》（A Letter from Gentleman to His Friends）第2页。

⑥ 见上面第36页，70页。（新编本在第27、88页。——整理者注）

于动产而又课税于土地，即成"复杂的无所不包的部分；换言之，即成依照各人负担力而课之税收"。① 其他一人则仅希望"依照吾国祖先之古法，再征特别税或磅税"。② 17 世纪末叶，笛福（De Foe）亦不特反对课于贫民之税收③，而且反对土地税之不均一④，笛福深信此种不均一之弊病，可设法按照各人之财产额而课税以救济之。⑤

其后数年，此同一计划陈述于主张课税于年金，东印度公司及英格兰银行股票与生息之贷金之某一著作上。⑥ 此著者之理想为一种"公正的与均一的税收，不论阶级，不论贫富，悉令各人依照其在社会上之地位与其受政府之利益而纳税，藉以维持政府之经费"。⑦ 此著者以为"依照贷金利息而课税，如依照土地每年出产而课税"，则此种理想，即能达到。⑧

----

① 《某乡绅致其城中友人书》（A Letter from A Gentleman in the Country to his Friend in the City：touching Sir William Petty's Posthumous Treatise entitled Verbum Sapienti）第 15 页。

② 《英国目前税收计划书》（An Essay upon Taxes calculated for the Present Juncture of Affairs in England）第 20—24 页。

③ "征课一般税，若有所豁免时，则贫民应当豁免，贫民大都无能力纳税，或至少因纳税而有影响于其生计。"——见达尼尔·笛福（Daniel De Foe）所著之《设计论》（An Essay upon Projects）。（原文中正文这一注释的归属地错误，现根据英文原文加以调整。——整理者注）

④ "且不要谈及别种，吾信合计伦敦 10 人所纳之土地税，不及此 10 人中之最贫者所纳动产税之半。"——见同上著。（原文中正文这一注释的归属地错误，现根据英文原文加以调整。——整理者注）

⑤ "若问吾如何补救此弊，吾必答曰，可设法使各人依照其财产而纳税，且颁布之条例应依照其真正意义切实施行；由 12 人组织一种税收委员会。"——见同上著。（原文中正文这一注释的归属地错误，现根据英文原文加以调整。——整理者注）

⑥ 《论均一税收之必要及近来奖励重利之危险》（An Essay concerning the Necessity of Equal Taxes and the Dangerous Consequences of the Encouragement Given to Usury Among us of Late Years，with Some Proposals to Promote the Former and Given a Check to the Latter）。著者或系约翰·德累克（James Drake，M. D.），但有说系理查·布拉克摩（Sir Richard Blackmore）。

⑦ 见同上著第 5 页。

⑧ 见同上著第 11 页。氏在他处又言曰："在未想出使贷金与土地依公正之比例而负担国家经费之方法以前，社会将常依土地，而社会日趋于不安定。"——见同上著第 3 页。

虽此种议论，时常复兴，然实行此制之机会，早已过去。例如瓦格斯太甫（Wagstaffe）在 18 世纪初叶指摘现制之缺点，历历如画。① 瓦氏附言曰，"若一般消费税与任何其他均一之税收可以实行，则余将先他人而赞成。"氏虽未尝想出此等任何计划，然亦略述征收动产税之方法，并极力说明"此税不特万不致于有害国家之商业，而且为奖励与维持商业之唯一方法"。② 吾人于 1750 年③与 1760 年④时代，时见有人再主张此计划，顾当日思潮以及沿习殆甚反对动产税之计划，故有极少数学者尝费力正式反驳此税所根据之推理。⑤ 实在一二学者曾说明资本利率之减少实为资本税之理。⑥ 但此种显然薄弱之议论，自无若何之价值。除上述之方法外，余无所闻云。

---

① 见瓦格斯太甫所著之《提议征收资金税说明此税对于吾国地主商人之公正有用与必要》(The State and Condition of our Taxes Considered；or，a Proposal for a Tax upon Fund：Showing the justice，usefulness，and necessity of such a tax，in respect to our Trading and Landed Interest，and especially if we engage in a New War，etc.)。

② 见同上著第 16 页。

③ 见《论如何立筹 300 万或 150 万公款以充公家用途而无征税之费、农商之累或税上加税之弊》(Pro Commodo Regiset Populi Public Funds for Public Service by raising Three Millions of Money or a Million and a Half，with Ease and Ability without charge of collecting or affecting Land or Trade，or burdening Tax upon tax)此著者之主张乃以下述之议论为根据："土地为一国财富，有天然的产品与人为的产品之别，前者系土地自然力之结果，后者则系耕种之所得，若独使土地常负担重税，则土地之所有者将概为贫穷云。"——见第 19 页。

④ 《论借债之害》(Thoughts on the Pernicious Consequences of Borrowing Money)。

⑤ 17 世纪有某最早均一税收论之著者在其称赞消费税时，同时亦主张征课土地税与贷金税，然氏以为不可课税于"吾所称为人类生活之基本东西。"盖依照原则"大凡国家征课一切税收，宜课轻税于民生所必需之物，而课重税于奢侈品。"见《论补助税收之均一的标准》(The Standard of Equality in Subsidiary Taxes & Payments or a Just and Strong Preserver of Public Liberty)。

⑥ "利息之减少，虽无税收之名，实有税收之实。"——《为近人建议减少利息或课资本税事严告资本主文》(A Serious Address to the Proprietors of the Public Funds，Occassion'd by several late Schemes for Reducing their Interest or Subjecting them to Taxes in which the rights of public creditors are exlained and asserted，their just claim ... to the exemption from taxes fully demonstrated，etc.)。著者之言曰，"有人谓土地与商业负担一切负担而放债者则毫无负担，斯言也，实属一疑问，吾人确信绝非彼等所能证明，吾则以为若反其语而言之，当属真确。"——见同上著第 36、37 页。

第五章
赞成土地单一税者

关于一切税收最后皆归地主负担之学说,通常多推之为重农学派所始创,然而此说英国远在重农学派未起以前,即已有人倡导。溯此说实渊源于 17 世纪某一著名短论上。此书之著者谓地主"担负一切税收与公共负担,此等税收与负担实独归货物之买者而不归货物之卖者负担,凡卖者按照其所纳税收而提高其物价,或降低其所卖货物之品质。"①

然此种税收归宿之理论至约翰·洛克(John Locke)而更形完备。洛克定其一般论题曰:"税收不论如何制定,不论向何人直接征收,然若一国之大资产是在土地者,则其税收必大半归宿于土地。"② 洛克为证明其说起见,首先说明课于地主之税收不能转嫁之理论。洛克曰,"若乡绅"直接纳其税,则彼必感觉负担。但"此决无丝毫影响于纳苛酷地租者与转租佃户二人所纳之每年地租;不论纳其一切地租与国王,抑与地主,于佃户实为同一而无若何之差异。"盖因"土地无论每年缴纳一定金额与他人,或不缴纳一定金额

---

① 《限制羊毛输出之理由》(Reasons for a Limited Exportation of Wool)第 5 页。著者并谓地主"乃本国一切财富基础之主人翁与所有者,一切利润皆来自地主之土地",故若"贵族绅士与夫拥有土地者得能保护少数制造羊毛之工人与输出本国制造品以图获利之商人者,则于国家前途,必大有利益"。

② 见洛克所著之《论利息低落与币值增高之效果》(Some Considerations of the consequences of the Lowering of Interest,and Raising the Value of Money)第 87 页。

与他人，而佃户之收益终是相同。"换言之，即地主不能转嫁土地税于他人。①

税收若非课之于土地而课之于货物，则税收亦何以归诸地主负担？洛克曰，课税于物，则凡物之卖与消费者之价格必贵。"然则此税终久由何人负担？最后归宿于何处？""抑商人与经纪人能担负之乎？曰，匪惟不能，抑且不愿。盖若彼等买入之物价较前增高，则其卖出之物价亦必随之而增高，此甚明白之事也。"抑穷苦劳动者与匠工能担负之乎？曰，彼穷苦劳动者终日辛勤，仅足糊口，又奚能负担！"故若课税于劳动者，其结果不出二途，或则工资必随物价而涨高以维持其生计，或则工资不涨高而因其不能仰事俯蓄必受教区救济，然此仍使土地之负担增重。但若劳动者之工资涨高，则农民所付之工资及其他各物必比前更多，而其在市场出卖之谷物与羊毛价格，或仅与前相同，或反较前跌落（因课税于此等货物，故一般购买力减退）。故农民势必向地主请求减租，减租之不能，则必破弃契约而对地主负债……故土地年利随之跌落，然则最后负担税收者非地主而谁？②

洛克又谓课于输入品之税收亦常由商人转嫁于消费者。实在输入商常希图获利，而且"常提高其物价超过于所纳税收之上"，盖"吾人慎勿以输入商之提高其物价将有减少外国时髦品在本国之销场也"。③ 至于农产品则异是。"本国地主不得不由其土地及农业上之收获而运此普通的而且为世人所熟知之货物于市场，不得不依买者所愿出之价格而出售。"因"家庭日用品""并非为国人所爱好"，故课税于此等物品，"则人人将极力节减其使用"；于是物价跌落，地租减少。

故洛克总结其理论而言曰："若一国之大资产为土地，于此而欲以政府之岁出归土地以外之他物负担而欲其不转嫁者，实属徒想。

---

① 见洛克所著之《论利息低落与币值增高之效果》第88、89页。
② 见同上著第91页。
③ 见同上著第93页。

商人（纵极力设法使彼负担）既不愿负担，劳动者又不能负担，故地主必负担之；然则地主负担之也，或则直接由地主纳税，或则由地租之减少，然地租一减少，地主即不易再行增加，故最好莫如使地主直接缴纳，二者何舍何从，愿地主自行考量。"①

　　洛克之说遂得许多学者之赞成，如有名财政家达味喃特（Devenant）即其最先赞成之一人也。达氏虽赞成洛克税收归宿之理论，但其结论则并不以土地单一税为然。试观达氏于某处主张国家宜征课"金钱税"以补充土地税之不足，② 即可明白。达氏亦为消费税之赞成者，并设问曰："得毋此税更为合理乎？"然达氏以为"最宜课税者是为纯粹奢侈品，盖如此而税收及于穷苦者之影响可最微"。③ 达氏相信消费税及于土地之压力纵不及直接土地税之利害，然此税最后亦必归宿于土地。④ 达氏实在主张税收离开生产者愈远，则税收归于土地负担之倾向愈弱。⑤ 但达氏认定此倾向不能完全遏止；且未尝不明言曰："一切税收最后皆归于土地负担。"⑥ 又阿斯季

---

　　① 见洛克所著之《论利息低落与币值增高之效果》第 95、96 页。英国书籍上暗示"直接税"之名词者，以此为最先。

　　② 参阅本书上面第 111 页。

　　③ 见查尔·达味喃特（Charles Devenant）所著之《论筹集战费法》（An Essay upon Ways and Means of Supplying the War）。

　　④ "虽消费税及于土地之影响终不及征收土地税之影响之大，然消费税亦常使地主之负担甚重；以其甚重，故国会亦常关心及此，议决除战时必不得已外，不再征课消费税云。"——见同上著第 77 页。

　　⑤ "凡消费税之赋课，应极力使其远离土地，虽如此赋课，因地主最受影响，税收不免减少，但若消费税课之于最后制造者或贩卖者，则此税能使全体人民公平负担，而不直接归土地负担。"——见达味喃特所著之《论英国岁入与商业》（Discourses on the Public Revenues and on the Trade of England）。

　　达味喃特在后来作品上转着重于消费税在商业上之有害结果，其言曰，"新税中之极有害于商业者鲜有如消费产之已甚也。增加啤酒、麦酒之税率，与征收麦芽税二者显为毛织业之累，而有影响于疏者、织者、纺者、染者。此等工人之工资，必因生活必需品增贵而增贵，工资增贵之结果，必致毛织物价格昂贵而不能畅销于外国市场。"——见达味喃特所著之《论在贸易均衡上如何获利之方法》（An Essay upon the Probable Means of Making a People Gainers in the Balance of Trade）。

　　⑥ 见达味喃特所著之《论筹集战费法》第 153 页。

尔（Asgill）① 与坎迭隆（Cantillon）② 二人，亦曾主张土地为一切财富之真正基础，故土地最后担负一切税收之负担。就二子此种主张而论，二子洵可称为重农学派之先驱者矣。

18世纪初几十年间，洛克学说屡被引征。有数学者如伍德（Wood）辈仅仅征引其学说以沾沾自喜。③ 其他则有欲增加洛克议论者。某一学者虽赞成一般原理，但大胆反对达味喃特所阐明之学说，并主张税收与地主之关系愈间接，则地主受害愈恶。④ 又有某学者在其作品上大部分引用洛克之所言，氏虽不否认消费税添加于物价而为消费者负担，但以为生产者亦负担此税，无论如何总要负担一部分。⑤ 此学者常依麦芽税的归纳研究以证明其说。此学者以为从"窗户税"之细心研究，亦可明白同样结果，夫征课窗户税，意在归租

---

①　见约翰·阿斯季尔（John Asgill）所著之《金银以外他种货币创造之主张》（Seversal Assertions Proved in order to Create Another Species of Money than Gold and Silver）。其言曰："人类所能互相交易者，除农产物以外，别无他物。商贾以甲地之物换乙地之物，君主以耕稼之物以为生，海陆军士之衣食悉向最后收入者即地主购买，凡商人均唯最后收入者之所要求或承诺之命是听云。"

②　见坎迭隆（Cantillon）所著之《商业性质概论》（Essai sur la Nature du Commerce en Général）。参阅第十二章"国中一切阶级与一切人民都赖地主以为生，并赖地主以致富"。

③　《与国会某议员论更均一更公平之土地税之至当书》（A Letter to a Member of Parliament：Showing the justice of a more equal and impatial assessment on land：the sacredness of public engagements：The advantages of lowing the customs and high duties on trade：and the ease of reducing by degrees the debts of the nation）。若此小册子非系伍德（William Wood）所著，则世人必诟病伍德为抄袭他人文字者。盖在伍德次年所著之书上关于税收问题，除摘引洛克文字外，几句句抄录此小册子之文字。伍德未尝十分主张土地单一税制，惟对于课于土地之税收之减免，表示反对耳。

④　"若地主果能使税收之负担不即行直接归宿于彼等，然最后仍不能逃免，假令如地主之所愿，地主移税收于最初纳税者，而使税收与彼等隔离甚远；然依普通之观察与估计，最初纳税者与地主之关系愈远，则最后之归宿于地主之负担反愈重。"——见《论土地租借与年金》（An Essay on Leases and Annuities）。

⑤　"惟最后贩卖课税物者以所课之税收添加于物价，此必无疑。然吾则以最初生产者亦纳税，故此际殆纳税二次云。"——见《利息概论》（Some Thoughts on the Interest of Money in General and Particularly in the Public Funds，With reasons for Fixing the Same at a lower rate in both instance，with regard especially to landholders）第93页。此书大概在1728年与1739年间出版。

借人负担，然终久归于所有者负担。① 此著者曰："从此例吾人即知税收集中于地主者何等迅速，然而世人亦有不信多数课税品之皆系如此者。"② 著者又综结其说曰："商业上之纡回曲折，使税收历久而达于地主，虽使吾人难以发现税收中间辗转之历程，然最后必归于地主负担。"③

在沃波尔氏消费税计划时代，此种见解复为世人所注重，此殆自然之理也。某一辩论者则拟驳倒其敌人而言曰，"本国一切税收最后必影响于土地之理，已为无可辩驳之名家所已充分证明。"④ 又有一学者之所述则较和平，其言曰："使洛克所言课于本国消费品之一切税收最后归地主负担之理论是不错也"，（虽有人极力反对，但似仍真确），则反对消费税之寻常理论，皆觉无力。⑤ 自洛克以后，此说又为约在同时之樊特凌忒（Vanderlint）所详尽阐明，然樊氏之说明，则与消费税之辩论无关，关于樊氏对于劳动者问题之见解，本书业已述过，吾人当熟知之矣。⑥

樊特凌忒谓假令一旦现有之税收，尽行废止，而代以不动产税，则其利益必归于地主所得。樊氏之议论如下：货物若免于课税；则其价格或同样，或跌落。若价格同样——且定社会上货币之供给无变动——则因课于生产者之税收废止，故生产费必减少，然生产费与价格间之差数，即是地租，故免税后之唯一结果实所以增加地主之

---

① "各地之习惯，吾可以说各国之习惯，皆使此税归所有者负担，所有者之折减其房租，常如彼等之依土地税折减其地价然。"——见《利息概论》第94页。

② 此著者又附言曰，"因最好以税收为借口，而使最初生产者手中之课税品之价格减低。"——见同上著第95页。

③ 见同上著第95页。

④ 见帕尔特尼（Pulteney）所著之《评消费税计划》(A Review of the Excise-Scheme in Answer to a Pamphlet, entitled the Rise and Fall of the Late Projected Excise, impartially considered)第22页。

⑤ 见《国会某议员与其友人论烟酒税书》(A Candid Answer to a Letter from a Member of Parliament to his Friends in the Country concerning the Duties on Wine and Tobacco)第35页。

⑥ 见雅各·樊特凌忒（Jacob Vanderlint）著《金钱万能》(Money answers all things, etc.)第58页。

地租。① 复次，若价格跌落，则需求增加，然因一切货物皆出于土地，故需求之增加，亦即地租之增加。② 由此以观，无论价格为同样，抑为跌落，而税收废止总可增进地主之福利。换言之，即一切税收皆归宿于土地。因之，樊特凌忒提议土地单一税，盖依氏意，现行复杂不便利之税收，最后既皆归土地负担，则不如迳行土地单一税，既简便，又省费（征税费）之为愈。

其后数十年间，此种税收归宿之见解，时现于世。例如 1740 年某一学者详细证明不但"课于家庭用品之税收，多集中于地主"，即"凡生活必需品因其他任何原因而腾贵者，其负担亦必集中于地主"。③ 又有同时代之某学者曰："此已成为定论，一切税收……之必直接、间接或最后归于地主负担之理论，已为人人所确信，为人人所真知。"④ 直至亚当·斯密前十年，此同一之学说——虽由法文译来——复呈现于英国社会，其说如下："自心理学大立法家洛克以后，关于每种消费税之负担最后甚重归宿于土地所有者之学说，已成为心思精细者所承认所采用之原则。"⑤ 距此数年后，最后又有一学者在其作品之起首，发表下段文字："以若此研究课于商业劳动之

---

① "假定民间之货币，悉如现在不变，而货物豁免一切税收，则知物价最后必跌落，此殆显然；盖物价……视民间流通货币之多寡而定：但若货物免税，则货物之成本减低，免税后成本之减低，恰如课税后成本之增高，故吾以为若货物免税，而独课税于房屋土地，则其免税后之利益，必归农民所得，农民即能以此而付腾贵之地租。"——见雅各·樊特凌忒(Jacob Vanderlint)著《金钱万能》第 112、113 页。

② "若货物免税，则物价低廉，物价低廉，则消费增加，消费增加，则此等物品之需求必增加。然而盈天地间无一物而不产诸于地，故物品需求之增加，即土地需求之增加，土地需求之增加，势必使地租腾贵，其终也，举凡现在所纳之税收，与夫税收所必有之费用，将皆以地租之形式，入于地主之囊中。"——见同上著第 114 页。

③ 见《吾国毛织业评述》(The State of our Wool and Woolen Trade Reviewed. Wherein some objections to the Grasier's Advocate are consider'd, etc.)第 47 页。

④ 见《斩绝根株》第 6 页。

⑤ 见《论英国政策、商业、税收、公债、农产、殖民地与风习等》(A General View of England；Respecting its Policy，Trade，Commerce，Taxes，Debts，Produce of Land，Colonies，Manners，etc.，etc. Argumently Stated from the Year 1600 to 1762；in a Letter to A. M. L. C. D. By M. V. D. M.)——原书缺失此注在正文的位置，根据英文版确定了注释的位置。——整理者注

税收之作用，吾人应观察此等税收如何反归宿于土地而更加重之情形，盖必如此而后可以证明洛克判断之准确。"① 其他少数学者亦具有此种意见。其所持理由，则莫如某一学者所述之有力，此学者名此学说为"最明显的、最可证明的谬误"。此学者问："若课税于肥皂，果惟地主洗其衣服，外此果皆不洗乎？抑课税于皮革，除地主外，人人果皆赤其足而行乎？"此学者附言曰，"夫苟不能课税于资金而独课税于土地，则仅由土地纳税，若夫课税于彼等同样使用、同样消费之物品，则此税由彼等共同负担，斯理也，乃天下之极浅明者。"②

---

① 见《论谷物麦芽面粉输出奖励金制度及于帝国制造业与国家真正利益之影响》(Considerations on the Effects Which the Bounties Granted on the Exported Corn, Malt and Flour, have on the manufactures of the Kington and the true interests of the State) 第32页，此书著者反对奖励金制度。

② 见《与某乡绅论盐税收入书》(A Letter to a Country Gentleman on the Revenue of the Salt Duty) 第25—26页。

第六章
赞成折衷制度者

自洛克倡导土地单一税以后,其土地单一税之计划及其计划所根据之税收归宿说,殆无甚反对者颇久。推原其故,则确因当时政治领袖绝未详细论及此计划之故。但当沃波尔提出消费税计划之时,税收归宿之问题,遂成议论之焦点,有数学者不但否认一切税收转嫁于土地之一般理论,而且主张土地税并不归宿于土地。

人多推测沃波尔自己为一本主张土地税并不转嫁于消费者之小论之著者。沃波尔曰,"课土地税而土地之地租增高,因之饮食物及其他食品亦随之而腾贵,于是此税归宿于国民者甚重:故凡土地之所纳,亦即国民之所纳也。"[1]又有赞成消费税之某学者,以为"在土地不纳税之地,其牧畜之费与粮食之价,确比例的少。"[2] 此学者赞成土地税减轻之其他理由,则因"土地税减轻,对于劳动者亦有利益之故;因地主于土地税减轻后,能以少出之金钱,雇用劳动者。"[3]

---

① 见沃波尔所著之《论岁入之改变及其增加》(Some General Considerations concerning the Alterations and Improvement of Public Revenue)第 9 页。

② 见《下院某议员与某自由保有不动产者论近来土地税减为每镑抽一先令书》(A Letter to a Freeholder on the Late Reduction of the Land Tax to One Shilling in the Pound)第 21 页。

③ 见同上著第 39 页。此著者因下述之重要理由而赞成盐税:"人人依其能力而用盐,但未必人人持有土地:以持有土地之人数,与食盐之人数一比,仅极少数耳……然则依各人之能力而课极轻之盐税于全体人民,不且比诸课极苛之土地税于不能负担极少数人之为更均一更正当乎?"——见同上著第 28、29 页。又有某著者著有《拥护烟、酒

(转下页)

说明此种见解之最充分者，则见诸某匿名小册子著者之著作上，此著者自述著书之原意，在于讨论税收归宿之问题。[1] 此著者反对土地之课税，且时赞成消费税计划，盖依氏意，土地税将转嫁于消费者负担。土地税愈轻，粮食之价格愈低，夫粮食之价低，则劳动者之货币工资亦低，劳动者之工资低，则雇主自能与外人竞争矣。[2]

此著者又于他段上大胆说明曰，"若从严格之字义言之，影响于本国所产之一般生活必需品之土地税者，实为一般消费税也。"故著者赞成如沃波尔之计划，盖因"此计划意在取消课于必需品之一般消费税，而独课于过剩品与奢侈品之特种消费税"。[3] 著者稍后又详细说明土地税如何使一切制造品与农产品腾贵之理由。此著者结论曰，"不论课何税于土地，而土地之地租与产品必继涨增高，至地主算出在已纳税后之利益与未纳税前相同时为止。"[4] 此著者又论及洛克氏之议论颇详，且以"学子辈曲解此大著作家之意义，竟以彼辈自己之见解为其见解，而此大著作家之见解遂为之晦而不明"。[5]

如吾人之所已知，此等学者率反对土地税，而其反对之理由，除出其他缺点外，还因此税转嫁于消费者。其他学者虽亦相信土地税之终归宿于消费者，但得出全然相反之结论，盖不但赞成土地税，

（接上页注） 消费税计划》(A Vindication of the Conduct of the Ministry, in the Scheme of the Excise on Wine and Tobacco, etc. , etc.），亦赞成盐税，其言曰："第一，因盐税为全国人民所普纳，而且每人之所纳极微。"——见《下院某议员与某自由保有不动产者论近来土地税减为每镑抽一先令书》第 57 页。

[1] 见《释消费税》(Englishmen's Eyes Open'd; or All made to SEE who are not resolv'd to be BLIND; Being the Excise Controversy set in a new light; completely discuss'd upon the just Principle of Reasoning, and brought to a fair and demonstrative conclusion; between a Landholder and a Merchant）。

[2] "使土地而免除负担，则一切普通生活必需品与享用品，皆日趋低廉……当土地税取消之时，地主不特自能乐于宽待佃户，且自然低减农产物价格以嘉惠贫民，贫民生活费既低，则其工资亦低，故本国输出之制造品，亦将因之而低廉矣。"——见同上著第 7 页。

[3] 著者又言曰，"决难有如贤明者所知之一般消费税之趋向，使吾人得免于一般消费税之苦者，诚无过于此法。"——见同上著第 15 页。

[4] 见同上著第 54 页。

[5] 见同上著第 57 页。

而且将此税不归农民、地主负担之理论，竭力向农民、地主选出的议员宣传，而谋得彼辈之赞成。例如某一重要短论①之著者，以为地主虽依土地税额提高其地租，但农民并不蒙受损失，盖农民不过加税于其产品之价格中而已。故税收之负担最后归宿于消费者。②

关于土地税转嫁于消费者之理论，为配第（Petty）之得意学说，此吾人之所已知也。③ 然而此说不但不合于一般人之见解，而且与讨论土地税之多数学者之思想相背驰。此等讨论土地税之学者，其所以赞成或反对土地税，悉视其以地主应否课税以为定。如在 17 世纪时代某小册子著者极力主张土地税，④ 而累内尔（Raynell）则极力反对之。⑤ 但此二者究未尝想及土地税并不归于纳税人负担也。

又当消费税计划之时，大多数赞成消费税者之所以赞成，即欲减轻归宿于土地之负担。如某一学者曾言曰，"课于土地之税收，为

① 《论现行消费税之性质及其推广后之影响》(The Nature of the Present Excise, and the Consequences of its Farther Extension, examined)，见致国会某议员之函中。此著者以首先阐明土地税还原说之一学者而著名。参阅本书下面第二篇第四章。

② "彼绅士等……常可再出租其地与他人，且可提高其地租以弥补其损失。至于地租提高后农民并不感觉痛苦，因农民亦比例于地主地租之提高而提高粮食之价格，故最大负担必归宿于消费者，而就中劳动者或制造者恒居十之八九。"——见同上著第38 页。此同一之学说，后来亦见诸某著作上，名为《制造业不应课税谨告英国商人与制造家证明一国之富强端赖于制造业之免税将欲获其实先勿伤其根》(Manafactures Improper Subjects of Taxation. Addressed to the Merchants and Manufacturers of Great Britain; being an Attempt to Prove that the Riches and Power of the Nation depend in a great degree upon the Manufactures being free from all Taxation. Pluck the Fruit but do not iujure the Root of the Tree)上，尤其在第 34 页。

③ 见本书上面第 30 页。（新编本在第 23 页。——整理者注）

④ "试问土地税之外，是否还有更确定更均一更简便而能征收同一收入之税收否乎？盖行土地税而后能知人民所纳者几何，能知人民何时纳税，能确知税收之定额，能知几时可以收毕。"——见《英国目前之先务》(The Grand Concern of England, explained in several proposals offered to the consideration of the Parliament)第 3 页。

⑤ "不如不行土地税而行他种税之为愈，盖行土地税，无异于搜括国民之金钱，而决不归还……可用他法而使不课税于国家城乡之重要部分如土地房屋等。"——见卡鲁·累内尔(Carew Reynell)著《真正英国利益或主要自然改良纪述》(The True English Interest, or an Account of the Chief Natural Improvement)第二十五章"国君收入税收与关税"第 68、69 页。累氏计欲仅课税于人民之各种恶习如课税于酒馆、茶楼、外来奢侈品及放荡者。"此外又欲征课独身者税，及由外人缴纳之高关税。

绝对不能避免之税收。自由保有不动产之所有者就令其境况贫寒，就令其家口繁多，就令其俭朴自持，或就令其他如何如何，而对于课于其收入之负担，总不能设法减轻，以若此之土地而负若此之重担，宜无方法可以减轻也。"①

因 18 世纪税收制度之渐次复杂，故税收归宿问题之争论，亦扩充于土地税以外，而对于洛克单一税说之反对，亦随此种范围扩大而日起，就中纽真特（Robert Nugent）即其一人，纽氏乃流传甚广之一篇论文之著者。其言曰，"洛克立论，言之过甚，而漫无限制，殊有可驳之处。"且曰，"洛克之格言，似非推理与经验所能证实。"②纽真特对于洛克所说课税于农产品而"使人民节用少买"之言，并不反对，但对于"何故此理无同一作用及于其他货物"一层，纽真特究未明了。纽氏以为货物之需求视诸"市场上之币量而定"；若币量不变，则课于一般商人税收之增加，必减少商业之利润。③故凡用以证明土地税不能转嫁之议论，亦可用以证明商人利润税之不能转嫁。此外纽真特有一特出之主张，即以为课税于"富人"之动产，必无效果。纽真特曰，课于抵押品或一般资金之税收，必因利率之相应提高，而转嫁于借债者或一般人民。④最后纽真特反对消费税之任何增加，并反对高税能诱致贫民勤勉之见解。⑤故纽真特虽慨然自认为非主张土地单一税者，然同时反对土地税之减轻，盖因土

---

①　见《致英国自由保有不动产之所有者书》(A Letter to the Free-holders of Great Britain)第 27 页。著者附言曰，"若夫烟与酒则异是……世人可不用烟酒而生活适意，或随意少用烟酒。"

②　见罗伯·纽真特（Robert Nugent）所著之《关于土地税减轻之研究》(Considerations upon a Reduction of the Land Tax)第 9 页。

③　"且若税收增加，而用以购买之货币数量并不增加，则商人所获之利润必减少，甚或亏损倒闭。至若营业发达其商人利润甚足以支持利益之减少而有余裕者，则税收未有不增加者也。"——见同上著第 14 页。

④　"若课税于抵押品或资金，此事殊难改善，盖课此等税收决无使利率低落之趋势，彼举债称贷者，必少得与税额相等之借款，抵押放款者，非提高利率不可。"——见同上著第 25 页。

⑤　参阅本书上面第 64 页。（新编本在第 44 页。——整理者注）

地税之减轻，不免使课于商业及货物之税收增加。

纽真特于其后来之论文上，转入攻击之态度，并痛论世人欲减低征税费最廉、国库收入最多、纳税者感觉苦痛最少而较其他一切税收为尤好之一种税收之荒谬。此种税收当为土地税，此殆无疑；简单言之，土地税及于与土地税最反对之利益之影响，在数量与净生产之相似比例上，实较其他任何税收为少云。①

关于洛克学说真理之一般怀疑，见诸其他许多著作上。如约在同时代之某匿名著者谓现行税收不但影响于地主，而且影响于劳动者与商人。② 著者曰，在昔"税收极轻，因税收极轻，故生活必需品低廉，人工低廉，因此吾国得能生产非常低廉之制造品，而能垄断世界大多数之市场"。③ 其后未几，波斯德士威（Postlethwayt）亦提到学者对于洛克理论之反对，但未尝举出反对之理由。④ 又有一学者特别提到洛克所持货物税为间接土地税之学说。⑤ 此学者谓此说所以不是之原因有二：一，因工资未尝随劳动税而腾贵，二，因商人亦能转嫁其税收之负担于消费者。是故税收之负担，最后不归宿于地主，而归宿于劳动者。⑥

――――――――――――

　　① 　见纽真特所著之《再论土地税之减轻》(Further Considerations upon a Reduction of the Land Tax together with a State of the Annual Supplies of the Sinking Fund and of the National Debt, at Various Future Periods, and in Various Suppositions)第 90、91 页。

　　② 　见《论英国对法之政策，列强之均势及国际间之利害》……(Britannia in Mourning: or a review of the politics and conduct of the court of Great Britain with regard to France, the balance of power, and the true interest of these nations ... and likewise a view of the present state of our liberties and trade, compared with what they have been, etc.)。书内用问答体，以英国古代二爱国之士泽斯特（Jest）与恩纳斯特（Earnest）为书中之人物云。

　　③ 　见同上著第 1314 页。

　　④ 　"诚如学者之言，洛克所谓一切税收大概终归宿于地主之观察，应当非难。"见马拉启·波斯德士威所著之《英国真正制度》第 306 页。

　　⑤ 　见《论帝国政策、商业与情况》(Considerations on the Policy, Commerce and Circumstances of the Kingdom)第八章"论税收"第 60 页。

　　⑥ 　"洛克以为物品税之影响于土地利益者，更有甚于直接土地税者。然若工价比例于税收之增加而增加者，则洛氏之言，揆诸实际未尝不是，然考诸吾国工价，并不如此增

（转下页）

然而反对土地单一税之最著名者，厥推休谟（Hume）与斯图阿特（Steuart），之二子者，乃1751—1775年间之主要经济学家也。休谟攻击洛克之学说根据二种理由：其一，人人确欲转嫁其负担于他人；其二，谓地主转嫁之力量较社会上其他阶级为弱者，实无何等之理由。休谟曰，"吾信人人皆欲转嫁其税收之负担于他人，夫人人既具有此同一之意向，人人既各具有保护自己之赋性，则人类中断无不肯转嫁独自忍受之人。然则何故地主独愿供全体牺牲，何故地主不能如他人之防护自己，此则吾所大惑不解者。"① 休谟谓此种原理，"虽为名家所首倡，然绝少真理可言，假令此说非名家之说，吾信决无一人赞成其说者矣。"

休谟在其他著名一段上，讨论"筹款家"（ways and means men）所说"每种新税能使人民创造负担税收之新能力"之格言，而表示几分赞成。休谟指明课税于一般人民消费品之结果，谓常人必以课税之结果有二：或使工资减少而由劳动者自己负担，或使工资增加而使负担转嫁于雇主。休谟附言曰，"但还有第三种结果，即贫者因此益加勤勉，作工益多，生活如前，而并不要求工资之增加，此为课税后极常发生之结果。"②

由此观之，休谟似持有税收足以促进工业进步之见解，如前面所已述。③ 然若吾人细究其所论，则知休谟雅不欲过于推广此说。第

（接上页注）加，故洛氏所言，未足以为定论。至于商人之对于卖出货物，实无负担之可言。因商人为其商品之估价者：据以往经验，商人往往藉口于所卖货物之轻税，而大增其物价。至若以劳力为其唯一出卖品者（译者按：此指劳动者）则不然，直接则受政府之课税，居住有税，作事有税，消费有税；间接则因地主之提高地租，从而农夫提高农产物价格，因之生活费腾贵；其他商人或则以其税加入于所卖之物价中，或则强行抬高物价，而坐获其利；至于劳动者则不能随生活费之增贵而提高其工资云。"——见《论帝国政策、商业与情况》第60、62页。

①　见大卫·休谟（David Hume）著《政治丛谈》二版第八章"税收论"第121页。

②　休谟又言曰，"若税收不重，而且不影响于生活必需品，则此种结果，自然随之发生，此种困难，常可诱致人民于勤勉，使彼等较他人更富裕、更勤勉，而享极大之利益。"见《政治丛谈》第115页。

③　参阅本书上面第52—61页。（新编本在第37—42页。——整理者注）

一，休谟仅限其说于课于生活必需品以外之各种税收；第二，即对于此等税收，亦尚有疑点。休谟曰，"此说只可在某种程度上赞成，但谨防其滥用。如课于绝对必需品之过重税收，将使人意志沮丧而有害于工业，甚且未达到此点以前，此种税收亦有使劳动者与制造者之工资提高，而使一切物品腾贵之弊。夫酬资减少，弊害斯生，愿细心的公平无私的立法机关注意此点。"[①]

　　亚当·斯密以前，税收归宿最充分之研究，见诸詹姆斯·斯图阿特（Sir James Steuart）之著作。斯图阿特分税收为三大类，——比例税（proportional tax）、享益积累税（cumulative tax）与对人税（personal tax）。比例税为课于费用之税收（即吾人所称间接税）；享益积累税或称暴税，为课于财产之税收；而对人税为课于人工之税收。[②] 氏谓比例税常由勤勉消费者"取回"。（换言之，即由勤勉的消费者转嫁。）斯氏从各种"勤勉的"情形研究消费者，认为在此一切勤勉情形下，消费者必可转嫁其税收，惟当消费者消费奢侈品时，则为例外。换言之，即课于生活必需品之税收，常由劳动者转嫁于雇主，因劳动者为"前定劳苦者"，毫无利润积蓄故也。[③] 但若劳动者以其金钱费之于课税品，而此课税品未尝为其同阶级人所使用者，

----

　　① 　见同大卫·休谟（David Hume）著《政治丛谈》第 118 页。巴斯塔布尔（Bastable）在其所著《财政学》（Public Finance）第三部第二节（三版，第 284 页）上，称休谟为主张此说之一人，殊非定评。——与课税于生产足以促进工业进步说颇有相似者，是为消费税足以增加货物之消费量说。吾人知亚瑟·杨（Arthur Young）略述此说，但未尝言之极端。杨氏曰，"课税于物，使物之价格较前高贵，则知税收并不减少其消费，实则增加其消费。"见《政治算术》（Political Arithmetic）第 217 页。又在某匿名小册子名《研究田亩之大小与粮食现价之关系》（Inquiry into the Connection between the Size of Farms and the Present Price of Provisions）上，亦有同样之见解。

　　② 　见詹姆斯·斯图阿特（Sir James Steuart）所著之《政治经济学原理之研究》（An Inquiry into the Principles of Political Economy：being an essay on the science of domestic policy in Free Nations）原版第二卷。

　　③ 　"比例税为课于怠惰消费者购买物品之税租。""享益积累税为个人享乐奢侈品以及日常藉国家之保护得受其在社会上所享利益，对于国家报酬之积累。"——见同上著卷二第 500 页。

则此劳动者即不能转嫁其税收云。①

斯图阿特说明此点如下："皮革商卖其皮革与制鞋者，制鞋者除付皮革代价与皮革商外，尚付皮革商之生活费、利润与皮革税。异时买鞋者则须偿还制鞋者付与皮革商之数目，以及制鞋者自己之生活费、利润与鞋税。故鞋价之提高，实所以偿还此勤勉者（译者按：此指制鞋者）所纳之税收，但若制鞋者之生活费，如有包括酒馆费，或怠惰时之消费，则此一部分之花费，制鞋者总不能取回；此盖因其他未尝涉足酒馆与夫未尝怠惰之制鞋者，将能廉价出售故也。""故一切比例税，最后皆归制造品之富的怠惰的消费者负担，而丝毫不能转嫁于他人……举凡以前之所费与偿款，其全额悉归于此人负担。"故斯图阿特综结其所论而言曰，"故谓一切税收最后归土地负担，或归商业负担（并无较充分理由可言），皆荒谬不经之谈也。""比例税决不归宿于或影响于怠惰者以外之任何人；换言之，即归宿于非勤勉的消费者。"②

关于斯氏所谓享益积累税，斯氏定下一般原则曰，"凡此税收之性质，皆影响于任何个人之所有、所得与利润，而不能取回，故此种税收殆少增加物价之倾向。"③故依斯氏之意见，此等税收，概当反对。斯氏以为土地税之不能增加麦价，亦犹如课于货物之税收之能增加课税品之价格也，盖地主纵欲依土地税而提高其麦价，然无如农民因未尝纳土地税而能廉价出售何。④至于欲征课货币税一节，氏则认为此举必致失败。又商业利润税虽有归宿于利润之倾向，然氏不赞成之，因"利润虽似为一种收入，然吾则视此为资本，资本在理不当课税"。⑤斯图阿特之最后结论如下："吾之结论，则曰比例

---

①　见詹姆斯·斯图阿特（Sir James Steuart）所著之《政治经济学原理之研究》卷二第 491 页。

②　见同上著卷二第 494 页。参阅卷二第 541 页。

③　见同上著卷二第 496 页。

④　见同上著卷二第 552 页。

⑤　见同上著卷二第 541 页。

税就其影响于勤勉者而论，吾则毫无反对，盖因勤勉者可以完全取回故也，若夫享益积累税，勤勉者于此不能取回而受影响，又劳动者终日辛勤，若无利润之积蓄，则此税遂不免影响于纳税者之生计，故吾大反对之。反之，若课此税于年年产生有形收入之财产，则吾对于此享益积累税，无甚反对云。"①

故在 18 世纪第三期之经济学家，其见解虽各不同，而其对于洛克所持一切税收皆转嫁于土地之学说，则一致反对，此层已甚明了。故无怪数年后杜格尔·斯条亚（Dugald Stewart）著书提到土地单一税法而言曰："今吾仅说此税之最初观念，实渊源于此邦，屡为其著名著作家所提议，而当法国经济学家重述此说之时，人士几忘其为昙花一现之幻想矣。"② 亚瑟·杨（Arthur Young）曰："关于一切税收不论其如何征课而最后归宿于土地之学说，洛克是否为此说之创导者，吾不得而知之，但有人焉，苟从而鉴赏此说，或拥护此说，是皆足以助长玷辱常识的最危险的谬说之建立也。"③

吾人刻已完毕吾人对于古代税收著作之研究。顾吾人之研究，所以必仅限于英国者，其故有二：第一，因财政上与一般经济上之著作，多半见诸英国；第二，因大陆方面之稀有著作，单就其论及税收归宿问题而论，率多限于直接税与间接税问题之概论，而尤偏重

---

① 见詹姆斯·斯图阿特（Sir James Steuart）所著之《政治经济学原理之研究》卷二第 519 页。

② 见杜格尔·斯条亚（Dugald Stewart）所著之《政治经济学演讲集》（Lectures on Political Economy）（演讲于 1800—1801 年），今始出版。

③ 见亚瑟·杨（Arthur Young）所著之《旅法游记》（Travels in France）卷一第 526 页。关于单一税之观念，杨氏附言曰："税收应课之无量数分子，而使无一分子负担过重。换言之，即单一税制将使税收之负担格外加重，各国应极力避免之。"——见卷一第 531 页。杨氏在其早年著作《政治算术》（Political Arithmetic）上，讨论洛克理论颇详。有数胆怯之士，凛于洛克之威名，虽明知其理论与事实不符，然亦不敢反对。例如某学者曾言："此大人物之见解，虽能言之成理，然不能施诸实际云。"——见《忠告何许人》（Half an Hour's Advice to Nobody Knows Who）第 13 页。

于消费税之效果。法国方面，霸基尔贝尔（Boisguilbert）与服榜（Vauban）[1] 二人，虽曾发挥财政改革之理论，然少得朝中人士之赞成，故此问题之讨论，寂然不闻于世者，亘半世纪以上。德国方面，此问题之唯一研究，除"官房学派"学者之千篇一律的作品外，间亦杂见于 17 世纪末叶 18 世纪初叶间对于一般消费税计划之各辨论者。[2] 意国著作家之人数，虽较德法为多，然其影响则殊不大云。[3]

吾人研究英国之载籍，则知一学者有一学者之主张，其见解之多，几如学者人数。有以税收归纳税人负担而不转嫁者，有以一切税收皆转嫁于地主者，有以税收转嫁于商人者，有以税收归宿于劳动者，有以税收归宿于富裕消费者，亦有以税收并不归宿于消费者。——凡此种种学说，与夫此种种学说之变化，纷综错杂，几使吾人昏乱，莫辨取舍。顾见解虽多，然其思想之趋势，仍可得而辨明之，本书于前各页中，固已指出思想之一般趋向矣。综观各派学者之所论，其最大弱点在于缺乏首尾一贯的一般经济学原理，及分配原理。夫苟无一般的确定的原理为基础，则税收归宿学说之全部构造，将不免有轻浮摇动之危矣。迨至重农学家[4]与亚当·斯密崛起，首创一贯的分配论以为新经济学之基础后，于是近代税收归宿之学说，遂告开始，本书于下即将论述此种近代学说焉。

---

①   霸基尔贝尔著有《法国之详状》（Détail de la France），及《法国之事实》（Factum de la France）二书。服榜著有《什一税计划》（Projet dune Dime Royale）一书，此书后译成英文，名为 An Essay for a General Tax; or a Project for a Royal Tythe），译本读者甚众，曾经数版云。

②   关于此等学者，可参阅因那马-斯忒内格（Karl Th. von Inama-Sternegg）所著之"十七十八两世纪间德国财政学家之消费税论》（Der Accisetreit deutscher Finanztheoretiker im 17 und 18 Jahrhundert）一篇，登在《杜平根的政治学杂志》卷二一（1865 年）第 514—546 页。亦可参阅洛瑟（Wilhelm Roscher）所著之《德国经济学史》（Geschichte der National Ökonomik in Deutschland）第 319—326 页。

③   关于此等著作家，可参阅利卡萨勒诺教授（Prof. G. Ricca-Salerno）所著之《意国财政学史》（Storia delle Dottrine Finanziarie in Italia）一书。

④   原书为"重学学家"，疑为"重农学家"之误，据以改之。——整理者注

卷二 近代学说

第一章
重 农 学 说

关于重农学派税收归宿之理论,先则由此派鼻祖魁奈(Quesnay)发凡之;继则由米拉波(Mirabeau)发挥之;麦舍(Mercier de la Rivière)、杜滂·得·内木耳(Du Pont de Nemours)、波度(Abbé Baudeau)诸氏从各方面讨论之;终则由杜尔哥(Turgot)著成各种书籍而集大成之,于是斯学遂蔚然成为大观。今概述其理论如下:农业为唯一富源,农业为唯一之生产事业,因农业独能生产纯生产(Produit net)或生产上必需费用以外之剩余。凡农业上之必需用费,重农学派称之为农业垫款,或农业用费。农业用费之种类有二:第一,初期用费(Avances Primitives),凡投于土地上之资本如购买农具、牛马及开垦土地之费皆属之;第二,常年用费(Avances Annuelles),凡用以支付工资与维持初期用费——即保持土地、牛马与器具于良好状态之资本皆属之。重农学派称生产总额为农业之报酬(Reprises de la Culture),而生产总额扣除常年用费及初期用费之利息后之剩余,则称之为纯生产或耕作费外之剩余云。

惟农业能生此种剩余,外此一切事业,皆为完全非生产的。工商业对于社会虽诚为有用,甚且为必不可缺少,然由经济学上观之,皆非生产事业也。工商业不能创造新财富,其所能为者不过改变现有财富之形态而已。纵能增加财富之价值,然所增之价值,必与所费之劳力正等;此种劳力之价值,最后且定于农业阶级所生产之粮食与其他诸物之价值。因农业之"纯生产"既为财富之唯一基金或源泉,故一切税收,不论其如何赋课,而最后必归此基金负担。故与其用他税而间接课之于此基金,何如用土地税而直接课于此基金之可以省却经费与烦劳之为愈。但吾人无论征收直接税或间接税,而税收常归宿于土地。

以英语略述重农学派之一般经济学说,现虽有一种善本,[①]然坊间既无详述此派财政上见解之书籍,而关于此派之重要著作,又鲜英文译本,[②] 是以本书应稍详述此派税收归宿之学说,以饷读者。

说明税收归宿学说最正确而最好者,当推魁奈之作品。[③] 魁奈首定格言谓税收对于国民总收入应有一定之比例,且谓税收当直接课之于土地纯生产,而不当课之于工资与货物。农业上之开费应视为宝贵之物,应善为保持,不但可充纳税之基金,而且可为社会收入之创造与国民生存之基金。否则税收将为掠夺之具耳。[④]

魁奈进而说明此原理如下:一种良好税制,概视税收为收入之一部,而与土地纯生产厘然划开;盖若不厘然划开,则吾人对于税收与财富之比例,不能制定一规则。纳税者不待政府之察觉,早已呻吟于苛税之下,凋敝垂尽矣。魁奈曰,真正纯生产可分为三部,国家得其一,地主得其一,什一税之征收者(译者按:此指教会)亦得其一。三者之中,惟地主分得之部分,可以买卖,其价格随其所产之收入而不同。地主之财产,尽在于此一部分,故地主未尝为其他

---

① 　如喜格斯(Higgs)著《重农学派》(The Physiocrats)。

② 　英文译本仅有《经济表》(The Oeconomical Table)(1776 年伦敦出版)与杜尔哥著《论财富之形成与分配》(Reflections on the Formation and Distribution of Wealth)(1793 年伦敦出版)二种而已。

③ 　魁奈作品之珍集是为《重农学说鼻祖魁奈之经济哲学文集》(奥古斯德·俄肯为之注解作序)(Euvres Economiques et Phllosophiques de F. Quesnay Foradateur du Systéme Physiocratique)。又为丹阿(E. Daire)所编之本较不齐全,但读者较多,书名《重农学派》(Physiocrates),载于《主要经济学家论集》(Collection des Principaux Economistes)。

④ 　见《农国经济政治通则》(Maximes Générals du Governement Économique d'un Royaume)第五集(见丹阿编《重农学派》第 83 页,俄肯编《魁奈文集》第 332 页)。

分得此财产者纳税，因他人之部分既不属于地主，决不能为地主所得，而且不能买卖，故地主不可视税收为课于其分得财产之税收。地主未尝纳寻常税收。惟不属于地主之其他财产则纳之。若夫值非常危急、财产有不能安全之际，则凡与有财产者，必暂时分担税收之负担云。①

魁奈警告吾人曰，吾人切勿忘记税收当课之于真收入——即课于土地年年之纯生产——而不当课之于农业劳动者之工资、工业劳动者之工资，或货物。若课税于农业劳动者之工资，则税收即足使生产停滞，田野荒芜，祸且及于农民、地主与政府，三者非同归于覆亡不止。若课税于工业劳动者之工资，或课税于货物，则税收必流为苛暴，征税费必超过于税收之收入，而归于国库收入与人民收入之负担，失其均一。此魁奈告人之言也。魁奈又曰，吾人必须细辨何者为实税（real taxes），何者为虚税（false taxes）。虚税往往3倍于实税，而实税往往为虚税吞截以尽；盖课于货物之虚税，最后终取给于实税之中云。②

魁奈曰，以所谓实税或虚税课之于以劳力为生者，实为课于劳动之税收，而此课于劳动之税收，势必归雇主负担，此犹如课于农业上使用牛马之税收，实为一种耕种费用税。故课之于人而不课之于收入之税收，必归宿于农工业费用而使土地收入之负担格外加重（因一切工业均赖于土地）。于是真正税制遂日就破坏，此课于工业劳动者工资之弊也。推而至于货物税，亦复如斯。

若不加区别，滥课税于土地、生产品、人、劳动、物品与牛马，则此税必成为6种均一税之连合，此6种税相互重叠——虽分开缴纳——于同一底物之上，此6种税所收之总数，转不如单一真税所收之多，盖单一真税仅课之于纯生产，而无征收之费用故也。行实税则如自然法则之所诏示，不但使国库之收入，大大增加，而且使

---

① 见丹阿本第83、84页；俄肯本第337、338页。
② 见丹阿本第54页；俄肯本第338页。

国民与国家所负之费用，比物物而课之税收，当减少六分之五。况此物物而课之税收，不但灭绝国家生产力，而且使无根本改革之可能。此等税收，既有害于国家，而且政府为其所迷惑，然自世人视之，则以此种税收势必使农业日就衰落。

故魁奈综结其说而言曰，税收应直接课之于土地纯生产，盖不论赋课之方法如何，而税收常归土地负担。故税制最简单、最有条理、收入最多，而民之负担最轻者，厥为依照纯生产而直接课于生生不绝之富源之税收。①

魁奈在他书②上，专论间接税问题。魁奈曰，数种间接税较简而较经济。例如一般财产税，或所得税（Taille Personalle）、人头税、徭役（Corvée）、道路税、房租税，资本税等是也。其他间接税则较复杂而征税费较大。例如出产物税、商品税、输出入税、内地通过税、运输交通税、贩卖税、俸职捐、特权税、执照税等是也。凡此种种税收，吾人可总括名之为间接税（indirect tax）；又凡各种征税费及其他巡察费，则概名之为间接税费（Cost of the indirect tax）。③

魁奈又进而唤人注意于一切间接税之恶结果。魁奈依照其名著《经济表》（Economic Table）之详密数字计算社会之实在损失。例如8万万之直接税而代以3万万之土地税，5万万之间接税，则估计地主须多纳23 500万，政府减少37 900万，工资减低31 800万，综计全社会之损失都为93 200万。除出金钱上巨额损失外，尚有其他恶结果，可括分四项述之。第一，因农业资本之减少，因农民恐纳间接税不敢购置新机器或采用新方法，及因农民财物之损坏，故土地遂致日就荒芜。第二，吾人常见税吏私吸巨额之货币于私囊中，坐致影响金融之流通，于是农业之资本日少。第三，富户迁居都市，致消费与生产地隔离。第四，乞丐之增加，间接税实为其直接原因，

---

① 见丹阿本第 84、85 页；俄肯本第 339 页。

② 《第二种经济问题：间接税效果之决定者》（Second Problème Economique：determiner les Effects d'un Impôt indirect）。

③ 见丹阿本第 127 页；俄肯本第 698 页。

因间接税减灭每年新财富之一部分，故致工资减落，生计艰难。复次，乞丐者之增加，终必使地主之负担加重，盖地主不得不出而救济贫民也。[1]

魁奈痛论地主之不能认识单一税之法良意美。地主以单一税对于彼等太重，其无识的贪婪，决不能使彼辈了解税收实能独课于土地收入之理。地主居常以为普天之下，既莫不受政府保护之利益，则税收理应课于一切人民或为人民所消费之货物。殊不知吾人身体有赖于欲望之满足，然满足之货物无一而能为吾人所独能造成，故凡课于人或课于人所消费之物之税收，势必取之于吾人依之为生而且为土地所独产之财富。[2]

魁奈综括其全部所论而言曰，税收不论其如何制定，生产阶级（地主）与税收——为一切费用之最初分配者——终必负担课于其所雇用之人或其所消费之货物之全部间接税，各人依照其所费之多寡而纳税。[3]

魁奈理论遂为许多热心后继者所遵奉。米拉波（Marquis of Mirabeau）著成一书，专论税收问题，定出一般原则曰，"税收应直接课之于年年之复生产"，或"直接课于一切收入之源泉"。[4] 米氏又在他处指明税收不论其如何赋课但必归于纯生产负担，且若不直接课税于此纯生产，则吾人无所根据，或茫无方针矣。[5] 未几又有圣佩剌未（Saint Péravy）者，亦依同一之见解，专著一书研究间接税。[6]

麦舍（Mercier de la Rivière）者，重农学派中头脑最清晰之思想家也，常苦思以求直接间接税之异点，此异点视税收归宿问题而定。麦舍之言曰，税收之要质不外直接课税、间接课税二种。夫供纳税

① 　见丹阿本第 139、140 页；俄肯本第 716、717 页。

② 　见丹阿本第 131 页；俄肯本第 704 页。

③ 　见丹阿本第 131 页；俄肯本第 704 页。

④ 　见米拉波所著之《税收论》(Thèorie de l'impôt)第 123,131 页。

⑤ 　见《人口论》(L'Ami des Hommes ou Traité de la Population)第七卷第 45 页。

⑥ 　见圣佩剌未所著之《论间接税之效果》(Mèmoire Sur les Effets de l'Impôt Indirect)。

之基金，惟在地主手中或农民手中，此理甚明。地主得此基金，非他，乃得之于土地也，故地主纳此基金于国王，地主并非以属于地主所有之物纳之。故若吾人欲使无一人负担税收，则吾人必课税于地主。此直接课税之道也。苟不用直接课税法而用间接课税法，则是违反自然法则也，违反自然之法则其能不生极大弊病者难矣。课税于人或课税于物，则其税即为间接税。夫无论课之于人，或课之于物，政府与人民必皆受极大之损害，虽欲免之，不可得也。①

麦舍又在他段上指出上述之弊病自然附着于间接税之本质中。吾人顾名思议，由间接税之名，即可知税收并不归于直接纳税者负担；而且确属如此。甚至一种税收，外观上虽与地主毫无关系，然此税仍归宿于地主，——而且负担格外加重。盖因地主之负担，要多于国王之收入，有时地主蒙受损失，而无一人获利，末流所趋，驯至国家财富之总额，渐次减少。②

故麦舍末谓社会之必要法则（麦氏于其书中略述此法则）在于税制之完全独立。税收之收入盖为常保同一状态与常生同一效果之各种原因结合后之必然结果。然此种宝贵之利益，惟必以税收之要质不变，而国王又必对于领土以内土地权所应享受之部分，直接收纳，而后始能绵绵保存云。③

杜滂•得•内木耳（Du Pont de Nemours）为重农学说之伟大宣传家，氏后来曾欲以自己所持税收归宿之思想，贯输于法国革命议院，但其理论与重农学派中之诸前辈略异其趣。④ 杜滂之言曰课税之道断不能滥课于各种财富。造物未尝予农业上使用之财富有纳税之能力。造物实使此种财富受完全消费于土地上耕种之法则之支配，否则天必罚之而使耕作、收成、人民及帝国本身次第消灭。然则收

---

① 见麦舍所著之《论政治社会之自然必要法则》（L'ordre Naturel et Essentiel des Sociétés Politigues）。

② 见同上著第 247 页；丹阿本第 476 页。

③ 见同上著第 249 页；丹阿本第 478 页。

④ 见杜滂所著之《新科学之起源及其发展》（De l'origine et des Progrès d'une Science Nouvelle），见丹阿本《重农学派》第 335 页。

成中之部分，所称为纯生产者，自当负担税收，舍此而外，别无他物也。①

杜滂曰，课税之目的，原为保持财产权与自由权于其原始的自然的状态。故凡剥削自由、财产，与夫必然减少财富与人口之税收，显皆违反课税之目的者也。若课税于人、物、费用或消费，其征税费必大，有税于此，不但足以侵害人民努力之自由，而且势必增加农商业之用费。②

杜滂后复特别研究转嫁之问题，氏谓国家苟用间接课税法，则依最后之分析，一切税收无不归土地纯生产负担，而且地主感觉负担更重，受苦更甚。剥夺自由与限制财产者，此税也；使生产者手中之生产物价格跌落者，此税也；减少生产量而尤减少国民之收入者，此税也；陷人民于水深火热使人口减少者，亦此税也；是故此税之行，非使土地、农民、地主、国家与国王次第灭亡而不止。③ 重农学派既持有此种见解，故其论税收也，无怪综括下述之名言：间接税行而民斯贫矣；民贫斯国贫；国贫斯王贫。④

波度（Abbé Baudeau）亦有同一之思想。波度以"土地之明确的、流动的年年收入"（the clear and liquid annual revenus of land）代替纯生产，氏以此语义甚简单，故可不解而自明。⑤ 波度着重于魁奈曾经提及而后来曾由杜尔哥明白解释之事实——此即"明确的收入"中之一部，实可视为属于国王而非属于地主；故凡人之购买土地并未得土地收入之全部，仅仅买得不属于政府之部分。故国王以其享

①　见杜滂所著之《新科学之起源及其发展》第 351 页。

②　见同上著第 351、352 页。

③　见同上著第 354 页。

④　"Impositions indirects; pauvres paysans. Pauvres paysans; pauvre royaume. pauvre royaume; pauvre roi."——见同上著第 354 页。

⑤　见尼哥拉·波度（Nicolas Baudeau）所著之《经济哲学概论》（Première Introduction ā la Philosophie Économique ou Analyse des États Policés）。波氏在其早年著作《某国民与某郡长讨论二十分一税及他税书》（Lettres d'un Citoyen ā un Magistrat sur les Vingtièmes et les autres impôts）上，亦有相似见解。（原文注释位置有错误，今根据英译本调整。——整理者注）

有土地之权利，而向民征收其所应得之钱，实不可谓为税收；此决非如常人所言税收乃是每个国民取出其财产之一部，以保护其财产之余额之牺牲。①

关于输出入税及一般交通运输税之归宿问题，曾为重农学者勒特洛内（Le Trosne）所详细讨论。勒氏所论，其大部分至今日尚有参考之价值，而尤以论及在何种情状之下，一部分输出入税最后将必归外人负担之各种理论为更值得吾人之注意。② 惟所论多关琐细，本书若论及之，则恐离题太远矣，是以不赘。

重农学家中立言最慎重而人格最伟大者，当推杜尔哥（Turgot）。杜尔哥在论及土地税实在归何人负担之问题时，对于后来所称为还元说（The Capitalization theory）之理论，阐明极为清晰。杜尔哥曰，若独课税于土地，一旦此税确定，则土地之资本家的买主，并不将其所付税收之金钱算入利息之内，——此恰如今日之买土地者未尝买土地税或僧侣所得之什一税，但仅买得除去土地税与什一税后之余额而已。③

杜氏在其 1764 年著成之较早论文中，主张一切税收必归于所得（income）负担。杜氏乃进而讨论一般之所得，穷其研究之结果，形

---

　　①　原书此处错将上一个注释的内容放到此处，而遗漏了从 Daire 所著的《重农学派》一书第 762、763 页引用的法文文字内容。经整理者向沈国华老师请教，勉强将遗漏文字翻译如下："每个财产所有人都知道，他们只为他们的继承人、受让人或受益人取得了经营资本 14/20 或略多于 2/3 的年度净产出，剩下的年度净产出并不属于他们，而是属于君主。""他们知道君主取得略少于 1/3 的净领土收入的权利，就像所有公平合理的权利一样是建立在之前已付的预付款和已经完成的工程、还需要支付的相同预付款和还需要完成的相同工程以及它们产出相同收入的效率上的，因为它们都是产生这些收入的一个有效原因，而且还是为有这样的净产出存在所不可或缺的条件之一。""因此，以这种方式确定的税收并不具有我们所说的税收的性质，就如同人们在管理不善的国家看起来不无道理说的那样，这绝不是每个人为了保全自己的其他财产而牺牲的一部分财产。"——整理者注

　　②　见勒特洛内《论社会利益与价值、流通、工业及国内外商业之关系》（De l'Interet Social，par rapport ā la Valeur ā la Circulation，ā l'Industrie et au Commerce Intérieur et Extérieur）。

　　③　见杜尔哥所著之《国富之形成与分配》（Réflexions sur la Formation et la Distribution des Riches）第 97 节。参阅氏所著之《直接税与间接税之比较》（Comparaison de l'Impôt direct et de l'Impôt indirect），详丹阿编《杜尔哥文集》。

成纯生产说，惟独此纯生产为真正的社会收入，可以供纳税之用。杜氏曰，惟地主而有真正之所得，[①] 若夫世人所谓其他之所得概念皆虚妄不实在者也。[②] 以是氏得一结论曰，一切税收，不论其如何赋课，而最后必归此所得负担。

于是杜尔哥遂辨别直接税与间接税之区别。杜氏在其稍后之论文中，定下此等名词之定义。杜氏曰，地主以其自己之所得直接缴纳者，谓之直接税；不直接课之于地主之所得者，谓之间接税。间接税可大别为三类：课于佃农税，课于资本或工业之利润税，课于出卖或消费的货物税。地主担负间接税之负担，不外下述二途：（一）地主费用之增加；（二）地主所得之减少。[③] 故“间接税”一词包括除出土地纯收入之直接税以外之一切税收。[④]

杜尔哥又在他处驳击主张以一般财富为税源之理论之谬误。杜氏曰，一切真财富未必皆能负担税收者也。惟财富之必可专供纳税之用者，——换言之，即直接或间接于次年复生产上所必不需求之财富——始可以担负税收。政府诚可强征税于一切财富，但为复生产上必需之财富，苟取而用之于他途者，则未有不害及于国民之财富，因而害及于政府之势力者也。世人若能认识此理，则于税收之理论，庶几思过半矣。[⑤]

复次，杜尔哥在为本杰明·富兰克林（Benjamin Franklin）而著之论文中，发挥其主张一切间接税转嫁于地主之理论，更觉淋漓

①　见杜尔哥著《论一般课税之方法》(Plan d'un Mémoire sur les Impositions en Général)，详《杜尔哥文集》第一集第 400 页。

②　见同上著第 402 页。

③　见《关于里摩日皇家农会所定价格之问题之解释》(Explications Sur le Sujet du Prix offert Par la Société Royale de l'Agriculture de Limoges au Memoire dans lequel on Aurait le Mieux demontré l'Effêt de l'Impôt Indirect sur le Revenu des Propriétaires de Bien-Fonds)。

④　然杜尔哥每以人头税为直接税，但若征课等级的人头税，俾可达到"能力、工业、利润或工资"者，则此人头税亦必称为间接税云。——见同上著卷一第 396 页。

⑤　见杜尔哥所著之《对于格剌斯林君所著之主张间接税论之观察》(Observations Sur le Mémoire de M. Graslin en faveur de l'Impét indirect)见《论集》第 434、435 页。

尽致。① 顾杜尔哥虽倡此理论，然当其出任度支，大权在握之时，则亦未闻其平生所抱之单一税计划施诸实际者，盖氏为一绝大之政治家，故雅不欲贸然试行此种不确实之计划也。

于此所当注意者，即重农学家大有影响于其时之美国思想界。例如富兰克林曾与摩勒尔特（Abbé Morellet）及拉·微雅特（Le Veillard）二氏书札往返，切实讨论，在氏之后来一书札中，提到重农学说为其平生所服膺之经济学原理中之一种，但以富兰克林阅历之深，故能洞悉实施重农学说于美国之无用。② 汉密尔顿（Alexander Hamilton）在其《大陆派》（Continentalist）之某一文上，亦似持有重农学派所持之意见。③ 然吾人细读汉氏之议论，则知氏亦未尝主张土地单一税制也。实在氏在他处曾言"吾国目下所应特别留心者，即不可使土地与其农产物负担重税"。

法国著名学者勒啦波列（M. Leroy-Beaulieu）竟陷于奇异之谬误，而不自觉。依勒氏之意，以为重农学派主张若实行土地单一税，则地主因其农业物价格之提高，因而收回其本来之开费，而可无丝毫之损失。④ 勒氏之见解，误矣。重农学派之根本学说不尝谓一切税

———————

① 见杜尔哥所著之《土地税与消费税之比较》（Comparaison de l'Impôt sue le Revenu des Propriétaires et l'Impôt sur les Consommations)见《论集》二集，第409页。杜滂谓杜尔哥之著此书，意在敦促当时财政总长汉密尔顿(Hamilton)放弃其间接税计划，但在汉密尔顿拟成其计划时，杜尔哥已不在人世者，数年于兹矣，杜滂之言显非事实；人有谓杜尔哥为富兰克林而著此论文者，其说当属可信云。

② "如吾子曩日之所知，余所知之经济学原理余固未尝忘却一二也……今吾国立法诸公，皆地主也，然彼等未尝以为一切税收，皆由土地负担也。"——见《致斯摩尔君书》(Letter to Mr. Small)，详见《富兰克林全集》（The Complete Works of Benjamin Franklin)第九章，第414页。

③ "许多经济学家以为一切税收，不论其如何赋课，必归于土地负担，因而主张国家之全部收入，莫如直接取之于土地之为愈……虽此种理论，早已证明其言之过甚，事实上窒碍难行，然细究此中情形，则知税收之赋课，离开土地不论如何之远，然在不知不觉的辗转间，大半终仍归土地担负，——土地者，乃商业上所用多数原料品之所由出也。"——见《大陆派》第六章，详见《汉密尔顿全集》（The Works of Alexander Hamilton)第一章，第266页。

④ 见勒啦波列(Paul Leroy-Beaulieu)所著之《财政学》（Science des Finances)五版第一章第199页。此种谬解，直至此书七版时亦未修正云。

收最后归宿于地主，而且独归地主负担乎？① 惟重农学派以税收之不能转嫁也，故主张单一税。在重农学派视之，行直接税而不行间接税，则地主感受之痛苦较少，盖行间接税，不特使税收减少，因而致于税率之增高，而且势必致于害及土地，土地者，乃地主繁荣之所攸系也。夫直接税固不如间接税之摧残民生之已甚，然此税仍必归宿于原始纳税者——即土地之所有者。

重农学派所持税收归宿之学说，固无正式抨击之必要，此说乃以农业为唯一生产说为基础，关于此点，其浮夸不实已被前人指摘矣。② 虽然，重农学派分配之理论，与夫此派所持自然法则之观念，实可谓开近代经济学之先河。亚当·斯密在此方面，虽深受重农学派之影响，然斯密则固推动重农学派之第三种根本学说——即纯生产说——所依据之基础矣。使吾人而称重农学者为倡导农业经济之理论也，则亚当·斯密亦未始不可称为倡导工业经济之理论也。重农学派所持税收归宿之理论若离开纯生产说，则其所见之相异，当

---

　　①　原文在此处插入了"(注二)"标志，但在注释中却没有注二的内容。查英文原文，此处引用了杜尔哥的一段法文，大意是强调所有的税收都是从土地的产出中支付的，所有的税收无论以何种形式征收，都必然落在土地所有者身上，而且最终总是由他们单独支付。——整理者注

　　②　阐明重农学派之弱点，以亚瑟·杨在《政治算术》上所说为善（108—266 页）。法国在同时代，驳击斯派理论最善者，见诸格兰斯林（Louis Francois de Graslin）所著之《财富与税收之分析》（Essai Analytique sur la Richesse et sur l'Impôt oú l'on refute la nouvelle doctrine économique ... Sur l'effet des Impôt indirects）。格兰斯林不但否认间接税转嫁于土地之理论，而且以为直接课于土地之税收，有时亦要转嫁于消费者。——见同上著第 230 页。又有某匿名著作为答辩米拉波（Mirnbeau）之税收论而著者，书名为《对于税收论著者提议之怀疑》（Doutes Proposés ā l'Auteur de la Theorie de l'Impôt）时人读之者甚多，可特别注意此书 24—48 页"何人应负担税收"（Sur Quoi doit-on préférablement faire porter les impositions?）

不至于若斯之远也。①

---

① 又有一书为东印度公司某职员所著名《税收论》(On Taxes or Public Revenue, the Ultimate Incidence of Their Payment, their Disbursement, and the Seats of their Ultimate Consumption),不但攻击重农学派税收归宿之理论,而且攻击亚当·斯密、李嘉图之理论,其论及重农学派之见解,更多独到之处。英国方面绍述重农学说之著作,有下列几种:(一)斯盆斯(William Spence)所著之《英国不倚赖商业》(Britain Independent of Commerce)及《农业为英国国富之源》(Agriculture the Source of the Wealth of Britain)二书。详见喜格斯(H. Higgs)所著之《重农学派》(The Physiocrats)第 137—139 页。(二)二匿名短论,一为《财富要论辟亚当·斯密等之谬说》(The Essential Principles of the Wealth of Nations Illustrated, in opposition to Some False Doctrines of Dr. Adam Smith and others),二为《经济学概要答辨密尔君之重商论》(Sketches on Political Economy Illustrative of the Interests of Great Britain; intended as a Reply to Mr. Mill's Pamphlet Commerce Defended, with an Exposition of Some of the Leading Tenets of the Economists)。此二篇短论,详论于《经济杂志》(The Economic Journal)上塞利格曼所作"论不注意的英国经济学家"(On Some Negelected British Economists)一篇。英国方面,反对重农学派之最著者为詹姆斯·密尔(James Mill)所著之《重商论》(Commerce Defended),罗伯·叨楞斯(Robert Torrens)所著之《驳经济学家》(The Economists Refuted)。但特别注意于重农学派之税收归宿之学说者,是为达尼尔·威克飞尔德(Daniel Wakefield),维氏著有一书名《经济学》(An Essay upon Political Oeconomy, being an Inquiry into the Truth of the Two Positions of the French Oeconomists; that Labor employed in Manufactures is unproductive; and that all Taxes ultimately fall upon, or Settle in the Surplus Produce of Land)。维氏之结论,则谓"直接税必归宿于各种所得,如土地所得、资本所得、劳动所得,至间接税如所课之关税、消费税,则必转嫁于消费者云"。——见同上著二版第 82—83 页。

第二章

绝 对 说

论近代学者对于税收归宿问题所持之见解,概必远溯及于亚当·斯密与李嘉图之著作,此研究经济学上任何问题者之所同然,不独本问题已也。此二大思想家所倡税收归宿之学说,吾人可概名之曰绝对归宿说,至所以如此命名之理由,读者读下自明,兹毋庸赘焉。

亚当·斯密大别一切收入为三:曰地租,曰利润,曰工资,氏即依据此分法以研究税收归宿之问题。斯密曰,凡课于土地之税收,不论其比例于地租,抑比例于生产之总额,而要皆为课于地租之税收也。此等税收虽先由佃户缴纳,然终必归地主负担,故课于地租之税收,必然归宿于地主,盖因"农民必年年精细计算其所纳税收之价值,然后依照此价值,减少其所付与地主之地租。"彼农夫亦犹商人也,终岁辛勤,必冀得相当之利润,故"凡农民所纳之税收愈多,则其所能付出之地租愈少。"①此课于地租之大概也。至若课于房租之税收,则情形稍异,因房租实可分成两要素——即房屋租与宅地租。课于宅地租之税收,恰如课于地租之税收,不免归宅地所有者负担,因"住户所付之税收愈多,则其所能付之地租愈少。"② 但房租之一部分所称为房屋租者,乃投于房屋建筑上资本之利润也。课于此部分之税收,必然归租借人负担;盖若建筑者其所投资本不能得到如其他商人之相同利

---

① 见亚当·斯密所著之《原富》第五部二章第二卷第 417、428 页。
② 见同上著第二章第 437、440 页。

息，则相率停止房屋之建筑，而必待房屋需求之增加，使房屋租——换言之即建筑者之利润——再到一般的程度而后始肯再建筑房屋。故课于房租之税收，一部分归房主负担，一部分归租借人负担；惟房主与租借人间对于最后所纳税收之分配究作若何之比例，此则殊不易于估定也。①

利润税，其解剖简单。斯密分资本之利润为二部分，一为利息，一为利息以外之剩余。课于利息以外剩余之税收，必常转嫁于他人，因此种剩余乃所以酬偿资本运用上之风险与困难也。运用资本者若欲继续经营，必得享受此种之酬偿，税收随资本之使用于农业或商业而各转嫁于地主或消费者。② 盖若使用此资本为"农业资本"者，必减少其所应付与地主之地租，而后能提高利润率，若用之为"商业或工业之资本"者，必提高出卖之物价而后能提高其利润率。

利息税——换言之，即课于斯密之所谓"除去充分酬偿资本运用上之风险与困难以外之纯余"之税收——则全归资本主负担，恰如课于地租之税收者然。然实际上利息为直接税之课税品，常不如地租之为直接税之课税品之适当。盖土地系易见的，而且容易估计的，至资本则不然。土地不能移动，至资本则极易移动。故课税于资本，则必使本国之资本流出国外，夫资本者乃维持事业之本也，资本流出，则凡百事业，将告歇绝矣。诚如斯也，不特使资本之利润减低，而且使土地之地租与劳动之工资皆将减低矣。故一般利润税将影响于资本主以外之其他阶级也。③ 若夫课于特种商业上资本之利润之税收，则必由商人转嫁于消费者，盖商人"在寻常情况之下，必得相当之利润故也"。若是消费者之购买价格涨高之货物，不但负担商人所付之税收，而且尚有税收以外之负担云。④

---

① 见亚当·斯密所著之《原富》第二章第 434 页。
② 见《原富》卷二第 441 页。
③ "资本主实为无国界之人民，彼等不必专附着于某一国云。"——见《原富》卷二第 443 页。
④ 见同著上卷二第 446 页。

　　至于工资税，则恒必转嫁。此盖因工资之高低，随社会对于人工之需求与食物之平均价格而定，若此二者依旧不变，则课于工资直接税，"其效果只有使工资比税额略略涨高"，若其劳动者"为从事工业者"，则雇主必增高劳动者之工资，但雇主最后必将工资之增高额略行添加而向消费者取回之。若劳动者而从事于农业者，则农民终必将其付与地主之地租减少。抑地租之减少，与物价之增高，其数均比税额为大，此通则也。① 至有时工资未尝比例于税额而增高者，则因课税而致人工之需求减少故也。若人工之需求果减少，其结果必为工业衰落，职业减少，国中土地人工之每年生产额减少，故在课税后之工资，必较课税前之工资为高，工资高则物价亦高，而此物价之增高，最后仍归消费者负担，此论一般劳动者如此，即推而至于"精巧技术家与夫操持自由职业之报酬"，亦复如此。惟此种理论，不能完全适用于"官员之俸给"，盖"官员俸给，例有规定，非定于市场上之自由竞争故也"。

　　最后斯密讨论意使"各种收入平等负担"之税收，此为人头税，与课于消费品之税收。人头税就课于下级人民而论，实为一种工资税，其遭吾人之非难，无异于吾人之反对转嫁于消费者之各种税收也。② 课于消费品之税收，则或课于必需品，或课于奢侈品。课于必需品之税收，势必使工资涨高（因工资一部分定于必需品之价格），及其终也，则归于消费者或地主负担，其结果适如课于劳动之税收者然。至若课于奢侈品之税收，则并不使工资涨高，而惟奢侈品之消费者负担之。就贫民方面观察此税，则此税实有戒奢崇俭法之同一作用。故反对必需品之课税，常有利益于富裕阶级，盖课于奢侈品之税收，必消费奢侈品者而始有负担，而课于必需品之一切税收，则终归富裕阶级负担云。③

　　吾人试综观以上亚当·斯密税收归宿之学说，则知工资税、利

----

　　① 见《原富》卷二第 461 页。
　　② 见同上著卷二第 466 页。
　　③ 见同上著卷二第 47 页。

润税（惟利息税除外）与必需品税，皆常转嫁；至于土地税与奢侈品税，则常不转嫁。由此观之，社会上之阶级最初负担一切税收者，乃地主也，富裕消费人也，及资本之贷主也（惟至某种程度）。

斯密之解释，以有深奥丰富之思想著称，但完全以其地租论、利润论、工资论为根据。若吾人对于氏之地租论、工资基于生活必需品论及其利润平均论之观念，发生怀疑，则氏所持税收归宿之学说，大部分恐皆摇动矣。晚近经济学理论，无复承认其理论之各种根据者，即李嘉图亦多推翻其根据。就斯密所持税收归宿之学说，根据自由竞争说，而无若何之限制，以及根据简单的经济原因之必然作用而论，氏实可称为税收归宿绝对说之先驱者矣。

李嘉图著有《政治经济学原理与税收》（*On the Principles of Political Economy and Taxation*）一书，其大部分多论及税收问题。以氏思想之敏锐，故即探入税收问题之骨髓，故其书中几全为研究税收归宿之问题。李氏对于此问题之研究，长处固多，短处亦不少，可谓瑕疵互掩；此在李氏他种作品上，类皆如斯也。从长处方面而论，有深刻敏锐之分析力，有分离各纷乱现象而从各现象不受障碍原因影响而立论之非常能力；从短处方面而论，以假定之事项为真实之事项，以从假定的前提推出有数理的准确与逻辑的严格之公式，代表实在的经济事实。——此皆李氏之特点也。故李嘉图之理论，遂觉瑕疵互掩，优劣参半云。

李嘉图未尝定出税收归宿之一般理论，如亚当·斯密。关于二氏对于各种税收之讨论，吾人必寻出其一般原则。李嘉图之地租论及其利润工资关系论，与亚当·斯密之见解不同。李氏根据其地租论，而不承认斯密谓土地税最后归地主负担之学说。李嘉图曰，课于地租之税收，确全归宿于地主，因地租乃生产费以外之剩余，农产物之价值不能受税收之影响故也。[①] 至于农产物税、什一税或土地

----

①　"课于地租之税收，必仅影响于地租，此税完全归地主负担，而不能转嫁于任何阶级之消费者。"——见李嘉图所著之《政治经济学原理与税收》(1817年出版)第八章第221页。

税则不然；此等税收必由地主转嫁于消费者。李氏之言曰，物价之贵贱，定于最下等土地之生产费，生产费若增加，则物价亦必增加。夫课税于耕种者，势必使生产费增加，故农产物税必使物价涨高而转嫁于消费者。提高物价为耕种者维持事业之唯一方法，必用此法而始能负担税收，始能继续获得"寻常一般之利润"，而不至于亏累也。耕种者不能从地租中扣减其税额，因地租不能定物价故也。耕种者不愿由利润扣减其税额，盖耕种者未有愿得薄利而安于农业之理也。然则耕种者之能纳税，舍增高物价而外，宁有他道哉？宁有他道哉？是可不辨而自明者也。①

依照李嘉图之意见，一切土地税除课于纯粹地租以外，皆归消费者负担。虽人人皆为消费者，然未必一切消费者皆负担税收者也。是故劳动者一大阶级不负担税收，盖课于原料品之税收，必增加生活必需品之价格，物价高斯工资必高，李氏曰，"工资之远高出于劳动者依照自然与习惯所能维持生活之用费者，时间上决不能继续甚久"。盖若工资涨，则利润减低。故土地税不归宿于地主，不归宿于股东，但归宿于雇用劳动者之资本家也。②

此外尚有一问题，即是否雇主能转嫁其税收是已，换言之即利润税之归宿何在。李嘉图与斯密均以为课于特种利润之税收必由物价涨高而转嫁于消费者。至课于一切利润之税收，则问题稍不简单。假令吾人不注意于外国之贸易，则课税之后，必见物价涨高。然货币者亦自外国输入之货物也，物价虽涨高，然终必不能永续维持。盖物价涨高，则外国货物源源输入，而本国昂贵之货物则不能输出外国。若是，是本国货币必源源输出外国，必待夫国内物价下落如前时而后始息。由此以观，利润税不归于消费者负担，但归于生产者负担也。③

---

①　见李嘉图所著之《政治经济学原理与税收》第八章第 19、41、95 页及第九章第 225 页。

②　见同上著第 199 页。李嘉图常欲证明谷价涨高与工资涨高间之时间，不能相距甚久之理由，在此时间内，劳动者必受生计艰难之困苦，氏之结论亦如其在他处，殊太严格云。

③　"余确信一种井井有条之利润税，终必使国内外之货物恢复如课税前之价格。"——见同上著第十三章第 283 页。

最后李嘉图谓工资税将使工资提高。李氏于此讨论布坎南
(Buchanan)反对斯密学说之议论。李氏却有二种重要让步：（一）承
认必需品价格之涨高未必常使工资增高；（二）承认工资通常未必依
税额而增高。① 然以氏非常嗜好此问题之大体，故氏仍继续辨论，一
若此等让步，殊不足以影响其一般原则也者。故李氏以税收必提高
工资之假定为根据，断定工资税必使利润减少。② 李氏对于斯密主张
税收将转嫁于消费者之议论，表示反对。李氏曰，斯密以为一切生
产者乃各相互为其他生产者货物之消费者，故各人依他人生产物之
增高而提高其生产物之价格，若果如斯，则税收循此而相互转嫁，
进行不息，此不通之理也。③ 因税收必归于利润负担，故税收无论课
之于利润，抑课之于工资，均无多大关系。是以此等税收最后恒必
归于资本之利润负担云。

由上所述，即知李嘉图学说之能否成立，胥④视其一般分配论之

---

① "是以吾亦首肯布坎南氏之所言，凡粮食价格因供给缺乏而致腾贵者，未必使
工资涨高，以税收之足以损害一国之净资本，故遂足以使人工之需求减少，故课税之后，
工资虽能涨高，然所涨高者，未必恰等于税额也。此亦为课税后或有之结果，但未必为
课工资税后之必然的特别的结果也。"——见同上著第十四章，第288、289、297页。然
李氏在次节即声言与亚当·斯密见解相同——在初版第492—493页上，李氏谓分配有
三要素，曰工资，曰利润，曰地租，"惟从利润与地租中可以扣除税额，或取出一部分以作
储蓄，至于工资若不甚高，则常为必要生产费云。"李氏后在其书第三版第416页附言
曰："或者吾所用之语词太强，因劳动者之所得，通常名为工资，而非名为绝对必要生产
费故也。"霍兰达教授(Professor Hollander)在《李嘉图与马卡罗和书》(Letters of Ricardo
to McCulloch)中第60—61页，附有重要之附注，由李嘉图之原稿得来(原稿保存于加特
科布·巴克(Gatcomb Park)图书馆)，李嘉图更加让步，谓"劳动者在新局面未建设前，将
必受极大之困苦云。"霍兰达教授以为李嘉图之让步，乃受马卡罗和之影响之所致。(参
阅本书下面页次)。(原书遗漏页码，查英文本应该是第198页。——整理者注)

② "工资税将使工资提高，故即使资本之利润率减少……必需品税与工资税之唯
一异点，是为前者势必使必需品腾贵，而后者则否……工资税完全为利润税，而必需品
税一部分为利润税，一部分则为课于富裕消费者之税收云"。——见《经济学原理与税
收》第285页。

③ "因一切生产者彼此各为其他生产者货物之消费者，则生产者皆能提高其物
价，以偿回其税收，而且有余利，若是税收决不归何人负担也明甚；若各人果皆能偿回其
税收，然则何人纳税?"——见同上著第303页。

④ 胥(xū)，全，都。——整理者注

能否成立为断。吾人于兹惟有二点应当提出——其一，亚当·斯密与李嘉图二氏议论结果之各异；其二，二氏论究方出之类同。

如上面所已述，亚当·斯密以为凡课于土地之税收，及工资税、利润税之大部分，皆归地主负担，故地主最后殆负担全部之税收。"富裕消费者"负担一小部分，而资本之出贷者则为更小部分，此斯密之见解也。至于李嘉图则不然，李氏以为地主仅负担课于地租之税收，而课于土地之其他一切税收，则皆由地主转嫁之于他人。斯密与李嘉图均以工资为决不受税收之影响，关于此点，二氏之见解可谓一致。但斯密以为地主为一国之真正纳税者，而李嘉图则以得有资本利润者为真正纳税者。吾人洵可称斯密为拥护资本利益者，李嘉图为拥护地主利益者。

顾二氏议论之结果虽异，而其推理之方法则大体相同。洛瑟氏（Roscher）称此为李嘉图之"伟大的抽象"，实引人注意之名言也。李嘉图之推理，不容有所谓条件或斟酌之存在。以自由竞争之法则为确有完全之作用，以资本与人工之绝对移动为假定之前提，相信极难实现之假定为真正事实之代表——无论如何，不小心之读者始有此信念。举各件之事物，悉变成最简单之形式，处决工业社会上错综复杂之问题，一如处决极简易之数学问题然。故纵使李嘉图的根本分配论为不错，然其税收归宿说，则殊不完全，其所论在理论上纵可言之成理，然总不足以说明实际之现象；所以然者，由于太偏于抽象，而忽于经济上摩阻力之实际效果故也。吾人纵叹观止于李氏分析之能力，然对于其结论，不能无所怀疑。总之李氏税收归宿说，自某方面言之，则为尚未成熟的不适当的。以其持论之太严格而太趋于抽象也，故莫如称之为绝对说之为最适当云。

第三章
平均分散说

　　此说之萌芽，初发见于 18 世纪意大利著名经济学家万里（Verri）之著作中。万里定下一般之原则，谓因税收依照人人之消费而触及于人人，故无论何种税收，自有发生一种平衡之倾向。[①] 如课税于土地，则农产物之价格腾贵；课税于原料品与精制品，商人与技工必提高其物价；课税于劳动阶级，则劳动者不得不要求工资之提高。是故税收也者常有膨胀力者也；常继续向外延扩以求一水平。由此点观察，税收无论课之于甲阶级，抑乙阶级，似无若何之差异。[②]

　　万里先则详细证明税收"有自行平均分散于消费之倾向"之理论[③]以称其个人之意，继而主张此种明白的平均法则，实非真可辩护之法则。盖因得到此种税收负担之平衡，常包含一种不断的争斗——战争状态——或如万里在别处所说成为个人与阶级间之革命状态。[④] 若税收初课之于富而强者，则彼等即易能转嫁其税收于贫而弱者；但若税收直接课之于弱者，则税收转嫁与平衡之作用滞而缓，彼贫者而欲向富者要求负担公平，必遭遇一切之障害与停滞。万里总结其论而言曰，由税收之最初反射以至最后之落着，其间实为国

---

　　① 见万里（Di Pietro Verri Milanese）所著之《经济学》（Meditazione Sulla Economia Politica）第 30 页。
　　② 见同上著第 247 页。
　　③ 见同上著第 253 页。
　　④ 见同上著第 253、254 页。

民生活莫大之危机，而尤当时时考究税收之转嫁而勿忘却。① 由此观之，万里者乃热心主张贫苦阶级免于课税之一学者也。

即在万里数年前，有某英人名曼斯菲尔德伯爵（Lord Mansfield）者，已有同一之思想。曼氏曰，"吾尝以为课税之道，类似于小石之投湖，夫投石于湖心，则切近湖心之四周，必先作波纹，由是由内一周而波及于外一周，一波复一波，终且使湖之全周皆作微波荡漾之状矣。彼课税于此而波及于彼者，亦犹是也。"② 然曼氏之言，实止于此，初未尝作进一步之论究也。其后数年笛克孙（Dickson）③ 说明税收转嫁之顺序。依氏意，以为课税之结果，必使与税收有关系之各人，最后平均担负因课税而加价之负担。④

又有约与笛氏同世之英国学者以为税收势必提高一切物品之价格，举凡未被课税之货物，亦必将因此而腾贵。⑤ 此学者之言曰，

---

① 见万里（Di Pietro Verri Milanese）所著之《经济学》第 254 页。

② 见曼斯菲尔德伯爵《演讲集》（Collected Speeches）之"对于殖民地课税之演词"。

③ 见笛克孙（Adam Dickson）所著之《由奢侈通货税收国债观察现时粮食昂贵之原因》（An Essay on the Causes of the Present High Prices of Provisions as Connected with Luxury, Currency, Taxes and National Debt）。

④ "夫负担税收，无人而热心愿意者；人无不竭力避免税收或设法转嫁其税于他人者。其始一二人为之，及其终也，相习成风，而为寻常所用之方法矣。试就课税于制造家而言，制造家为继续维持其业务起见，或向人借贷，或向人赊买，夫借贷必付利息，赊买则其原料品必贵，贵则无异于贵价买进。故当其制造货物出卖也，制造家必增加其所付利息或原料品之昂贵部分于其卖价中。除此以外，还要加上其所纳税收之全额，此制造家所最低热心愿望者也。于此有人焉消费此制造家所制之货物，此人必立觉此货物之腾贵，然腾贵而不买，终觉痛苦，故不得不买，既买之而多负担，则消费此货物者亦必设法提高其自己所卖之物价，以资弥补。若是，物价一再提高，经一周而输及于最初增价之制造家，制造家亦鉴于此而又行提高其物价，而他人亦必竭力转嫁如以前。如此循环往复，故赋课重税而使一切物价渐渐提高，迨至与税收有关系之各人平均负担之状况实现时而后止。"——见同上著第 66—67 页。

⑤ "不特此也，一种新税，不但影响于此课税品之价格，而且影响于其他一切课税品及非课税品之价格，初视之，一若此税与此类物价腾贵毫无关系者。例如征收蜡烛税，则必使外衣与短裤之价格腾贵，其故因梳刷羊毛者、织线者及成衣匠之蜡烛，皆必纳税故也。征收麦酒税，则必使皮鞋之价格涨高，盖凡制革匠、鞣皮匠与鞋匠所饮之酒必负担酒税，而且负担之数不在少，故必提高其鞋价以偿回之也。"——见《论现时粮食昂贵之原因及其结果》（Thoughts on the Causes and Consequences of the Present High Price of Provisions）第 4、5 页。

"譬彼无数小河微流，东西汇合而成为水势汪洋之大河，泛滥于大地；夫各种税收之最后相结合而波及于社会全般者，亦犹是也。"① 故无论何人，即令税收不课之于其人，然要必担负一部分之负担。又在 18 世纪末叶约翰·杨之著作上表明同一之思想颇详。② 杨氏谓税收不特使课税品之价格腾贵，而且势必使币价下落，换言之，即其他一切货物之价格皆有腾高之趋势。杨氏曰，最后工资亦将因之而增高。然劳动者苟愿食其自己田园之产物，衣其自己制成之衣服，如其祖先之古朴，则劳动者"实际上既毫无纳税于政府，而却享工资增高之实利"。杨氏曰，"若是而新税之课也，必有负担；盖税收之赋课，必有取于人民在课税前所有之财产也；虽然，税行之愈久，则其及于人民之负担愈轻，终且毫无负担之可言。"③ 杨氏附言曰"世人或以余言为大胆之断定，然余固能充分说明之也。"④

　　阐明此说之最重要而具有创见者，则可见诸约在同时代之安德烈·汉密尔顿（Andrew Hamilton）所著之税收论上，汉氏著书原欲"对于治国学之原理首拟补此重要之缺憾"。⑤ 就余之所知，后之学者未尝引及此书，是以此书湮没不闻者良久，本书于兹，应稍详论焉。

　　汉密尔顿在其书之第二卷第三"问"上，冠以标题"论税收归宿于何人之问题"。⑥ 汉氏详细辨析其所谓纳税者与负担税收者之区别。氏亦称纳税者为税收填付者。⑦ 氏反对"经济学家"与亚当·斯

---

① 见《论现时粮食昂贵之原因及其结果》第 5 页。

② 见约翰·杨所著之《论以下重要问题（Ⅰ）政府（Ⅱ）革命……（Ⅶ）税收（Ⅷ）现代战争》（Essays on the following interesting Subjects：viz；Ⅰ Government，Ⅱ Revolution，etc；Ⅶ Taxation，Ⅷ the Present War）1794 年四版。

③ 见同上著第 128 页。

④ 见同上著第 125 页。

⑤ 见安德烈·汉密尔顿所著之《税收原理之研究》（An Inquiry into the Principles of Taxation，chiefly applicable to Articles of immediate Consumption）。汉氏曾任亚伯丁（Aberdeen）大学教授云。

⑥ 见同上著第 134 页。

⑦ 见同上第 146—147 页。

密之结论，而称其结论为"臆想的与不确定的"，氏谓此种结论非得之于经验，"乃得之于臆说"。[1] 盖因吾人须记忆除此种抽象的趋势以外，在一大国之商界中，尚有比此力量更强之环境，常不时发生出人意料之影响，竟使税收之归宿，不能如吾人之所能料到者。

汉密尔顿指出在社会进步行程中，社会主要之进步则有"机械之发明，工作之细分，劳动者技术、努力、灵巧之日进"。凡此各种之进步，皆可生出纳税之基金，盖税收不论如何增高，而社会因进步所得之剩余，足可以供纳税而绰有余裕者也。[2] 然则此等进步之必然发生，究归何人之功。汉氏答曰，此非细民之所得僭，此实直接或间接由于良好政府而致社会太平无事之功也，政府既能使社会进步，造福于民，则人民所纳之税收，谓为"报酬政府之有功也"，谁曰不宜？然则解决此税收问题，而以"人民纳税之现在情形，与假定无有此等税收之情形比较"，岂非不合于理？氏谓第一流之思想家如亚当·斯密辈乃竟陷于此种错误而不悟，其他尚何足论。汉氏曰，"彼等因税收必归某种基金负担"，然其所持基金之理论，"不但不真确，而且有危险的"。盖所谓真正之基金者，乃社会上之经济进步也。是故有此经济上之进步，个人虽实在纳税，然实际上并无负担之感觉。[3] 故汉氏最后结论谓税收"将随各种进步之程度与数目而吸收于各种进步中，于是税收之负担得以轻减或消灭；换言之，即在繁荣社会中，税收经过之转手愈多，则税收之负担愈轻，而不愈

---

[1] 见安德烈·汉密尔顿所著之《税收原理之研究》第 142—143 页。

[2] "与其谓各个人纳税之足以支持税收，不如谓各种进步与全体社会之繁荣之足以支持税收之为愈"。——见《税收原理之研究》第 158 页。

[3] "若政府良好，天下累岁承平，则元元之民咸各安居乐业而能发明各种之改良，由是而能增加其财富，或换得更多之钱；民既获利，则民亦应思及政府之有功于彼等之获利，而分其所得之一小部分与政府，此亦理所当然。诚如是也，则国家征收一种新税，可因而取民之一部分所得，吾则不可谓因课税而致民富不如不课税时之多而遂谓此税归诸人民负担也，但应当比较无进步无税收时之境况，与夫有进步有税收后之境况，则知人民之境况，胜于前者多矣。故吾实可以说人民只有纳税（倘我确知其已纳税），但并无税收之负担。"——见同上著第 161 页。

重"。① 汉氏曰，"吾人为显示各种进步供给纳税基金之理论起见，吾人既不必确究各种进步徐徐发生于社会之情形，又不必研究一种税收如何分散于各阶级人民之情形"。②

抑人有问曰当各种进步并不继续时，则何如？汉密尔顿以为此乃系于"需求之一般情况"。③ 汉氏论到各个之假定，"如需求可由供给缺乏而激起""税收影响于有效之需求"，以及"需求有如此救助商人之力，故填付税收者当可提高其课税品之价格"。④ 然此犹未足以完其事也，盖因"吾人可拟需求如此之广大，如此之普遍，故能使税收历久循环不息，而不落着于任何处"。汉氏附言曰，"此其理可引课于人人所消费之生活必需品之税收之一例以说明之。因此人工需求增，而工资亦增；因此工商业者得高价而获利；因此农产品之需求增，而农产品之价涨；因此土地之需求增加，而地主之地租亦由是涨高。在如此情形之下，税收必因一般需求增加之力量而旋转不息，且在此情状继续不变之下，税收总不能落着于任何处也。"⑤

然则最后消费者将又何如？汉密尔顿以为消费者"若由其自己生产而未课之物品之需求增加以能弥补其税收"，则消费者亦可以间接救济之也。⑥ 然汉氏以为"消费者对税收之真正补救胥有赖于销路之推广，且此种补救必在百业兴盛之社会中，始可以实现"。⑦ 然汉氏亦以为若不能得到此等需求之情状，则税收将不免"加重不幸而业务不振者之苦陋而速其灭亡"。⑧ 故氏之一般结论则为"在百业停

---

① 见《税收原理之研究》第 159 页。
② 见同上著第 156 页。
③ 见同上著第 165 页。
④ 见同上著第 165、168、170 页。
⑤ 见同上著第 179 页。
⑥ 见同上著第 171 页。汉密尔顿此论殊欠合理，依汉密尔顿意，以为消费者之间接补救，由于此消费者所生产之物品，其需求之增加，但此种增加与税收全无关系。即汉氏本人亦曾说（见第 174 页）"此诚一种间接之救济，发生此救济之原因，与税收本身或毫无关系云"。
⑦ 见同上著第 182 页。
⑧ 见同上著第 181 页。

滞或不景气社会中，消费税之负担，将普及于上下各阶级；而在百业蓬勃之社会中，则在其时业务不振者将独负担税收而不能摆脱云"。①

观于上述汉氏之重要解释，吾人有几点要注意。第一，汉氏之理论虽仅就消费品之税收上立论，然亦可同样应用于其他多种税收，故吾人称此为一般理论，亦无不合。第二，汉氏以"吸收"（absorption）与"分散"（diffusion）二词并用，盖取义相同也。故汉氏不但可称为税收分散说之鼻祖，而且可称为税收吸收说之首倡者。② 第三，汉氏亦承认有时税收亦不能分散。如在税收最初即归纳税人负担之情形下，即不能分散是。关于此点，汉氏态度较其他主张税收分散说者为更显明之表示。总之，汉氏理论极有贡献，吾人应特表而出之，不应长任其完全湮没无闻也。③

万里与英国学者之理论，似未被人注意。近代税收分散说之理论，实始见于卡那特（Canard）之名著上，④ 今见坊间此书，已渐稀少，故吾人之稍作充分说明者，意者其为适当乎？

卡那特阐明其见解于其著作中，卡氏直认其书专为驳击重农学派之税收归宿说而著者。依照卡氏之意见，不特有一种自然劳动

———————

① 见《税收原理之研究》第182—183页。汉密尔顿附言曰，"因需求决定税收归宿于何处，而社会上之需求性质本变动不测，而且时时变化，故以此种变化之不能确定，遂使吾人不能预言税收归宿于何处；吾人纵能说出过去税收归宿于何处，然需求情状，千变万化，吾人安能预料未来之税收归宿于何种基金或何种阶级人民哉"？——见同上著第190页。

② 当本书著者提议"吸收说"代替还原说（见"经济律之社会面面观"），著者就校长职（此处翻译应有误，"校长"应是"会长"。1904年本书作者塞利格曼任美国经济学会会长——整理者注）时演讲，载1904年《美国经济学会会刊》（Publications of the American Economic Association第66页上）之时，却未知在百年前，前人固已先我而言之矣。汉氏不特在其书第159页上言之，即在179，190各页上，亦屡说税收为各种进步所"吸收"云。

③ 汉密尔顿首以分别"政治的""商业的"及"收入的"税收（即社会的，寓征于禁的，与财政的税收）著称，次以着重税收可有促进工业进步之作用著称。参阅同上著第76，163页。

④ 见卡那特（N. F. Canard）所著之《经济学原理》（Principes d'Economic Politique）。

(natural labor)——即维持生存上所必不可缺之劳动——而且有所谓习成劳动（acquired labor）与剩余劳动（superfluous labor）二种。此三种劳动者，乃一切剩余或收入之基础也。故有三种收入：（一）不动产收入（rente foncière），为固定劳动（fixed labor）使用于土地工业之结果；　（二）工业收入（rente industrielle），为熟练劳动（travail appris）使用于工业上之结果；（三）动产收入（rente mobilère），为剩余劳动（travail superflu）使用于商业上之结果。夫人均欲以其劳动从事于一种有极大收入或剩余之职业，此人人同具之目的也。人之求利，谁不如我，充此人人求利务得之心，势必有彼此间竞争之事，从彼此间之互相竞争，结果生出"利益均衡"（equilibrium of advantages）之体系，吾人即以此利益均衡之法则以为一切经济现象之解释。[①]　是故此三种收入之平衡或均衡者，乃税收归宿法则之基础也。

卡氏继而言曰，因税收决不能归生存上所必要之自然劳动负担，故一切税收皆必由此三种收入中之一种负担。又因一切税收破坏各种收入间之均衡，故必定再转嫁。故税收不论其如何赋课，课之于收入，抑课之于消费，实无若何之区别。税收之归宿，常为相同；盖因一种税收，常有减少买主卖主之希望或"决定"（determination），故必待双方平分税收后，而此等希望可以均衡，亦惟希望均衡后，而买卖始可成立。此即交换之"决定的均衡"　（equilibrium of determination）也。税收转嫁之第一步情形如下[②]——

但此自然系第一步。第一卖主立觉自己负担税收之二分一，而买主则仅四分之一（译者按：因买主再转嫁其一半于他人故云），卖主且知买主欲买之"决定"，强于自己欲卖之"决定"，故非买主多负担税收不肯出卖。但若买主能尽力负担二分一以上之税收，则彼仍可依卖主之地位，转嫁一部分税收于其次之买主，以下顺次类推，迨至买卖双方负担同额之税收，而均衡始可实现。

---

①　"收入之均衡"（"L'equilibre des rentes"）——见卡那特（N. F. Canard）所著之《经济学原理》第10—12页。
②　见《经济学原理》第158页。

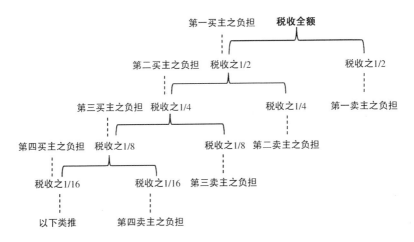

为明了税收负担如何分配于买卖当事人间之理论起见，卡氏又设一譬喻以明之。卡氏曰，夫货物之循环，犹如一排连通管也，吾人试注入或排出任多水量于任何一水管，则其他各水管之水量亦必上升或下降，至各水管达到水平而后止。夫比例于各水管之直径而自能分配流动以求水平者，水之性然也；税收之性，奚莫不然。故每种税收亦必依照买卖者工作之能力而平均分配焉。[①] 是故经济学家之欲创立税法以课税于未纳现税之各业者，皆无谓之举也。彼商贾银行家之隐匿营业账簿者，皆徒劳无益者也。盖对于任何一类事业之课税，类似于外科医生吸血器之作用，彼外科医生由一血管取出血液，则他血管之血，必骤集而补之，故在施手术后，此血管之血液，未尝比人身中其他血管之血液为少也。故某种工业之利润，虽因课税而减少，而其他各种工业之利润，必即刻流入，迨至均衡恢复而后止。[②] 吾人实可以说税收之负担最后消灭于无形，而且税收最后不归于何人负担云。[③]

①　见《经济学原理》第 161 页。

②　见同上著第 168、169 页。

③　见同上著第 178 页。卡那特在他段上，描述其经程如下："税收负担之转嫁路径：第一，由纳税者而移其税于物之买主、卖主及消费者；第二，由此而渐次扩张于其他一切业务，此盖经营有课税之事业之人欲转嫁于无课税之事业而起竞争也；第三，税收之负担复扩张于一切方面，终而获得水平，任何一人皆不感觉之。"——见同上著第 180 页。

然卡氏亦承认此种均衡须经相当之时日，始可实现，卡氏承认买卖当事人间常遇有许多争辩，在实现均衡之进程上，总遇有许多之困难。卡氏称此种困难为"税收之磨阻"（friction of taxation）。① 在均衡正在回复期间，即"自然劳动"或寻常劳动者之工资，亦不免受税收之影响。不特此也，在此磨阻期间，产业界产生剧烈之变动，凡百事业，顿入混乱状态，而必待夫均衡实现时而始已。是以税收之病民，未有若税收破坏均衡之为祸之烈也。卡氏结论曰，故吾人可以发表此极大真理："凡旧税皆良税，新税皆恶税。"（every old tax is good，every new tax is bad）。② 是故为民上者，不欲治国则已，苟欲治国，必有一定不变之税制，苟无此一定不变之税制，是犹农夫之耕种，朝种夕改，日事于种法之更换，行见一物无所收获，迨夫身劳力竭，穷饿以毙；彼政府之朝三暮四朝四暮三而定税制者，殆此农夫之类也。③ 是故税无分于良恶也，若行之历久而不变，则无论何税，皆为良税矣。④ 此卡氏之言也。所可怪者，卡氏对于此问题之实际解决，别无高见，竟提议废除一切现行税而以盐税代替之，不且令人骇嗟耶！

卡那特之理论，遂为几个学者所赞成，就中以法国之孤塞-桑纳尔（Courcelle-Seneuil）及社耳步雷（Cherbuliez），德国之普力特维次（Prittwitz）为最著。孤塞谓旧税之作用，殆与气候上及农业上之不便利相似。孤塞曰，社会上有此种不便利，诚不若无此种不便利之为愈，然此种不便利，固分散于社会全体者也。⑤ 至社耳步雷与孤塞之见解虽同，但说法则略异，其言曰，税收制度最善莫如不变，最不善莫如变。社氏曰，一切税收，其初无论为如何病国厉民之恶

① 见《经济学原理》第 181 页。

② "tout vieil impôt est bon, et tout nouvel impôt est mauvais."——见同上著第 197 页。

③ 见同上著第 198 页。

④ 见同上著第 233 页。参阅第 202 页。

⑤ 见孤塞-桑纳尔（J. C. Courcelle-Seneuil）所著之《经济学之理论与实际》（Traité théorique et Pratique d'Économie Politique）。

税，然久而久之，则渐渐变成良税云。①

　　此说至德国学者普力特维次而达于终点。普氏谓欲求税收分配上之公正与均平，唯有行亘久不变之税制，且谓税制其初虽为极背理极苛暴，而苟能行之历久而不变，则亦能得公正均平之分配也。② 以是吾人可称此说为"乐观"说云。

　　学者中有幸而竟与卡那特同负创导乐观说之盛名者，退耳（Thiers）其人也。退耳立论，独具一格，并不受卡那特之影响，氏尤为税收"分散"之名词之宣传家著名③——此一名词，乃借诸物理学上之光学。退耳以光线之辐射，喻税收之转嫁，而定出其原则如下："税收为无限转嫁，而且变成物价之一部，其程度至人人各负担其应有之部分为准。其负担不比例于各人纳于国家之税额，但比例于各人之消费。"④ 其所根据之议论如下：试就制造家而言，制造家无论直接或间接缴纳其税收，必加其税收于其制造品价格上；盖制造家无论有意或无意，其定出物价，必以其能收回一切开费及获得相当利润为依归。否则无利可获，人又何乐为之，其必弃此业而就他业也明矣。故税收必成为生产费之一部分。虽然，此不特制造家如此，推而至于农民，亦莫不如此。欲使农民久安于农业，必使农民能收回一切之开费。劳动者亦恰恰如此，盖假令工资不依税额而增高，则彼必改业，否则必饿死。执此以观，一切税收皆无限转嫁者也。

　　吾人若能记忆退耳著书之目的，在于证明私有财产之绝对权利，则吾人当不必惊骇于氏之结论。退耳谓依照神明最聪明最稳妥之法则，政府不论其如何课税，而必由富者纳税最多，此盖因富者消费

---

　　① 　见社耳步雷（A. E. Cherbuliez）所著之《经济学及其应用原则概论》（Précis de la Science Économique et de ses Principles applications）。

　　② 　参阅普力特维次（M. V. Prittwitz）所著之《国民经济浅说》（Die Kunst reich zu werden，oder gemeinfaszliche Dar stellung der Volkswirthschaft）第515—522页，及《税收与关税之理论》（Theorie der Steuern und Zölle）第107—116页。

　　③ 　退耳并非此名词之发明家，本书前几版之所云殊不合。发明此名词者，乃汉密尔顿也。

　　④ 　见退耳（M. B. Thiers）所著之《财产论》（De la propriété）第38页。

最多故也。[①] 告社会主义者曰：毋言，子不见夫富者已纳最多之税收乎？告激进派之以间接税使贫民负担太重故主张限制间接税者曰：毋言，子之所言非真也，彼富者之负担，固较其应当负担为多矣。

由退耳所谓税收归宿"绝对真确"说推出之逻辑结论，当必谓政府无论采用何种税制，皆无若何关系，此则毫无疑义。然退耳何以又叹曰，"神其不许我主张此种邪说也乎！"[②] 此言诚可令人骇怪。退耳之期望有二：第一，期望税收之公平，然必如何而始为公平，氏固未尝明言之也。第二，退耳亦承认税收最后虽要转嫁，然暂时必归最初纳税者负担，此为退耳重要之承认。但氏同时又扬扬然直置此等承认于不顾，而谓不管政府之如何课税，然久而久之，税收常归于富者负担云。

于兹所当注意者，即退耳之肤浅学说，在法国方面殆无若何之影响。唯得·布洛利（de Broglie）一人赞成退耳之说，氏曾谓税收为"无限转嫁"（indefinite repercussion）云。[③] 然在其他诸国，则得几多学者之赞成，此则殊可注意也。晚近以来，赞成退耳学说者，以奥国教授斯泰因（Stein）为最著名。斯氏声言税收转嫁之全部学说，乃为"思想非常混乱"之结果。依照斯泰因之意见，人各为他人而生产，生产者不过为消费者先填税，及至货物出卖，即要转嫁于消费者，故每种税收，必由各人转嫁于各人。推斯氏之说，必以税收之学为无成立之必要。斯氏主张以"税收生产之单纯观念"代替税收转嫁之"混乱学说"，此观念意即谓"一切税收之总额，必由每年所得之生产剩余负担云"。[④]

---

　　① 　见退耳（M. B. Thiers）所著之《财产论》第 389 页。

　　② 　"Dien me préserve de Soutenir une Pareille hérésie".

　　③ 　"依最后之分析，一切税收，皆归消费者负担；一切税收必完全加入于消费品之价格中，一如物价之自身者然。"——见得·布洛利（Le Duc de Broglie）所著之《自由交易与税收》（Le Libre Échange et l'Impot. Études d'Économie Politique）第 48 页。

　　④ 　见斯泰因博士（Dr. Lorenz von Stein）所著之《财政学教科书》（Lehrbuch der Finanzwissenschaft）四版于第 493—497 页。最近说明而且辩驳斯泰因之理论者，则见下列二部荷文书：（一）林登（Cort van der Linden）著《财政学教科书》（Leerboek der Financiën）（二）皮尔逊（Pierson）著《国家学》（Leerboek der Staatbuishoudkunde）。

在斯泰因视之，此种观念，虽甚"简单"，然斯氏之后，穷德国后起学者之思想，尚自称为不能明白其奥义，此固为学者所公认，谅不疑也，是以吾人恕亦不敢阐明此中之奥秘云。

19 世纪时代，英人暗示此说者较少。马丁（Martin）总括其说如下："税收不论依何法赋课，然必归公众负担。"① 其后数年，某匿名著者著成专篇证明一切税收最后皆归消费者负担之理，② 此匿名著者显系吉本（Gibbon），吾人盖有观于吉氏后来之作品，不特其论究此题之方法，后先一辙，而且论述平均分散说之所用词句，殆与前书相同，其言曰，"一切税收不问其为直接税，抑间接税，然必由货物之生产者或输入者与贩卖者缴纳——又不问此税纳之与税吏，抑入国库，然最后必为消费者所负担或缴纳。"③ 吉本实际应用此原则于一切税收上，盖依氏意，"课于土地之税收是为课于土地生产品之税收，此税亦如利润税或所得税，最后必归消费者负担云。"④

迄至近时止，美国有少数著名研究税收问题的学者，殆皆赞成退耳之学说。实在言之，美国在世界上，可称为仍然拥护此说之唯一国家。而此随遇而安扬扬自得之学说之主要代表，乃为大卫·卫尔斯（David A. Wells）。卫氏曰，"税收自能平均分布，且若赋课之而得其确实均一，则因其分散与转嫁而可使一切财产之负担，确实

① 　见蒙特哥美利·马丁（R. Montgomery Martin）所著之《英国税收论》（Taxation of British Empire）第 245 页。

② 　"无论直接或间接由地主或佃户缴纳之一切税收；由农产物之贩卖商（是为由生产者以至于消费者之中间一段）付纳之一切税收——由本国生产者、输入商，或贩卖此等货物之贩卖商（是为由此等生产者或输入商以至于消费之中间一段）付纳之一切税收——与夫课于此等农产品或货物之一切关税与消费税——最后必归于此等农产品或货物之消费者负担——初不关此等税收之付与税吏抑入国库也。"——《论税收自由贸易等并附论世人常不注意或不讨论之事实》（A Familiar Treatise on Taxation, Free Trade, etc., Comprising Facts usually unnoticed or unconsidered in Theories of those Subjects）第 21 页。参阅第 46 页。

③ 　见亚历山大·吉本（Alexander Gibbon）所著之《税收论》（Taxation: its Nature and Properties, with Remarks on the Incidence and the Expediency of the Repeal of the Income Tax）第 18 页。

④ 　见同上著第 19、26、33 页。

归于平均。一切税收，最后必归于消费负担。"① 卫尔斯在其论究更
精之后来著作上，② 说明其真正意思，更为明晰。第一，卫氏修改其
以前理论，而限制其法则仅仅适用于均一课于一切课税品之税
收。"③ 第二，卫氏限制其法则（依其一般的形式）之应用于课于物
品或"事物"之税收。④ 关于第一种之修改，卫氏可谓实在放弃其全
部主张矣。因卫氏曾谓苟课税而不均一，即不能有此结果。"吾人不
要主张课于同阶级人或物之竞争者之不均一税之自能分散，而此种
之不均一，不问其为有意的，或法制不完善的，抑行政不善的结果
也"。⑤ 虽然，十分均一，只可悬为理想，事实上绝难达到，吾不知
卫氏之法则，如何应用于实际生活中之事实也。⑥ 关于第二种之修
改，卫氏都引物品税或各类财产税以为例，而唯有二个例外，——
特别利润税与所得税。论特别利润税，语焉不详，仅用"此税非常

---

① 详见拉洛的《政治学辞书》（Lalor's Cyclopaedia of Political Science）第三节第
88页，"税收条"。此辞书之编者，曾发表引人注意之议论。"卫尔斯之见解，与亚当·斯
密、李嘉图、詹姆斯·密尔、退耳·马卡罗和（McCulloch）及萨伊（Say）诸人之见解相符
合"。此实一极稀有的混淆，贻笑方家！——参阅《纽约税收研究委员会第二报告》
（Second Report of the New York Tax Commission）第47页上所登之卫氏理论，卫氏曾征
引退耳之说而称扬其是云。
② 卫尔斯（David Ames Wells）所著之《税收之理论与实际》（The Theory and
Practice of Taxation）。
③ "若税收能均一课之于一切课税品，而税率并不过重而致税收足以禁止此种课
税品之使用者，则税收必变成一切生产、分配与消费之用费之一部分，而且能依自然法
则之作用，而自能平均分散，其情况与生产费之其他各元素（译者按：即工资、利润等）之
分散者丝毫无以异也"。——见同上著第584页。
④ "课于同类事物之税收，依竞争法则、供求法则及劳动普遍媒介法则（Law of
all-pervading mediums of labour）之作用而能辗转分配、冲击与转嫁，迨及税收依各人之
消费对于课税品总消费之比例，而归宿而后止。"——见同上著。
⑤ 见同上著第59页。
⑥ 至于税收有竟归最初纳税者负担之事实，卫氏以为观察者"可以物理学家喻
之，物理学家恒以不完备之仪器，从事实验，因之所得之结果亦恒不完全，物理学家乃谓
其错误为真理之性质"。——见同上著第598页。吾则以为卫尔斯好比物理学家，此物
理学家以能适用于真空中之定律，移之而应用于无真空之世界上，宜乎其理论上则
是，在实际上则非也。虽然，吾固已假定其在真空中制定之定律为能适用于真空中也，
实则何尝如是，故吾之比喻亦嫌不完全云。

暂时也"之词句以掩过人之耳目；论所得税，仅用极平直之答语以度过其难点，其答语误以税收之还原为税收之分散。"若有人问曰，所得税亦将及于业已退职之人乎？则应之曰，若税收能均一课之于人人，课之于一切财产，而且分文必收，无丝毫之幸免者，则吾必应之曰，然，然，无疑问也①。子不观夫课所得税于铁路债票，人亦将付同一之票价，如其未课税之时乎？"② 此外关于专卖品税遗产税等，吾人亦未闻卫氏有何议论云。

卫尔斯反对世人之推理，以为彼之所谓"税收之分散"乃谓"一种税收有自行均平分散于社会全体之倾向"。③ 吾人纵尽依卫氏之言，然吾人必以为卫氏之区别，直二五之与一十，名异而实殆同也。卫氏曾有意说明欲达税收上之平均，无须假手于实行一般财产税而课税于每类财产之理论，吾人对此甚表同情；然观于卫氏所言，与上述之论辨，相差究觉甚远。其言曰，"若税收能的确均一课之于可触知的财产，及财产之固定记号者则税收即由分散与转嫁之作用，确能的确均一归宿于一切有形财产与所谓'无形的及不可触知的财产'"。④ 吾人敢问卫氏曰，税之的确均一课于一切铁路之不动产者，则此税之"确能"及于后来购买铁路公债者，究到何种程度？

卫尔斯殆可称为此说之唯一重要的美国代表。卫氏之外，尚有爱撒克·锡尔曼（Isaac Sherman）亦发表同样之理论，但其措词则较不严格。其言曰，"直接竞争者各依其应纳之税收，纳之于国家，此种税收，其均一分散于物、人之上，有如水之压力平均分散于各方向也"。⑤ 又查

---

① 卫尔斯亦知古今来果有此种税收否乎？

② 见同上著第 586 页。

③ "有时如一般的肤浅的讨论上所用之词句,其含义之谬误,有较一种推定谓各人所有之费用将自能互相分配而致各人之费用相等者为更甚云。"——见同上著第 597 页。

④ 见同上著第 597 页。

⑤ 见锡尔曼所著之《论课于几种特定金钱法人之不动产税与特权税》（The Exclusive Taxation of Real Estate and the Franchises of a Few Specified Moneyed Corporations）。

其・库力（Judge Cooley）亦非全无此种见解云。①

美国经济学家中怀疑乐观说之真理者，当推倭克尔（President Walker）为最先。②然氏关于乐观说不过为各种税收归宿说中之一种，及关于仅仅否认平均分散说不足以解决税收转嫁问题之事实，似未细加注意。于兹又有可述者，即亚历山大・汉密尔顿（Alexander Hamilton）在18世纪末叶，虽未曾用平均分散之名词，然其所论，于平均分散说，不无暗合之处，吾人观于汉氏讨论消费税，其所用之譬喻，殆与后来常用之譬喻相同之一点，殊饶有趣。其言曰，"夫输入税、国产税与夫课于消费品之一般税，有如流体，终必借其缴纳之法而求……其水平；在时间事物之进程上，一种均衡，——就其在如此复杂问题上所能达到之均衡，——将可确立于各处云。"③

然以汉氏为一绝大之政治家，故卒能不为基于此说之税收之外观利益所欺惑。汉氏细心指出一重要事项，谓当于课税之始，宜谋所以使税收负担公平，而不当相信如一般人想像此等原则之自动作用也。④

近几年中，英国亦时见有一二不热心之拥护此说者。例如汉密尔顿爵士（Sir E. Hamilton）对于如本书第183页上所引卫尔斯第一段之引文，作一结论曰，"此中真理，当或不只如寻常对于平均分散

---

①　见库力所著之《税法论》（A Treatise on the Law of Taxation）1886年二版第38页。

②　见倭克尔（Francis A. Walker）所著之《政治经济学》（Political Economy）1888年三版第606—610页。

③　见汉密尔顿编《联邦派论集》（The Federalist）（今译为《联邦党人文集》——整理者注）第二十一篇。

④　"吾人虽可谓依物价相互影响之原则（即甲物涨乙物亦必受其影响而涨之理），税收最先课之于物价，而最后将归各阶级负担；然极关重要者，即毋使有一人受此直接压力。最善之法，计莫如使税收负担分配均匀，使社会上各部分，始终不致于负担太重，否则民不堪命而国即乱矣。一国政治，若其一部分一受惊动，即将牵一发而动大局。"——见《大陆派》（The Continentalist）第六篇。

乐观说之所拟云"。① 而亚末柏立爵士（Lord Avebury）征引卫尔斯之言时亦表示同一之赞扬。但汉密尔顿与亚末柏立二人对于卫氏后来之修改，则未曾注意及之云。②

在几方面，分散说确有一种进步，如此派唤起吾人注意于确实的事实，此即谓吾人要彻底研究税收的最初现象，并追究税收的效果，而求其最后之影响。倘此说之主张者能限制其说法于几种税收之或有的影响，则此说不但可取，而且能颠扑不破。此说之真正弱点，在于言之太过。旧说谓凡税皆不转嫁，分散说指摘旧说之谬误，厥功诚伟。但此派谓凡税未有不转嫁者，此矫枉过正也。彼质朴的旧说失之于欠分析，新说失之于太笼统，太概括。一则太过，一则不及，所谓过犹不及也。是故税之不转嫁者有之矣，但非可谓皆不转嫁也；税之转嫁而分散者有之矣，但非可谓必皆转嫁而分散者也。但分散说仍有一部分真理，值得保留本书于后将摘取其优点焉。③

若对于分散说匆匆不详论之，则此说之一派吾人所称为乐观说者，将完全不足取矣。此说实在如此肤浅，殊不值学者之一驳。除如本书上述之少数学者以外，自昔重要学者决不赞成此说，且其议论之弱点，屡为学者所指明矣。因本书于论及折衷派及本书第二篇积极的创造的理论时，将显示此说之肤浅，故对于此派之议论，本书于兹，无赘述之必要。使此说而果真确也，则无须如本书之研究矣。

———————————

① 在《皇家地方税研究委员会报告》第 51—52 页上。汉密尔顿之主张，并非以其附注上征引刻特内（Leonard H. Courtney）论财政一章（见汉符理·窝德（Thos. Humphry Ward）所编之《维多利亚女后皇朝》（The Reign of Queen Victoria）第 332 页之文字为依据。刻特内所说"能使税收之负担各依照负担能力而归宿之之提议似有可取云"之语，乃指间接税如关税消费税而言，而并不指一般税收而言云。

② 见亚末柏立之"就职时对于地方收入与国家收入之演词"（Inaugural Address on Local and Imperial Revenues），登在《皇家统计学会杂志》第六十四卷（1901）第 566 页。亚末柏立讨论我之论文曰，"然攻击一学说易，驳到一学说难，驳到一层，余以塞利格曼教授似未试过云"。但关于此层，及巴斯塔布尔教授之反对（巴氏亦在被斥之列），可参阅巴斯塔布尔之《财政学》三版第 371 页。

③ 参阅本书末章。

　　所谓悲观说者，亦如乐观说，以税收分散说为根据者也；但其结论则全然各异。此说之主要主张者乃无政府主义大家蒲鲁东（Proudhon）也。依照蒲鲁东之意见，一切税收，最后终为课于消费者之税收。立法者纵极力设法，然终不能阻止此种转嫁。蒲氏结论曰，直接税与间接税之一切区别皆系无用。为此类分类之举者，其结果必常为"财政上之无意义"。① 蒲鲁东之言曰，因一切税收及于贫苦消费者之压迫，必常较富裕消费者为重，而消费者之大多数类为贫民，故一切税收，皆不公正者也。此种事实即为税收上不可避免的不公平。税收系必要的，然而税收又系必然的不公正。此即蒲鲁东的有名"经济上矛盾"之一种矛盾也。"故税收问题，永不能解决。其弊病不在于比例之原则，不在于革命，不在于政府，不在于人，又不在于思想，其弊病乃在于制度本身中之原来性质也"。

　　蒲鲁东之悲观说，与退耳之乐观说，同属皮相之见。二者皆各注意于用语，而不注意于议论以自足。顾二说实际上之结果虽非常相反，然其理论实初无二致，即均以不论赋课何种税收，事实上均无何等之差异是也。若纯由此种理论以观察，则全部财政学将为欺骗与神秘之无用的产物矣，科学云乎哉！

　　晚近美国有一学者名亚尔柏特·波尔斯（Albert S. Bolles）亦可视为悲观说之主张者，惟波氏本人则不承认受蒲鲁东之影响云。实在言之，波氏之悲观说乃以税收转嫁过程之不确定为根据。按照波氏之意见，谓关于税收之转移，既无一定之法则或定律，又不能制定此种法则或定律……"当一税施行之始，对于一切财产之赋课，固甚公平，然当其施行中，则变为非常不公正……有不得不担负全部负担而毫不能转嫁者；有幸而能转嫁一部分之负担者；亦有幸而经营某种业务或持有某种财产而能转嫁其全部负担或殆近全部负担

----

　　① "总之，无论如何对付税收(案指将税收分为直接间接两种)皆得不到结果。付税者皆消费者也……此真财政上毫无意识之举(案指分税收为直接间接两种而言)，经最后分析之后，负担税收者全部民众也"。——见蒲鲁东所著之《税收论》。

者"。斯税收制度所以酿成极不公平之现象也。①

波尔斯固仅应用其学说于一般财产税,然其理论亦可一样应用于其他税收;盖就本书下面之所述,关于税收之归宿,财产税与利润税,固仅有极微之差异故也。就某种意义而言,一切税收殆皆可视为利润税。使均一税收而结果常致于极不公平之言为真确也,则吾人对于公正税制之希望,前途恐实绝望矣。但观于本书以后之所述,则所谓"一定法则不能制定"云云,实系言之太甚之言也。是以吾人知悲观说亦如乐观说之不足取也云。

---

① 见《宾夕法尼亚议院派定税收委员会之报告书》(1889 年 5 月份)(Report of the Revenue Commission Appointed by the Act of the Legislature of Pennsylvania)上之波尔斯报告。

第四章
还元说或偿还说

　　此说之起源,殆与土地税之研究有关。若土地税独归于土地所有者负担,则知课税之影响,必使地价依税收之还元价值而低落。换言之,即因土地之价值定于土地纯生产,因税收足以减少此种纯生产,故亦必减少土地之价值,其所减之额等于税收之还元价值。凡购买此等土地者,即仅付出此较少之价值,购买者既已扣除税收而付较少之地价,故其人自始即无税收之负担。总之税收已变成一种永久的地租负担(rental charges),于财产每次移转时,由地价中扣除矣。由上所论,吾人可得一结论,即土地税在其最初赋课后,即不归何人负担,盖已一次付纳,而且以后直吸收于税收之还元中矣。因此税率不论其为高为低,只要其固定不变,则全无若何关系。至吾人对于此说之称法,则随吾人观察资本价值之为增为减而不同。若资本价值为增,吾人称之为还元说;若资本价值为减,则称之为偿还说。至若此说应用之于土地方面,则称之为地租负担说,盖因税收不复视为课于土地所有者之税收,却已变成归国所有之地租负担云。

　　溯此说之萌芽,实见诸18世纪某英国学者之著作上。远在1733年之时,消费费税论之某一小册子著者曾偶指及此点。此著者说及土地税之效果而言曰:"新购买者实无诉苦之理由,因彼等已在课税后购买,且在购买之际,恒已受税收之免除矣。"①然此著者从此说上并无结论推出。并世中发表相似议论者,亦不乏其人云。② 其后经过甚久之年月,约翰·杨于某重要一段上独抒己见,发挥此理。杨氏著成此文原欲主张税收之负担,并非如世人所信之重累之一般议论者。杨氏以为当某甲购入有土地税之土地时,某甲之真正所购入者,是为地价减去税收还元价值后之价值,此税收之还元价值,则不属于某甲,但属于政府云。③

法国重农学派之学者,亦已唤起世人注意于此种现象,就中尤以杜尔哥与波度为最力。④ 但其说直至 19 世纪初叶而始有大影响云。

19 世纪时代学者中最早讨论此问题而其所论在几方面最关重要者,厥为克累格（John Craig）,克累格向为世人所忽略,殊属奇怪,实则除汉密尔顿而外,克氏为专著一书专论税收问题之唯一英国学者,故为值得注意之一人。克氏应用如上所述之议论,且谓土地税"将为土地现有者完全付纳,而将来之购买者可以完全免除云"。⑤ 但克氏对于其议论实有重要条件之限制,此条件即将说明之,后之著

---

① 见《论现行消费税之性质及此税推广后之影响》(The Nature of the Present Excise and the Consequences of its Farther Extension examined)之第 38 页。

② "若出卖之地产须完纳土地税者,则购买者在其付出之地价中,当已有相当之补偿,以弥补其土地税"。——见《致法兰西斯爵士书》(A Letter from the Mayor of the Antient Borough of Guzzle-Down to Sir Francis Wronghead, their R—ve in P—t, in answer to his Letter of the 19th of Feb. 1731)第 15 页。又在《与友人论税收书》(Occassional Letters upon Taxation)上,亦有同一观念,见原书第 49 页。

③ "试就土地税言之,假定税率每镑抽 2 先令,而且永久不变,在此情形之下,当某甲购买一片土地时,彼必能算出其所付与政府之税额,彼买之而又有土地税之负担,则地价于是遂减少。吾人即可推知若土地值 27 年之收入而有此负担者,则其无此负担者,当值 30 年之收入,此则甚明白云。"——见约翰·杨所著之《论以下重要问题(Ⅰ)政府(Ⅱ)革命……(Ⅶ)税收(Ⅷ)现代战争》1794 年四版第 154 页。

④ 见本书上面第 150、151 页。（新编本在第 103、104 页。——整理者注）

⑤ "因土地之收入将因税收而减少,故地价亦必随之而减落。若因每镑抽 4 先令之税收,而每年土地纯收入由 100 镑减为 80 镑,则土地向之值 30 年者今则不复能卖到 2 400 镑以上矣。故土地所有者若欲出卖其土地,则其财产一时被剥夺 1/5。若是当其未卖出其土地时,每年仅纳 20 镑,而以此每年所付为土地之负担;今也卖主须永久付出 600 镑之多,而买其土地者,则毫无所纳云。"——见约翰·克累格所著之《政治学概要》(Elements of Political Science)第三册第 38 页。

者不注意于此重要条件，无怪其推得之结果，谬误杂出也。

德国早年财政学家中，若萨托立阿斯（Sartorius）、和夫曼（Hoffmann）及穆尔哈德（Murhard）诸人，因此种还元之作用，而直谓土地税为非税。其议论则为因土地税之还元价值，已由地价中扣减而变为地租之负担，[①] 故土地税实含有没收原主财产之事实。至于将来之所有者，则既无税收之负担，故有另征他种税收之必要云。[②]

在法国方面萨伊（J. B. Say）虽未引出同样之结论，然氏对于此说之一部分，实已说明之。[③] 然阐明此说而最明白者，当见诸德斯吐·得·特雷西（Destutt de Tracy）之著作上，特雷西曾作"奇妙的而且重要的观察"，谓当课税于土地时，则与税收还元价值相等之数额，即从当时所有者一次取出，而其后土地权虽屡经变更，然所有者实无所负担。又有可注意者，即特雷西亦应用其说于房屋税及年金税云。[④] 数十年后有帕栖（Passy）出而用极精妙之理论，拥护税收还元说，后之人士遂常称帕栖为此说之真正首倡者，实则错误。自帕栖以后，法国一般人士概称此说为土地税不变更说（Théorie de la fixité de l'Impöt，Theory of the immutability of the land tax）。帕栖基于此说而推出逻辑的结论，谓税率当永久不变。盖若增之，则必

---

① 德人称地租负担说为"Die Reallast-theorie der Grund-Steuer"。
② "一切固定的土地税必随时间之经过与土地之买卖而完全失却税收之性质，而变为国家之收入云。"——见穆尔哈德所著之《税收之理论与政策》（Theorie und Politik der Besteuerung）第 295 页。参阅第 327 页。对于将来土地所有者课以新税之意见，见同书第 366 页。又参阅和夫曼之《税收学要论》（Die Lehre von den Stenern als Anleitung zu Gründlichen Urtheilen über das Stener-wesen）第 110 页。及萨托立阿斯（Georg Friedrich Sartorius）所著之《论汉诺威王国之公平税》（Ueber die gleiche Besteuerung des Königsreichs Hanover）第 92 页。及摩立斯·冯·普力特维次（Moriz v. Prittwitz）著之《税收与关税之理论》（Theorie der Steuern und Zolle）第 132 页。
③ 见萨伊所著之《政治经济学》（Traité d'Économie Politique ou Simple Exposition de la Manière dont se forment, se distribuent et se consomment les Richesses）原版第三部第十章。"地主即将田地出售，仍不免负担土地税；良以土地之资本价值视纳税后所余收入之多寡而定也"。
④ 见特雷西所著之《意像学概要》（Eléments d'Idéologie）。

致于没收人民之财产；减之，则必致于无偿赠与此税收之还元价值与土地所有者。① 此帕氏之说也。其说为其他多数法国经济学家所赞成。如加内（Garnier）主张土地税实不啻榨夺土地原主之财产而明予将来所有者以利益。② 加内而外，若武洛斯歧（Wolowski）、杜谱伊诺得（Du Puynode）、社耳步雷（Cherbuliez）、瓦尔拉斯（Walras）诸人，亦持相同之意见。③ 顾此等学者议论之真正弱点，尚未为后来法国学者所察出。帕烈（Parieu）本人对于一般问题，不甚明了，仅说土地税不变更说当然要导入于英人所谓赎回的地租负担（redeemable rent charge）之思想。④ 即勒啦 - 波列（Leroy-Beaulieu）虽称此说"具有科学精确之一切外观，而为非常巧妙之理论"，但仅嫌其"过于绝对"，勒氏之言，实亦未扼辩论之要点也。⑤ 此说以奥国经济学家斯泰因（Stein）之所述而达于顶点，斯氏认此问题为税收论中最重要之问题，并谓土地税应永不增加云。⑥

英国方面，因土地税实为一种赎回的地租负担之事实，故此说颇得二三学者之赞成，然此实由于特殊之情形。溯英国土地税原为一般财产税，至是成为 1 镑抽 4 先令之固定的不变的税。1798 年定此税率为永久税率，并许地主得有赎回税收之特权，其法即依双方议定由地主一次总付定额后，将来地主即可免于纳税。故英国之土

① "关于土地税有一种重要评论，即土地税非买主所嫌厌之一种税收，此实由于土地之买卖而起也……今若提高土地税率，则不但剥夺地主所享有之一部收入，且剥夺其一部分之资本；若减少税额，则又不啻以国家所应得之一部分地租，赠送地主，同时又馈以此项地租之资本。"——见帕栖登在《政治经济学辞典上》之"税收"条。

② "土地税（既经创行）不啻没收地主田地之一部，至于买主则乃于原主纳税之后购地，自无何种负担也"。——见加内著《财政学概要》(Les Eléments des Finances)。

③ "土地税之增加，不过名义上一种税收而已，其实却没收一部分地产也。"——见武洛斯歧在《经济杂志》1866 年第Ⅵ期第 141 页上所登之论文。参阅杜谱诺得著《论货币信用与税收》；社耳步雷著《经济学及其应用原则概论》；及瓦尔拉斯著《理论经济学概论》等书。

④ 见帕烈所著之《从历史上经济上政治上观察税收》二版第 273 页。

⑤ 见勒啦-波列所著之《财政学》五版第 319 页。

⑥ "就一般而言，此种增加实为税收论中最重要之问题……而一般原则则为……土地税决不可再增。"——见《财政学》。

地税之所以为赎回的地租负担者，乃因其条例上明文规定之故也。因此克累格（Craig）主张土地税对于土地毫无负担，因国家已变为永久财产权人，与土地之所有者共同享有此财产故也。因此栖聂（Senior）区别一种新税之归宿与固定的永久的土地税之归宿时，亦发表同样之见解。① 然从此等特殊情状而欲推出一般税收归宿之一般结论，实为学者所不许。又学者因此遂推断课一新税或增征旧税于土地者为错误，其言亦属不合，此盖因全部理论之适用于土地税，惟必限于土地税以外并无其他何税存在之情状。抑更有进者，此说亦非专适用于土地税云。

　　上节所述之后半部真理，已为18世纪杨（Young）所认识，杨氏谓适用于土地税之议论，亦可适用于"房屋税、窗户税及影响于继承财产之其他一切税收"。② 而克累格又更进一步明白说明所主张之学说，惟当"仅课一种土地税而对于其他各种财产并无相等税收"时，而能适用。关于此点，后来经济学家都未注意及之。克累格又进而谓凡一般的特别税如土地特别税最后必归于此种被课财产之现有者负担。③ 又密尔（John Stuart Mill）虽未尝创出其学说，然实际上确持同一之意见，惟密尔仅说"单课税于某一阶级之所得，而若其他各阶级之所得并不课税者，则各阶级间之负担，必致失其均衡，此为破坏税收之公正，而致一部分之没收云"。④

　　其他英国学者殊少论及此说。惟都德里·巴克斯忒（Dudley Baxter）曾讨论地租负担说之"奇说"可应用于土地税、救贫税、嗣续税、遗嘱验证税及遗赠税。巴克斯忒虽自称本人发现此说有三点

----

　　①　见《上院选派土地税研究委员会》（Select Committee of the House of Lords on the land tax）研究5379—5510。

　　②　见约翰·杨所著之《论下列重要问题（Ⅰ）政府（Ⅱ）革命……（Ⅶ）税收（Ⅷ）现代战争》第125页。

　　③　见《政治学要论》（Elements of Polltical Science）（Ⅲ）第37、82—86页。

　　④　见《经济学原理》（Principles of Political Economy）第五部第三章第二节。可参阅论及"具体财产"特别税之一段。依照密尔之意见，此税将独归属于此被课阶级之人负担云。——见同上著第五部第一章第三节。

谬误，然其反对无而真能切中榮要者。① 诺勃尔（Noble）在其专论
税收归宿事实之一章上，曾谓地租负担说仅与土地税有关。② 西季维
克教授（Professor Sidgwick）明白地租负担说仅可适用于土地特别
税，故限制此说于"任何特种财产之有耐久性质，而其供给为绝对
有限者"。虽然，西氏亦尚未认清此说之真正范围也。③

近几年中罗伯·吉芬爵士（Sir R. Giffen）曾论到此说，但在罗
伯爵士说及"世袭负担说"（Hereditary burden theory）④ 时似混地租
负担说为分散说，吾人观于爵士征引前人所持"一切旧税，势将均
一分散于全体社会之意见"而赞扬之之一事，及其所言："旧税势将
变为地租负担之情形，为一种极特别之情形"之语句，即可知之。
"世袭负担"一词，初见诸巴佐特（Bagehot）所作之一段上，吉芬称
扬此词，至称为"吾生平所知之绝妙阐明"，殊觉过当云。⑤

除德斯吐·得·特雷西以外，法国学者中之欲推广税收还元观
念者，惟库诺（Cournot）一人耳。库诺自始即说明此说，惟所用语
句与后不同耳。且库诺仅应用此说于独占品方面，⑥ 库诺从此说上，

① 见都德里·巴克斯忒（R. Dudley Baxter）所著之《英国税收论》(The Taxation of United Kingdom)第 50—55 页。希纶教授（Professor Heron）认清还元说，并谓"课于地租之固定税久而久之，将绝无所害于人民云"；又谓此"法则亦如红利税……与其他资金税"。见希纶所著之《税收原理三讲》(Three Lectures on the Principle of Taxation dellvered at Queen's Colledge-Galway, in Hilary term)第 72 页。

② 见约翰·诺勃尔（John Noble）所著之《财政学》(National Finance：a Review of the Policy of the last two Parliaments and of the Results of Modern fiscal Legislation)第 282 页。

③ 见亨利·西季维克所著之《经济学原理》(The Principles of Political Economy)第 569 页。

④ 在《皇家地方税研究委员会报告》第 99 页。

⑤ "土地负担贫民之救济费，盖已 3 世于兹矣。土地所有者对于国家已负担此税，一切继承与买土地者，皆有此负担，而且知有此负担……土地所有者故不可怨诉负担之重，彼等已常担负国家之负担，而先于彼等所有者，于购买时，固亦以允许担负税收为条件云"。——见窝尔忒·巴佐特在《经济杂志》(The Economists)1871 年 4 月 8 日第 407 页上之论文。

⑥ 见库诺所著之《论如何以数学原则来研究财富》(Récherches sur les Principes Mathématiques de la Théorie des Richesses)第 15 页。

并无一般论断之推出云。

　　至德国经济学家出，对于还元说作一更适当之解说。最初详论此说者，是为劳（Rau），劳认此说不能完全适用于土地税。劳曰，第一，土地之原主或其继承人常继续保有土地，故由买卖而致土地资本价值减少之机会，不能存在。第二，依劳之意，地价不但定于土地纯生产，而且有时定于需求及利率之变化等其他原因。在此等情形下，吾人自不能说新买主毫无税收之感觉，盖因买主殊难明知其土地因税收关系而付较少之价故也。即退一步言，假令此说真确，则其所能适用者，亦当仅限于土地税率超过其他货物税之普通税率之部分。劳氏又断定此理亦可适用于课于价值变动而可买卖之货物——如房屋、股票、债券或其他资本——方面之税收云。①

　　其他学者如赫尔佛立希（Helferich）与霍克（Hock）亦曾发挥此说。② 近来谢富勒（Schäffle）又明白阐明此说，③ 谢富勒因于本人主张地租论之普遍适用说——晚近此说已为英国学者所熟知，此即主张地租论不仅限于土地，即凡分配上之一切元素，亦皆可以适用之。——故谢氏自然希望扩充地租负担论为一般还元说。④ 自谢富勒注重此说后，还元说遂为意大利之潘塔莱奥尼、⑤ 荷兰之皮尔逊

　　① 见卡尔·亨利·劳（Karl Heinrich Rau）所著之《财政学原理》（Grundsätze der Finanzwissenschafts）五版 ii 第 22—27 页。

　　② 见赫尔佛立希（Johann A. R. von Helferich）所著之《土地资本税概论》（Ueber die Einführung einer Kapitel-Steuer in Baden）载在《杜平根政治学杂志》1846 年第 291 页以下。参阅霍克（Dr. Carl Freiherrn von Hock）所著之《公共经费与公债》（Dieöffentlichen Abgaben und Schulden）第 111 页以下。

　　③ 见谢富勒所著之《税收政策原理及悬而未决之财政问题》（Die Grundsätze der Steuerpolitik und die Schwebenden Finanz-Frage）及《税收通论》（Die Steuern, Allgemeiner Theil）第 212 节。

　　④ 见谢富勒所著之《税收政策原理及悬而未决之财政问题》第 176、187、190 页。谢氏之一般的地租论与利润论，发表于 1867 年，此说前人曼哥特（Mangoldt）已于 1855 年在其《企业利得论》（Die Lehre vom unter-nehmergewinn）上已大略言之矣。

　　⑤ 潘塔莱奥尼（Pantaleoni）在其《税收转嫁论》第 179 页上，责备谢富勒之不信劳氏，但潘氏亦殊忘却劳与谢富勒之前，而有克累格（Craig）其人也。

（Pierson）[1] 所赞成。但此等学者对于此说应行修改之几点，则皆未尝顾及，关于应行修改之几点，本书容于后篇说明之。本章于兹，仅略述此说思想之沿革而已，此说之最新理论自为一般税收归宿说之一部分，本书即将于后论述焉。[2]

---

[1] 见皮尔逊（Mr. N. G. Pierson）所著之《政治学》（Leerboek der Staatshuishoudkunde）第 391—409 页。及《经济学原理》（Principles of Economics）Ⅱ（1912）396—414 页，"税收之偿还"（Amortisation of Taxes）。

[2] 参阅本书第二篇第一章第一节及第 220 页。（新编本在第 154 页。——整理者注）

第五章

折　衷　说

　　绝对说及平均分散说，即遭多数学者之反对。然反对者大都仅关于此等理论之批评，与夫二三特点之考究而已。彼反对者所持之学说，可概称之曰折衷派云。

　　最初指摘卡那特与李嘉图之弱点者，萨伊(J. B. Say)其人也。依照萨伊之意见，课税于物而物价涨，此税之归消费人负担者，仅为一部分；此盖因物价增涨，消费减少，消费减少，利润减少，若是生产者亦殆负担一部分之税收也。萨伊曰，税收譬如火药，夫火药之爆也，岂但影响子弹，而使之推动；抑且影响大炮，而使之反冲也。[1] 是以税收之效果，并非为消费者所完全感受——是故物价决非依税收全额而增涨。

　　萨伊又曰，若物价不增涨，则生产者将负担税收之全部。虽然，课税于物，物价之增涨与否，与夫增涨之程度，胥视物品之为必需品抑奢侈品以为断。若课税于原料[2]品，则其他一切制成品之价格必多少受其影响。依同理，直接课于生产者之税收，其影响于消费者亦极不均一。因资本移动之法则其能适用于流动资本者，远过于其适用于固定资本或土地，以是宇宙间万无利润平均之事实；是故均是转嫁也，甲货物之生产者转嫁其税易，乙货物之生产者转嫁其税难，若此者诚有之矣。且夫卡那特谓税收之赋课类似于吸角之作用

---

　　① 　见萨伊(J. B. Say)所著之《经济学》(Traité d'Économie Politique)1876 年第八版第 562 页。

　　② 　原文为"科"，疑为"料"，今据改。——整理者注

者误矣；盖社会之财富，并非如流体之自求水平也。尝试论之，社会之财富实有类于树木，夫树之长于地也，其枝愈茂，其树愈危，然苟伐一枝、斫一干，而于全树之生长固无大伤也。虽然，比喻是比喻，事实是事实，比喻纵如何恰切，然总不足以为证据也。故萨伊结论谓学者之论定某一种税收之确归于某阶级负担者，皆轻率之谈也。是故税收依其性质或市场之情形而归宿于不能逃避税收者负担，但人民逃避税收之方法固亦多至不可胜数也。世间事之极不确定而又极变动不居者，孰有过于税收之归宿哉？① 彼绝对派之学者，不留意于日常事实，而独依假定而推理，其谬误也必矣。

萨伊继而谓地主决不能转嫁税收于消费者——萨伊之为此言，殆与其所反对者同陷于太绝对之病也。萨伊曰，因土地税恒不能影响于农产物，及农产物之供给量恒无增减，故其价格亦不能有所变化，是以土地税常归于地主负担。但萨伊之结论则仍谓不能定出税收归宿之详细原则。其言曰，在复杂如机械之社会中，税收之付纳成为一种不可捉摸之形式云。②

其他热烈反对李嘉图之学说者，是为西斯蒙第（Sismondi）。西斯蒙第于辨论之始，即谓课于消费品之税收，因市场状况之复杂，吾人决不能预言此税到底归何人负担。次即讨论李嘉图之"抽象"，而尤以论及李氏所持原料税及工资税之理论为特详。西斯蒙第以娓娓动人之词驳击李嘉图所持之工资与利润绝对平均说，及其人工与资本之完全移动说，此二说者，乃李嘉图学说之基础也。西斯蒙第质问曰，"怪哉！""彼农夫因工资减低，果能弃其旧业而为律师，为医生，为钟表匠乎？劳动者以硬笨之手腕，顽强之躯体，果能尽离

---

① "人每论定税收确归社会此阶级或彼阶级负担，抑若此以为通则者其言未免轻率。税收归于不能逃避税收者负担……但逃避之方法，变化无穷……最不确定而又最变动者，当无过于社会各阶级对于税收负担之比例云"。——见萨伊所著之《经济学》第566页。于兹有可注意者，即英美学者常以萨伊为平均分散之说明者，实则为此说之一主要反对者。倭克尔（President Walker）早已唤起世人注意此事实矣。参阅倭氏著《经济学》（Political Economy）三版第608节。

② 见同上著第562页附注。

田园，或作工于工厂以静待农业上工资之再涨高乎？请留心此种危险的均衡说。请留心以负担不论归宿于何处为不关要紧之思想！请留心以贫民能转嫁生活必需品税于富人之信仰：固然经过长久之岁月，一种均衡可以达到，然须在极骇人听闻之困难之后也。当均衡尚未确定之时，直接则商人失败而歇业，间接国家蒙受损失，国家税收，究不足以补此损失也。劳动者困苦颠连而转死于沟壑者，其人数当更过于死于最剧烈战争之人数。凡此在恢复均衡上所必有之恐怖方法也。以此吾人必力辟此抽象而勿使其遮蔽科学，科学者乃研究人类之幸福与福利者也。"西斯蒙第竟以如此激烈之言词，痛驳绝对派之学说。[①] 但西氏批评前人学说，虽十分激昂，然其个人未尝特倡若何主张以贡献于世人；西氏且明言自己不能发现任何一般原则云。

又有法国学者名加内（Garnier）研究此问题，而其造诣似不如其后继者之深邃。依加内之意，税收久而久之，最后必归宿于消费者负担。然加氏以为在转嫁之过程间，有许多限制，足以使生产者不能转嫁其负担于消费者。不特此也，加氏否认税收之分散能使纳税人免除负担之理论，其言曰，"惜乎分割、分散及转嫁三词，并非与蒸发同义之词也"。[②]

然还有更重要之学者曰帕烈（Parieu）。帕烈所用之术语，既混淆不清，而又一再混"转嫁"为"归宿"，且用直接归宿与间接归宿之语词。然氏理论之实质，实远胜于其说理之文字，可谓质胜于文。帕氏批评主张一切税收皆附加于生产费中因此分配于消费人之学者。帕氏曰，此种理论，不但谬误，而且言之过甚。使此说而果健全也，则一切税收，结果相同，既无良劣之分，何有税制之择，诚如是也，

---

① 见西斯蒙第（J. C. L. Simonde de Sismondi）所著之《新经济学原理论富与人口之关系》（Nouveaux Principes d'Économie Politique, ou de la Richesse dans ses Rapports avec la Population）1819 年初版，第六部第六章。

② 见约瑟·加内（Joseph Garnier）所著之《财政学》（Traité de Finance）1883 年四版第 26 页。加内误以此说为李嘉图所创，实则创此说者，乃卡那特与退耳而非李嘉图也。所可异者，法国学者几全不知其本国学者卡那特其人也。

则吾人对于税收问题，安所用其著书立说，亦更安所用其研精覃[1]思。帕氏以为吾人可以定出一二之一般原则，氏定出其原则如下：若课税品之供给不能有所限制者，则税收即归最初纳税者负担。若供给能减少至若何程度，则税收即转嫁于其他阶级至若何程度。有人于此，虽已受税收转嫁之影响，然使其人苟能限制其使用，则可冲消此转嫁之一部分影响，并可转嫁其税于原纳税人或其他阶级云。[2]

帕烈应用此种主要原则于各种税收上。又帕氏之所论，确已触及本书后章所论之数量说或数理说之主旨矣。凡帕氏所论之真确处，及其解释之正当处，均足以为解决本问题许多疑难之端倪。惜帕氏所论，为文仅寥寥数页，而于模糊不清之概论外，又未能作进一步之研究。帕氏末定一般定则曰，"除出向生产者总征货物税之情形外，税收之赋课不能视为发生转嫁，能完全变更税收之最初的自然的效果。大概税收之全部分或大部分，为在第一次或第二次转嫁时外表上实付税收之人所负担"。[3] 帕氏虽未能领悟问题之全部，即其个人主张之原理，虽亦未能发挥尽合，但以氏对于此问题之解决，指出最重要之元素，故宜更加一番之注意云。

其他法国学者之研究，对于此问题之解决，殊无重要之贡献，例如杜谱伊诺得（Du Puynode）之著作，虽洋洋巨册，但其所论不甚正确。杜氏以问题全部为非常简单。依照杜氏之学说，土地税与房屋税常归所有者负担："凡亚当·斯密与李嘉图之想像的区别，皆毫无根据者也。"[4] 杜氏谓动产税或利润税常转嫁于消费者；至工资

---

① 覃(tán)，意思是"深"。——整理者注
② 见帕烈（M. Esquiron de Parieu）所著之《从历史上经济上政治上观察税收》（Triaté des Impôts Considéré Sous le Rapport Historique, Economique et Politique）1866 年二版第 68 页。
③ 见同上著第 83 页。
④ 见杜谱伊诺得（Gustave du Puynode）所著之《论货币信用及税收》（Du la Monnaie, du Credit et de l'Impôt）第 175 页。

税则常由最初纳税之劳动者负担。① 使如此而果能解决此问题也，则自然容易矣。

焚宜（Vignes）之著作，在税收其他方面之研究，甚关重要，但其关于税收归宿之所论，除氏之反对"怀疑（Scepticism）说"，及"平均分散说"之事实外，皆不甚著名。② 氏多论及特种税，而于古今书籍，似未甚博览精通者。惟其见解，亦有重要者，本书将于后述之。

最后又有勒啦-波列（Leroy-Beaulieu）在其巨著《财政学》上，亦略论及一般问题。吾人细读其书，确见有数段有力议论，散见于全书之中，但仅涉及特殊之几点耳。③ 氏虽承认"一般转嫁"说（general repercussion doctrine）有一部分真理，但同时又警告读者切勿过信此说。吾人遍读氏书，欲寻出其个人之一二主张，而不可得，殊可憾也。凡对于勒啦-波列之评语，亦多可用以评述司托谟（Stourm），司氏所论，以关于批评及否认他人学说者居多，氏且对于欲作此问题之解决者，均反对之。④

德国学者，对于本问题贡献之价值更大。德国早年财政学家——左登（Soden）、雅各泼（Jakob）、佛尔达（Fulda）、马尔秋斯（Malchus）、俾尔塞克（Biersack）、穆尔哈德（Murhard）——之学说，较不重要，且于学说之进展上，并无确定之印像，故可略而不论。⑤ 惟中有冯·图楞（Von Thünen）其人者，因其在经济学之其

_____

①　见杜谱伊诺得(Gustave du Puynode)所著之《论货币信用及税收》第 215、321、365 页。

②　见焚宜（M. Edouard Vignes）所著之《法国税收论》（Traité des Impôts en France)1880 年 i 第 68、97、118 及 173 页。

③　见保尔·勒啦-波列(Paul Leroy-Beaulieu)所著之《财政学》(Traité de la Science des Finance)五版 i 第 180、413、769、771 页。勒氏于其近著《经济学之理论与实际》(Traité Thèorique et Pratique d'Économie Politique)之二版上，中有数页专论此一般问题(iv,791—799)，但氏仅以一二不充分的概论以自足云。

④　"今日人皆屏弃此种琐碎云"。——见司托谟(Réné Stourm)所著之《税收一般制度》(Systèms Généraux d'Impots)初版第 12 页。参阅二版。

⑤　学者若欲详细研究此等不重要学者之见解者，可阅恺尔与法尔克二氏之书(见本书第 17 页［新编本在第 15 页。——整理者注］)，二氏论及德国学者特详云。

他部分上占一卓越之地位，故必论述之。

冯·图楞仅以其名著之少部分讨论税收问题，而就中所讨论者，多关于土地税之归宿问题。但其学说能依逻辑之推法，说明平均分散说何以其结果不能合理之理论，值得吾人之注意。冯·图楞曰，"若是活动国民，仅填付税收，而最后毫无负担，则其所谓负担税收者，实有名而无实，信如是也，是则国家可任意增加其税收而无害于社会矣"。冯氏附言曰，"虽然，此种稀有结论之能否成立，全视一种前提以为断，此前提维何？即在课税后物品之消费能否与在课税前物品之消费相同是也。此即此说之弱点，尚何待言"。①

由劳（Rau）吾人可得几种积极之结果。劳之结论定出下列七原则：（1）惟当税收能使大多数之纳税者行动一致，因此而货物之供求发生变动之时，税收始能转嫁。（2）课于某阶级全体所得之税收，不易转嫁于某种货物之贩卖者，盖因纳税者费用之减缩，影响于各种货物者，至为不一，故需求略有减少，供给亦即随之而略减。（3）凡贩卖者苟皆知非减少供给不足以弥补税收者，则税收最易转嫁于消费者，例如关税即其一例。（4）课于有确定收入之各阶级，如官吏一类之税收，则不能转嫁。（5）不依卖品之性质而课之税收，其转嫁较其他税收为难。（6）关于地租税、利润源泉税，及工资税或利润税，其重要关键全视纳税者能否藉改变投资而逃税以为断。（7）税收之转嫁不能视为税收制度不公正之故，此因（a）转嫁常外似而实非，（b）若仅课太高税或太低税于少数纳税者，则物价不受影响，（c）在过渡期间，常遇有种种困难，（d）假令高税能完全转嫁，然因此而常使生产与消费减少，故亦不无恶结果也。② 劳之原

---

① 见冯·图楞(Johann Heinrich von Thünen)所著之《孤立国家与农业经济国民经济之关系》(Der isolierte Staat in Beziehung auf Landwirthschaft und Nationalökonomie)初版第 264—265 页。

② 见卡尔·亨利·劳(Karl Heinrich Rau)所著之《财政学原理》(Grundsätze der Finanzwissenschaft)五版第 412—417 页。其第六点原文如下："尤有一点，即纳税者能否由其财货之他法使用或他种经营而逃税是已。惟此事在四种情形下，因财产之性质而被阻止……故税收多半不复触及此财产，此税实归着于应当课税的收益之大部分上，或转嫁归于此等收益负担云"。

则，大有助于特种问题之研究，读者读至本书后章时，即可明白。

比以上诸书更重要，而在某方面极有参考价值者，是为冯·霍克（Von Hock）之作品。分析各种转嫁而定出其定义者，以氏为最早。氏分转嫁为前转、后转及消转三种，此种名词，本书于绪论上，已略言之矣。① 氏谓从纳税人立场上观察税收必常为（1）课税品生产费之一部分，（2）一般营业费之一部分，（3）生活费之一部分，（4）纯收入或纯所得之负担。若依次言之，其实例则如酒精制造税、执照税或营业税、人头税或房屋税，及所得税。就一般而言，第二类及第三类税收——就生活必需品而论——实际上常附加于生产费之中，因此有转嫁于消费者之倾向。惟对此通则，尚有许多例外，可综述之如下：②(a)若税收过高，以致需求减少，或致消费者换用劣等代用品者，则将难有一般的长期的转嫁。（b）若市场状况发生变化，物价跌落至课税前之下者，则一时难望转嫁。（c）生活必需品税其不转嫁于劳动者较其不转嫁于生产者发现较多，而当其发现也劳动者受苦较甚；盖工资变化无常，必需品价格腾贵而又工资下跌者，必发生最悲惨之结果。

由上以观，霍克大体上相信税收生产费说，但氏则断非绍述卡那特或退耳之说者。霍克承认经过长久之时间，某种税收之转嫁，将有一种均衡出现——惟并非确定不变的均衡，此种均衡，时时受市场状况之扰乱，而经济上有一重要改革，则此均衡遂完全破坏矣。霍氏又附言曰，吾人切勿以为从经济立场观察此种均衡必为公正或有利也；盖在某种状况之下，税收之转嫁只有增加并不减少原来不公正之程度也。若是，则所谓乐观的税收分散说者，完全不足取矣。③

――――――――――

① 霍克名之为"Fortwalzung"，"Ruckwälzung" and "Abwälzung"——三者皆称之为"转嫁"（"Ueberwälzng"）云。

② 见霍克（Dr. Carl Freiherrn von Hock）所著之《公共经费与公债》（Die Öffentlichen Abgaben und Schulden）第91—96页。

③ "税收之转嫁，最后诚然有一种均衡出现，但此并非固定不变的均衡，此种均衡将因市场之变化而时被扰乱；因每种经济的改良而时被破坏无遗……故在某种政治的商业的条件之下，税收之转嫁甚且较不转嫁时为更不公正的更有害的"。——见同书第108、109页。

普林斯-斯密（Prince-Smith）亦殆依同一方法而解决本问题。普氏讥笑税收分散说，此说确谓税收之负担，类似于击毽子之游戏，夫人之以手击毽子也，甲击来，乙击去，只见毽子在空中来去不息如织梭然，终不见下坠于何人身上，彼税收之辗转转嫁者，亦犹是也，氏则非笑之。[1] 普氏曰，税收之转嫁必系于某种条件。夫惟由物价增高而始能有转嫁；而物价之增高，或则因于需求增加，或则因于供给减少。夫生产者不能强使人购买，故无法增加需求，需求既不能增加，则必由于减少供给之一法。虽然，减少供给，除国际贸易外国输出问题不论外，生产者惟有限制生产——换言之，即移投其资本人工于他种事业。然则税收转嫁之问题，可以归纳成一简单之问题：即负担税收而不转嫁，与限制生产而受损，二者之损失孰为大之问题。大概移转资本与人工于他业而利多害少者，则税收即将转嫁。换言之，依照普氏之意见，税收归宿之问题，实不过为计较得失之一问题也。普氏之论断如此。普氏且应用其理论于实际方面，据氏意土地税与房租税不能转嫁，间接税或工资税惟有使最弱者宣告破产而始可转嫁，所谓劳动者之破产云者，意即谓劳动者穷饿以死也。普氏之主张虽有几点不足取，然其反对绝对说与分散说，则颇激烈云。

德国最近财政学家在此方面之研究，除少数例外不计外，绝少进步之可言。例如洛瑟（Roscher）则率奉古代英国学者之说明为主。[2] 谢富勒则多论及还元问题。[3] 瓦格纳（Wagner）即在其巨著之最新版中其解说仍多以劳与霍克之作品为基础，所论实不出于劳、

---

[1]　见普林斯斯密（Johna Prince-Smith）所著之"论税收之消转"（Ueber die Abwälzung）载在《国民经济与文化史季刊》（Vierteljahrschrift für Volkswithschaft und Kulturgeschichte）xiii（1866）第 130 页，后重刊于其全集中，见全集 i 第 43—64 页。

[2]　见洛瑟（Wilhelm Roscher）所著之《财政学》（System der Finanzwissenschaft）第 38—43 页。

[3]　见谢富勒所著之《税收政策原论与悬而未决之财政问题》第 173—192 页。氏在其最近著作中，讨论此问题之范围较阔大，但颇不精确，见《税收通论》（Die Steuern Allgeminer Theil）第三册第一主论第四编第三章。

霍二氏之见解。① 科因（Cohn）仅沾沾于二三广泛概论以自足，殆无所用。② 服克（Vocke）仅说相信税收之一般转嫁为不可恃的，并谓此全部问题，当不出于经济学上一般生产费说之范畴。③ 冯·沙尔（Von Schall）者，乃一篇最近税收论之著作家也，仅有 4 页半文字，专论转嫁之问题，吾人觉得其论说，卑卑无甚高论，平凡之说也。④ 实在言之，晚近德国书籍，率以避免此问题之难点而别具一格，而此种避免，有时亦甚得宜云。

兹略述未曾述及之英国学者。理查·琼斯（Richard Jones）为首先辨驳李嘉图之分配论者，故为否认李嘉图之税收归宿说之最早一人。琼斯所论，几仅限于工资税与消费品税。氏以为吾人不能预断工资税最后归何人负担。氏曰，此因此事全视此税影响及于人口之移动与否以定。若课税于工资，并无影响及于人口之移动，而只使劳动者牺牲次要之欲望者，则税收即不转嫁。反之，若致影响于人口之移动，则税收即由工资而转嫁于利润云。⑤

大卫·布坎南（David Buchanan）已先琼斯辨难亚当·斯密的税收归宿说。布坎南对于斯密区分房屋税为宅地租与建筑租一节，不表同意。⑥ 此外布氏对于以课税于劳动而工资亦随之而增高之见解，

---

① 见瓦格纳（Adolph Wagner）所著之《财政学》（Finanzwissenschaft）二版第 332—372 页。

② 见科因（Gustav Cohn）所著之《财政学》（System der Finanzwissenschaft）第 304—311 页。后此书由未布林（J. B. Veblen）译成英文，名为《财政学》（The Science of Finance），见此书第 365—373 页。

③ 见服克（Dr. Wilhelm Vocke）所著之《财政学原理》（Die GrundSätze der Finanzwissenschaft）第 205—212 页。

④ 见冯·沙尔（K. Fr. v. Schall）著《一般税收论》"Allgemeine Steurelehre"，登在瑟恩堡（Schönberg）之《经济学原论》（Handbuch der Politische Oekonomie）四版 iii 第 236—240 页。

⑤ 见理查·琼斯（Rev. Richard Jones）所著之"论课税于劳动者消费品之税收之归宿"（Tract on the Incidence of Taxes on Commodities that are Consumed by the Laborer）一篇，登在《经济学论集》（Literary Remains Consisting of Lectures and Tracts on Political Economy）第 143 页。

⑥ 见布坎南（David Buchanan）所著之《原富论注补》（An Inquiry into the Nature and Causes of the Wealth of Nations with Notes and an addiitonal Volume）第 300 页附注。

亦表示反对。布氏曰，若工资是果常为最低限度也，则此说未始不言之成理，虽然，"劳动者工资所入，除足供温饱以外，尚且足以供享乐与奢侈，则劳动者因常有纳税之财力……举凡劳动税或劳动者消费品税，皆将影响①于劳动者而使其节减娱乐也。其结果果且必致于增重劳动阶级之艰难，而使其生活状况日趋低下"。②布氏此论，大有影响于李嘉图，李氏竟因此而稍稍修改其严格学说，此则吾人之所已知也。③

詹姆斯·密尔（James Mill）对于此说之几点，虽雅欲别持异见，然就大体而言，氏仍不失为李嘉图之后继者。密尔主张生产品税及农人利润税，将转嫁于消费者。氏曰，推而至于证券利润税，亦归于利润负担。密尔虽承认李嘉图的工资税说，但氏以为必先有一前提，换言之即工资在果能减至最低点之情状之下为始如此；否则氏以为工资税即不能转嫁于利润负担云。④

栖聂（Senior）仅限于少数几点之讨论。栖聂对于制造品税提高价格在税额以上一节，表示同意。但氏对于农产品税，则与李嘉图意见不同。栖氏以为此种土地税，其初虽使农产品价格腾贵，然最后则将使原料品之生产与消费均形减少，结果农产品价格，仍不受影响。故什一税不转嫁于消费者。⑤

密尔（John Stuart Mill）大体上可算是遵奉其前辈学者之意见。氏先以自由竞争及资本之完全移动为假定，继以此种假定为基础，而形成其全部学说。密尔绍述李嘉图之学说，惟下列三点除外。第一点，密尔对于栖聂修改李嘉图什一税之学说，以什一税终久归

① 原文为"响响"，疑为"影响"之误，今据改。——整理者注
② 见同上著第338、339页。参阅布坎南所著之《对于原富论所论之观察》——（Observations on the Subjects treated of in Dr. Smith's Inquiry）二版第59、64、164页。
③ 参阅本书第164页。（新编本在第114页。——整理者注）
④ 见詹姆斯·密尔（James Mill）所著之《经济学概要》（Elements of Political Economy）三版四章第248—292页。
⑤ 见威廉·栖聂（Nassau William Senior）所著之《经济学》（Political Economy）六版第120—124页。

地主负担而不归消费者负担一层，表示赞同。第二点，密尔对于乃父（译者按：即上所述之詹姆斯·密尔是）所持工资税归宿之见解，表示承认。第三点，分析输出入税之归宿，较李嘉图为更详明。①

马卡罗和（McCulloch）之见解，仅有一点，独具创见。马氏曰，特种利润税未必如李嘉图所说之必使物价涨高者也。此税并不转嫁于消费者，此税反足以诱起生产费之减少。马氏指出生产者因此将竭力从技术之精专上、生产之便利上、费用之节省上讲究，藉能担负税收而有余裕。故税收将不再归生产者负担，而且此税不归消费者负担。② 实在言之，马氏之说，并非解释税收之转嫁，是乃解释如本书绪论上所谓税收之"消转"（transformation）也，二者截然不同。是知税收消转之观念，其初导入于科学上之研究者，当自马卡罗和其人始。

至于工资税，马氏承认李嘉图之一般原则。但马氏以为税收之转嫁于利润，必经过长久之时间而始能实现。在此转嫁未实现期间，劳动者之生活程度将或趋于低下。惟工资税及于劳动者之真正害处则为"因税收归利润负担，故势将减低积储资本之能力"，因此工资基金亦将为之减少之一事实。③ 马卡罗和确不赞成工资之课税，但亦不反对生活必需品之课税；盖依氏之一般理论，谓"课于劳动者消费品之税收，若课之而不过度，决可使彼等作工更勤"。④ 或如马氏在他处所说，"可使一家之内，更能俭朴而储蓄也"。⑤ 依照马氏之意见，贫民之艰苦，并非由于必需品之课税，但由于彼等"乏储蓄之

---

① 见密尔所著之《经济学原理》(Principles of Political Economy)第五部第四章第四节；第三章第四节；第四章第六节。

② 见马卡罗和(J. R. McCulloch)所著之《论税收与工资基金制度之原理及其影响》(A Treatise on the Principles and Practical Influence of Taxation and the Funding)三版第 72 页。

③ 见同上著第 107 页。

④ 见同上著第 92 页。

⑤ 见同上著第 96 页。

心，多浪费习惯"。①

福塞特（Fawcett）对于税收转嫁问题之研究，颇可注意。第一，因福氏对于旧派经济学家几点极端之论说，言过其实。——例如谓课于货物之税收，将使物价远过于税额而腾贵；第二，因福氏对于地方税归何人负担之观念，颇为不确定。② 关于此二点，本书于后详论之，兹从略。

对于旧派学说之批评之较有用者，见诸克力夫-勒斯力（Cliffe-Leslie）之著作上。克氏指摘旧派学说之诊断太严正。克氏曰，"用以决定税收归宿之理论的法则，常令人误解，此种法则不过由工资与利润之理想的'平均'率或'自然'率推出之理论，而指出税收在长期内无其他妨碍原因作用时之倾向。但在实际生活状况下，税收乃即时缴纳，而且取之于各个人现实的工资、利润或其他资金，而非取之于经济学家心中所虚拟之假定或抽象也"。③ 克氏亦注意到经济上磨阻之作用，不但使旧派学者想定之不易法则失其效力，而且使实际上之影响，与法则上所定之影响，结果完全相反。惟克氏之所论，仅及于几种税收，而且个人所创之学说，亦不甚佳云。关于克氏的特别见解，容后述之，兹不赘。

最近此问题之论说，见诸巴斯塔布尔教授（Professor Bastable）、格累齐阿尼教授（Professor Graziani）二氏所著之《财政学》上，其

① 见马卡罗和(J. R. McCulloch)所著之《论税收与工资基金制度之原理及其影响》98页。马卡罗和在《爱丁堡评论》(Edinburg Review)1820年1月份之第161—162页上之原文，指出工资税或必需品税，将有害于劳动者。马氏所谓李嘉图学说"应必有极大之修正"云者，系指在课税后与人口受影响而起变化之期间之暂时结果而言，并非指其最后之结果而言也。马氏曰，"税收之逐渐增加与夫道德裁制律之作用，而有使工资增高之趋势，因而税收之负担即由劳动者而转嫁于雇主"。惟观马氏以后所作之论说，日渐重视必需品税之好影响，而不重视其恶影响，故霍兰德教授谓"吾所言不是者"，吾不苟同也。

② 见亨利·福塞特(Rt. Hon. Henry Fawcett)所著之《经济学》(Manual of Political Economy)。

③ 见克力夫-勒斯力(Thomas Edwarl Cliffe-Leslie)著"论课于劳动阶级之国家税地方税之归宿"(The Incidence of Imperial and Local Taxation on working Classes)一文，见氏著之《经济学论集》(Essays in Political Economy)第388、389页。

书于本书初版以后即出版。巴氏对于本问题之见解，较英国先辈为更实在。巴氏不但另立一章，专论一般之原理，[①] 而且对于各种税收之归宿问题，下一简而有趣之观察。至于格累齐阿尼教授之研究，大体上与巴氏相同。[②] 二氏之见解，大致与本书第二篇之所述相合，容后论之可也。[③]

---

　　① 　见巴斯塔布尔所著之《财政学》(Public Finance)三版卷三第五章"税收之转嫁与归宿"。

　　② 　见格累齐阿尼所著之《财政学》(Istituzioni di scienza delle Finanze)二版卷五第四章"税收之转嫁"。　自本书再版后，关于本问题之讨论，有三种著作出版：（一）法国里尔(Lille)律师名罗孙得尔(M. Ch. de Lauwereyns de Roosendaele)者，在 1907 年著《税收之转嫁》(La Répercussion de l'Impôt)一书，此书当系一种博士论文，书中关于古代学说方面（占全书 3/4），多抄袭本书所说，此书著者已于序言及各附注上，对我表示谢意。至其个人主张，无特述之价值。（二）前纽约税制改革委员会秘书现任纽约市征税局局长罗孙·柏代(Mr. Lawson Purdy)于 1907 年著有《论地方税之负担及归何人担负》(The Burdens of Local Taxation and who bears them)一书，篇幅虽寥寥 39 页，而议论甚堪嘉许，书中结论与本书相同。（三）那托利(Fabrizio Natori)于 1909 年著有《税收经济效果之研究》(Studi sugli Effetti Economici dell' Imposta)，此书前篇论各项名词殊佳，后篇多论钱税之转嫁及其归宿，此问题之于今日，实际上无关重要云。　法国伦理政治学院(The Acadamy of Moral and Political Science in France)于 1887 年，以洛西奖金(Rossi Prize)征求税收转嫁论之杰作，后判由亚尔伯特·特拉图(Albert Delatour)得奖，评判委员会秘书里昂·萨伊(M. Léon Say)谓"论文不久出版"，然迄今仅仅一短章发表，而此论专论利息税之归宿问题，见《政治专门学校年刊》(Annales de l'École libre des Science Politique)卷三，1888 年，第 357—367 页，刊登特拉图著"论利息税之归宿"(L'Incidence des Impôts sur l'Interet des Capitaux)一篇。　近来意国雅可坡·提法罗尼教授(Jacob Tivaroni of Cremona)亦著有《税收之转嫁与归宿》(Traslazione ed Incidenza delle Imposte, Elementi della Teoria)一书，提纲挈领，殊为良作，此书对于本书之结论，表示赞同。

　　③ 　最近讨论一般问题者大都论及还元问题，讨论此说而足供参考者则有托马司·亚当教授(Professor Thomas A. Adams)所著"因税收还元而免税"(Tax Exemption through tax capitalization)一文，刊在《美国经济评论》卷六(1916)第 271—287 页。本书著者即为文以答之，登在同上书卷六第 790—807 页。后复有二篇论文再辨析此问题，登在《国家税收研究委员会公报》(1916—1917)，上一为嘿兹教授(Professor H. G. Hayes)所作（见 69—73 页）左祖亚当教授之所说，一为海格教授(Professor R. M. Haig)所作（见 198—200 页），则祖护本书著者之所说。又参阅达文波尔特(H. G. Davenport)在《美国经济评论》卷七第 26—28 页上发表之"单一税在理论上的争点"(Theoretical Issues in the Single tax)一文。意大利格里齐第教授(Professor Griziotti)在其《税收还元说之理论及其应用》(Teoria dell'ammortamento delle Imposte e sue applicazioni 上，对于此辩论，有一判断云：

第六章
不 可 知 说

此说对于税收转嫁之问题,既不能形成一般的结论,则其在税收归宿学说之各派别中,似不能成为一派也。惟实际家中之持此种见解者,屡有其人,故宜一略述之。

最能阐明此说者,当推阿道弗·赫尔德(Adolf Held)。赫氏关于税收归宿之议论,乃以否认生产费为经常利润条件说为根据。[1] 赫氏亦如谢富勒推广地租之概念于各方面,最近英美学者之持此种意见者,当推氏为先驱。此种观念,若应用于利润,即为最大生产费说或边际生产费说,而解释利润为边际生产费与市场价格间之差数。赫氏从其理论,未尝推得适当之结论。赫氏为一思考敏锐、思想高尚之人物,但以氏薄视一切古代经济学为无价值之观念太深,以是氏之非难前人,是处固多,错处却亦不少。氏长于批评,而短于创造,此固德国少年学者类多如此,匪独氏一人已也;即以氏个人对于纯粹理论之贡献,亦不甚大。氏之全部理论乃以生产费说之误解为基础,有时亦似由于刚愎自信之结果。赫氏之说,殊不值吾人详细论究,即德人自己虽一时赞成其意见,而今则排斥其过于极端,无复采其说者矣。赫氏论断多为消极性质,而综括其所说,赫氏无

---

[1]　见阿道弗·赫尔德(Adlof Held)著"税收转嫁论"("Zur Lhre Vou der Ueberwälzung der Stnern")——登在《杜平根政治学杂志》(Tübinger Zeitschrift für die gesammte Staatswissenschaft)(1868 年)第 422—495 页)。

非自认对于税收归宿之全部问题，一无所知而已。[①] 从赫氏之理论，吾人于积极方面，毫无所得。且赫氏结论，仅为地位不重要之学者所赞成，故此说殊无进一步讨论之必要云。

英国少数学者亦有类似此说之主张。例如爱德华·汉密尔顿爵士（Sir Edward Hamilton）与麦来爵士（Sir G. Murray）在其最近报告书上，声言此问题为不能解决的问题，并谓税收归何人负担，概系臆测揣度之事。[②]

亚未柏立（Lord Avebury）亦持相同之意见。亚氏谓"至欲准确决定税收之归宿有科学上之准确者，则吾惟有用尼科尔孙教授（Professor Nicholson）'不能回答'之言以答之"。[③]

---

①　试举氏之一结论如下以为例："论到利息税之转嫁，毫无可说，此决不能否认云"。——见《杜平根政治学杂志》第 481 页。

②　"税收负担之公平分配，含有一种不能解决的税收归宿问题在内"。——见爱德华·汉密尔顿与麦来所作之报告书，登在《皇家地方税研究委员会最后报告书》（Royal Commission on Local Taxatson，Final Report）(1901)第 109 页。

③　见亚未柏立（Lord Avebury）之"就职时对于国家税地方税负担之演词"（Inaugural address on Local and Imperial Burdens），登《皇家统计学会杂志》第 64 卷（1901 年）第 558 页。——亚未柏立误以尼科尔孙教授持此意见，实则尼科尔孙之为此言，仅就其在输出入税之归宿上观察所及之意见耳。且就此点而言，尼氏后来已不复有此种意见矣。参阅尼科尔孙所著之《经济学原理》(1901 年)第 342—349 页。

第七章
社会主义说

本章所称社会主义说，与以前各章所论之一般各说，实不应相提并论；盖因此说如其名称之所示，直自显有偏而不全之性质在也。顾此说之适用，如此之广，各社会主义者之领袖又如此热心宣传此说于各大阶级间，是以本书不可不一略述之。

溯此说原为社会运动大家拉萨尔(Lassalle)所首倡。拉萨尔尤特别潜心注意于劳动者之利益。拉氏以税收之非直接课于个人之所得或财产者，均称之为间接税，举凡消费税、土地税、营业税，皆包括在内。拉氏曰，一切间接税——例如在德国——最后均归社会之贫苦阶级负担，盖德国劳动者之穷困，尚未如爱尔兰之劳动者，印度之农民，故在彼等未饿死以前，尚可由其工资中略可括索也。拉氏又言曰，亚当·斯密、李嘉图二子关于生产品税归宿之理论，未尝不甚是，惟关于此点之所说，则误；盖工资之涨高，常较其他物品为独迟，此乃科学上之事实也。故劳动者必负担一切间接税——换言之，即负担一切税收之大部分。[①]

此言之过甚之学说，不但为多数社会主义的理论家所赞成，即与社会主义相距甚远之著名学者，亦多承认之。例如托马斯·社曼(Mr. Thomaas G. Shearman)虽所定间接税之定义，较拉萨尔为狭，

---

① 见斐迪南·拉萨尔(Ferdinand Lassalle)所著之《间接税与劳动阶级之负担》(Die indirekte Steuer und die Lage der arbeitenden Klassen)第9、36、41页等。

然其说明间接税之归宿与影响，究竟失之过度。① 至于较新的科学的见解则不然，晚近人士相信无原来不良之间接税，亦无原来良好之直接税。税之良不良，全视其属于何种直接税或何种间接税以为定。中有几种良好间接税，毫不归于劳动者负担，而直接税中如后之所示，亦有几种不良的，必归于劳动者负担云。

① 见托马斯·社曼（Thomas G. Shearman）所著之《天然税制》（Natural Taxation, an Inquiry into the Practicability, Justice and Effects of a Scientific and Natural Method of Taxation）。可特别注意第二章"不正的税制"（"Crooked Taxation"）。

第八章
数量说或数理说

对于税收归宿之研究,在几方面最有贡献之学者,迄至晚近始引起人士之注意。[1] 此派学者之所说,苦难定一较好之名称,无已,惟有名之曰数量说或数理说。属于此派之学者,其因于结论之相似而归入一类者,还不如因于其所用方法之相一致云。

此派学者中,最早提倡此说而富有参考者,是为库诺(Cournot)。库诺先以税收归宿之全部理论为价值论之不可分离的与必要的部分为一前提而立论。库氏于最初而最深奥之著作中,[2] 定出许多一般原则,此等原则,为今日纯粹经济学上新学说之重要部分,氏应用其价值论于税收论之研究。库诺又从属于独占范围之货物与属于竞争范围之货物,分别而研究之。又应用微积分法以研究货物供给价格(Supply Price)之增加,及于生产者与消费者之影响。库诺又分析此种影响,与报酬均一、报酬递增及报酬递减三法则间之关系,而后得到几种重要结论,此种结论,本书将于后篇论述之。

与其读折衷学派许多学者不确定不清楚之议论,不如读库诺精确明了之议论之较为稳妥,此则无可否认。但库氏所持税收归宿之

---

① 晚近德法财政学名著,无一而述及此派中之一学者。恺尔(Kaizl)与法尔克(Falck)亦全不注意此派。

② 见奥古斯丁·库诺所著之论《如何以数学原则来研究财富》第六章及第八章。此书于 1898 年译成英文,刊入阿什力教授(Professor Ashley)的《经济学丛书》中,名曰 Researches into the mathematical principles of the Theory of wealth)。

议论，亦未完全适切者。库氏所论，全关于货物税归何人负担之研究，库氏竟忘却货物税、利润税之外，尚有其他税收者。又仅知税收足以增高平常供给价格或增高生产费，而不知税收仅为原因之一种，仅论及此，则有挂一漏万之讥。库氏在其后来著作上，[①] 诚不欲再以数学来研究税收归宿问题，而且欲推广及于他种税收之研究。但所论常不甚佳，甚且在几方面——例如房屋税——其见解乃陷于谬误。抑更有进者，税收全部中之各类税，如工资税等，全略去不论；而且未尝定出一般的结论。然就货物税之研究而论，古今书籍罕有驾出库氏作品之上者。

库诺之思想，更为法国数学家福伏（Fauveau）所发挥。福氏所论，除各种公式以外，对于库诺学说，可谓毫无增加。又福氏因其热烈反对乐观说而得名。福伏曰，"税收之分散，犹光线之分散，然试置一蜡烛于室中，不论其放在何处，其光线终不能使室内各处一样光明，夫光线如此，彼税收负担之分配之不能均匀者亦犹是也。[②] 福氏推得之结论，颇为悲观，其诊断谓施行一种原来公平税收之易变为不公平税收，有如施行原来不公平之税收之易变为公平税收。

其后多年，英国数学家夫利明·贞琴（Fleeming Jenkin）亦曾作同样之研究，其论文大都研究货物税问题。贞琴虽毫未前知库诺之学说，然能首先应用数学方法于经济问题，英国学者中之最早应用数学方法于经济问题者，氏其一也。贞琴之特出贡献，在于以需求曲线（Demand Curve）与供给曲线（Supply Curve）合成图解以说明经济问题。贞琴断定"货物税落在卖主身上与其落在买主身上负担之比，实为卖主所得价格之减少与买主所付价格之增加之比"。[③] 至

① 见库诺所著之《财富论原理》(Principes de la Théorie des Richesses)卷三第八章。

② 见福伏所著之《从数学上研究税收理论》(Considérations Mathématiques sur la Théorie de l'Impôt)第 58 页。

③ 见贞琴所著之"论税收归宿之原则"(On the Principles Which Regulate the Incidence of Taxes)登在《爱丁堡皇家学会会议录》(Proceedings of the Royal Society of Edinburgh)(1871—1872 会期)第 618—631 页。

于土地税与房屋税之议论，贞琴未能修正之而使其结果与日常实际生活相适合。且贞氏不但忽略其他之税收而不论，而日未尝求出归宿之一般定则。虽然，贞氏关于生产费税影响之一点，其议论殊有参考价值，本书将于后论之。

约 10 年后，有意大利少年经济学家潘塔莱奥尼教授（Professor Pantaleoni）者，出而著成一书，专论税收归宿之问题，[①] 凡懂英文者无不知其人而爱读其书。潘氏亦未前知库诺之著作，但欲根据生产费说以说其理，而其生产费说者，乃依数学而制成者也。潘氏先论经济学纯粹理论之一部——价值之原则——篇幅殆占全书一半以上，次乃进而逐一研究几种重要税收之归宿。氏之研究——说来可怪——虽至最近而意大利本国以外之学者，始稍有人注意，然在此种一般问题研究上，可谓极博大精深之作，往古以来，未尝有也。其书所论，虽富有敏锐之思想，独到之见解，然因其所持税收归宿之学说，大半根据于尚成问题之经济学理论，因而减色不少。例如氏之利润税议论，因其根据未确定的利润说，于是其价值不免略减。又氏之土地税与房屋税之议论，不但不精确，而且误谬。惟潘氏书中之所说，其中确有不能代表氏之后来见解者，此则吾人所能确言之也。[②] 关于潘氏之学说，本书以下将屡屡述及，兹姑不详述焉。潘塔莱奥尼教授之作品，虽有二三缺点，然就大体上言之，则仍不失为现有税收归宿论中之最善者（就纯粹理论说）。

属于数学派之近世大陆学者，其应用数学法于税收归宿理论者，殆无几人。奥国学者，固已发展心理法于经济学（而非发挥数学法），且固已应用其新价值论于各种税收问题，然此派中若门格尔（Menger），若维塞（Wiser），若庞巴维克（Böhm-Bawerk），若萨克斯（Sax）诸人无一而能用其新学说以阐明税收归宿之说者。惟奥国之奥士匹次（Auspitz）与利本（Lieben），德国之劳恩哈特（Launhardt）

---

① 见潘塔莱奥尼所著之《税收转嫁论》。

② 本书著者曾致书潘塔莱奥尼，述及对于潘氏书中之所说，有几点不表同意，潘氏覆回一书，谓其现在见解，与其书中之所说，多有不同云。

则曾应用其几种供求图解于税收问题云。① 属于数学派之晚近大陆学者以法国经济学家（其实瑞士人）瓦尔拉斯（Walras）为最特出，瓦氏论到独占品税之理论时，曾提及库诺、得坡（Dupuit）② 二氏之著作。但瓦氏本人对于此问题之研究，所得结论似觉过于简单。依照瓦氏之意见，土地税依照地租负担说，仅归土地之原主负担。工资税则归工资所得者负担，因还元说不能适用于工资税方面故也。又课于氏所称之人为资本或利息之税收，因其终必转嫁也，故实为一种间接消费税。国家课税，实仅能触着"天然财富"（natural wealth），换言之，惟农业地租与工资二者真实担负税收也。③ 瓦氏于其后来著作上，又重述其税收一般理论，除指摘均一分散说之不可能外，且略略述及税收之归宿云。④

最近几年间，经济学家中之持新见解者，颇不乏人，兹即论述之。近来研究中最有创见者之一人，是为思想敏锐之一瑞典学者——那特·维克塞尔（Knut Wicksell）。⑤ 维氏非难普通税收归宿说之仅仅论到生产者与消费者之关系；并反对有时即在税收归生产者负担之情形下，此说亦未尝彻底研究，盖因生产乃由几个要素——土地、劳动与资本——合作之事业。维克塞尔博士⑥曰，故此

① 见奥士匹次（Auspitz）与利本（Lieben）所著之《价格论之研究》（Untersuchungen über die Theorie des Preises）；劳恩哈特（Launhardt）所著之《国民经济学之数学的根据》（Mathematische Begrundung der volkswirthschaftslehre）。

② 得坡（Depuit）为最初以数学方法说明边际效用及独占价格之原理之一学者，参阅氏著"论公共工作效用之计算》（De la mesure de l'utilité des traverux Publics）及"论税捐及于交通机关效用之影响"（De l'influence des Péages sur l'utilité des voies de communication）二篇。均登《道路桥梁年报》（Anales des Ponts et Chausées）上。

③ 见瓦尔拉斯（Léon Walras）所著之《税收论评》（Théorie Critique de l'impôt）第31—57页。瓦氏在其《经济学概要》（Eléments d'Économie Politique Pure）上，见解已有变解，但仍相信地租负担说。见三版第446—460页。

④ 见瓦尔拉斯所著之《社会经济学》（Études d'Économie Sociale）第445页。

⑤ 见维克塞尔（Knut Wicksell）所著之《财政理论研究及瑞典税法之说明与批评》（Finanz theoretische antersuchungen nebst Derstellung und Kritik des Steuerwesen Schwedens）。

⑥ 原文为"博氏"，疑为"博士"之误，今据改。——整理者注

问题之真正难点，在于研究课于社会各阶级——农民、资本家、劳动家——税收之效果。为解决此问题起见，维氏承认庞巴维克（Böhm-Bawerk）所持比较的投资期间（Comparative Period of investment）之重要之学说。[①] 庞巴维克之学说颇为著名，意即谓比较的生产期间或资本投资期间若愈长，则其生产力愈大，因劳动之使用，可以增加投资期间之长久，故劳动之生产力随劳动应用于长期生产之程度而增加。维氏即从此前提立论，而重创一税收归宿之学说，拟先竭力考究课税于使生产期间伸长或缩短之各种要素之效果。[②] 维氏结论虽以极锐利极特出之分析为基础，然究觉模糊不清。维氏为单简其论述起见，乃虚设不合于实际生活之各种假定，而欲以数学的推理维持其结论。其假定既不合于实际生活，故当论到实际生活状况时，则见社会生活，千头万绪，其所拟假定，乃转为一无所用，而结论亦遂不能成立矣。[③] 虽然，若欲使研究税收的最后效果而非研究其直接归宿之学者瞭然于研究上各种之困难，则维氏之书实有研究之价值。应用维氏新原则，能否解决现代任何之问题，此则尚待研究也。

　　属于数学派之最近意大利学者中吾人必须述及孔尼格立阿尼教授（Professor Coni gliani）。孔氏原以研究税收之一般效果问题为主，[④] 论到税收之转嫁与归宿，孔氏仅仅定出"抽象的一般的理论"，究未尝应用之于现有任何税收制度，及任何"特别的暂时的或不规则的"现象也。夫以晚近奥国学者主观价值说为依据之研究方法，其结果一部分为自明之理——关于此点，吾人即以最好意观之，亦

----

　　① 见维克塞尔(Knut Wicksell)所著之《财政理论研究及瑞典税法之说明与批评》第 2 页。

　　② 见同上著第 37 页。

　　③ 维克塞尔博士自谓"似此恐问题之实际解决确为不可能云"。维氏以为避免此种结论之弊病,可由吾人只需近似之回答之事实。但氏又曰,"但近似回答如此不合,似有新材料补充之必要云"。——见同上著第 56 页。

　　④ 见孔尼格立阿尼(Dotto Carlo A. Conigliani)所著之《税收之经济的效果概论》(Theoria Generale degli Effcetn Economici delle Imposte Saggio di Economia Pura)。

不能发现理论有多大进步——一部分为趋向之说明，其措词如此广泛，于解释实际问题上，殊无所用。吾人之所以称孔氏为数学派者，盖因孔氏自认为属于此派之故。兹举出孔氏最后之结论以为孔氏研究方法之一例。"一定强度与限度之某种税收，随社会之逐渐进步，而归宿于个人经济之强度与限度亦逐渐减轻，及于经济社会之不公平结果，亦逐渐归于公平。假定税收之限度或强度并不十分利悍，则此税之归宿将随社会之日益进步而益趋不变动。复次，在有税收变化之社会状态中，消费之变化，随社会状态之进步而扰乱满足欲望之程度的均衡更甚，因而个人经济之内部排列，其变化更小"。① 孔尼格立阿尼曰，吾之所说，"税收效果之一般理论问题，尽在于是矣"。

孔尼格立阿尼教授在其较后之著作中，② 乃显出其捉住转嫁之细密问题的能力，在此佳作中——使读此书者殆甚惊奇于此书材料之丰富，搜罗之广博，一如最近意国学者之各种著作——孔氏乃触及归宿的几种难问题。孔氏至此不用数学方法来研究，其论究此问题，一如其同国人格累齐阿尼（Graziani）③ 所持之观察点。意国学者中之继承库诺学说者，以巴隆（Major Barone）为最著。巴氏以图解代代数式，巴氏关于税收理论之几种根本定理，发表简明而且极有参考价值之论文，④ 其论文每以数字出之。本书以下将述及之。

吾人于晚近英国学者中，当必论及马歇尔教授（Professor Marshall）与埃奇沃斯教授（Professor Edgeworth），之二子者，乃经济思想界之泰斗也。马歇尔已唤起世人注意税收归宿原则与价值一

---

① 见孔尼格立阿尼（Dotto Carlo A. Conigliani）所著之《税收之经济的效果概论》第 276 页。

② 见孔尼格立阿尼所著之《论地方税之改革》（La Reforma delle Leggi Sur Tributi Locali）第 751 页。

③ 参阅本书第 219 页。

④ 见巴隆（Enrico Barone）著"税收的数学理论之基本公式"（Di alcuni Teoremi Fondamentali Per la Teoria Matematica dell' Imposta）一篇，登在《经济杂志》（Giornale degli Economisti）卷五（1894）第 201—210 页。

般法则之关系。马氏对于税收转嫁之研究，虽不及其大著卷二上所论之充分，然其不时论到此问题，其议论已富有深奥之论评、重要之图解矣。[①]

埃奇沃斯教授在其近来各篇论文上，已论到此一般问题。[②] 埃氏讨论抽象理论，其推理之充分，辨别之精微，批评之锐利，凡读过埃氏各种著作者，类能知之也。埃氏发现数学法之优点及其弱点——其说理恐在库诺之上。本书于后，虽常常提到埃氏之论评，然本节顺便亦宜先略述一般数学方法。

凡理解高等数学者，当以为税收及于物价影响的假定法则，可以十分精确算出。但得到此种利便，常有极大之困难。复杂之代数公式，虽完全准确制出，然若式中符号，略有错误，则全部结论皆归无效矣。且以数学法来研究纯粹理论，常先假定状况之简单，而此状况之简单，乃为现实社会所未尝有也。常故意忽略磨擦之要素，虚设各种之假定，而不问此种假定能与实际生活之事实相合否也。倘以此种假定的结果，应用之于市场状况——此为常有之事——则结果恐为不真实矣。在狭小范围内，关于归宿问题之研究，除可以应用图解法之场合外，自以用数学法为极有价值。此法自读者视之，固较著者为更有价值也。实在言之，数学法之主要利益，在于图解，一复杂论题到手，往往使吾人同时顾到几种原因之讨论，若用图解法，凡一经解剖，则其结果直可使吾人一目了然，此简而且明之功用，远非他法之所能及也。但若吾人从图解进而用高等代数，有时用此种数学法，固可达到更准确之计算，然而此种准确之计算自经济学家视之之重要，固不如数学家视之之为重要，且究于解决实际的经济问题上，殆不见其效用之大也。而况以数学法能否单独发现可以实际应用之任何重要原则，尚属疑问；藉曰可以，而亦仍不能以日常言语表示之也。且信此法者，亦未尝不陷于错误，吾人观于

① 见《经济学原理》(Principles of Economics)五版(1907)卷五，第十三、十四章。

② 见"纯粹的税收论"(The Pure Theory of Taxation)篇，登在《经济杂志》卷七第46—70页、226—238页。

库诺讨论国际价值（international value）之数理之失败而证明。且在书室算出之经济，与外界市场之经济，往往相差甚远，例如埃奇沃斯议论之错误，即其良例。①

　　所幸数理的经济学家，多数为出类拔萃的思想家，如埃奇沃斯即其一例，彼等之所以能阐明纯粹理论上之疑难各点者，其得力于数学上者小，② 得力于锐利的分析能力者大。若是，数理的经济学家之所以极有贡献于税收之归宿问题者，无他，其素有分析能力者然也。

　　吾人对于此冗烦之工作，于兹告一终结。就吾人之所已知，税收归宿问题，为学者最先注意之一经济问题；因其研究之困难及其重要，故迄今日犹不失为经济学家欢喜研究之一问题。亚当·斯密以前之学者，除少数特出例外外，仅论到此大问题之一面，而且欲使其讨论与未定的实际的立法政策相关连。往古学者之见解，殆为后此各种学说之胚胎，此往古学者之见解之所由述也。降至重农学家及亚当·斯密崛兴，则见其见解较前人为阔大，所论原理始以新经济学之基本理论为基础。重农学家关于财富之性质及生产之原理以其独持一种特别之见解，故其归宿之学说，价值大减。斯密、李嘉图二氏实导此学研究之真正起点，而明示将来研究以真实方向。

────────

　　①　参阅推证头等火车票之课税可以减少头等以下各等车票之票价之提案（见《经济杂志》卷七第230—232页）。由数学上可以推出一种税收之赋课，其结果可使未课税及课税之物品之价格低廉。呜呼！此种数学，世界各国掌度支而穷于筹款者，将感荷此计算而不尽矣！

　　②　常人当同意于昭厄特（Jowett）之所言，昭氏在其致友人书中，曾云："吾希望阁下之所作……勿作使人完全不了解且非用符号不能表明之文字。阁下当忆余固常厌恶数学上之公式也。阁下或以吾懵然不懂此种真确之公式之故；但……窃思古来学者之欲以数字图表表明其意者，已屡致失败，而且必致失败，此盖因数字与图表决非实在之事物也——不确定之事物，有时可以确定事物说明之，但决不能以确定事物估量之。"——见《昭厄特之生平与信札》（The Life and Letters of Benjamin Jowett）。系阿保特（Abbott）与堪颁布尔（Canpbell）所编，卷二第315、316页。关于其他见解，可参考埃奇沃斯著《数学的物理》（Mathematical Physics）及《皇家统计学会杂志》（卷五二第一篇第538—576页），登载埃氏"论数学在经济学上之应用"（On the Application of Mathematics to Political Economy）之一篇演说词。

虽然二氏对于其他问题，亦类如此，固不独本问题然也。二氏之说，诚有待于完成与一部分之修订，惟必仅以晚近所认为二氏一般经济理论之应行修正者为限度。

斯密、李嘉图二氏所持归宿之学说，乃因学子注意其他二说而未见信于人，此二说者，即平均分散说与还元说是也。如吾人之所已知，平均分散说初为法国学者所倡导，不久广及他国，一时此说殆风行一世，翕然称盛焉。溯此说之所以如此风行者，其主因当由于此说外观上之单纯，而一般持保守主义者，亦概欢迎此说以为现实社会秩序之辩护。但一二敏锐思想家认识此说可有乐观悲观两种解释，后来激进派乃用新武器以抨击此说，此说之势力，遂呈衰落之象矣。然此说之所以完全失败者，乃因世人渐知其前提有重要弱点故也。至还元说一时亦曾引起世人之注意，惟此说原适用于土地税之研究，其决不能完全推倒旧派一般理论也明甚。

继此而有许多学者继续研究此问题，而且多少沿用旧方法，此层吾人已知之矣。就中为折衷派学者先作有价值之启示，嗣后每隔10年，则见见解之范围愈阔大，对于先进学者所疏忽之各点，亦愈渐注意，惟因其时新分配论尚未完成，故其结果亦仅有一部分之满意。其次又有二种较不重要之学说，一为消极说，乃为视此问题为太复杂而终难得到满意之解决之学者所倡之学说也。二为社会主义说，为自以为已经发现税收归宿说之真正的社会意义之改革家所持之学说也。然而斯学之真实的继续的进步，当推数量说之学者，此派学者着重于纯粹理论之数量关系，而其结论至少有一部分根据于数学方法。然是纯粹理论之一般原则所受之欢迎与时机，亦遇有障碍。一方面，因多数学者常常视纯粹理论与在静态下之定律理论为意义相同，因而不注意于摩擦之各种元素，或在动态下经济律之作用。他方面，因许多著者仅述到税收归宿之一般定律，中间不过举出一二之说明以点缀之以自足。若夫研究最重要之各种现行税收而细细寻求其归宿何在者，求之此派学者未尝有其人也。

然则税收转嫁之学说，仍有待于吾人之完成也明甚。吾意居今日而研究斯学，实无完全改革或改造旧说之必要，岂特无此必要，抑且为不可能。实则学说之多数——曰否，实则大部分——自其首创者倡始以来，中间已经过系统的发展，绵绵延延，以至于今日；理论中却有不少赘疣处，宜删去之；却有不少罅漏处，宜补苴①之；如斯而已矣。至最新分配论出，而转嫁之原则，须有一部分之修正；此外又因顾到此问题之实际重要，故应重述此全部问题，而吾人所论，虽不可不顾到此问题之理论方面，然亦须时时切记如何应用于实际生活上各种问题而后可。

---

①　补苴(jū)，缝补，弥补(缺陷)。——整理者注

第二篇　税收归宿之理论

第一章
一 般 原 则^①

第一节　一般研究

　　税收转嫁之问题，原为价格之问题，解决此问题，即欲发现税收之赋课，对于个人收入与支出有无影响及影响如何；换言之，即欲确定经济交易上之二当事者——买者与卖者——究由何人负担税收之谓也。故研究此问题显与仅仅论到生产者与消费者间之关系者不同。夫卖者诚亦可为生产者，然卖者并不由自己之生产，而向他人购买而得者，亦未尝无之也。兹姑勿论其关系如何，然言研究之要点，是为物价因课税而果涨高乎？若果涨高，则涨高至何程度？是故吾人无论研究消费品之价格，资本之价格，抑为劳动之价格，要必论及价格涨高与否与夫涨高至何程度之问题。

　　由此观之，税收转嫁论，实为价值论之一部分，而欲理解税收归宿之事实，胥有赖于价值定律之应用。然价值定律，原在讨论货物供求上之细微变化，此世人之所稔知也。又在经济进步上占一重要部分之生产费，亦因供求关系之变化而影响于价格。然则今兹吾人之研究，不但说明与本问题特别有关之一般价值定律，而且要注

---

　　① 在本章的"第一节　一般研究""第二节　结论"两个小标题，都是根据文意，在整理时添加。——整理者注

意于各种状态，夫此种定律即在各种状态下而作用者也。换言之，吾人不但要论及"纯粹理论"，而且要论及各种摩擦之现象，而此摩擦云者，即阻碍一般定律之作用，且在应用理论于实际生活中之事件时，占极重要之地位者也。

今试举一极简单之例，例如课税于某物，其通常结果，可大略说明之如下：

一税之课也，其始生产费显必增加。新税实施以后，凡在新税未课以前制成之货物，暂时必获因新税而致物价涨高之利益，迨至旧货消尽而后止，其经过之时间固甚暂也。但此期间一过，则生产者均立于同等之地位。因课税必使生产费增加，生产者势必提高其物价以补偿之。若提高之不能，则其利润必减少，而货物之出产亦必为之减缩。在此情状下，其结果不出于二途：或则生产者渐渐移其资本于不课税之工业，或则因资本已固着于某项工业，事实上万难移转，则凡在课税前仅足维持之生产者势必因而歇业，一面因旧业倒闭，而一面又因新资本为税收所阻而不能流入，于是生产品遂呈减缩。抑上述二种情形，无论其在何种情形下，久而久之，其产额之供给必减少，产额既减少，若其货品仍能继续出产，则其价格必增，增则税收之负担，必归宿于消费者。

以上所述，其顺序似甚简单，古今学者之以税收归宿之研究即尽于此者，殆不在少数。顾上之说明，实际上真确到何程度，及税收转嫁于消费者到何种程度，全视许多重要研究而定，非然者，苟不注意于此种研究，则不但使任何理论的诊断，皆归失败；而且不能应用于日常生活之事实矣。

在应用价值一般定律于税收时，主要之研究如下：

第一，物品系耐久的抑系易坏的？

第二，物品受独占法则支配抑受竞争法则支配？

第三，税收系一般的抑系特别的？

第四，资本能完全移动否？

第五，物品之需求有弹性否？

第六，生产上利便之不同影响于供给者若何？

第七，物品之生产费均一乎，递增乎，抑系递减？

第八，课税于边际抑课税于剩余？

第九，税收系重税抑系轻税？

第十，税收系比例的抑系递变的？

第十一，课税品系精制品抑系粗制品？①

第一项　物品系耐久的抑系易坏的？

所谓税收之还元或偿还之现象，胥视乎此区别以为定。

当课特别税于某种物品，而其他一切物品皆不课税之时，则在某种情状下，此税将全归此物之原主负担——即归课税前之所有者负担——而不归未来之买主负担；盖税收之还元价值将自物品之资本价值中扣除故也。例如假定投资之普通利益例为 5 厘，若课 1 厘税于铁路债票，则此种债票之市价，将由面价而降为 8 折，于是新买主实无税收之负担；此盖因每张百圆债票之纯利虽仅 4 圆，然其投资之利益仍为 5 厘也。百圆之 4 厘，适与 80 圆之 5 厘相等。依同理，课不相等之税于各类物品，税率较重之货物，其税率超过于普通税率之部分即还元。故凡将来购买此类物品者，将各免除由此税率差异而生之负担。于是税收将归此物之原主负担，原主财产之价值将不免为之减少，其减少之数适与税收过多部分之还元价值相等。反之，已课税于他种物品，今若独课税率较低之特别税于某类物品，则其较低之税率即还元而加此还元价值于原主之财产中。试再引前例以说明之。假定一切铁路债票均课 1 厘税，而且均依 8 折发卖。假定因某种理由，某铁路公司债票独减半征课，其税率减为半厘，则此债票之市价即涨至 9 折发卖。在此种情状下，惟物之原主而非买主独获税率减轻之利益，亦犹如在前例中惟物之原主而非买主独

---

① 参阅格累齐阿尼所著之《税收转嫁论》。

受税收之痛苦也。在货物之价值减少时，则用"税收之偿还"（amortization of taxation）之名词为适当；在货物之价值增加时，则用"税收之还元"（capitalization of taxation）之成语为适当。此外又有更适当之名词，是为税收之"吸收"（absorption of taxation），意即谓税收吸收于货物之资本价值中，故云。

吾人要问：必在何种条件下而此现象始能实现？欲答此问题，当注意于下列四点之研究：

第一，税收必为特别税或不均一税。

第二，税收必课之于有资本价值而且有收益年额之物品。

第三，税收必课之于性质耐久之物品，其消费期间甚长足可预算其各年所纳之税额者。

第四，税收必非课于生产上所用之物品而能转嫁于消费人者。

第一，当必假定税收之不均一，此殆显然。盖各税间若无差额，则自无所谓还元。故此说仅能适用于特别税，或税收之比他税多出定额者。是故税收之不均一者，实还元之基础也。

然必确定不均一之意义。税收还元为其他因利率之不同而成的一般还元之一种。收入常依某种利率而还元，即财富之流动，将因依一定利率之还元而变为基金。虽在某时，吾人可说一般之利率，然各种有资本价值之财货将依各种利率而还元。例如甲乙两种债票，均依面价发卖，甲种利率3厘，乙种利率6厘，其3厘可谓之纯利，至乙种债票多出之3厘，乃预防此种债票之风险，或因于其他各种顾虑，换言之，若用保险学上之名词，此3厘即为额外保险费（loading）也。夫税收之均一，常有纯收入负担均一之意义。如上例，乙种债票之额外保险费等于其纯利。假定征收一分之所得税，则乙种债票之收入减为5圆4角，由额外保险费负担3角，纯利负担3角，纯利本为3圆，于是遂减为2圆7角。而甲种债票之收入亦减为2圆7角。故此二者之资本价值，无所变化。假定课1厘财产税于此两种债票，则甲种之收入减为2圆，乙种之收入减为5圆，而此二者之纯利率遂不均一。因在此情状下，乙种债票之额外保险费与纯利各减为 2 圆 5 角，至甲种债票之纯利则减为 2 圆。若欲使二种债票负担均一，则甲种债票之纯利率应为 2 厘半，其结果若乙种债票仍依面价发卖，则甲种债票之资本价值，应降至 8 折发卖，盖必如是而其纯利始为 2 圆也。此种外似的均一财产税，实为不均一的所得税，而且此理亦可推之于不均一的税收而皆合。余故曰促成税收之还元者，乃税收之不均一也。[1]

第二，货物必有资本价值，而价值可有减少性质者。例如土地即属于此；实在言之，还元说之发生，原由于土地税之研究也。[2] 土地而外，凡其他货物其市价若等于收益价值之还元而其还元乃定于几何年间之收入额者，则此说亦得适用之。但此原则不能适用于一般所得税、工资税或人头税，因在此等及其他相似情形下，均无受还元或偿还支配之资本价值故也。

第三，课税品必为较有耐久性质者。关于此点，非常重要，故本节首即揭明此点，以示重要。夫税收有仅限于一次付纳者，有不止一次而年年付纳者。若税收仅系一次付纳者，则自无还元之机会，例如美国南北部战争时联邦国所课之直接税，是其一例。又若货物之性质非常短促，不待第二次课税，而此物即被消费者，则亦显无还元之现象。例如所谓间接货物税，即是。若课税于麦粉，则此税常转嫁于消费者。但若物品耐久而可经过屡次之课税，又若年年所课之税率大约相同，则预期的年年税额即可一次总付，而使课税品之资本价值发生变化。若货物能有永续的收入或使用——如土地或永久债票——则在课特别税或不均一税于此种土地或债票时，此土地或债票之价值，即依永续年金之现率而低减。凡物品之性质愈耐久，则还元之机会愈大。

第四，若课税于生产上使用之物品，则此税足以使生产品腾贵，而不能使生产品之原本价值减少，于是此原则遂不能应用。如课特

---

[1]　嘿兹教授（H. G. Hayes）在其所著"土地税还元"（The Capitalization of Land Tax）一篇上，未能体会此理。其文登在《经济学季刊》第三十四卷（1920 年）第 377 页。

[2]　此说应用于农业用地，可参阅本书第 287 页。（新编在第 209 页。——整理者注）

别税于铁，则凡以铁制成之器具必贵，于是此税遂转嫁于消费者。吾人若以税收之转嫁为前转于他人，则还元即为方向相反之转嫁。若税收为前转，则不能有还元；若税收为还元，则即不能为前转。是故还元也者，含有资本价值低减之意义；而此资本价值之低减惟当税收归原有者负担时而始实现，换言之，即当税收非前转于他人时而始实现也。

复次，若吾人推广转嫁之概念，而包括前转、后转二者，则吾人可称还元为转嫁之一种。盖就吾人之所知，继续年年纳税而未尝负担其税之新买主，在某方面言之，可以说退转税收于原有者，新买主诚纳其税，但彼于购买时，已由原有者扣除将来必须缴纳之一切税额矣。惟此例与商人退转其税于生产者之情形不同。即在后者其税仅一次课于即行消费之物品，而在前者则课全部税收于性质耐久之物品。后者系一税之后转，前者系全部税收一次之后转。因还元含有价格之变化，其变化与一切预期税收之资本价值相等，故还元自不可与转嫁混同。

又有所谓税收之吸收者，亦必具有以上四种之条件，而且在税收归宿研究中，亦为一重要之问题。税收之吸收，由于税收之不均等，而其结果乃为财产之没收，或无偿赠与。

第二项　货物受独占法则支配抑受竞争法则支配？

从纯粹理论上观察，此种区别殊关重要；晚近最新价值律，对于独占业与竞争业界限之区别，亦非常严格，良非无故。又从实际生活上观察，此区别亦极重要，时至近代，盖凡属于独占范围之货物为数甚大，而且有骎骎然①日增之势。虽自然的独占业在近代上已诚不较多。然不但法律上之独占业如受特许权及版权保护之业而日益增多，即所谓经济上之独占业——即工业因经济律之作用其资本

---

　　①　骎（qīn）骎然，发展迅速的样子。——整理者注

日趋集中，竞争渐归消灭，及达于完全独占地步而后止——亦为数日增，而占重要。其显著之例，第一，如所谓都市独占业——如煤气、自来水、电灯及市街铁道等业；第二，如铁道、运送、电信及电话等业；第三，如行托拉斯组织之近代各种企业是已。

独占业与竞争业之根本差异，是为在独占业其价格不定之于任何边际生产品之生产费。独占者在定价时之重要考虑，即所定价格以能获得最大纯收入，而且限制其产额俾能得到此最大独占收入为标的。彼独占者之所以异于竞争状况下之生产者，无他，即独占者能支配其产额是也。从此事实而税收转嫁之法则，亦于是乎大异其趣，以下推论各种原则时，均必先行区别独占状况与竞争状况。

第三项 税收系一般的抑系特别的？

一切税收归宿论上所论之各税，殆莫不假定为特别税。为便于理论上研究起见，此种假定自属适当，岂特适当，抑且非此不可也。盖吾人研究一种税收，必离开其他各税而独论之而后可以明了任何单一力之作用。顾所得结果在假定上往往十分真确，但一应用于实际生活则殊不尽然。例如吾人研究特别税如房屋税之效果，所得结论在假定房屋税而外，并无其他税收时，固属真确，但实际上房屋税不过各种税收中之一种，此一事实，即可使吾人精细研究之结果，立告无用。假定其他之条件不变，凡税收愈普遍，则纳税者移往课税以外之范围愈窄狭；反之，若税收愈不普遍，则税收转嫁之机会愈大。

第四项 资本能完全移动否？

依常理而言，投资于某种事业而不能得到普通报酬者，则其人必移动其资本于其他较有利之事业。此种假定，因其基于最少劳力之原则，故常真确。人类从事经济行为，必常欲以最少之费用得到最大之报酬。故经济人无不随其获利之机会而常移动其资本，有从此地移至彼地，有从甲业移至乙业。

顾有时纵欲即行移动，而事实上窒碍难行者。譬如资本固定于某业，资本主于此若欲改业，实有得不偿失之虞。若投资于某业，而毫无所得，则新资本自皆不投于此业；夫他业兴盛而此业资本独不增进，其终也，仍与资本由此业而移至其他较兴之业者，无以异也。无论何时，无论何业，资本移动之难易，皆有无限之等级。最易移动者，莫如证券交易业，其移动殆为十分自由；最不易移动者，莫如农业，凡用以改良农业之资本，殆完全不能移动云。

资本移动困难之原因，除上述外，尚有其他不重要者。例如资本家之愚昧，移动时之风险，人事之牵涉，与夫法律上之障碍是也。[①] 但不论其原因如何，凡课税于任何业之资本，其移动愈难者，则其税收之转嫁愈难，转嫁之进行亦愈缓。

第五项　物品之需求有弹性否？

前述之一般理论，均未论及需求之状况，盖假定需求之状况为不变者也。虽然，此种假定，亦非为唯一之假定，此则显然。为充分研究物价因课税而生之变动起见，故必从有效需求（effective demand）方面细细研究而后可。

夫所谓物品之需求有弹性云者，意即谓物价一有变动，需求即生变化是也。详言之，即若物价贵则需求减，物价贱则需求增。因人类之欲望及满足欲望之能力，其差异至为不同，故各物需求之弹性，其大小亦随之而至为不同，此就需求有弹性而言也。至若货物之需求为不变者，则其无弹性可有二种形式。其一，需求为固定者，故需求恒无增减。其二，价格增加，需求全灭。吾人必须研究三种情形，兹就无弹性之需求分为甲乙两项而先论之如下。

———————

① 参阅下面第四章 B 第二节。马歇尔教授归纳此概念而言曰，此则胥视乎"一般元素之流动性、黏性或刚性而定。"见马氏著《工业与商业》（Industry and Trade）第411页。

（甲）若课税于某物，而消费者必需某物，而且不论其价格如何昂贵而皆愿意购买者，则某物之需求即不减少。苟遇有此种不变之需求，则其物价必适依税额而增高，于是消费者将担负全部负担矣。惟实际上仅有少数物品如此。在许多实例中，物价可非常涨高而无大影响于其需求者。例如绝对必需品，及珍贵奢侈品颇为如此。夫人1日不食则饥，7日不食则死，使人群而不欲饿死也，则对于绝对必需品之需求，自不易于大减。课税于此种必需品，其效果实足以使享乐品或次要必需品之需求减少。盖绝对必需品之需求，全系于人口之多寡，而非系于物价之贵贱也。至于珍贵奢侈品，苟非税率极端过度者，则税收殊不足以大影响于此种消费。豪富者之愿意购求此等奢侈品，当不甚如财力较差者之易因价涨而不肯购买也。诚然奢侈品之价格，若确已减少，则此物必由奢侈品类降而为享乐品类，人反因其不珍贵而不愿购买，故其需求反有弹性。至若奢侈品仍昂贵如昔而成为真正奢侈品者，则其需求必较无弹性。由此吾人实可定出一般定则曰，凡必需品与珍贵奢侈品之价格，虽有大变动，而其需求之变动则甚微；至于普通享乐品，其价格若稍有变化，则其需求即生大变化。[1] 故在前种情形下，纵课特别税于绝对必需品与几种高贵奢侈品，然因经营此业者仍获相同之利润，故少资本移动之事情，其极也，税收将全部转嫁于消费者。[2]

---

[1] 多数学者若瓦尔拉斯（Walras）在《经济学原理》（Elements d'Économie Politique Pure）二版第519页上，不但未尝有此辨别，而且未尝明示一般奢侈品与一般必需品之异点。惟库诺在其《论如何以数学原则来研究财富》第162、163页，及《财富论原理》第306页上，已注意及于高贵奢侈品与绝对必需品之类似点。关于奢侈品与享乐品需求之弹性问题，可参阅奥斯匹次与利本所著之《价格论之研究》第44—53页。其书之68—73页，则论税收之影响。学者亦可参阅马歇尔在其《经济学原理》五版三卷第四章上之所述。

[2] 潘塔莱奥尼在其《税收转嫁论》第115、116页上，主张在有效需求之极点尚未达到之时，税收由生产者与消费者分担之。其议论大致以生产者之利润减少，则生产者将移其资本而投之于他业,此种资本之大大增加,将遍使已课税及未课税各业之利润均趋减少。因之,生产者所得之利润亦较前减低。潘氏所论,似有谬误。各业资本,何以移转,此理殊难明白。吾则以为在有效需求之极点尚未达到期间,生产者仍可因课税而抬高其物价,故此时生产者之利润,决不有所减少云。

　　此理实际应用于绝对必需品与珍贵奢侈品上，仅有一部分之真确，今若应用此理于所谓补充货品（complementary goods）上，则可更精确。盖即就奢侈品而论，通常购买者常立于犹豫不决之境，买乎不买乎，二者交战于胸中而莫定，有时买主竟因奢侈品之腾贵而中止购买，或竟购买其他代用品以代之，故言奢侈品之需求，仍有多少弹性在也。至若补充货品则不然，常见工业上之企业，须用二种或二种以上相互为用之货品，而生产上之目的始可完成；否则若不以此而补彼，必不免有极大之损失。是故笔墨之于纸，针之于线，车之于马，弓之于矢，皆为互相补充货品之实例，此固吾人之所熟知也。[①] 各种大规模之工业，殆皆有类此补充货品之各种等级。诚然如上例所举之各种补充货品，自不难觅出其他代用品，但在购买者必得另用代替品以前，补充货品之价格，其涨高当必过于寻常货品之涨高也。苟仅课税于二种或二种以上补充货品之一种，则此货品之需求，几为无弹性。故课税于二种补充货品之一种，则因世人难觅其他代用品之故，于是此税之大部分，势必转嫁于消费者负担云。

　　又有一点足值注意者，即课税于补充货品之一种，其一之价格涨高，而他一之价格则反跌落是也。假定甲乙二物，甲物为乙物之代用品或竞争品，若课税于甲物，则甲物必贵，贵则购买减少，向之需用甲物者，今则必转而需用乙物以代替之矣，于是乙物之销售顿增，增则价格以增，惟所增者甚不如甲物所增之多耳。若是课税于甲物，而甲乙两物之价格均趋增高——甲物所增少于税额，而乙物所增，则少于甲物所增——此课税于互为代用品二物之大较也。然若甲乙二物为补充货品，用甲必乙，用乙必甲，二者之需求互为关连，故甲物因课税而致价涨者，决不能使乙物之需求有所增加，因而其价格亦不能有所涨高。反之，若甲物因其价涨而需求减，则乙物之需求亦必随之而减，乙物之需求既减，又因无税而不能增

---

　　① 参阅庞巴维克所著之《资本实证说》(The Positive Theory of Capital)卷三第九章。

价，于是乙物之价格遂跌。由此观之，二种货品之为互相竞争者，若课税其一，则二者之价格均增；若二种货品之为互相补充者，若课税其一，则其课税者之价格易趋增加，而其未课税者则易趋于跌落云。①

（乙）吾人既已论述无伸缩需求之第一种情形矣，次乃述及第二种之情形，即在课税以前，货物之价格已达于有效需求之极点，若商人于课税后增高其价格，则此物之需求，必濒于息绝之境。虽此种情形，揆之于实际生活，殊属稀见，虽只能代表理论上之可能，而不能代表实际上之事实，然此问题终可值得吾人之讨论也。凡物价必依习惯而出卖，否则必无人顾问；故物价不能提高。在此种情状下，税收不能转嫁：生产者惟有自行负担税收之全部。久而久之，此项生产必逐渐减缩。因旧生产者既蒙受损失，则自无新资本之投入，于斯时也，就令产额减少，然价格亦不能增高，何也，此盖依吾人之前提，消费者实愿不消费而不愿买此高价之物故也。故课税于此种货物，其结果将使此项生产，完全停歇。凡投下固定资本于此业者一时必受损甚巨。故此种税收，万无转嫁之理。

（丙）第三，关于有弹性之需求，如在较贱奢侈品及一切享乐品——即一般大多数货物——如在课税前之旧价低于一部分消费者所愿出之最高额，而在课税以后物价涨高至一部分消费者所能出之价额以上，在此种情形下，税收将由生产者与消费者分担之。惟两方所分之孰多孰寡，就此范围以内而论，则胥视需求之弹性如何而定。是故需求若愈强，则生产者所能增加税收于物价之数额愈大；反之，若需求之感觉愈敏锐，则其所能增加数额愈少。换言之，若需求弹性愈大，则消费者所处之地位——假定其他之条件不变——愈占优胜云。

---

①　埃奇沃斯教授在《经济杂志》卷七第 45 页上，不但如本书辨明竞争货品（rival commodity）与补充货品，而且辨明补充产品与竞争产品（rival products）之异点。埃氏谓补充产品系连带产品，其货物系供给上连带，而非需求上之连带云。此种术语，不能谓为极佳之术语，因由此术语之含义，显有产品与货品不同之意故也。

　　然而价格上种种变动，最后当定于供求之关系。夫价格因于需求之弹性而起之种种变动，既已论之于前矣，然则因供给之弹性而起之变动究如何？吾人不可不一论及之也。

　　吾人最先所要讨论者，即关于在供给不能增加之状况下之各种变动，此则较不重要。凡物之供给不能增加者，如古董、古玩、特种葡萄制成之葡萄酒等是也。因此类物品不能应社会需求之增加而增加，故利益不能如何之大，其供给当为无弹性。在此种情状下，税收所能转嫁于消费者之多寡，一随上面（甲）（丙）两项所述之条件而定。

　　然通常货物之供给，总有多少弹性，惟影响于供给弹性之条件则较影响于需求弹性之条件为复杂。吾人可定下一定则，此定则唯何？即供给之弹性系于下列二条件：其一，生产上利便之不同影响于货物供给之程度；其二，生产品与生产费之比率，或支配工业之报酬法则。吾人已言供给之弹性，系于此二条件，则在未论到此二条件前，吾人自不能预断供给之弹性正比例于抑反比例于此二条件而变动也。是以吾人即于本章六七两项论述此问题焉。

第六项　生产上利便之不同影响于供给者若何？

　　此区别乃为物品依同一生产费而生产之情形与夫依不同生产费而生产之情形间之区别。吾人必先注意此区别之性质，而后始可进而研究税收之归宿。

　　通常生产者之能力必不相齐，机会必不相等。当某物之相同单位依同价出售之时，则凡生产者之技艺较高，工厂地位较便，与夫外界原因之凑集较巧者，其产品必较他人为低廉。苟在静态社会，换言之，假定供求无变化，人口无增减，制造方法无变更——在此等状况下，则知物品之经常价值，不定于平均的生产费，而定于最高的生产费；换言之，经常价值势将与最高生产费相等。若生产费不同之货物，仍能供应社会之需求，若供求关系无变化，价格仍定于最大生产费，则凡生产费用较低者即可获利。若价格定于最大生产费，则最小生产费与实际价格间之差数——换言之，即处于生产上最不利便的生产费与处于最便利的生产费间之差数——即为生产者之剩余或利润。

然在实际生活之状况下，此种假定，决难存在。盖真实状况乃动的而非静的也。社会上人口既变动不居，而购买者之欲望又时有变化，则需求自有不断的变动，此就需求方面而言；至在供给方面，亦因工业上之变化而时有盈朒①。故在此变动不居之实际状况下，其状况自更形复杂矣。

竞争工业之寻常径路有可得而言之者如下。无论何时，货物必由多数生产者携至市场依定价出卖。强有力之生产者，或新营此业而有雄厚之资本、改良之机器或在其产品运送上有种种之便利者，必竭力增加成本较低之产额，思有以攫夺市场之销路。若产额一有增加，则价格必趋跌落；此新生产者所获利润之百分率，虽不如从前之大，然因其销售增加，故其利润之总数，当可倍蓰于从前也。若廉价之货物一增加，则凡立于有利的生产边际上之弱小生产者必大受其害，此则显然。无论何业，必常有仅能收支相偿之生产者，此等生产者，其机器腐窳②不堪，其资本亏损殆尽，其活动力与智识已成时代之落伍，不复能适应当日之环境，其从前所获之利润，藉令有之，则已化为乌有矣。然而若辈仍继续挣扎，于绝望中犹冀万一以待之，而且坐吃资本，即在无利可获之期间，犹愿勉强挣扎；抑或若辈已投下极大资本于难以变卖之房屋与机器，不得已乃错用簿记法以自欺，不注销财产与机器之折旧，而算出有名无实之利润；又或若其建筑占居良好之位置，则若辈又强以真可归入地租之收入算作营业之利润，若是其所得利润，乃以地主之资格赚得，非以企业家之资格赚得也。顾无论如何，若辈终必有宣告结账之一日，迟

---

① 盈朒(nǜ)，意思是"盈亏"。——整理者注
② 腐窳(yǔ)，意思是"败坏"。——整理者注

早生产者终必觉悟其所投资本无利可图之一日。于是始停止此项货物之生产，而其地位遂为强有力之企业家所取而代之矣。

在一切工业进步上，必常见有生产者间新陈代谢优胜劣败之不断变迁。一面新资本固不断流入，一面失望者则不断退出。故在动态之下，经常价值日趋于生产上最利便之生产费，而不趋于生产上最不利便之生产费；换言之，即倾向于最低生产费，而非倾向于最高生产费也。惟在某时间内，暂时的需求价格，则定于最高生产费——一如在静态之假定下，盖无论何时，必有不幸的生产者之仍行出产故也。惟至次年，则此不幸的生产者必被淘汰，而其营业必为能低廉生产之生产者所攫夺。凡货物之为静态下必要供给之一部分者，则其在动态下必变为实际的暂时的供给之一部分也。

故在实际生活中，生产者由竞争所得之利润，其性质必系动的。此利润之所以能存在者，盖因某时间内企业家中有能较其他立于边际上或无利界线（no-profit level）上者之生产费低廉故也。但此种边际或无利界线，不但时时变化，而且在进步之常态中，继续下降。在此等状况之下，所生产之各种货物——实即一切竞争品——其利润乃代表生产上利便差异之结果。此种差异，可括分为四项：工厂之于市场有远近利便之别，一也；机器及生产方法有良窳优劣之别，二也；生产者能力有高下之别，三也；机会上有幸与不幸之别，四也。

无论何时，若某一类一切货物依同一生产费而生产者，则生产者所获之利润，实系独占利润，而非竞争利润也。是故不但依同一生产费而生产之有利生产事业者必为独占业，即所谓独占业者，亦必为依划一生产费而生产之生产事业也。兹姑就后者而先述之。

独占业或由单一生产者独占，或由多数生产者之团体独占。若归一人独占也，则其生产费之划一，自不待言。若归多数生产者之团体独占也，初视之，似不能得到同样之论断。夫生产者组织之团体，有所谓托拉斯或普尔（pool）者，其团体组成以后，生产者间才能上机会上之不同，虽仍存在如故，但从处最不利地位之生产者加入托拉斯之事实观察，则知价格不复定于边际生产费，盖不如是，则处最不利之地位者，将仍无利润之可获也。就事实上观察，托拉斯或普尔之寻常协约常规定：总算团体中各组成员之一切开支与收入，所得润余，按照一定百分率分配于各组成员。故就生产上言之，各生产者之一切生产品，虽未尝依划一生产费而生产，然就经济上及就各生产者之相互关系而言，则谓为依同一生产费而生产者，亦无不可也。

复次，依同一生产费而生产之有利生产事业，久而久之，必变为独占业。夫在竞争状况之下，某一时间各生产者彼此之才能，诚或相同，所属条件，亦或同一，在此种可能的情状下——唯一种新兴事业，大概如此——各个货物自依同一生产费而生产。然因价格不能永高出于生产费，故各生产者自不能有永久不变之利润。若生产者均有利润之可图，则因竞争必诱起一人廉价出售，以冀销路广而利润多；否则亦必有新生产者加入竞争，从而削价出卖也。于此而欲维持旧价于不变，唯有限制产额之一法。一旦限制产额之方法实行，则自无所谓自由竞争，而独占之形式，于是出现矣。由此观之，不但独占业含有依同一生产费而生产之意味，即依同一生产费而生产之生产事业，殆必为独占业也。[1] 至于竞争利润则必为变化的生产费，此则吾人之所已知也。

在几种竞争工业中，有在生产上占极利便之地位，其不同之利便大于他业远甚者，当此等不同利便大时，则强有力生产者之利润必高；当不同利便小时，则彼此间之利润差额必微。凡工业愈古旧，或生产条件愈单纯，则利润之差额亦愈小。此外吾人必须记忆者，即在生产上之不同利便大时，则利润亦大，此盖因最强有力生产者之最低生产费与定于最高生产费之价格，二者存有差额故也。苟无生产上之不同利便——独占情形下，大概如此——则因能自由限制其产额，故其利润甚高。故在此情状下，其利润不系于他人之竞争，

---

[1] 潘塔莱奥尼在其《税收转嫁论》上其所论利润税之议论，乃以普通利润与剩余利润之区别为根据，殊不知依同一生产费而生产之工业必为独占业也。格累齐阿尼在其《财政学》上第342—344页，贸贸然似亦附和潘氏之见解，而陷于谬误云。

但系于最大独占收入之条件如何。——换言之，即系于需求之弹性与生产品对于生产费之比率。

课于受竞争法则支配之工业之税收，其归宿受此等条件之影响者如何，吾人乃可进而研究之。

地位较优生产者，所获利润之或大或不大，全视市场上出卖货物生产费差异之大小，此则吾人已知之矣。① 若各种生产品之生产费与市价相差甚微，则不但各生产者之利润小，而且因课税而致生产费之增高，势必使生产费与市价间之差额更小，结果非使生产额减少不可。故课税之后，殆必使生产者限制其生产额而提高其价格也。在此等状况下，消费者势必负担税收之大部分云。

反之，若生产费与价格间之差数甚大，若地位较优之生产者能得极大之利润，则课税之后，产额之减少必不如从前之多，于是物价之涨高，亦不如从前之甚。在此情状下，价格与最低生产费间之差额甚大，故占优势之生产者，其初感受生产费递增法则（如下节所示）之影响，亦不甚大，此即因占优势之生产者因劣等生产者之歇业即可乘机而攫取其营业，可有获利之望故也。斯时市场上之供给甚且不因课税而有所减少，唯与未课税前有一异点，即课税后边际生产费因加上一部分税额，故比前略大，故课税后之结果是为劣等生产者之宣告失败；但占优势之生产者，其利润亦确稍减少，而税收转嫁于消费者亦比前为少云。

依上所述，② 供给之弹性，不但定于生产上不同利便及于供给之影响，而且定于生产品与生产费之比率，本书既已说明第一条件如上矣，今乃进而讨论第二条件。

---

① 卡味教授(Carver)在其所作"税收之转嫁"一篇上〔登在《耶鲁评论》(The Yale Review)（1896 年）第 266 页〕已注意及于此点。惟卡氏结论上所用之字句，颇与本书不同，其言曰，"供给"之弹性全视"收入"之所能影响于货物之生产者若何以为断。收入一词，卡氏意即指生产上不同利便之结果也。惟卡氏所论尚有可议之处，即因其未尝注意影响于供给弹性之其他一点——此即生产品与生产费之比率是也。

② 见上第 253 页。（新编本在第 182 页。——整理者注）

第七项 物品之生产费系均一乎，递增乎，抑系递减？

吾人常见在某几种工业上，或在某种状况下，每次所投之资本或劳力，其报酬殆为相等者。在此种情状下，生产品恰恰与资本劳力成正比例，吾人即称此工业为受报酬均一律支配之工业。凡物品依固定生产费而生产者，其经常价值必有与生产费相等之倾向云。

又在某几种工业上，每次投下资本之报酬，并不相同，但为渐次减少者，吾人即称此工业为受报酬递减律或生产费递增律支配之工业。通常农业即属于此，李嘉图之地租律，即以此为根据者也。至于报酬递减律，在一般工业经过某种利益阶段后，其所能支配到若何程度，则容后论之，兹不详。反之，亦有工业受报酬递增律或生产费递减律支配，直至某点为止者。例如在任何工业上，其固定用费或一定用费，常占用费总数之大部分，若事业大扩充，而此用费并不随之而增。渐次增加资本与劳力，而其报酬势将继续增加至某点为止，其出品之增加，非比例之增加，乃累进之增加也。

此种报酬均一、递增、递减三定律之观念，由来虽久，然其在实际生活上事实之应用，往往为人所误解。世人往往以报酬均一律为常则，以报酬递增、递减二律为例外。然吾人细细研究，则知在寻常竞争企业中，报酬递减律实为其常则也。通常多认农业上之报酬为递减，实则其他工业亦类多如是也。欲明此理，则不可不稍稍详细研究报酬递减、报酬递增二律之真正意义焉。

报酬递减律之作用，不外二种。其一达到某一点后其生产并不与其所费之努力相比例，而所投资本劳力新"分量"之报酬则渐次减少，此种事实，凡经营一般农业者，类能知之。土壤之肥沃，虽可藉肥料而不致于退化，甚且可藉新耕种方法之发明，而土质得以改良；然终有一定限度，已达此限度后，其产品之增加，总不能与劳力资本之增加相比例，其报酬与所费劳力资本比较，终觉减少。其二，可引矿业而说明此律之作用。采矿者所出之矿产，虽年年相同，然开采矿产之资本，则渐次消费以尽。至一定期间后，不但矿产宣告采尽，即出品渐次增加之希望，终成泡影。吾人试以逐年所得之出品依生产率而还元之，其和即等于原资本之总额。此理若以普通商业之名词言之，即吾人必得有资产或机器之折旧——若继续长期使用，则资产与机器之价值，殆必至于完全耗尽而后已。在报酬递减之第一种情形，例如农业，其实际产额，逐年减少；在第二种情形，例如矿业，或经营不良之森林，其出品虽年年相同，然其投资之实际报酬，则继续减少。故在此二情形下，生产费皆比例增加。

至于生产费递减律或报酬递增律，吾人在寻常工业中，亦见有此二情形。溯报酬递增之主要原因有二：其一为企业之集中；其二为天择。然则此二原因之作用究如何？

因小企业集中成大企业而生产费遂以节省，此为晚近习见之事实。在一切大资本之企业中，其固定用费较不定用费为大。经费中有一部分必随事业之扩充而增加者，亦有一部分不拘事业之为大为小而常为同一者。实在言之，在多数事业集合为一时之用费，实际常较各个事业特立经营时之用费为少。至某点为止，能使资本与劳力之增加者少，报酬之增加者多。夫吾人之所以必云至某点为止者，良以生产费递减律终有失其效力之一时故也；不然若生产费永可减少，则生产岂非可致于毫无生产费之时乎？此不通之说也。

然企业集中并非为报酬递增之唯一原因，此外更有因于天择者。在竞争状态下，劣者常为优者所战败。在工业进步之常态下，边际生产者——即仅能勉强支持而不致于借债者——常陷于失败之境；优胜劣败，劣者之地位遂为优者所夺取。然而技术之进步，一日千里，今日占优胜者，安知来日之非为劣败者耶？故此新边际生产者暂时虽因其廉价出产而能维持其地位，然不久亦即被人淘汰。如是递更，新陈代谢，此即所谓天择是也。每当事业一次进步，即有一次变更，每有一次变更，其生产费即有一次低减，因之社会享受价廉物美之利。而此较大之效率，即显示资本报酬之递增。故在工业非停止进步或非退步之状态下，企业家之自然淘汰，殆即可使生产费递减也。

今试分剖实际商业社会之事实，则知各种企业中常有两相反对之力相杂糅，一为助长报酬递减之动力，一为助长报酬递增之动力，此二动力之大小，随各业之趋向于独占或竞争而不同。

例如在任何企业中，其因于集中而费用节省与因于生产者之自然淘汰而生产费减少之利便，假定与增加产额上之困难、及推广销路上之障碍之弊害两方差相等。在此等状况下，其助长报酬递增之动力，与助长报酬递减之动力，可谓两相匹敌，结果即成报酬均一之势。在此等状况下，谓优者不能增加出品因而逐渐驱逐劣者而获到独占者，殊无明显之理由。优者虽依均一生产费而生产，利润之百分率虽属同一，然其所得利润之总额，将随生产增加而增加。夫出品之增加，原无严格之限度，生产者愈占优势，则愈能充实资本而推广其事业。故生产费均一律之必使工业趋向于独占也无疑。

又若假定工业受报酬递增律或生产费递减律之支配，则此工业趋于独占之倾向更强。若非其报酬之递增不均一，因而劣者仍能与优者并立经营，而且仍可供给其出品，则此优者之能垄断市场者必愈速——较前种情形为速。当自然淘汰之经济与企业集中之经济并发之时，则其倾向于独占之速度益速。晚近以来，以人力能战胜自然力，致倾向于报酬递减之动力，多失其效，因此企业趋向托拉斯普尔或其他组合之运动，日趋于显明。

然则报酬均一律及报酬递增律之不利于竞争之存续也明甚。顾在静态之下，竞争工业通常以报酬递减律或生产费递增律为常则；即在实际状况之下——换言之，即在动态之下——竞争工业只可谓在过渡期间暂时受报酬均一律或报酬递增律之支配。均一报酬与递增报酬，均倾向于独占，而尤以递增报酬之倾向为更强；惟在某时间内，某工业正向独占而尚未达到独占之时，始受生产费均一律或递减律之支配。迨夫独占既达，则工业依照其特殊情形而受生产费递减律，均一律，或递增律之支配。若事业依生产费均一律者，则其独占继续之机会，当较依生产费递增律者为更确定，而尤以独占业之依报酬递增律或生产费递减律者为更能确定云。

吾人又进而分析税收归宿之问题，先就竞争工业之情形论之如次。

若竞争工业受生产费均一律之支配，则课税之后，假定其他之条件不变，物价增高之程度，胥视需求曲线之性质而定。是故需求若愈强，则生产者所能加税于物价者愈多。反之，若竞争工业受报酬递增律或生产费递减律之支配（此惟在过渡期间如此，此层吾人已知之矣），则生产者所能加税于物价者自较其在报酬均一时为多。物价若因课税而有所腾贵，则物品之消费势必有所减少。假令生产者于此减少其产额，因假定其依报酬递增律而生产，则减少产额后货物每单位之成本自必较未减时为大（税收不计在内）。但若彼仍能维持边际生产者之地位，则物价终必上腾至与此边际生产者之较高生产费相等。换言之，即物价之涨高，势必较在报酬均一时为高也。若此边际生产者为优者所排挤（在报酬递增状况下优者更易垄断市场）而不能继续竞争者，则此结果自然未必发生。例如优者有时利用税收，少加税于物价，以驱逐旧边际生产者冀得独占市场之利益，及其独占之后，乃复增其格以补前此之亏。但若竞争状况继续存在，旧边际生产者仍能出售其出品，则在竞争继续期间，其价格之增加，势必较在报酬均一时为大。吾人须切记在竞争状况之下，价格常与边际生产费相等，若边际生产费有所增加，则价格亦必有所增加。夫课税而致产额减少，则此时报酬递增律之作用，势必使边际生产费增加，因之价格亦势必增加。

反之，若竞争工业受报酬递减律或生产费递增律之支配（通常如此）——在此情状下，每次出品之生产费较前次为大——则生产者加税于物价之数较在生产费均一或生产费递减时为少。盖课税而物价贵，贵则消费减，消费减而产额减，则在其时每单位之生产费因假定依报酬递减律而生产，故较前为少。在竞争状况之下，因价格定于最大生产费，因而在边际生产者仍在竞争时之生产费较前减少，故其价格较在报酬均一时为低，又较在报酬递增时为更低。

书中理论，可以图解说明之。①

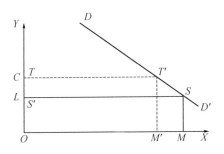

图 1 报酬均一

如图 1，DD' 为需求曲线，OX 为产额，OY 为价格线，OL 为课税前之边际生产费，与供给曲线 SS' 相适应；LC 为在报酬均一时税加于价之数目，故课税后之价格为 OC，而其供给曲线为 TT'。若原价 OL 时之产额为 OM，则其时之总收入为 $OLSM$，在价格增至为 OC 时之产额为 OM'，则其总收入为 $OCT'M'$。

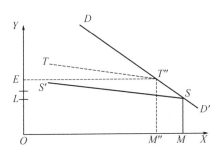

图 2 报酬递增（生产费递减）

若工业受生产费递减律支配，则如图 2，SS'' 曲线作向下形，在课税前 OM 量将依 OL 或 MS 出卖。但课税后新供给线为 TT'' 与 DD' 线交于 T'' 点，略在原点 S 之左上位，故 OM'' 量将依 $M''T''$ 或 OE 价格出卖，即较 OC 为高。

①　原书中此处图解与说明，放在注释中。考虑到内容文字多又有图，放在脚注中不方便，故整理者将其放在正文中，并用楷体字表示区别。——整理者注

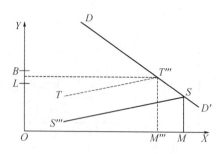

图 3　报酬递减（生产费递增）

　　若工业受生产费递增律或报酬递减律支配，则如图 3，SS''' 线作向上形。课税后价格定于 T''' 点，故 OM''' 量将依 $M'''T'''$ 或 OB 价格出卖，即较 OC 为低。

　　无论在何情形，课税后新价高出原价 OL 之多寡，悉依需求之弹性即 DD' 曲线之斜度而定，但以依生产费均一律时价格之增加为起点，则在生产费递减时价格增加者多，在生产费递增时价格增加者少。

　　在独占情状下，固无所谓边际生产者，但报酬递减递增之影响，则与在竞争情状下相类似。盖若独占品依报酬递增律或生产费递减律而生产者——即每次增加之出品之成本较前次为少——则在课税前之价格（若其生产费总数仍旧不变）必较依报酬均一律而生产者为低。换言之，假定其他之条件不变，在报酬递增时达到最大独占收入之价格必较在报酬均一时为低（因出品较多）。但若在课税前，报酬递增时之价格，原较报酬均一时为少，而在课税后需求之弹性又若彼此相同，则在报酬递增时独占者所能提高其价格者，自较在报酬均一时为大。因此，独占者可多加其税于物价，一如在竞争情状下。反之，在报酬递减或生产费递增状况下，独占的生产者加税于价之数目，必较在报酬均一时为少云。

　　今试综合本章六七两项之结论，则知供给之弹性——即出品额随价格之变动而变动——系于二成因之结合：其一，生产上不同利便之程度；其二，生产品与生产费之比率。若税收愈足使供给减少，则消费者愈处于不利；若供给愈不易减少，则消费者愈趋于有利。①

　　吾人可综括五、六、七三项之讨论如下：课税于某物，其转嫁于消费者之多寡与需求之弹性之大小成反比例，而与供给弹性之大小成正比例。需求弹性之大小视其物之性质与补充货品、绝对必需品或珍贵奢侈品相去之程度。而供给弹性之大小，则视其生产上利便之不同影响于生产之程度，及生产品与生产费之比率而定。吾人可定出一般定则曰，若需求之弹性较大于供给之弹性，则其时消费者担负之税收，较供给之弹性大于需求之弹性时为少。是故税收之转嫁与否，抑转嫁其一部或全部，须视其物品之何如，他物相代之难易，利润之厚薄，事业有独占性质及其独占程度之高低。此即税收转嫁之一般定则也。至此定则之实际应用，读者参阅本书以下各章可也。又奖励金之效果自然与税收之效果相反。

　　若吾人不顾一至四项所述限制或反抗之动力，②则以上所述，差可称为税收转嫁之通则也。此外又要研究限制此通则之几点，此几点在理论上虽不甚重要，然在实际生活中，常有极大之影响，故即论之如次。

第八项　课税于边际抑课税于剩余？

　　吾人所谓在竞争状况下物价定于生产费云者，意即指现实产品中之最大生产费而言也。然此意切勿误解。如上之所论，价格乃趋向于最小生产费，而不趋向于最大生产费。因集中天择之作用，能力薄弱之生产者常相继淘汰，因之物价继续低廉——无论如何，要低至

---

　　①　本书初版（第156、152页）仅应用此理于竞争情状下。马歇尔教授在其重要研究上（见《经济学原理》三版卷五第十二章第四节第524页）亦仅论及竞争情状。本书再版曾分论竞争情状与独占情状间之区别。至四版则遵照埃奇沃斯教授之批评删去不论云。余亦觉此点之无关重要也。至埃氏之其他批评，余则不敢苟同云。

　　②　见本书第241、246、247页。（新编本在第172、176、177页。——整理者注）

于生产费无可再省之一点止。顾价格纵趋向于最低生产费，然在某时间内供求间之暂时均衡常定于最高生产费之一点。在竞争状况下，货物之出卖必见有一生产者仅能收回其成本，此因其时货物之市价，适与其生产费相等故也。在此方面，此生产者即为边际生产者，其生产品为边际生产品，而全部货物之价格，则定于边际生产品之生产费。

课税后，此边际生产品之生产费势必增加，若此边际生产者能继续生产，而且仍能维持其固有之地位，则全部货物之价格将依税额而增高。边际生产者若渐渐淘汰，则税加于价之数额亦渐渐减少。

然有时税收毫不触及边际生产品。其原因有二——

第一，课税于生产品，而此税仅及于边际生产品以外之部分者，例如在国际竞争状况下，甲国纵课税于本国之产品，然物价定诸国际市场，其时市价必定于生产费最大之产品，而此产品则来自乙国，乙国未尝课税于此产品也，故甲国所课之税，遂不能触及边际生产品，故无影响及于价格。是故若非甲国之产品课税过重以致变为边际生产品者，则税收殊不能影响于价格者也。

第二，因毫不课税于生产，故税收不能触及边际生产品，如税收并不课之于生产，但课于生产之结果。若价格有变动，则供给亦必有变动，此吾人之所已知也。课税于边际生产品，则产品之供给立呈变动，但若课税于生产者扣除一切费用及账目结算后之盈余，则供给变动之趋势减少。一切用费以外之剩余，是为净利润或纯利润。纯利润者，乃价格之结果，而非价格之条件也。故课于剩余或利润之税收，不能触及边际生产品，而且不能使价格发生变化。惟必受利润一般跌落之缓慢的间接的影响，而价格始起变化。故税收归宿于剩余（而非归宿于边际生产品）者若愈多，则税收转嫁之机会愈少。

第九项　税收系重税抑系轻税？

从理论上言之，税收之轻重，似无关重要，因负担不论如何之微，然总可以算出也。顾实际上各人之行为恒遵守一种原则，此原则与法律格言中表明法律恒不注意于微细事件（de minimis non curat lox）之原则，实为相同。在寻常状况之下，税收不论如何之轻，生产者要必转嫁其税于消费者，然有时生产者宁愿自己负担，而不愿转嫁于人，诚恐转嫁于人，所得者小，而或致引起顾客之不快，所失者大。又或货物之价格定于习惯，生产者于此不敢增价致遭损失。前者如1898年美国课轻税于特等客车票，公司诚恐加价而惹起乘客之烦厌，于是自己担负，此其良例；后者如1898年美国增抽雪茄税与烟叶税，增税后雪茄烟叶之卖价并未增加，即其明例。顾在增税前雪茄每枝卖5分，烟叶每包卖5分，增税后虽未尝卖5分半或6分，但生产者所能逃税之唯一方法，在于降低烟叶之品质。但在同业竞争之下，经营烟业者究竟能降低品质到何程度，此则殊难预断。在此种情状下，课税品之单位非常重要。

反之，一种极轻税收，在某种情状下，消费者对此亦有毫不介意者，此时需求之弹性，可不受税收之影响。在此等状况之下，生产者则可迳加其税于价中而无所用其踌躇；盖情形不同，殊不能以此例彼。不然，生产者将恐有隘其营业，早已自行担负矣，增税云乎哉？

第十项　税收系比例的抑系递变的？

以上各项关于课税通常结果之研究，均假定税收系比例税，因递变税在实际生活中系极稀少的例外而非通行之定则，故所得结论大致有效。顾吾人常见晚近民主国渐次实行递变税代替比例税。采递变税时，其税率概系向上递变，故税收系累进税。然亦间有税率随课税之额而递减者，故税收系累退税。[1]

若课递变税于剩余而非课于边际，则吾人对于税收转嫁之结论，须略略修改。征课遗产税，不论依照比例税率，或累进税率，总不能

---

[1]　学者欲知此等名词之详细研究，可参阅塞利格曼所著之《累进税之理论与实际》二版第4—6页。

变更税收不转嫁之事实。至若对于边际生产品——例如生产总额或收入总额——采用累进税，则可完全改变赢利之常态。在寻常状况之下，一种比例税若能触及边际生产品，则使边际生产品之成本增贵，因而价格涨高。但若改课累进税，则旧边际生产者用费之所增，究远不如占优势之生产者用费所增之多。此旧边际生产者能否转劣为优，胥视税率累进之程度如何。大概课累进税于一般生产品，不易触及边际。课比例税而大有影响于生产费，若课累进税，则其影响可变为极少。若课累进税于买主而非课于卖主，则结果适成相反。换言之，递变税之归宿，常较比例税之归宿为难于确定。本书以下除在课递变税时确实指明递变字样外，通常所用"税收"一词，皆指比例税而言也。

第十一项　课税品系精制品抑系粗制品？

以上所论，均假定课税品由某所有者出卖，而于所有者究系原始所有者与否，则未尝论及也。诚令无交换之现象，则影响供求之条件，不能存在。诚令课税品已达到最后所有者而为其所消费——不论其消费时间如何延长——则影响价格之动力自无活动之机会。是故税收一转嫁于消费者，税收即不能再行转嫁。反之，若货物之消费，系生产的，而非系非生产的，则使用者即非最后消费者；货物即系粗制品，而非精制品；于此税收转嫁之情形，复行开始矣。

第二节　结　　论

故研究任何特种税收实际上之影响，吾人不但要切记其常则，而且要切记限制此常则之各种条件。兹括述此种原则于下，以便充分研究此种原则之应用。[①]

---

　　① 有时覆阅一种著作，可以得到一种新见解。例如罗斯教授（Professor Ross）对于本书第一版作一短评，曾将散在书中各章之各种原则，罗列一处，于是罗氏对于本书前后所论。始能融会贯通。参阅氏著"塞利格曼的税收转嫁与归宿"一文，文见《美国政治社会学学院年刊》三号（1893）第 444—463 页。

（一）凡课税品之性质愈耐久，则每年课税之次数愈多，而将来所有者逆转未来税收于原主之负担亦愈重。

（二）若课税品系独占品，则其价格不定于任何边际生产品；故税收之转嫁转不如在边际生产品依生产费递增律而生产时之易易①。

（三）税收愈普遍，则凡与此有关之生产者所能逃避无税收之范围愈窄，故生产者愈愿自己担负税收。

（四）若资本固着，或不能完全移动，则税收之转嫁，必较其在不如此时之转嫁为更微而且缓。

（五）若课税品之需求少弹性，则生产者即易提高其物价而转嫁其税于消费者。但若需求易变动，则生产者必负担税收之大部，否则必改营他业。

（六）市上一种货物，其生产费若有大小之别，则优等生产者能担负税收，而劣等生产者即因课税而有岌岌然不能图存之势。

（七）课税品若依递减生产费而生产，则消费者对于税收之负担，势必较工业依均一生产费或递增生产费而生产时为重。

（八）因物价常定于边际生产费，故在税收仅及于剩余而不及于边际时，其转嫁必较少发生。

（九）税收愈轻，则供求间之均衡愈不乱，而发生或阻止转嫁之寻常作用亦愈微。

（十）税收若系递变税而非比例税，则税收转嫁之倾向随税率累进而愈强，累退而愈弱。

（十一）若课税品系精制品，则凡转嫁于消费者之税收，必由消费者负担。至若课税品系生产上之用品，则税收转嫁之情形，即再发生，而决定此税是否转嫁于第二、第三或最后消费者之一切其他条件，又复发现。

---

① 易易，意思是"很容易"。——整理者注

第二章
农业用地税[①]

第一节　一般研究

世人往往谓美国农民之负担超过于其纳税能力以上，此盖因农民担负其他纳税人之大部分负担，故云。农村区域以外，关于动产——包括不可捉摸的动产——之大部分，通常殆全不纳税。至于农村区域，大部分之动产包有农业社会所用之有形的可以捉摸的财产。农村地主对于其有形的动产通常亦要纳税，故其负担实已超过其在公共经费上所应负担之比例，此超过之部分，应归不可捉摸的动产之所有者负担。凡课于农民以外之真正财产税，变为课于农民之一般财产税。[②]

顾此种辨论，乃为主张课于农民财产之税收系分散于社会全体之学说所否认，此学说固为一般所承认者也。为此说者曰，农民可加其税于其农产品之价格中，故农民仍可收回其原来的用费。故税收即由生产者转嫁之于消费者，夫人人皆消费人也，则税收实可归社会全体负担，故此税实为一种公正均平之税收。此此说之大略也。

然此种议论，亦非有力之议论，其主要弱点迄今尚未指出，诚可怪也。今假定农民能提高其农产物之价格而转嫁其全部税收于他

---

① 同本篇第一章，本章的第一节、第二节及小标题，整理时添加。——整理者注
② 参阅塞利格曼所著之《税收论》第 27—33 页之"一般财产税"篇。

人，则农民亦仅能转嫁其税于此等农产品之消费者。换言之，假令此税系单一税，则此税必系消费税——即费用税。① 夫以费用为课税之标准，实为税法中之最不公平者。个人日常之所费，绝不能视为个人负担能力之标准。费用之多寡为一事，纳税能力之大小为又一事，二者之间，无一定比例存在。个人能力之标准多矣，若财产，若产品，若收入，是皆无一而与费用有一定之关系也。有甲、乙于此，甲之财产或收入固三倍于乙，然甲以节俭或吝啬故，其日常所费竟与乙相等，若是是遂谓甲乙之纳税能力相等，可乎？不可也。而况吾人常见人民之所费殆几于收入者乎？若是，一则有余款以防未来不测之需，一则无余款可以储蓄，试思此二种人对于社会之负担，应若何之各异也。夫各人费用之差异，恒不如各人财产或收入差异之甚，此固事实之甚彰明者。故独课消费主张税，则必使社会上出入差相抵或入不敷出而致亏累之各阶级，更受加重之打击。虽然，余之为此言，自非意在抨击消费税为可行之税，以及因此税之几种优点必可为税制中之一种者。余之所以为此言者，意在攻击以费用为课税上之理论标准也。依照吾之税收归宿说，单课不动产税实为一种费用税，惟社会上穷苦阶级负担此税，而财产愈富或收入愈丰者反愈不纳税。以国中农民大都属于穷苦阶级，故其负担实不公平。由此观之，单一不动产税，藉令其能分散于社会，亦必为最不公正最暴民之税收。实在言之，此税必无如此一般之转嫁：课于农村地主之税收，即归地主负担而不能转嫁。

土地税归宿问题之研究，其困难较少。自李嘉图以来，屡有人论此问题，大体上可算甚好。于兹有可注意者，即有某学者论此问题最明白，而纯从抽象方面研究——即西班牙经济学家佛罗勒斯·厄斯特累达（Florenz Estrada）——至今实际上尚无知其人者是已。② 然而佛

---

① 远在 17 世纪威廉·配第即已窥破此点,其言曰:"土地税终必变成一种变相的消费税,负担最重者,痛苦最轻。"见本书第 30 页。(新编本在第 23 页。——整理者注)

② 佛罗勒斯·厄斯特累达著《政治经济学》(Curso di Economia Politica)。学者中惟潘塔莱奥尼尝提到其人,但对于其结论,未尝有所修正耳。

罗勒斯·厄斯特累达与李嘉图之学说，仍须稍稍修正，而后始可适用于日常生活之实际状况。

从理论上言之，土地税约可分为六种①：

第一，课于经济地租之土地税。

第二，依照土地之面积或肥瘠而课之均一土地税。

第三，课于土地总产额之土地税。

第四，课于农业利润（土地纯利）之土地税。

第五，依照土地买卖价值而课之土地税。

第六，依照租价而课之土地税。

第一项　课于经济地租之土地税

征收土地税若依纯粹地租为标准，则此税完全归地主负担而不能转嫁于任何其他阶级，此自李嘉图以来已为学者所公认，至今犹无异议者也。因立于边际上之土地，既无地租之缴纳，而农产物之价格，势必定于无地租土地之耕种费，故课于地租之税收，决不能影响于农产物之价格，因之此税遂不能转嫁，此固为为学者所公认，余更无深论之必要。②

关于课于地租之税收究有多少归土地所有者负担之问题，本书于研究还元现象时，已言之矣。大概此税税率大于他种税收时，其差数不归新购主负担，而全归土地原主负担，故课于地租之永久税既不转嫁于消费者，又不归于在课税后之购主负担。

顾纯粹课税于地租，极其稀有。惟有一难问题，此难问题在，

---

① 原文为五种，从后面正文看，应为六种。整理时改为六种，并添加第六种在正文中出现的文字。——整理者注

② 见李嘉图《经济学与税》第十章。吾人于此所可提及者，惟关于特种地租税，从抽象上而言，凡宜于耕种某种产品之土地，则可课税，若用为其他种植者则免税。此种课于地租之税无异于特种职业利润税，而有转嫁于消费者之趋势。顾此种税收仅为理论上之事例，而况土地可为各种种植一节已变更地租不能加入物价之旧说矣，是以不合。见塞利格曼所著之《经济学原理》四版第376—379页。

当土地税不但包括地主之地租而且包括佃农之利润，或如美国地主佃农同为一人，税收按照财产价值而课之情形时发生，盖因土地之市价，等于地租与农业资本之利润之还元价值故也。

李嘉图以为课税于一切土地而不加区别，或依土地之肥瘠而课税者，则此税常为农产品税，农产品必因此而涨高，此李氏之说也。后之学者，咸宗其说。夷考实际，此事亦非如此简单者。

余依次讨论各种情形如次——

第二项　依照土地之面积或肥瘠而课之均一土地税

在此状况下，可有四种结果，即（一）税收以上之数额转嫁于消费者；（二）税收之全部转嫁于消费者；（三）税收由生产者与消费者分担；（四）税收完全归地主负担。①

在第一情形，不论土地每亩之价值，纯以土地之面积为标准，每亩课以若干之一定税收者，如 18 世纪之美国数州即系如此，而尤以佛蒙特（Vermont）及南北卡罗来纳（Carolina）为然。设有甲乙丙三地，产生同类小麦，以其肥瘠之不同，故有收获之多寡。假定甲地每亩收 10 蒲式耳（bushel），② 乙地 20 蒲式耳，丙地 30 蒲式耳，而又假定此类小麦每蒲式耳值 5 角，故甲地每亩可得 5 元，乙地10 元，丙地 15 元。若每亩征收 5 角之土地税，则甲地所有者必得5 元 5 角之收获，否则不愿耕种。因每蒲式耳小麦价格定于甲地耕种费——即 5 角，故若假定 10 蒲式耳小麦值 5 元 5 角，则乙地 20 蒲式耳可得 11 元，丙地 30 蒲式耳可值 16 元 5 角。因之乙地地主较以前多纳税 5 角，但假定需求不变，则地主可向一般多得 1 元。换言之，即使消费者之所出，多于地主之所纳也。复次，丙地地主虽较以前多纳税 5 角，然地主则可向一般多得 1 元 5 角。由是观之，依土地面

---

① 参阅佛罗勒·厄斯特累达之《政治经济学》。

② Bushel，今译为蒲式耳，英美一种容量计量单位，原文译为"酤"，这个字现代汉语中已经没有，而且过于陌生，故改为今天的译法。——整理者注

积而课之均一税，必使消费者之所出，多于税吏之所入也。①

在第二种情形，不依土地面积为标准，但依土地之肥瘠而定每亩之各级税率——例如在殖民时代肯塔基（Kentucky）及康涅狄格（Connecticut）二州曾行此法。如上例定每亩税收甲等为5角，乙等1元，丙等1元5角，则每蒲式耳麦价仍为5角5分，而地主之所纳恰恰与其物价所增相等。故凡土地税之赋课，若确依生产上之不同的利便而分税率之等级，而土地之耕种若又达于报酬递减之境，此时假定需求不变，则税收必完全转嫁于消费者，消费者之损失，仅以税收为限，外此并无若何之损失。惟实际上所分税收之等级，恒甚粗而不精，故转嫁于消费者之实在数目，常不能与税额恰恰相等云。

第三种情形——即税收由生产者与消费者分担——之发生，在当所课各级之税收，其税收之累进，超过价格之增加时。例如甲等课税5角，乙等1元2角5分，丙等2元，消费者在课税后之所出，仍较课税前为多，但乙丙二地地主之利润则较前减少。是即消费者与生产者分担税收也。至于两方分担之多寡，假定其他之条件不变，则依税收之累进累退之税率而定。

第四种情形——即税收完全归地主负担——之发生，在当假定硗瘠②土地免税时（其为假定不待言矣），因麦价定于硗瘠土地之耕种费，地味较肥之地主决不能提高麦价③，而且因按其地味而课税，故课税适足使其收入减少也。

依照土地面积或肥瘠而定每亩一定税收之税制，在今日文明国中，实为少见云。

第三项　课于土地总产额之土地税

课于土地总产额之土地税，最为世人所熟知者，是为什一税。

---

① 李嘉图在其《经济学与税》第十二章上已提及此点。
② 硗瘠（qiāo jí），土地贫瘠的意思。
③ 原文为"麦格"，疑为"麦价"之误，今据改。——整理者注

关于此种土地税之归宿，在昔密尔论之明矣。[1] 密尔其初宗奉李嘉图之说，谓地无论肥瘠，既皆必纳什一税，则各种土地之谷物收入，各减少十分一，但同时谷物亦必随谷物收入之减少而腾贵。然则立于耕种边际上之生产者，亦必贡其产物之十分一与政府，其所余者则仅有 9/10 耳，彼边际生产者之产物所入仅足以偿终岁之辛勤，则今之出卖十分九产物之所得，非与原有产物之卖得相等不可。换言之，非将谷物之价格提高不可，因市价常定于边际生产物，故此时谷物市价必腾贵。因之什一税其初必转嫁于消费者。

如栖聂之所示，此乃直接之效果，而非最后之效果。[2] 其最后之结果，乃非谷价之增高，而实生产之减少，亦即地租之减少。故最后之负担不归于消费者，但归于生产者；因食物与原料品之昂贵，势必妨碍社会之进步，而使土地之需求减少故也。关于此理，栖聂与密尔二氏说得甚明，凡懂英文者类能知之，故本书无重述之必要。此外冯·图愣（von Thünen）[3] 已指明土地税能否转嫁于消费者，概视一国消费者之贫富而定。贫国之民，自无负担能力，故土地税甚且不能先转嫁于消费者，此等税收唯有使消费者之生活程度日低，生产者之繁荣日减而已。[4]

或谓什一税能先转嫁于消费者之学说之真确，全赖其假定此税为普遍税，假定其课之于一切土地，此亦未必真确。试就英国而论，英国自什一税改正后，其国中今日土地之仍课什一税者，殆仅一部分耳，则此税仍如他税之局部税，归生产者而非归消费者负担。即退一步言之，假令全国土地皆课什一税，然因今日国际之竞争，什一税仍必变成局部税而不能转嫁于消费者。是故今日文明国中之尚

---

[1] 密尔后来承认栖聂之修改，故其理论始甚明晰。参阅氏著《经济学原理》卷五第四章第 3、4 节。

[2] 见栖聂所著之《经济学》六版第 122—125 页。

[3] Thünen，此处原文译为"杜能"，而在他处都译为"图愣"，故改为图愣。——整理者注

[4] 见冯·图愣所著之《孤立国家》（Der isolirte Staat）第 259—269 页。

行此制者，殆不复视此税为能转嫁于消费者云。

第四、五项　依照土地纯利或其买卖价值而课之土地税

此二标准，名虽异而实相同。此盖因土地之买卖价值即为土地纯利之还元价值故也。惟就理论上言之，则有二种情形：（一）土地税不过为纯利税、资本财产税之一种；（二）土地税为单一税，其他利润或其他各种财产悉为免税。

在行一般利润税或一般财产税时，吾人就难明白土地税如何能转嫁于消费者。谓土地税能完全转嫁于消费人者，盖先假定立于耕种边际上之地主，若课税后而不能转嫁，必背乡离井，舍农事而转其资本劳力于他业。但此种议论，殊可反对。盖土地而外，假令其他一切利润或财产皆同等课税，则地主改业，亦无利益之可图也。实在言之，在一般税收下，地主自不愿放弃其农业。故课税而后，农产物不见减少，因之其价格亦不能增高。故在土地税为一般所得税或一般财产税之一部时，则必无税收之转嫁，是以此税即归原纳税人负担云。

夫吾国所行之一般财产税，徒有其名，凡乡村区域以外之动产，实际上皆不纳税，此层本书已述之矣。而况李嘉图及其他英国学者之讨论，均假定此种土地税为单一税者乎？虽然，即使假定农业利润税或不动产税为一种单一税，然而吾人亦必谓此税未必转嫁于消费人者也。

李嘉图之理论，全以二条件为依据：其一，假定资本与劳力为绝对移动；其二，假定其所论之社会为绝世孤立，其农民能定其产物之价格。然而在实际生活中，决不容此二条件之存在也。

吾人在学理上之应用，处处遇到经济上之磨阻。多数经济学家虽承认有此种磨阻，[①] 而于此种磨阻及于理论实际应用时之影响，则

---

① 　寻常之见解，可由下述马歇尔最切当之譬喻代表之："此种调和，反使农业地税之归宿不明了，此种调和，有如旋风之疾来，常飞动云花，直卷而上，然此仅一时变转，而非毁坏地心向下之吸力也。"——见《皇家地方税研究委员会报告》(1899)第122页。

未尝顾到。殊不知前人有言曰："经济上之磨阻，无一而非实际重要者。"①

旧派假定耕种最下等土地者，若耕而反蒙损失，则必致于辍耕而改业，故农产物必可减少，结果物价腾贵，而税收归消费者负担，此旧派之说也；殊不知物价贵而消费减，消费减而物价又跌，则诚如旧派之言，税收纵可转嫁于消费者，然所转嫁者至多不过一部分耳。关于此点，本书于第一章通则上，言之详矣。而况实际上农民之减少其产额，往往困难横生也乎？吾人若观于北美合众国南部诸州棉花收获之状况，即可晓然于吾言之不虚矣。植棉者虽年年集会，议决棉价跌落由于产棉过多，要提高棉价非减少产额不可。然减少植棉田亩，实际上似属不能，若欲提高棉价，则非将立于耕种边际上之全部劣地停止种棉或改植他物不可。然此势必使投下极大土地改良费而以其土地仅适宜于植棉之用者之无量数农民全致失败。植棉者雅不欲放弃其土地，宁愿继续种植以求生活之维持，以静待棉市状况之转变。换言之，即税收常足以降低农民之生活程度也。惟当税收非常之高以致全数地租或农业利润全为税收所吞尽，使农民不能维持其生活时，而后农民始相率弃其地，而农产品亦于是始形大减，然而此种税收，在文明社会中，实不多见也。②

换言之，课于地主之税收，若非为暴民之税收，则不过使地主之利润减少而已。若转投农业资本于商业，或转投农业某种投资于他种上，实际上有多少困难，则税收转嫁于消费者之进行亦有多少

① 见尼科尔孙所著之《影响农业之税收》(Rates and Taxes as Affecting Agriculture)第123页。

② 尼科尔孙在其《影响农业之税收》上，赞成此种见解。尼氏指明地租之大部分"与理论上之经济地租，大不相同"，而实与工业利润相似。"课于此部分之税收，其效果殆与课于工业利润之效果相同。"尼氏又曰，"因农业上须有极多之固定资本，包括土地上之各种改良费，必经营甚久而可有报酬，若一旦舍此就彼，必致前功尽弃。故地主与农民实不能移其资本于其他较发达之事业。除固定资本以外，农民还有积年累月在耕种上之技艺，故彼等只要于地租之外，尚有余额可得者，则亦安心耕种，至于其积年投下之资本，虽无寻常利息收回，亦不计也。"见同上著第132—133页。

阻碍。

或谓农产物之价格，可因农产额实际收成之减少或农民在求过于供时不能增种田亩而提高。殊不知古国土地，已达于报酬递减之境，故农产物自不能大增或骤多；至在草莱新辟之国，诚较易扩充田亩，农业之繁荣诚可随需求增加而易实现，税收之赋课若非太高而致旧价增高之数尽为税收所吞尽者，诚不易阻止农产物之增加。然此种情形，殊不常见。故吾人可得而言曰，无论在产额实际减少抑在供不应求之时，总有一力阻止土地税转嫁于消费者。

其二，李嘉图之学说，假定一种完全孤立的社会。顾实际上农产物之市价，定于异地异国之生产状况。故课于某地地主之税收，断不能变更农产物之价格。旧派忽于国际关系之事实，此其所以谬也。诚使世界各国课于农民之税收，性质相同，税额相同，而假定资本又能完全移动，则税收未始不能转嫁于消费者；然此绝非事实上之所能有。是故美国西部之麦价，乃依远在数千里外各国之生产状况而定于利佛浦之市场，西部农民，纵纳加倍之税收，然总不能提高一丝一毫之麦价也，西部农民——而且惟独西部农民——必负担税收云。[1]

于此真正之研究如下。即使吾人假定农业用地税为单一税，而若农产物之价格定于国际市场者，则税收之差异的部分，确不能转嫁于消费者，至若甲国之税大于其他竞争国之税，则甲国减免此超过部分之利益，必归甲国生产者所得，是以税收之差异的部分不能转嫁云。

至于税收为各国所共有之部分则又何如乎？吾人于此必先作一比较。在国际竞争之实际状况下，国家可分为三类——边际生产者、边际上（intra-marginal）生产者、边际下（sub-marginal）生产者。依照一般承认之理论，无论何时，物价定于最大生产费之一点，此边际生产费者乃恰恰与价格相等之生产费也。一国之农业生产费低

---

[1] 参阅本书通论章第67—68页。（新编本在第46—47页。——整理者注）

廉，换言之，即在生产费边际以内者，是为边际上生产者（intra-marginal producer），其利便之差异，即成生产上之利润，若吾人沿用旧名词而从农业利润上着想，则此生产上之利润，亦即经济的地租（economic rent）也。无论何时，物价虽常受最大生产费之影响，然物价终必趋向于边际上生产者之较低生产费，因之边际上生产者占优胜。①

然上之所述，尚未十分完全，吾人在货物如农产物之生产上，常见经过长久期间，而其价格均不见有所提高与生产费相等，而农民于亏累时亦见其仍继续以事耕种，此一事也，殊未可以忽略视之。此种每年损失，若长此下去，则必还元而使土地之卖价（与租价）减低。例如英国19世纪后半期之麦物，因南北美洲新垦土地出产大宗之麦物，其卖价不但降至英国生产费之边际，而且远在边际之下，故英国遂变为边际下生产者，英国之佃农自不能蒙受损失而耕种，故转嫁其损失于地主，地主于此，势不得不低减其土地之租价。至于新英格兰，其农民即系地主，因其累年之亏损，遂致"下等土地"之生产者绝迹于国中。是故地租之长期的减落（或最贫瘠土地之放弃）必演成一种暂而且新的生产费边际，而此新生产费边际又因外国之竞争而复变成边际下之边际，如此辗转降低，迨夫历久达于最低点而始止。

关于边际上、边际、边际下生产者间之比较，可更申言之。此种理论，不但可适用于新、古二国间之比较，而且可适用于一切国家。如在草莱方辟、土力甚厚之某大国中，若连年收成荒歉，则每担生产费必增，而同时外国之产品除补足此大国之减收外，若有更丰富之产额出售，则必使价格低落而蒙大损失。此时其国即变为边际下生产者，而其农民必皆举债以度日。此可观诸美国于1881—1885年间"连年荒歉"而卒酿成银币流动之险象而可信然。故同一

———————
①　参阅塞利格曼所著之《经济学原理》九版第105—106节。

国家，可忽而为边际上生产者，忽而为边际生产者，忽而为边际下生产者，而其农业亦可由最有利而降为最有损者。

假定有关系之各国，均课划一之税收，吾人于此若研究税收之影响，则知税收必各随上述之条件而有不同之影响。假定甲乙丙三国（吾人可定阿根廷、美国、英国）其在某时每蒲式耳麦物之生产费，除税额不计外，为5角、7角、9角，而假定其时之市场状况可使麦物每蒲式耳之卖价为7角。今若甲乙丙三国各抽每蒲式耳5分之税收，其影响则将何如？

久而久之，市价实有增至7角5分之倾向。然此历久之一时，决难达到。甲国生产者以其生产费之低廉，自有操纵市场之权，彼等非不欲提高市价至7角5分，第恐提高之后，乙国农民将于此而增种麦物，丙国农民将于此而不减少产额，若是次年之市场必因是而大受影响矣，此甲国农民之所深引为忧者也。甲国农民既怀有此种顾虑，而又因自己居边际上生产者之地位，事实上已获甚大之利润，故情愿依老价出售，纵课税亦不加价也。大抵农民在事业旺盛之时，常不打算，常大度，此为吾人所熟知之事实。故此种税收遂为甲国农民所愿意负担，至乙丙两国之农民，因无操纵市场之能力，而物价常趋向于最低生产费或边际上生产费，遂不免忍痛而自行负担此税。于斯时也，若乙丙两国之政府，果能减轻税收，则丙国农民或可少受损失，乙国农民且可少获利益。

故吾人主张即税收为各国所共有之部分，凡居于边际下或边际地位之国中生产者必负担税收，而居于边际上地位之国中生产者亦负担税收云。①

由以上之研究，及由古国（大概系边际下的）之上地税常较一般税率高，新国（大概系边际上的）之土地税为一般财产税之

---

①　格洛（M. Gaston Gros）在某重要论著上，以为税收能否转嫁于消费者，全视其国是否为粮食输入国、粮食输出国，或粮食自给国而定。见《所得税论》（L'Impôt sur le Revenue）第37页。然格氏所言，殊不足为真正之标准，盖输出国有为边际下之生产者（如法国），亦有为边际上之生产者（如美国），学者未可一概而论也。

一部之感想，吾人必可断言助长税收转嫁于消费者之动力大形减弱也。此不独国与国间之竞争为然，即同国内各地间之竞争，亦莫不然。往昔时代，一地农产物收成之丰歉，每足以左右其地之市价；降至晚近，农产品独占一地市场之范围日趋缩小。故吾人可得最后之断定曰，在经济生活之实际状况下，旧说之所拟结论，须大加修正，而课于土地纯利润或买卖价值之税收，概不转嫁于消费者。[①]

　　顾或者曰，税收之果归地主负担，既闻命矣，敢问税收若果归宿于土地，此税是否还元而使土地卖价跌落、使新买主于买时能逃免税收之负担?[②] 应之者，曰，否，否，吾有二回答焉。第一，还元说或地租负担说之所以能真确者，必先有一前提，即假定税收在某种年限以内始终不变是也。苟课税而依农业土地之纯利润或卖价为标准，纵使其税率不变，然其税额未尝同一，盖因土地之利润与其价值，年年不同，有时竟相差悬殊故也。此即农业用地与都市土地之重要异点，学者读至次章，即可明白。是故税之不永定者，即不能有还元现象也。第二，藉令有还元现象，但吾人必切记农业用地之新购主罕知有此现象，即令知之，但亦遂忘却而不觉也。新买主之利润，因其全系于农产物之价格，故其心中常斤斤然计较所纳税收之多寡，自不愿较其他财产之所有者有所多纳也。政治家编制预

----

　　① 　参阅尼科尔孙在其《影响农业之税收》第 118—119 页上所言，"就现状而论，消费者纵有负担，亦必极微，此则甚易明白。夫必待物价涨而后消费者始受影响，然而物价之涨跌，多取决于国外之竞争……然就实际而言，今日英国之消费者，固无受其影响也。"又巴斯塔布尔亦说："纯从理论上观察，则可谓此部分之负担，终归农产物之消费者负担，顾实际情形殊不如此。"见《皇家地方税研究委员会报告》第 142 页。参阅刻特内 (Leonerd Courtney)所说，"假定一切货物在不管出产地远近之状况下而出售者，则所谓消费者必无如理论上之所谓利益矣。"——见《所得税论》第 87 页。格洛在其《所得税论》第 37 页上，亦以为法国之消费者未尝负担税收。

　　② 　此种争论，常常遇到，而且久已为密尔(见《经济学原理》第 494 页)、吉芬(Sir Robert Giffen)等所主张。萨更特说：(见《报告》第 213 页)"课于农业用地之税收，自我视之，实际上即归最初纳税或填税之土地所有者负担。"即马歇尔亦说："此种久已征课之农业用地税，于现在之地主、农民、劳动者，实无直接之负担云。"——见《报告》第 121 页。

算时，殊不可忽视此种心理学上事实。①

实在言之，使旧说而为绝对真确也，则此课于土地之税收除出课于纯粹经济地租外，实不能使地主农民有所受苦矣，信如斯也，则国家全部收入宜若独取之于土地税，而无丝毫害于农业矣。然而古今历史已证明此种见解之谬误。自东方专制国与其后罗马帝国诛求无厌之日起，至中古时西班牙之税法与大革命前法国之无定的土地税止，历代农业阶级所受之困苦颠连，溯厥原由，殆多由于此种加累农民负担之税收制度也。十分信仰李嘉图之学说者，必且以为政府可予取予求于农民，殊不知横征暴敛，终影响于农业之兴盛也。②

故吾人之结论，以为在美国实际现状下，美国地主实可宣言为土地税之最后负担者。若以土地税能转嫁于消费者，其见解无论如何是错的。就吾国土地税为一般财产税之一部分而论，则此税决不能转嫁；至若土地税多少含有特别税之性质者，则此税亦易归最初纳税者负担——即归地主负担。

就英国而论，其农民殆全系佃农，而非地主，其所课于土地之税收，系依照土地之租价，而且由佃农缴纳之。在此情状下，吾人即研究税收归宿于地主抑归宿于佃农之问题。至于其他欧洲各国，其农民亦多非地主，惟税收则课之于地主，而不课之于佃农，故研究亦多相同。

第六项　依照租价而课之土地税③

19 世纪末叶，英国有一寻常学说主张课于农地地租之税收，即归

---

① 如格洛所云："一种税收较他种税收特多，实不公平；但使吾人肯定此种通俗见解，则所有理论家之聪明，俱无所用矣。"——见《所得税论》第 40 页。克能（Cannan）似忽于此，其在《国民评论》(1896 年 10 月号）上曾说："人未有肯信其所继有之房地为免除救贫税者，人买房地无一而不知。有人于此，以其整理公债买得土地，于是而又要求税收之减免，此其人与盗贼无以异也。"参阅克能在《报告》第 192 页上之所述。

② 见格斯道夫·杜谱伊诺得所著之《论货币信用及税收》Ⅱ第 153 页。

③ 此标题根据原书目录添加，原正文无此标题。——整理者注

地主负担，此说极占重要。其理论简单。当佃农与地主订结租赁契约时，政府向佃农征收之税收，佃农必先得地主之原谅，由地主酌减其地租，是以佃农所愿出与地主之地租，当随佃农所纳税收之多寡而不同，此税收课于佃农之情形。至若税收课之于地主而非课之于佃农者，则此同一之议论，亦可适用，良因地主实无理由强迫佃农多付地租故也，故负担完全归地主。但此种议论之力量，常因下列三点而薄弱：新税赋课或旧税增加之事实；真正竞争的地租之存在；地租本身之性质。

第一点如下。在租赁契约订定后，常有地方税增加之事情。例如英国由佃农填付税收，一旦税收增加，则在此契约未满期间，此增加之税收，势必归佃农负担。或谓此种事实，无甚影响，因久而久之，佃农于订立新约时，必得要求地主原谅也。然吾人要记得佃农与地主订约，只讨论短期间的而非长期间的情形，设若土地之租期年限较长，一旦新税实行，则佃户在此契约未满期间，必受困苦也无疑。然而最后吾人犹可曰，地主终必酌减地租也。

第二点，吾人结论末句是以地租系一种真正竞争的地租为前提，但此种前提并非完全真确，因英国大多数农民所付之地租，常较竞争的地租或苛酷的地租为少。此层前人巴佐特（Bagehot）业已指出，有云："为握得政治权起见，为宣传名誉起见，为顺从社会起见，地主实有减收地租之倾向。地主之愿人称彼为善良地主而不愿人视彼为恶辣地主者，实为强有力之动机……然此种动机影响于人民者若何，其不能影响者若何，则恐无人能道之也。"[1] 然在非竞争地租状况下，地方税之增加，即归宿于佃农而不归宿于地主，此固吾人之所得言者。昔哥申（Mr. Goschen）有云："地方税负担之增加，必归现实地租与苛酷地租间之差额负担，因之佃农由其现实地租较苛酷地租为低所得之利益减少，在此差额未减尽期间，佃农若欲请求其地主重定其地租者，自属无用。"[2] 依同理，土地税之减轻，亦必为佃农之利益。

① 见《经济杂志》社论（1871 年 4 月 15 日第 439 页）。
② 见哥申在《研究地方税之报告与演词》（Reports and Speeches on Local Taxation）中发表"1870 年地方税特别委员会之原始报告"之所论。

复次，英国近来农业之衰落，已发生相反之变化。英国于1861—1870 年及 1871—1880 年间农产物价格之显著跌落，不但使现实地租与经济的或苛酷的地租间之差额消灭，有时竟成负的差额，虽农民继续从事减租运动，但其进行迟缓，实际地租之减低，远不如因物价低落而致经济地租之低落。[①] 在此等状况下，税收减轻之利益，必全归佃农。

最后至第三点，即土地税大多实非课于地租之税是已。在实际状况下，农业用地税大部分系农业利润税。[②] 据云："在英国大部分地方严格的所谓经济地租，已经消灭，而所谓土地之地租，大部分殆系土地现主或前主投下资本之利润。"[③] 利润由地主与佃户分得——地主得地租，佃农得开费以外之剩余。故土地税之归宿，大多视佃户与地主孰为转嫁较强者之问题而定。在百业兴盛时代，佃农之剩余甚大，因之佃农租地者争先恐后，故地主自占优势，于此税收若如英国课于佃农者，则由佃农负担之，若如欧洲大陆课于地主者，则由地主转嫁之。反之，若在百业不甚兴盛时代，则不复竞为农民而竞为佃农，佃农之利润低减，于是地主遂不得不负担税收之大部分。[④] 即在此时，虽其地租已减去税额，然农民亦难避损害。

---

① 见孛隆登（G. H. Blunden）所著之《地方税与财政》（Local Taxation and Finance）第 42 页。

② 李嘉图亦有见及此，见《政治经济学原理与税收》第十一章第七节。马歇尔教授以为普通用语在论土地上永久改良之收益为地租而非利润时，则"对于大多数目的"自无不合。但当马氏谓"税收不能久有影响于此种改良费，故不能影响于货物之产额——即又不能影响于价格"之时，马氏殆谓税收归生产者抑归消费者负担之辨究，而非为归地主抑归佃农负担之辨究。马氏以为为讨论税收之最后归宿起见，则土地收益与其视为地租，不如视如利润云"。

③ 见尼科尔孙所著之《影响于农业之税收》第 124 页。参阅《皇家农业调查委员会报告书之最后报告》（1898）第 26 页。

④ 格洛亦得同样之结论，惟其措词稍有不同耳。格洛以为税收之转嫁，视于农业之"磁石状态"。在工业兴盛时代，资本不为农业所吸引，于是税收有归地主负担之倾向；在农业兴盛时代，资本为农业所吸引，于是税收有归佃农负担之倾向。——见《所得税论》第 37 页。尼科尔孙之论旨如下："地方税之归于地主抑归于佃户之问题，概视于两种资本之移动如何；资本所以彼此移动，乃为两种利润间之争胜，或为两种损失间之调剂。"见《影响于农业之税收》第 129—130 页。

盖因地主之地租减少，则其用以改良土地之资本，自不能如前之充
分，① 资本既减，则地力遂形衰退，而佃农所得之剩余，亦遂为之减
少矣。除以上三点以外，抑更有所感言者，即土地税之征收，常不
以纯产额为标准，而多以总产额为标准，② 而依总产额而课之税收，
未必转嫁于消费者，此层吾人已知之矣。凡兹所论，常为广泛概括
家所忽略，此实际家之所以常轻视理论的经济学家也。③

第二节 结 论

故吾人可综结所论而言曰，在实际状况下，课于农业用地之税
收，罕有转嫁于消费者，而在有佃农之地，税收归佃农抑归地主负
担，此则依农业状况之盛衰而定。然即使税收归地主负担，而税收
亦非无所害于佃农也。④

---

① 就英国而论，估计地主之所费，几等于实收地租之 40%，其中一部分为付公共
经费（所得税在外），一部分为财产之维持。土地改良费一项，约占 20% 云。见《皇家农
业调查委员会报告书之最后报告》(1899)第 27—28 页。

② 冯·嘿刻尔指德国土地税而言曰："土地税之实际结果，常归宿于总收益，而不
归宿于纯收益，故土地税为总收益税，而非纯收益税云。"——见《财政学》Ⅰ (1907)第
261 页。

③ 此可见诸皇家农业调查委员会所示之事实而明白。如鲁（Mr. Rew）说："地方
税之确有影响于佃农，而地方税之减免确有益于佃农，此佃农自己供出之实证，不可诬
也。是故即使经济学之理论不以我见为然，我宁愿相信实际经验之证明，而不愿相信理
论上之臆想也。"——见《农业研究会杂志》(Journal of the Agricultural Society) (1896)之
"农村地方税"篇。参阅劳和福果《论英国地方税之改革》第 169 页。

④ 英国国会亦承认本书论断，1896 年通过《农业用地税条例》，规定佃户得免除
地方税之半数（见维多利亚第 59 年与第 60 年第十六章）；惟此条例不适用于直接有利于
土地而且依土地所受利益而课之阴沟捐及其他税收，又在农业用地已较房屋少纳半
数或半数以上之地方税，如都市之一般地方税或乡村之特别捐者，则亦不能适用该条
例云。

第三章
城市不动产税①

第一节　一　般　研　究

论到城市不动产税,吾人必须区别不动产税之二种要素,即土地税与房屋税——宅地税与建筑物税;此盖因二税各受不同原则之支配故也。严格言之,即课于耕地地主之税收,亦应作此区别。惟在此情状之下,此种区别不关重要,一则因佃农大抵即系地主,——如在美国——一则因农民房屋若与其土地价值一比,不甚重要,故无区别之必要。非然者,则今兹本章所论之原则,亦可适用于农地税收云。

在美国各城市中,房屋之居住者,常非房屋之所有者,不动产税即由不动产之所有者缴纳;故税收最后归宿之问题乃仅关于归地主抑归租借人负担之问题。至于英国地方税,通常由租借人缴纳,②而非由所

---

① 同本篇第一、第二章,本章两节标题也是整理时添加。——整理者注
② 由理论上言之,英国地方税归租户缴纳。伊丽莎白的救贫法,为一切英国地方税之根据,远在此法颁布以前,救贫税即已出诸租户,而非出诸所有人。参阅《定税率》(on rating)第一章论卡塞尔(Castle)地方税通史及"救贫法研究委员会"于 1846 年出版之《英国地方税》(The Local Taxes of United Kingdom)二书。然依 1869 年共同住宅条例(The Small Tenements Act)(见维多利亚第 32 年与 33 年第四十一章第 3、4 节)规定,凡房屋租赁价值在伦敦不过 20 镑,在利物浦不过 13 镑,在曼彻斯特或伯明罕不过 10 镑,在他处不过 8 镑者,则房屋所有人得商请减轻税收,并代租借人缴纳。又依 1850 年条例(见维多利亚 13 年与 14 年第九九章)之规定,凡租借期限在三个月以内者,租借人所纳地方税,得由房租中扣除之。一部分之同居人民现已依照此二条例,地方税概由地主缴纳。即同住一层或同住一间者,亦依照此法。估计实行者,约占租借人全数 3/4 云。见《研究都市地产问题特别委员会》(Select Committee on Town Holdings)第 955 节。

有者缴纳，依租赁价值而课税，而非依资本价值而课税，因其所有权之分划，异常特别，故问题较为复杂。例如房屋居住人一般常非房屋所有人，房屋所有人常非土地所有人，而且房屋所有人常不付其宅地地租与土地原有人，房屋所有人常付其租借地租与中间人，而此中间人者，乃向土地原有人长期租借土地，而付一定地租与土地原有人者也。房屋所有人付与中间人之地租，常时时变化，多寡不一。在此等状况之下，地方税归宿之问题，乃研究"税收之负担归土地所有人乎？归土地租借人乎？归房屋所有人乎？抑归房屋租借人乎？"之问题。① 此等状况在美国虽极稀少，但亦并非绝对无有。吾人对于税收转嫁之研究，若能完全真确，则必既可适用于美国简单的状况，而又可适用于英国复杂的状况而后可。

城市不动产税，或为纯粹土地税——例如课于空地之税收，或为课于宅地与房屋之税收。后之一种，美国称之为不动产税，欧洲大陆各国则称之为房屋税，但从经济学上观之，此二名称皆不适当。大陆的名词是错的，因房屋税实在包含宅地税与建筑税二者。美国的名词亦不恰切，盖此乃混土地税与房屋税而为一，夫此二税之性质本全然各异，而且各受不同归宿法则之支配者也。

房屋之价值，就此字之普通意义而言，定于建筑物之价值加上宅地之价值。支配建筑物价值之法则，与支配可以任意增加之货物

---

① 英国城市房屋之建筑，概依下列之四法：（一）购买领有制（the freehold purchase system），房主完全买得地基；（二）纳租领有制（the freehold rent-charge system）（苏格兰称此为 teu system，曼彻斯特称此为 chief-rent system），地主出卖其地与房主，嗣后地主之继承人不得要求归还，惟地主保有永续收纳一定年租权；（三）长期租借制（the long-building-lease system，房主租借 999 年，而年纳一定地租与地主；（四）短期租借制（the short-building-lease system）（或伦敦租地制），地主租借其地与房主，或即所称"改良租借地地租"。参阅萨更特（Charles H. Sargent）著《城市地方税归宿之研究》（Urban Rating，being an Inquiry into the Incidence of Local Taxation in Towns）第一章。亦可参阅《研究都市地产问题特别委员会之供证与报告》（1886—1890）；及字隆登著《地方税与财政》；克能著《英国地方税史》；福克斯（A. W. Fox）著《地价之估定》（The Rating of Land Value）。

价值法则同一。换言之，即建筑物之价值，久而久之，要与生产费相等。故房屋之租价，常与建筑费利息加上年年数额之总和（此总和若还元之，除支付一切必要用费外，于房屋破坏时足供重造新屋之用）相等。故支配房屋税归宿之法则，与支配资本税或竞争利润税归宿之法则类似；此就房屋之价值而言也。至若城市宅地之价值，亦依经济地租之一般原则而定，依照此原则，地价乃定于土地位置之优劣。① 吾人可更确切而言曰，城市土地之价值，定于支配供给不能无限增加之一切物品之一般价格定律。

吾人应用"租"之一词，必须小心，而勿使性质全异之观念混淆。有时所称地基之地租者，并非为纯粹地租或如旧派学者所称之经济地租。恰如农业用地之纯收入，可因改良土地之投资而增加，城市宅地之纯收入，亦因出资以去其岩石，填平土地，修筑道路（由私人出资）而不同。② 故凡似为土地之纯地租者，其一部分可为利息或利润。虽实际上此事在城市土地方面常不如其在农业用地方面之重要，③

---

① 潘塔莱奥尼在其《税收转嫁论》第 208—213 页，反对学者混经济地租与城市宅地地租，议论甚长。依潘氏之意，经济地租即农业地租，而且独由于报酬递减律而发生；至于因土地位置而生之地租，则非经济地租，是乃潘氏所谓额外地租（surplus rent）也。夫潘氏所谓额外地租，即利润之别名。潘氏曰，地租之起也，盖由于生产费不同而农产物价同之事实。至于额外地租或城市土地利润，则由于生产费同而地价不同之事实。潘氏以为英国学者能辨别农地地租与宅地地租，其见解洵高出德法学者一筹；但彼等却不知宅地地租之绝非经济地租也。吾则以为潘氏所言之区别，确有几分真确，惟其推理之方法恰成颠倒耳。潘氏以经济地租之发生独由于依报酬递减律而生之差别的产品，未免武断。自冯·图楞以来，晚近学者之推广此说者，代有其人，吾则以为凡西季维克（Sidgwick）所称地租静态说（static theory of rent）之真理，亦可同样适用于决定宅地地租之各种原因。换言之，吾人不应用经济地租之原则于城市宅地。吾人以为，决定城市宅地价值不同之原因，亦为决定农业用地价值不同之原因，是即因土地位置之不同，或因土地地味与土地位置之不同——简言之，即因产生纯利上利便之不同，必如此言之而可更为恰切云。

② 如西季维克曾就英国情形而言曰："彼城市土地之地主，实际上未尝十分怠惰也，主人之巡视，常生显著之影响。即令主人不为之置阴沟，修道路，但至少亦要监督街衢之布置，房屋之式样，以促邻人之注意也。"——见《经济杂志》卷十（1900）第 496 页。

③ 见本书第 281、282 页。

然亦不可忽略也。①

在论地租时，虽常有此种混同之病，至论房租时，其病更有甚焉者。夫房租断非与经济学家之所谓"经济地租"或"纯地租"相同。房屋之租金，实为毛收入而非纯收入。房主以其所得之毛收入，不但用以支付购买房地之资本之利息（若地基系租借地则须付房屋买价之利息及租借地年租），而且用以充作修理、纳税、管理之各种用费。故欧洲各国所课之房屋税，实为课于房屋毛收入之税收。法、奥二国房主所借资本之利息，得从其毛收入中扣除免税，至普鲁士与英国则并无此种免税之特许，惟在英国若房屋税而由租借人缴纳者，则其房租自当酌减。至若如美国、瑞士及德国数邦房屋税，依房产卖价而征课者，② 则事情迥然各异，盖房屋之卖价者，乃房产纯收入之还元，而非其毛收入之还元也。

兹依现实的事实，分成四种情形论究之如下：

第一，不管课于房主之房屋税，税收有课之于宅地所有者。此与亨利·乔治（Henry George）的单一税相同。结果必为宅地地租税。此税之变相，即为德国所行英国所拟之不当利得税，或"土地增价税"（increment duty）。

第二，不问宅地税之有无，税收有课之于房屋之卖价者，此在建筑物与宅地分开课税时如此。

第三，此即课于建筑物与宅地卖价之税收。如美国各处所行之

① 马歇尔（见《经济学原理》五版第 433—434 页）区别土地之价值为"公价值"与"私价值"，所谓土地之"公价值"云者，即土地一部分价值，不能归功于土地所有者之劳力与投资，但归功于"土地之位置广袤，及其每年所受日光、热度、雨水、空气等之结果"，或社会作用之结果者。或如刁尔顿（C. D. Charlton）之所示，城市土地之"公价值"，未必即为"宅地价值"。见刁尔顿著《地价之估定》（The Rating of Land Values）第 67 页注二。惟庇古（A. C. Pigou）则未尝有见及此，其在《土地税之政策》（The Policy of Land Taxation）第二章上，已承认其老师之名词云。

② 关于欧洲各国房屋税之实况，可参阅玛克斯·冯·赫尔（Max von Heckel）著《财政学》（Lehrbuch der Finanzwissenschaft）Ⅰ（1907）第 280—284 页。关于普鲁士房屋税之详情，可参阅《理查·冯·考甫曼》（Richard von Kauffmann）所著之《地方财政》（Die Kommunalfinanzen）Ⅱ（1906）第 334—344 页。

不动产税，即属此。

第四，以房屋总收入即租金为标准而课之税收——此税或课之于房主——如欧洲大陆之大部分如此——或课之于租借人，如英国所行之地方税与房屋税是。

英国经济学家久已注意于第四种情形，至于本章所论之各项问题，各国著作迄至晚近而犹罕有注意云。①

第一项 课于宅地所有者之税收

单课税于宅地所有者之情形，较为简单。夫地主出租其地与建筑之家，必力高其价而至于不可复高。地主所定之价格，通常完全不受课税之影响。此盖因土地之供给不能增加，而又无生产费之问题，则其租价之涨落，纯视需求之多寡为转移。今若假定宅地之需求增加，致地主所得之租价，不但能补偿新税，而且有余利可得者，则税收不能转嫁于租借人（lessee）。盖租借人对于宅地之需求，决不因课税于出租人（lessor）而有所减少，故有税时之租价，必与无税时之租价相同。不过有税时宅地所有者所得之纯收入，必较无税时之纯收入减少。——换言之，即税收归宅地所有者负担。依同理，若宅地之需求减少，则租价必因之跌落，而宅地所有者必不能转嫁其税。又若宅地之需求无增减，则租价亦无增减，而宅地所有者所得之纯收入必因课税而减少。故吾人可以定出定则曰，凡课于宅地

---

① 吾人现有几种重要著作皆有助于本问题之研究。在 1899 年，"英国皇家地方税研究委员会"出版一部蓝书，颜曰《关于国地二税的分类与归宿之报告》。书中包括哈尔顿之论文，及著名英国经济学家与专家之答辩文章。本书以下简称此书为《报告》。——又埃奇沃斯教授登在《经济杂志》卷十（1900）第 172、340 及 487 页之"论城市地方税之归宿"一篇，一部分亦根据此蓝书的。1902 年，爱诺迭教授著有一书，专论城市不动产税问题，其书题为《税收效果之研究》，似嫌不合，但其书之副名则为《城市税收问题之研究》。对于英国地方税之最近辨论，引出对于一般归宿问题之许多研究，其中最著名者，见诸劳和福果著《英国地方税之改革》一书，尤以第三章第 106—182 页为最特出。其次有刁尔敦著《地价之估定》，议论亦甚清楚，见原书第七章。学者亦可参阅兰格（M. E. Lange）著《伦敦之地方税》（Local Taxdtion in London）一书。

所有者或宅地地租之税收，不能转嫁。①

复次，吾人必须记忆因还元之原则，宅地之新买主于购买时已免除税收；换言之，即税收还元价值包括于买价之中。城市土地之可适用还元之原则，远过于农业土地，其故则因城市地价之变化，常不如农业地价随农产物价之变化而变化之剧烈，故在城市土地税无甚变化、税收之负担较稳定时，即生税收之还元。故当城市土地常常移转之时，则税收消灭而不归何人负担。此时惟土地之原主或原主之承继人独有负担云。

课于宅地所有者之税收，固以不转嫁为原则，但对于此原则，亦有几种限制与类似的外，不可不述及之。② 请先述宅地有税、空地无税之情形。如在美国各城市，实际上空地税轻，已经改良之宅地税重；至英国则空地完全免纳地方税。在此情形下，假定城市日渐繁盛，房屋之需求，日渐增加，则空地地主望奢而居奇，不肯出售或出租，驯至某地之房屋，大有供不应求之势。于斯时也，待价而

---

① 密尔在其《经济学原理》卷五第三章第六节上，力言惟吾人假定农地地租亦课同等税时而始如此。密尔曰："若独课税于宅地地租，而不课税于农地地租，若假定税收数不在少，则必使最低等宅地之地租收入不如土地之寻常收入，于是地主遂不肯出租其地于建筑者，因之房屋之建筑遂被阻止……而必待需求增加，或供给减少……而使地租涨高与税额相等时而始肯出租。但最低等宅地之租价涨，其他宅地之租价亦必同时涨高，此盖因各种宅地优于低等宅地者几何，其市价亦必各较之而不同也。"顾此种议论，必假定农地地租逐渐增贵变为宅地地租。然实际上农地地租常突然涨高而为宅地地租，吾人试注意于美国普通城市四郊之农地，凡郊外之地在将来有可充作地基之用者，地主即坐以待建筑者之需求，而不愿再行耕种，此种事实，凡稍稍注意者，类能信之。而况实际上农地与城市宅地常征课同一之税收，则密尔所言，直不过理论上之谈耳。惟西季维克则相信密尔之说（见《经济学原理》卷三，第八章，第八节，第四目。）马歇尔亦相信密尔之说，马氏以为"此无关重要，惟若靠近房屋之一片荒地，亦依城市地价而课税时，不在此内。"见《报告》第117页。自然此等情形，在欧洲各大城市日见稀少，至美国殆无此种情形云。爱诺迭谓密尔书中所言地租逐渐增贵之情形，实为例外。爱氏以为在通常情形下，即在未课同等税于农地地租时，本书所言，亦属真确。见爱氏著《税收影响之研究》(Studi Sugli Effetti delle Imposte)第98—99页。

② 潘塔莱奥尼在其《税收转嫁》论第218—221页上，以为若课重税于宅地，则必使城市中某区之地主联合，因之税收转嫁于租借人。但爱诺迭在其《税收效果之研究》第93—95页上，则谓不特地主不致于联合，纵使联合，税收亦决不转嫁于租借人。

沾之宅地所有者，必待其地价非常昂贵而始肯出售，或租价非常涨高而始肯出租，是则空地之免税或轻税之结果，必使地租之涨高较不免税或不课轻税时为甚；故课特别税或重税于改良宅地，势必使税收转嫁于房主，而由房主更转嫁于租住人。此所以美国改革家反对空地之免税或轻税，振振有词，而谓房租之涨高，至少一部分因为此事之故。① 至如英国空地完全免纳地方税，② 故国人要求依宅地价值课税之一理由，即欲课税于空地地主，借以减轻市民所受房屋太少之压迫，使市民不致于拥挤于贫民窟中也。③ 英国方面曾已提出此议，且由"皇家工人住屋设计委员会"允为征收空地特别税云。④

　　第二点，虽较不重要，然亦应略述之。假定税率无定，而且如近来纽约之情形税率逐年继涨增高。在税率增高可视为永定之范围内，税收自然还元而使地价有所减低。惟因税率变化至为无定，故凡有意建筑者畏其税之复加，将皆裹足不前，不欲出现价以购宅地，

————

　　① 关于此点柏代（Lawson Purdy）在其《地方税之负担及归何人负担》（The Burdens of Local Taxation and who Bears Them）第27页上，说得最好。"若在土地居奇之处而课土地税，必影响于土地之供给，故可影响于地价。反之，若一无税收之征课，则值钱之土地其地价纵可高于现在耕种之价值，但地仍居奇不肯出售或出租，当此土地供少求多，一切土地之卖价或租价继涨增高之时，使政府能依地价而课税，则多少可强迫此种待价而沾之荒地出售而为宅地之用。诚如是也，土地之供给必增，供给增而地价自跌矣。"

　　② 英国方面，不出租的房屋亦得免税，但城市中罕有不出租之房屋者，有之亦属例外，而尤以人口繁盛之都市为然；至于空地之免税，则极其普通云。

　　③ 参阅福克思在其《地价税》第13页之议论亦可。参阅"伦敦地方政府与税收委员会"统计主任莫尔敦（Fletcher Moulton）及其主席科斯忒罗（B F. C. Costelloe）出席于"皇家地方税研究委员会"之实证。——萨更特为最反对此计划者之一，氏在其论《城市地方税》中，发表互相刺谬之主张，如彼谓空地之课税，将以鼓励"草率从事之建筑家之竞造房屋，而使空地为富人所得云"。萨氏引征美国之处，率多不合，盖因氏不知美国空地殆皆课以轻税之事实，及氏误混资本价值之税收与动产税为一之所致云。

　　④ 斯马特教授（Professor William Smart）讨论此提议时，似偏信萨更特上述之见解，但亦略带疑义。氏曰，"课特别税于空地，能否'强迫土地出售为宅地之用'，尚属疑问。课税之后，地主自然有不得不出卖其土地之趋向，但地主因课税在即而竞相出卖，故其地价必跌，于是土地遂落于其他富人之手云。"——见《地价税与单一税》（Taxation of Land Values and the Single Tax）。其他反对之议论，则谓课税于空地，必使四郊无花圃，而且与苏格兰所行之"纳租领地"法之良好制度相背驰，此说似较重要云。

因之建筑之家少，而在人口日繁之际，即显见房屋供少于求。故地税率之不定，势必使房租略高，故其负担——至少其增高之部分——不归于宅地所有者负担，而归于房屋租借人负担。[1]　虽然，税率之增加，亦非漫无限制者，如在美国税率增加之限制，通常多规定于宪法中云。

最后吾人必须述到一种情形，即在城市之全部或一部实际上由个人或公司发起开辟者之情形。此实例可分二项述之。第一，如美之加力（Gary）、浦尔曼（Pullman）二城，英之索尔塔城（Saltaire）；第二，普通工厂及工人住房之建筑，或如开辟或投资公司出资购买城中一片新地。在此等情形之下，凡荒地农地，均由投资家为之区划之、疏浚之、铺砌之、界围之，而又为之改良之。实际上此土地之全部价值，或无论如何此荒地农地涨高之价值，至少在短时间内，当为投下资本之结果。而其所得之地租，即等于资本之利息或利润。[2]　在此情状下，课于宅地之税收，势必转嫁于租借人，盖不如此，则投资之利益不足以诱引有意投资者之投资也。[3]　因此税必视为课于投下资本之税收，而非课于土地之税收，故其归宿必稍有修正，此于本书以后专论一般资本税或特种房屋税各节中述之，兹不赘。[4]

除上述三种不重要列外以外，吾人可言课于宅地之税收，无论以租金为标准，或以资本价值为标准，此税必归土地所有者负担。

城市土地税除依照资本或租金赋课而外，还有所谓土地增价税者，即课于土地现价与旧价间差额之税收也。

---

[1]　埃奇沃斯(见《经济杂志》卷十[1900]第509—510页)有见及此。埃氏所见，与本书著者略同，惟过于重视此一点耳。萨更特亦已论到此点，惟所论嫌太泛，其言曰，"此必使房屋无一定之收入，因之投于房屋之资本不能有稳固之利息，故凡有多余之资本者，咸皆不欲投资于房屋之建筑而房租遂以涨高云。"——见《报告》第216页。爱诺迭亦有论到，见其《税收影响之研究》第80—83页。

[2]　见马歇尔所著之《经济学原理》五版第444—445页，卷五第二章第一节。

[3]　参阅爱诺迭所著之《税收影响之研究》第101—102页。

[4]　参阅下面第四章。

此种土地增价税之必归于地主负担，自无问题。① 但若独课此税于空地②或空地之税重于改良土地者，则在初办此税时之最后影响，将必使空地竞行出售，因而住宅全区以内之房租减跌。但在此税行之有日，而在一切土地皆已开辟而足为建筑之用时，则新的均衡，即可达到，而课于空地之土地增价特别税，将无影响及于房屋租借人云。③

第二项　以房价为标准而课之税收

吾人次乃讨论在以房价为标准而课税于房主，而不问房主同时是否系地主之情形。换言之，即吾人讨论课于建筑之税收，若此税不依房屋资本价值而赋课，则吾人即论课于房屋纯租之税收，而与课于地租之税收不同。

关于一般承认之学说——即斯密、李嘉图、密尔之学说——可说明之如下：凡一处之建筑，即代表多少资本与劳力之投资。房屋要建筑、修葺、保险等费，动用巨资。苟投资于房屋者而不能得到与其他类似事业之报酬相等之一定收入，则人将不愿为此徒劳无益之经营也。故课于房主之税收，常转嫁于租借人；盖若不转嫁，则必减少房主之利润，役资于建筑者其利润比投资于其他类似事业者之

---

① 关于因还元税收究有多少归土地原主负担之问题之讨论，可参阅俾刻带克（C. F. Bickerdike）著"地价税之原理"篇（登在《经济杂志》第廿二卷［1912］第1—15页）；斯腾普（J. C. Stamp）著"土地估价与地方税之改革"篇（登同上书第廿一卷［1911］第18页；及"土地增价税之归宿"篇（登同上书第廿三卷［1913］第194页。）参阅瑟甫特尔（Y. Scheftel）著《地价税》（The Taxation of Land Value）第七章，及普勒（C. C. Plehn）著"土地增价税归宿之研究"篇（《经济季刊》第三十二卷［1918］第487—506页）。德国学者对于此问题之贡献，就中最著者如哥布（H. Kopp）著"土地增价税果转嫁否"篇（登在《财政纪录》（Finananzarchiv）三十二［1906］第1—12页）；及威叶曼（Weyermann）著"土地增价税之转嫁问题"（登《德意志帝国年报》，［1910］，第881—892页）。

② 参阅本书上面301页（新编本在第219页。——整理者注）。关于空地税之提议，详述依土地资本价值课税法，与依土地增价税课税法二种。

③ 爱诺迭忽于此点，爱氏在其《税收影响之研究》第113页上，将此极简单之现象，过使其复杂，而遍论实际上决遇不到之各种假定情形。

寻常利润为低。因之建筑之业不兴，房屋之供给渐少，其终也，房屋之租价复涨，迨至房屋投资利润渐高，资本家再愿投资时而后止。惟此资本移动律在建筑业上之作用，自比在容易消费的物品上为慢；盖房屋多少含有永久性质，吾人自不能谓房屋之供给立即减少也。假定房屋之供给无增减，则房价或房租将必随人口渐增而涨高，换言之，即因房屋之供少于求而涨高也。但久而久之，资本移动律之作用，必定难免；故此税必转嫁于消费者，换言之，即转嫁于租借人。

此种学说，可称为正统学派之学说，中有几点，实有修正之必要。关于房屋税终必转嫁于租借人之理论，其所以常不真确之主要理由有二如下：（一）应区别房屋之新旧；（二）应区别一般税与特别税。

第一，应区别在新税未课或旧税未增前已经建筑之房屋，与新税已课或旧税已增后建筑之房屋。或者曰，夫课于新屋之税收，常转嫁于租借人——盖不如此将必无新屋之建筑——则此理亦可适用于旧屋；盖房屋之缺少，将必影响于一切房屋之房价与房租，何所分于房屋之新旧哉？

然而或者之言，不足置信也。今试假定某城或某城之一区因某种原因而致衰落。在此情状下，现有房屋之房价与房租，自然跌落，其初现有房屋之房主，自不能逃避税收之负担。其将转嫁税收于宅地所有者乎？曰不能，盖因房屋既已建筑于长期租借地上，则宅地所有者自无因竞争而减少其地租之理。故在租借期限未满期间，房主决不能转嫁其税于地主。复次，房主亦能转嫁税收于租借人乎？曰不能，现有房屋之供给实际上不能减少也，人群对于房屋之需求减而不增也（因假定其地衰落），其将何由而转嫁耶？故在供求之均衡未实现前，房主不得不负担税收。换言之，此非利润均一之问题，此乃当时供求关系之问题也。故若社会人口无增减或趋于减少者，则课于现有房屋之税收（在此情状之下，自无新屋之建筑，因社会不需求新屋故也）势必归房主负担。抑更有进者，若房主此时出卖其房屋，则房价必跌，房主必损失与房租低减部分之还元价值相等之数目。故依还元说，此税必独归房屋之原主负担，至人口更形减少时为止，其时还元之作用又将复发现云。①

上述之状况，自某种意义言之，虽可视为例外，然实际上恒每隔几时而必发一次，此固各地之所同然也。虽曰此理不能适用于进步社会新屋继续建筑之一般状况，然观于此种区别，亦足以觇②旧派经济学家胶柱鼓瑟的法则之不当也。

对于旧说近来有一种反对，其理论不甚可取。意之潘塔莱奥尼、英之锡德尼·卫布（Sidney Webb）二氏主张课于房主之税收，势必转嫁于宅地所有者，而不转嫁于租借人。潘塔莱奥尼主张此税必然转嫁于宅地所有者，盖若此税归房主负担，则房主均不愿添造新屋，新屋既无所增，则建筑用地之需求必减，其结果必致地价跌落。③

潘氏之说误矣。夫房主之不欲负担税收，诚然。至若谓课税以后，因新屋之建筑停止，其地价遂致跌落，其理何居，此吾所大惑不解者。夫新屋之不建筑，仅能使地价不再增加，或充其极不过使空地之地价减低。在租借年限未满期间，纵使人口减少，房屋之需求减少，然而房屋宅地之地租，决不易于跌落，而况单单房屋之课税，其宅地地租更无跌落之理由可言者乎？进一步言之，即在租借期限已满以后，苟非房屋税非常苛重，致房主于可以续订新约时宁愿抛弃房屋而不愿续订新约者，则地租亦不易跌落。惟在此极特殊情形下，④ 房屋税之一部分，始转嫁于宅地所有者。诚令不动产法变

① 本节所论，自假定税收为特别税或房屋税比其他财产税为高时为然。爱诺迭亦以为此学说"仅在此种范围内才能真确"，而不知此即吾所定之限制也。爱氏亦分开衰落城市，与人口无变动城市而论。以其好为理想上之设例，故即举出城市人口无增减，各人财富无变化之情形，而且专就课于新屋之税收之结果而详论之。但爱氏却忘记在人口无增减，何有新屋之建筑，除老屋完全坍塌或遭火灾外，此实极稀有之情形。且爱氏讨论此种新屋税之归宿，究无多大用处。

② 觇（chān），意思是看，偷偷地察看。——整理者注

③ 见潘塔莱奥尼所著之《税收转嫁论》第221—223页。

④ 此稀有之情形，曾由埃奇沃斯在《经济杂志》卷七第65页r例上说过。惟埃氏说法颇与本书不同，其所说例外盖为税收等于原来的地租加上不变的房租之数目之事实。

更，地上定着物应从土地之规定取消，而又假令地上之房屋，容易挪移，则房屋税诚可归宅地所有者负担，地租亦可减低矣。①

卫布之论，亦不得要领。卫布以为宅地地主，未尝有一定之地位。凡在城市附近之土地，在其未行分段而适于宅地用之先，仅有农地之价值。卫布曰，但此种土地之价值，未尝不知不觉间由农地价值而变为宅地价值。通常农业用地之价值，往往突然腾贵。卫布又曰，地主在能得农地价值以上之价格时，必遇有让步之定点。地主愿得到较课税以前稍少之地租，盖此实仅为建筑家与地主间之竞争问题也。故房屋税之归宿，恰恰如土地税之归宿——即归于地主负担。②

此种议论，似有谬误，盖昧于宅地所有者占优势之事实故也。如地主与佃户然，佃户必处于弱者地位。③ 在房屋需求增高之常态下，房屋建筑者洞悉提高房租之事易（因为房屋需求增加），强使地主廉价出租之事难，良因地主之于土地，实无汲汲出租非租不可之情势，惟租借人则有急于租屋非租不可之情势。④

故若假定在进步社会的常态及繁荣继续存在之状况下——姑置下述各种限制不论——课于房主之税收，自大体上言之，必转嫁于他人，因由上之所述，此税不能转嫁于宅地所有者（惟稀有之情形除外），⑤ 故此税转嫁于其他关系人——房屋租借人。换言之，在房

① 对于皮尔逊的相似议论之批评，参阅本书 317 页。（新编本在第 231 页。——整理者注）

② 见卫布在《研究都市地产问题特别委员会报告书》(1890)42—44 问题，第 5,6 页。

③ 巴斯塔尔在《财政学》四卷第二章第五节，及埃奇沃斯在《经济杂志》卷七第66—68 页上，似未有见及此，故谓税收有转嫁于地主之倾向。格累齐阿尼在其《财政学》第 362 页上所论，与本书反对潘塔莱奥尼、卫布之议论相吻合。

④ 关于此论真确之详细证明，参阅下面第 329 页。（新编本在第 240 页。——整理者注）

⑤ 巴斯塔布尔又说他种的情形："房屋因地位之关系，有时竟可有独占之价值，在此情形之下，房主以必须缴纳税收，而因已得极高之房租，增无可增，故不得不强迫地主减少地租以弥补其所纳之税收。"——见《财政学》卷四 II 第五节。但地主为何减少其地租，房主之与地主比较，房主处于弱者之地位，此盖因其房屋已建筑于土地之上，而且为屋从土地之法律所特定故也。而且如本书下面第□页所论，并无宅地有绝对独占价值之一事。（原书在"第□页"中空缺，未标明数字。——整理者注）

屋之需求增高情形下，现有房屋之房租，势必涨高，迨至新屋供给等于需求时而始已。

或谓房主当时有一种实际的独占。由理论上言之，在此期间，若房租单因人口增加而致涨高者，则房主诚必自己负担税收，盖在此需求增加之际，假令无税收之赋课，房主亦已得同样之房租故也。换言之，即此时房租亦如其他独占品之价格，大多定于消费者之购买力，房租已至消费者购买力之极点，则纵有房屋税之赋课，房主实不能再行加增房租，此时唯有减少房主之利润而已；此由理论上而言者也。至实际上在进步之社会中决不容此种期间之存在。在日趋发达之社会中，其房屋必不断增造，倘使房屋一时果有供不应求之现象，则必由于房主利润之减少，故欲维持房主之利润，则课于新屋之税收自必归新旧房租之差额负担。——换言之，即归租借人所付之房租负担。但因新屋之房租，决定旧屋房租之标准（惟房屋位置之优越不在此内，但此与房租无关，仅与地租有关），故新旧房屋之房主，在上述常态之下，而且在长期间以内，必转嫁其负担于租借人。惟必在常态之下而且在长期间以内而始如此，此则读者所应服膺而不可忘记者也。

房屋税转嫁于租借人说之第二限制，是为房屋税为一般税抑为特别税之区别。以上所述之议论，均先假定房屋税为特别税而非一般税。非然者，倘房屋以外其他投资之利润或资本亦同样课税，则此议论完全失其根据矣。自来学者之欲从正统派经济学家之学说推出实际论断者，常忽略及此。所谓房屋税转嫁于租借人之学说，盖必有一假定以为依据，即假定税收若不能转嫁，则凡情愿从事建筑者必宁愿投其资本于不课税之他业，因之房屋之供给减少，而房屋之租价涨高。然若其他资本或利润皆同样课税，则房主自无改业之理，以税收之负担，无所往而不同也。故房租与房价均不能有所增加，而税收亦于是不能转嫁矣。换言之，房屋税为其他一切财产税或收益税之一种，而且若所课之税率皆相同，则房屋税恒归宿于原纳税人——即房主。房主之利润亦如其他投资家之利润，将因课税而减少。又若房产或房租之税率较他种财产或利润之税率为高者，则此超出平均税率之部分，将转嫁于租借人，而且此惟在常态之下始如此。[①]

综上所述而得一结论如下：若税收课之于房主，则在人口减少、人口无增减或其地衰落时，此税必归于房主负担。惟当人口减少或地方衰落殊甚而税收又甚重以致房主宁愿放弃房屋不愿续订土地租借新约者，则此税始转嫁于宅地所有者。若税收系特别税，而又在经济上福利进步之常态下，则此税转嫁于租借人。反之（即税收系一般税），则惟房屋税超过于其他财产税或利润税之寻常税率之部分，转嫁于租借人，余则仍归房主负担。究竟二者分配之比例如何，此则全视各国各时代之一般税收制度，与夫个别事项之特种状况而定，而非吾人所得一概而论也。

第三项　课于房地所有者之税收

其次即为第三种情形，在此情形下，税收课之于地主而地主同时亦为房主，而且依照宅地与房屋之买卖价值而课之。此即美国通行之不动产税制度。在此情形下，此问题较为简单，吾人仅将前二项所得之结论合并观之可也。

就不动产税可以分成宅地税与房屋税而论，土地税若课之于地主，则此税即归于最初纳税者负担，此吾人所已知也。易词以言之，即宅地税归地主负担。地主实无法转嫁，盖若此税突然取消，地主亦能强要同样之地租，因地租原系于租借人之需求故也。故政府课税适足以减少地主之利润。虽然，宅地税不转嫁说之几种不重要的

限制（上面已经指出），① 吾人切勿忘记。②

　　吾人记忆在房屋税占税收全额之大部时，则税收转嫁之"可能"（possibility）将变为"或然"（probability）。例如纽约市每个新造住房，其新造之价值，平均约二三倍于宅地价值。在出租房屋区内，其房地价值之相差较少，惟构造不坚固之木屋，不在此例。（晚近城市中之木屋日见减少。）默察将来自然之趋势，城市房屋之价值将逐年跌落，地皮之价值将逐年增贵。由此吾人可以推断不动产税有多归所有者负担之趋势也。但此趋势，亦遇有一种事实而为之大大阻碍，此事实维何，即房主因地皮之日贵亦竞相拆毁旧屋而翻造更值钱更有利益之房屋是已。因之房屋之价值仍倍蓰于地皮之价值。即在今日人口稠密之热闹地点，建筑者亦常有建筑极大房屋之风气。有时房屋价值十百倍于其地基价值云。

　　又依前面所述之各种限制，吾人可说在人口无增减或人口减少之时，不动产税将归于所有者负担，而在寻常百业兴盛之城市中，在吾国财产税施行之现况下，此税之大部分将归于租借人负担。念及纽约四分三以上市民租屋住居之事实，吾人自不得不断定在今日大城市中美国地方税之大部分皆归于纳税能力最弱者负担也。呜呼！何其负担之不平，一至于斯耶！然若现行不动产税愈普及，或课其他税收以补充之，务使真有纳税能力者亦分担相当之部分，则税收之转嫁于租借人者，必可愈减。然则美国地方税与州税一般状况之改革，必间接大有影响于许多阶级之人民，然而若辈今仍以为自身对于此种改革，毫无所得失也。

　　最后还有一种问题，即税收转嫁于租借人，其最后效果究为如

---

　　① 见本书第 301—303 页。（新编本在第 219—220 页。——整理者注）
　　② 利未（Mr. Edgar J. Levey）在《政治学季刊》第二十四卷（1909 年）第 45—51 页，对于宅地税概不能转嫁于租借人之理论，表示怀疑，但如波士德（Mr. Louis F. Post）在《公论》（The Public）第十二卷（1909）第 365—370 页所已指出，利未之论，实有误解处。关于此问题中所含有之磨阻要素，利未已唤人注意，于投下资本之固定性。议订一定租金之长期租约，建筑业之各种条件，在新旧租屋区内血统缘及家庭缘之向心力、离心力之作用。利未对于城市不动产税之最后归宿之一般结论，大致与本书所言相同。

何是也。此项问题不特房屋税中有之，即财产利润工资等税亦有之（后章讨论）。欲答此问题，不但要区别房屋之性质为住房，为商铺，为营业关机，抑为工厂；而且要明辨房屋之住户为劳动阶级，抑为中上等阶级。租赁房屋而为商铺或营业机关之用者，则此税必可视为课于生产上之税收，而非课于消费上之税收，其所付之房租，实为与保险费及其他费用性质相同之营业费，故此税必易转嫁于其出品之买主，或其劳力之雇用者。否则边际生产者所入不偿所出，则人又何能再为此业哉？此必转嫁其税于他人也明甚。假令征收一种新税，或忽然加重税率，于斯时也，则生产者所能转嫁其负担于消费者之程度，将视营业之种类与需求之性质而受不同之影响。执此而论，则乐观的分散说，似不足以取信也。

　　若货物之需求较少弹性，则工厂或商店之主人宁愿竭力缩少房屋以减少用费，而不愿加税收全部于价格中。又有一种重要考虑，即所产之物是否系本地独产性质，抑系与各地相似物品竞争性质。此种考虑足以阻止税收转嫁于消费者。在竞争情形之下，凡关于各地所共有之一部分税收，必转嫁于社会一般。即就此一部分之税收而论，凡上述关于农产品税之修改几点，[①] 亦得适用于价格之变化有定期性而且变化甚剧之物品。大概言之，课于营业房租之税收，大概系课于出产总额之税收，通常转嫁于消费者，其归宿之定律将于后论之。[②]

　　居于商铺工厂住户阶级之他端，是为上等房屋之住户。在此情形下，不动产税必视为所得税之性质，或至少有用费税之性质，其用费粗可为纳税能力之标准。住居此类房屋者，其所费之房租，与其商业活动仅有极间接之关系。若住户之境况好，即多出房租，亦所不惜；但境况好乃其商业上活动之结果，而非其商业上活动之条件，故决无影响于其所生产物品之卖价，在此等情状下，租借人即

---

　　①　参阅本书前面第 281 页及以下各页。（新编本在第 205 页及以下各页。——整理者注）

　　②　参阅本书下面第五章第一节。

系最后消费人。

　　在此两端之间，则为大多数之劳动者。自某方面言之，劳动者所付之房租，亦可视如其他住居人所付之房租，而课于租金之税收，当为所得之大略指数。然自他方面言之，吾人不如视劳动者之房租为维持工作效能必需费用之一种之更为合理，故与其视为消费方面之用费，不如视为生产方面之用费之为适当。依此而言，课于房租之税收，实等于工资税或生活必需品税。从其最广阔方面观察，此种税收如后之所示，[1] 可视为有转嫁之性质，而且分散到各方面。例如纽约城市之工资，较小城市为高，大半因大城市生活程度较高；费用程度增加故也，而大城市生活程度之所以较高于小城市者，其中房租之昂贵，亦为重要原因之一，此固甚彰明之事实，不可诬也。惟吾人于此，须注意下述之声明，[2] 并思在工资未到生活费最低点之情形，则课于生活必需品之税收，仅有一部分可借工资之提高而转嫁于他人，因之劳动者最后常感觉到税收之负担。

第四项　课于房屋总租之税收

　　最后吾人乃论及课于房屋总租之税收，总租云者，即寻常所谓房租是也。房租者非纯租，亦犹如电话公司所收电话费，非其营业之纯收入也。房屋之房租，是为总租，总租除去房屋修缮保险等费，即为纯租。因房屋之买卖价值，系纯租之还元，而非总租之还元，故依房租而课之税收，与依房屋资本价值而课之税收，二者有一异点在焉。

　　如前面所已述，[3] 欧洲各处所课之房屋税，大都以房屋之总租为标准。欧洲大陆诸国大半课税于房主，在苏格兰则分课于房主与租

---

① 　参阅下面第六章。
② 　参阅下面第六章。
③ 　见上第297页。（新编本在第217页。——整理者注）

户；英格兰除上述例外外，[①] 则课之于租借人。此不特在其国家税所谓房屋税（inhabited house duty）者为然，即在其地方税制中，亦全如此。尝考各国房屋税制，以英国为较复杂，因其归宿之问题，不但论及租借人与房主，而且论及租借人、房主与地主。又当论到土地利益之分配时，还要论及最后土地继有人、土地租借人，或与土地利益有关之其他关系人。是以本书即以英国税制为讨论之基础。实在言之，税收无论先课之于房主，抑课之于租借人，而税收归宿之一般法则，实为相同；惟因各种磨阻力之存在，将使实际结果变成复杂，故对于一般理论，必有重要之修改，此以下各节之所由述也。

　　英格兰方面关于地方税归宿之讨论，曾引起政治上剧烈之辩论，而尤因地主与土地利益有关系者之福利将因断论之实行而受完全相反之影响之事实，而此种讨论更趋剧烈。至于经济学家对于此问题之讨论，有时因其议论之过于精微而成所谓"唯上帝知之"（Goodness Knows Who）说，[②] 而为之掩晦。本书依照经济学原理而论之如下。

　　吾人在论及一般理论之先，应先唤起世人注意古代经济学家理论之不适当处。自亚当·斯密之时以来——而尤以在密尔后为甚[③]——许多学者注意到宅地租与房租之区别，故分房屋税为二部，其一为宅地税，其二为房屋税。先将宅地税、房屋税分开研究，而求出二税之归宿原则，然后将此二归宿原则合并论之。此种研究之

---

　　① 见上第 294 页注一。（新编本在第 214 页注①。——整理者注）

　　② "经济学家对于何人负担地方税问题之回答，则曰，此税由已死的地主、现在的地主与租户负担之。且彼等所纳之孰多孰寡，其间比例不但随地而变，而且随无量数之情形而变，又此种比例，大都不能计算，不能以一定语词表明之。简言之，此唯独上帝知之耳。此种回答，实际上究无用处，若纳税人之为谁而唯上帝知之者，则吾人亦殊不能创一财政计划云。"——见劳和福果著《论英国地方税之改革》第 110 页。

　　③ 见《经济学》卷五第三章第六节。西季维克《经济学原理》卷三第八章第八节，及最近刻特内在《报告》第 86 页所说："房税中之一部应列入于宅地租者，最后将归收受宅地地租者负担云。"参阅马歇尔《原理》（五版第 453 页，卷五第二章第七节）："房租为二种合成的租，一部分属于房屋本身。"

方法，殊不适当，而所以不适当之主因，则由其欲合并二种性质全异之事物而为一故也。夫宅地租为纯租，房租为总租，二者之性质绝不相侔①。有人于此，分其房屋租金之全额为土地之纯租与房屋之总租二部分，其不适当无异于分钢琴税为二部，而以一部为课于产生钢琴原料之土地地租，则所谓其愚不可及也。今夫屋之为物也，不能不建之于地上，亦犹钢琴之为物其所制成之原料，若溯原穷委不能不归土地之所生也。彼土地之于房屋，其作用在为维持房屋之基础，土地之于钢琴，其作用在于产琴之木材。一税之课也，无论于房屋，于钢琴，均无强分之而为二之理由。假令钢琴在某地常出租于人，则课于租用钢琴者之税收，恰如课于租借房屋者之税收，而亦必强分钢琴税为二部，一为地租税，一为钢琴税，其必不合而贻笑方家也明矣。② 夫依房屋买卖价值而课税如前节所已论，则分此税为房屋税与宅地税二部，固无不可，因在此情形下，吾人完全可将房屋与宅地分开研究故也。房屋可出卖而迁移之，可出卖而拆毁之，若夫房屋之出租，租借人同时不能不利用土地之维持，故租他人房屋，同时又不能不租土地。故论依房租而课之税收之归宿时，莫如就此税整个研究之之为愈。

然则讨论地方税归宿之问题，吾人可言大概在进步的社会中，房主可以撇开不论。在房屋税为特别税（如地方税）或为特种税（如房屋税）时，房主毫无税收负担之可言，此层已为学者所公认，盖若房主之利润减少，则凡有意建策者均不愿投资，而必待房屋之供少于求，房租再行涨高后而始肯投资，故房主必将转嫁其税于他人，此其理与上述恰恰相似，③ 而且论关于不进步或衰退地方之理论之各种限制，亦可同样适用于此云。

---

① 侔(móu)，等同，相等。——整理者注
② 参阅埃奇沃斯《经济杂志》卷七（1897）第 65—66 页及卷十（1900）第 190—193 页。余对于埃氏反对旧说转而着重房屋与寻常物品之需求弹性同等程度之事实，不表同意。
③ 参阅 306—311 页。又关于他种假定的例外，参阅本书第 310 页。（新编本在第 226 页。——整理者注）

故此真正之问题，是为地方税归租借人抑归地主负担之问题。有人以为地方税完全归地主负担，其议论大致如下。

此税先由租借人转嫁于房主，盖当租借人租屋时，租借人必依所纳之税收而减少其房租，租借人只能依照房屋之位置，值得多少之房租而付多少之房租，而此房屋之位置，并不因课税而有所改善。在此范围内，税收必归于房主负担。但房主又必再转嫁其税于地主。昔哥申（Goschen）曾言曰："建筑者估计可得若干之利益，否则必不愿经营，建筑者洞悉某一类租借人对于某种房屋只能出某种房租，多则不能，故若房屋建筑，地方税必归于能负担此税之余额负担，换言之即归于建筑者给与地主之地租负担云。"①

然而谓税收完全或必然归地主负担之议论，可观于下述二特别情形而其谬误自明。

第一，地租非常之低，税收非常之高，因而建筑者不能再事建筑之情形。建筑者不能再租得地租更低之土地。盖地租已至低无可低之地步，地主于此宁愿用其土地于他途而不愿再减价出租。结果必致房屋之供给减少，因而租借人所出之房租遂涨。然吾人犹可曰此第一情形，实际上遇到极少，而且可视为不重要，可略而不论。②

第二，谓税收归地主负担之议论，必先假定租借人于订约之始，要求地主允为负担为根据。顾此种假定在长期租借时，殊无大用。在长期租约订定后，地方税往往有想不到的变化，而依晚近之事实，地方税恒有日趋增高之倾向。地主在订约后之若干年间，不管土地税之如何增加，总要得一定之地租。其时租借人不能转嫁此加重的负担于地主，此加重的负担，必由纳税之租借人负担之。在租约未满以前，租借人总不能设法更改，使其负担移之于地主。由此以观，唯在租期短暂时始有税收归地主负担之事情。总之，凡在租借人订定长期租约之处——而尤以英格兰为更如此——地方税较当初订约

① 见哥申《1870 年地方税特别委员会之原始报告》第 166 页。其他学者亦具有此种见解。出席于 1870 年地方税特别委员会之供证，包括各种见解。
② 哥申本人亦承认此理。

时增加之部分，势必归房屋租借人负担。① 吾人应注意之一要点，是为税收原始赋课之时间——此一点屡为学者所忽略。若如欧洲大陆各国房屋税先由房主缴纳者则情形与此容有不同。但若先由租借人缴纳者，则非待租约年限满后，租借人终不能改善其状况云。

除开此种研究外，吾人又须研究在寻常短期租约由租借人缴纳之税收，究为若何？在前节中，吾人已确信租借人每于订立短期租约之初，必得要求减租以弥补其所纳之地方税。唯在此前提之下，而地主始最后负担税收。但此种前提是否常常正确？真正之问题，是为在租期短促为每年每季——或为每月每周——共同住宅多半如此——时，税收究归何人负担？

即在租期短促，契约容易改订之时，所谓地方税完全归地主之议论，亦殊昧于税收所以必归租借人负担之种种理由也。是以大多数之到家的学者，均以为税收之一部分，必归租借人负担，余则归地主负担。虽然，吾人对于此种议论，亦表示反对，盖吾人之意见，必以为在寻常情形下，税收完全归租借人负担，或无论如何，仅仅有一小部分归地主负担，而且此一小部分远不如一般所想像者之多。吾之意见实非凭空臆测，皆可以实在证明之。

吾人试先论特别的情形，而后论及寻常的情形。若吾人广论此情形，则实有三种重要的可能，② 述之如下。

第一，有见在城外或城内衰落之区，宅地之供给甚多，竟有许多未租出之房屋，或无论如何尚有空地未行建筑者；第二，有见新屋之供给，恰能适应需求者；第三，有见宅地之供给全无，房屋之

---

① 参阅埃奇沃斯教授关于使地主与租借人分担地方税提议之批评，"若租借人之租约系短期间，则未尝不是，否则不能真确。谓 21 年之租约（如高等住房常常遇到）能于 7 年 14 年之末解约而归租借人负担者，终不真确云。"——见《经济杂志》卷十第 490 页。又柯斯泰罗（Mr. Costelloe）出席于皇家地方税研究委员会之供证，亦谓大概"市场不利于租借人，而且近来地方税之继续增加，确由租借人负担，吾人均不能以为此由地主负担云。"参阅《供证详录》卷二，及问题 19923—5，20252—60 及 20433—8。

② 尚有不重要之可能，见下第 333—334 页。（新编本在第 243—244 页。——整理者注）

数目可视为固定者。①

第一种情形，并无多大困难。若宅地坐落城外或在城市衰落之区，宅地之需求停滞者，则税收纵为租借者缴纳，仍必转嫁于地主。租借者能自由选择房屋，而且不愿负担税收。租借者既占优势，则自不愿因课税而多付房租。然此仍必以地方之衰落如故为准。否则若其地转衰为盛，则即入下述之第三种情形矣。

第三种情形，亦少困难。吾人假定城市四围以内之土地，皆有建筑，或城市之某区因种种情境之凑合而成为某种营业极繁盛之区，于是其地房屋栉比，隙地全无。在此等情形下，地主实际上握有独占权，地主能强要租借者所能出之最大地租。此时若课税于租借者，则租借者即移其税于地主，此盖依独占利润税之一般理论而必如此也。盖依吾人之假定，地主从租借者手中所取地租，已高至于无可再高矣。使租借者还能付出更大之地租——即旧地租加上新税——则地主于课税前，早已提高矣，岂待课税以后哉？依同理，若租借者得免纳现税，其利益亦必归地主所得。是以在宅地的独占情形下（及在宅地的相反情形下，即恳求租地者租地），课于租借人之房租税，必将转嫁于地主。

即令吾人不依独占之理论，而仅就都市内不能再造房屋现有房屋之房主间竞争出租之情形而论，税收亦必转嫁。凡物之供给不能增加者，则课于此物之税收必归于物主负担，此定理也。善夫埃奇沃斯有言曰："产屋之供给全无弹性，房主必定最高之租价，以适能完全租出为度。因税收之赋课，未尝使租借人之需求增加，其所能

① 昔皮尔逊博士（博士曾为荷兰首相）在其《政治学》二版第 156、157 及 174—185 页上，亦作略如本书之分类。皮氏分为四种情形：第一，如在乡村宅地甚多，因而租价甚微，或几等于零者；第二，在日就衰落之地，租价不如投于房屋资本之寻常报酬之大，地租亦等于零者；第三，在城外无地租，而在城内地租占房租总额之大部分者——离城市中心愈近，所占之部分愈大；第四，地上均有建筑，房屋之供给可视为固定者。
皮氏之分法，与本书所述，许多相同。皮氏以为房屋税在第一种情形则即依照制造品之寻常定律而使房租涨高；第二、第四情形下，房租不见受何影响；至第三种情形，即将论之。

得之每间房租不能增加。"①

至于第三种情形，仅足供理论上之讨论，② 实际上未尝有之也。在昔中古时代，城市大都围以城墙，城中人口虽继续增加，但城内仍留有许多空地，一至空地缺乏，城墙即行外放，或过多人口移居城外。降至晚近，既无所谓不能建筑新屋之一事，③ 更无所谓宅地完全独占之一事。即在人口稠密地皮极贵之地，其地租较他处昂贵之数额，亦仅等于地位优劣相差之价值。所谓独占云者，含有绝对的支配地皮之意。在宅地位置优劣极参差不齐而次等土地之供给甚富之时，吾人自不能谓绝对的支配一切之土地，吾人只可谓支配一部分之土地；支配一部分之土地，只可谓为优等土地之占有，而不能谓为独占。优等土地之地主，能得较高之价格，但非一种独占价格。

故吾人离开此种纯粹臆想之事例，转而论究实在重要之实际问题，此即第二种情形，为普通社会所常见之情形。大概在人口日增商业日盛之区，宅地之需求继续增加，但其地租之增加，总因位置较不便利的空地之可以利用而有一个限度。在人口稠密或商业便利地方之地租必继涨增高，但无论何时，其增高总必以宅地彼此便利之差别为限度。人口日增，则凡在城市中心之四围之建筑亦必日增，因离中心稍远之处，能得同样良好土地，遂使位置较便利土地之地租降而至于他处地租之标准加上因其位置便利之差额。夫城内之地租诚高于城外之地租，但城内地租之所以高于城外地租者，无他，此因住居城内可得车费之节省，生活之种种便利故也。是故地主所定之租价，若欲于此便利之边际外，别有所增加者，必不能也。

---

① 见埃奇沃斯在《报告》第 129 页所述。

② 爱诺迁于此纯粹理论的事例外，又设一实际绝无之一事例，谓如在房租税过高，以致房屋纯收入全为税收吞尽之情形。见《税收效果之研究》第 161 页。爱氏以为在此假定下，地主必宁愿任其房屋空废，因之其余房屋之租价涨高，故租人受苦。"税收加于房租之多寡，随租出的屋，与未租出的屋之比例而定。"

③ 皮尔逊在其《政治学》第 141 页上，曾谓城市之四周有高山大河者，则恐难免此。殊不知大河可以布桥，高山山坡仍可造屋，吾人观于今日瑞士山岭区城之繁盛，即可明白。

学者对于课于房租之税收之归宿，意见纷歧，有以此税大部分归地主负担者，有以小部分归地主负担者。吾人之意见则以通常归地主负担之部分，微乎其微，可以略而不论也。

相信此税大部分归地主负担之学者，中以皮尔逊博士为最著。[1] 皮氏之解释如下：在城外或在建筑边界（译者按：此即为宜于建筑之一点，过此一点，即距城太远不宜建筑矣），新屋之需求随人口日增而增加，税收之赋课，将使房租随房屋建筑费之增加而增加，换言之，依税额而增加。城外房租一增，城内之房租亦必因之而增。但城内地位便利房屋之房租，其增加不能超过于城外房租之增加。因城市中心地价或地租较高于城外，而城内外建筑相似之建筑费必相同，故依皮氏之意见，城市中心房租之增加，至多与城外房租之增加相等，然城市中心房租增加之百分率，则不如城外之大。于是地主负担一部分税收——凡地租超过于房租者愈多，则地主负担之部分亦愈大。[2]

皮氏之议论虽妙，但忽略一事实，即税收并非依定额而赋课，乃依照建筑物之总租课以百分率之税收也；税法不同，结果自异。依百分率而课之税收，自然房租多者税额多，房租少者税额少，因之此税使位置便利房屋租金之增加，必大于位置不便利房屋租金之

[1]　李隆登在《报告》199 页上，乃误以皮氏之见解与余相同。李氏之为此言，似以埃奇沃斯所引征为根据云。少数英国学者中之持此种见解者，吉芬（Sir Robert Giffen）其一也。

[2]　此说明如下：有二屋于此，一位于热闹之处，房租 200 镑，一位于城外无地租之处，房租 60 镑，其相差为 140 镑。今试假定依 25% 而课税，则对于前者之房租须付 250 镑，后者须付 75 镑。于是二者相差 175 镑，"此即一种变则而必设法除去之。"因由假定二者之真正差数仅为 140 镑，低廉房屋之房租，既不能更有所增，则高等房屋之房租，必减少之而后差数可以相合。故必仅为 215 镑（75 镑加上 140 镑），此即高等房屋之房租（除税收外）为 172 镑（172 镑加 25% ＝ 215 镑），因由假定房屋本身之租价为 60 镑，故地租仅为 112 镑，夫本为 140 镑，今为 112 镑，即减少 28 镑，或恰恰 112 镑之 25%。"由此可知税收若依包括地租之房租而赋课者，则税收必归房主负担。"——见《经济学原理》卷一，第 162 页。皮氏又进一步研究，在作精密计算后，断定"课于房租之税收，而由房屋租借人缴纳者，必影响于地租，其程度至少如吾人计算之所示，甚或更有甚焉于此者。"见同上著第 164 页。

增加。房屋彼此之税率虽同，而税额则不同。此与课于各级土地之不同农产品之百分率税或比例税相同，此税如密尔已经指出，必使农产物价格增贵，而归消费者负担。① 故皮氏所谓房屋逼近于城市中心地主负担愈多之言为无理由云。②

但若地主既不负担税收之全部分，又不负担其大部分，然则负担颇多乎？许多学者多作肯定之回答。③ 此种结论乃以一般假定：如物价因课税而价涨，价涨常使销售减，生产者常不免有损失为根据。换言之，房租因课税而涨高，房租涨高将使宅地之需求减少，因之全社会之地租亦大概低落。

然此种议论，未尝注意于几种重要相反之势力，此种势力有足使房屋与各种消费品或享乐品大相不同。第一，房主与地主之关系；第二，房屋需求之特质；第三，经济上磨阻之存在。试依次论之如下。

第一，吾人要记得当人租屋而允为房租之外又付税收时，彼未尝分清何者为房租之税，何者为地租之税，彼租屋者仅知房屋相同地址较好之房屋，其房租必比地址不好之房租为贵，且知前者应纳之地方税亦较后者为多。若课于房租之税收增加，则租赁者或愿于同地租一较次之房屋，或于地址较次之地，租一同样之房屋。在此等情状下，则因此屋之需求减少，因而房主减少房租转而设法转嫁此损失于地主。但试问亚当·斯密所说"居民之纳税愈多，其愿出之地租愈少"之言果能真确乎？④ 吾人在上面不且指出：⑤课税于房

---

① 参阅本书第 279 页注文，征引密尔之文字。

② 埃奇沃斯教授论述此点甚晰，"若建筑相似位置不相似之二种房屋（就如大麦，一生于地租甚贵之地，一生于差无地租之地），可视为同物之二单位者，则皮尔逊君之假定（二种房屋房租之差在课税前与课税后可望相同），则亦未尝不合。但吾以为应视为此两种房屋为同一货物之不同数量，亦如大麦一生于无地租、一生于地租甚高之地，以同样资本所产同一大麦之不同数量。"——见《报告》第 130 页附注。

③ 许多"专门家"若马歇尔、埃奇沃斯、巴斯塔布尔、工纳（Gonnor）、克能及普力斯（Price）诸教授等都在《报告》上，发表文字以证明之。

④ 见《原富》卷五第二章。

⑤ 参阅本书上第 308 页。（新编本在第 224 页。——整理者注）

主，而房主唯在税收甚高致使其宁愿放弃建筑之特别的或完全假设的情形下始能转嫁其税于地主乎？抑更有进者，主张税收转嫁于地主之议论，忽略房屋无论如何不能与寻常物品相提并论之一要点。夫课税于蜡烛，则蜡烛价涨，自可使其一般之需求跌落，而使人使用代替品。但若课税于房租，房租涨高，虽可使几种房屋之需求减少，但决不能使一般房屋之需求减少也。盖在百业进步或人口不减之城市中，房屋之全部需求，总不能有所减少。诚如上言，租屋者因课税而另觅较次之房屋，则较次房屋之需求必增，则此类房屋必增造，于是此类房屋之宅地地租亦必增。换言之，全城市内之地租，必有一种调剂，盈于此者必缩于彼，减于彼者，必增于此，彼此虽有增减，而就整个而论，则固不变如故也。故结果一般之地租，必无显著之增高。[①] 故即假定税收将使特种房屋之需求发生变化，其负担亦终不归于地主负担（惟在极非常的情形下不在此内）。

　　第二，吾人对于课于房租之税收能使房屋之需求发生确定变化之假定，切勿匆匆承认。例如某学者曾谓"经济学家之未能定出房屋税之特别定律亦犹如物理学家之未能定出房屋坍塌之特别重心律也"，[②] 学者之为此言，一则忘记房屋若其屋基已坏，其倒塌更有速于汽球或羽毛之跌落；二则忘记吾人之所要研究者，实即在于重心律作用之力量与速度。

　　论房屋税者大多以房屋归入于有完全弹性之普通物品一类，价格一有变化，则其需求立即随之而变化。但此种假定——即前节推理所根据的——之准确，尚属疑问。依本书前一章之所述，绝对必

---

　　① 　此点之真理，已由埃奇沃斯在下段上表明。此段文字，本书于下第318页论差别的地方税时征引之，然亦可适用于本节所论。"划一税之赋课……将决无大影响于地租之总额……吾人必须研究之需求平面……犹同一种汽垫，其此部原高于彼部，但若抑压此部，则彼部亦必高起。而且吾人不能用一种简单公式表明全部的低落。"——见《经济杂志》卷十第341—342页。马歇尔亦云："甲处特别重之地方税，即为乙处地主之恩物。"——见《经济学原理》五版第798页。

　　② 　见埃奇沃斯在《经济杂志》卷十第183页之所论。

需品与高贵奢侈品，其价格大有变动而其需求仅微有变动。[1] 论房屋之为物，一部分系绝对必需品，一部分系高贵奢侈品。许多阶级，租屋者有不得不于工作附近之处住居之势，而尤以在人口稠密之区为甚。租屋者因种种理由，总愿借住于本人所在地。如在一切必须品之课税，房屋税之赋课，将使彼等牺牲他物而不愿改变其住址。实际上借屋者必悉索以付增贵之房租，以图住居之便利。——换言之，即愿节省向来所享受之娱乐费，以补房租之增贵。例如纽约市在 1907—1908 年共同住宅区内房租陡贵（其陡贵仅有一部分因为房屋税增高），虽租借人竭力不付增贵之房租，但卒无效果，竟成昙花一现之房客罢租；租借人究未尝退出其地一步也。实在言之，城内租价与租户愿出之租价二者之差额，比较城外租价与租户愿出之租价二者之差额，若非相去太远者，实不易诱起人口之移动。复次，在城市之他部，适意的住宅当可归入奢侈品一类。富贵之家，多愿住居于其身分上所应住之房屋，即花费任何之租金，亦所不惜。凡此事实，皆吾人之所熟知也。在此种情状下，则房屋税恰如一切奢侈品税，必使租屋者弃去彼等所以为较不重要之事物。[2]

---

[1]　见本书上第 249 页。（新编本在第 179 页。——整理者注）

[2]　此理已为字隆登在其《地方税与财政》第 51 页上，及《报告》第 190 页上所承认，而且更竭力发挥之："在估计因房屋税之大增而迁居较次房屋之租借人之成数时，吾人自可除去社会上某一种人：其进款之储蓄颇多，认为将来收入程度减少之害少于住居次等房屋不适宜之害之大多数人。吾人亦可除去一种人有享受奢侈品之能力，而认为此类奢侈品之重要不如优美住宅之重要者，与夫一种人无奢侈品可牺牲，然宁愿节省其他生活必需品或适当品以便可租住其平日惯住之某一类房屋者。不住此而他迁，必引起大多数房主之不欢，一旦迁回，非但甚不可能，而且讨厌。且由乔木而下迁于幽谷，非但不适意，不舒服，而且尚有搬家之麻烦与费用，此麻烦与费用，亦为房客不愿搬移之一重要原因，吾人不可忽略。又在情绪上存有一极有力之阻碍，即常人每恐迁移居次等房屋，不免露出穷酸气，而被人白眼。凡吾人可以想像之心理，亦殆即一般之心理也。常人每于奢侈品及储蓄方面无可设法时，宁愿从其私人必需消费品如食物燃料方面力图樽节云。"氏又在《经济杂志》卷十第 188 页发表其致友人之一书曰："据吾日常实际之观察（且不是根据臆想的理论），吾敢以为在实际生活中，房屋需求之不变动，有过于常人之所想像……就吾平日之经验，吾确信房屋税之提高或昂贵，其影响于人民住居标准之低下者，常微乎其微云。"

（转下页）

　　大概房屋需求之弹性，确不如普通所想像之大。然需求弹性愈少，则租借人所能转嫁其税于地主者亦愈微，此则显然。然则税收之能使租借人迁居较次等房屋因而大大影响于房屋之需求者，必为非常高之税收。在常态下，吾人可以断定房屋需求之较少变动，租借人转嫁税收于地主之想像的定律失其作用云。

　　至于上述第三点①更有妨碍税收转嫁于地主之作用者，是为经济上磨阻之存在。吾人不尝以资本完全移动与地域孤立之假定之不当而反对古代学者所持土地税转嫁于消费者之学说乎？吾人大致亦可因此种假定之不当，而反对房屋税之必由租借人转嫁于他主之学说。昔人有云：经济的地租者，"乃为能经营他种之投资而且熟识商情与其本行之聪明租借人所愿付之地租也"，②旨哉斯言。但实际所付之地租，与所谓纯粹经济的地租者，迥然有别。约翰·密尔曾指出爱尔兰之农业地租常必高于经济地租，推原其故，概因租借者缺少机会与缺少移动故也。至于租借人聚居于大城市之陋巷中，实际上亦少移动之机会。租借人必得局促于其工场附近之处，既恐搬移

_____

（接上页注）　埃奇沃斯教授虽未顾到房屋税无论视之为奢侈品或必需品均是如此，但氏自始即承认此理论可适用于劳动者之住屋。（见《经济杂志》卷七，1897，第52页。）在同篇中（见第64页），氏且承认房屋之一般需求，不但在短期内为"完全无弹性的"，即在长期内亦是如此。但后来氏在《经济杂志》卷十（1900）第18页上，忘却以前之承认，而承认马歇尔教授所言房屋因为有真正便利而且能显出人在社会上之身分，故其需求似有弹性之议论云。（见《经济学原理》五版卷三，第四章，第107页。）

　　1902年，爱诺迭教授在其《税收效果之研究》(Studi Sugli Effectti delli Imposte)之某部上（第30—71页）对于此点作一详尽之研究。爱氏先说本书所论，"包含大部分真理"，末谓房屋——而尤以为住宿用之房屋为更如此——之需求曲线起初无变动，而尤以在下级房屋为尤如此，并谓在生活标准较高之阶段中，则渐有变动。关于爱氏对于在生活标准较高阶段方面之一段议论，余虽不甚赞同，但余认定爱氏之研究，大致足为余所主张之确证；因为下等房屋大多数为住宿目的而出租故也。实在爱氏后来曾谓此等无变动之需求，常常发现云。本书之主张亦为劳和福耳所承认。（见氏著《论英国地方税之改革》[An Essay on the Reform of Local Taxation in England]第146—147页）即普力斯亦说："租借人的房屋在必需费之可增可减的狭小范围内，在其享乐标准中，为一固定项目云。"——见《报告》第180页。

　　①　见本书上第327页。（新编本在第238页。——整理者注）
　　②　见卫布在"研究都市地产问题特别委员会"第51问供证。

之耗费，而搬来搬去，总逃不出于此湫陋嚣尘①之陋屋，何苦徒此一举。故在大多数情形下，税收总有归原纳税人负担之倾向。②

综上所论，则知课于租借人之税收，其一部分转嫁于地主之倾向，亦因相反势力之强烈抵抗而几乎冲消。故吾人自可主张实际转嫁于地主之部分，微乎其极微而可不注意之也。故课于房租之税收——尤以课此税于租借人——其归宿于租借人之负担极重。惟在非常之情状下，租借人始能转嫁一部分之税收于房主或地主，如在城市之四郊或城内商业衰落之地，以及税收非常高时，即为特殊之情形。故凡旧说之所视为原则者，吾人仅可视之为例外。久而久之，租借人势必负担税收，惟在房屋之需求形成极淡之处，或在极淡之情状下，以及无竞争状况之地，则不在此例云。

上之所论，已研究实际生活中所遇到之情形。有数学者之好以

---

①　湫（jiǎo）陋嚣尘，现在写作"湫隘嚣尘"（隘是陋的异体字），意思是："低湿狭窄，喧闹多尘"。——整理者注

②　如法拉（Sir T. H. Farrar）所说："对于此种事情，无论其理论如何，然税收极易归于最初纳税者负担云。"——见"特别委员会"第1246问之供证，及《报告》第66页。参阅洛格（Thorold Rogers）所说："一人已纳税，谓其人常能尽转其税于其邻人者，此必无之事也。"——见"特别委员会"第2721问之供证。关于经济上磨阻之实际影响，普力斯在《报告》第181页上，说得最好，惜其术语用得不当，致有"税收归宿之转嫁"（shifting the incidence of a tax）之词句者。即法拉伯爵（Lord Farrar）（第67页）及汉密尔顿（第38页）等亦用此种不合的词句云。

勒斯力对于旧说修改之几点，说得最好，其文如下："今之著名经济学家之欲定地方税归宿之原则者，每谓……资本家不但明知一切事业投资之过去的现在的利润，而且能预料在时间甚远——例如在长久租期之末——之利润。然而人之欲建造新屋或购买新屋而能预料20年间之建筑投资利润者，确不可能之事也。商业人口之变动，住宅与其他建筑之需求，财富货币之增加，收入与价格之一般变化，某地新建筑物之供给，交通方法之便利能使远地瞬息可达，凡此种种皆不能确实预料……实在言之，房屋之利润；租借人所能出之房租，与地方税之归宿，绝不定于'平均的利润率'（average rate of profit），但定于房屋之供求，而房屋之供求，不但随时不同，而且随处各异……人口之永续增加，便于大多数人住居而又与营业地点相距之甚近，搬家之费用与困难等等，在在可使房主占优胜地位，而使其能转嫁税率之增加部分于租借人……房屋之租借人必待索以应房主之勒索。设若无地方税，则可更勒索一点。在此范围内，地方税可谓归房主负担，"余则归劳动者负担云。"——见《政治哲学与道德哲学》（Essays in Political and Moral Philosophy）上所登"论课于劳动阶级之国地两税之归宿"（the incidence of imperial and local taxation on working class）一文。

经济学为逻辑上之思考者，每作实际上所绝无之各种假定，关于此种假定之研究，本书可以放在附注中论之。①

　　在英格兰，地方税归宿之研究，因二点而多被掩晦：其一为实际的事实，其二为尚有疑问的理论。事实上则有差异的税收之存在；理论上则有"苛重的"（onerous）地方税与"利益的"（beneficial）地方税之确实的区别。

　　试先论差异的税收之事实。英格兰之地方税，随处各异，此与其房屋税之全国划一者不同。此种随地而异之制，原为各国之共通现象，但有数国家早已实行划一矣。例如比利耳之房屋税久已实行百分税，法国25年前则行全国划一之百分税，至英格兰迄今仍行分配制如美国，税收到处各异。本书前面之研究，均假定房屋税之税率划一。若在一市之内，各处房屋税多少不一，则知此多于彼之税率，似归于所有者负担，而不归租借人负担。若有某甲系未来的租户，甲若租屋则屋税先由彼缴纳。甲于此有位置不同适意相同二房屋之选择。彼地房屋之税收，较此地房屋之税收多10圆，则某甲必租其后者而舍其前者，否则前者之房主必须减去房租10圆。就英格兰

―――――――

　　①　如埃奇沃斯教授讨论税收之可能结果：（1）在城市之各地，房屋毫无竞争者（见《经济杂志》卷七，第62页）；（2）在建筑资本中之仅仅"一部"能应用于一段宅地，换言之，"每段宅地只能建筑式样一律之单层楼房者"（见同书第64页）；（3）有意建筑者之投资方法，"在建筑业中并非无限者"（见同书第68页）。在此实际上绝无之三种情形中，其在第一种情形税收自归地主负担，在第三种则归房主负担。

　　爱诺迭教授对于纯粹假定情形之研究，远胜于埃奇沃斯教授。爱氏先以A至M间之字母（略去FK二字），以每字代某种条件，然后进而讨论各种条件遇合之变化（见氏所著之《税收效果之研究》第156页及以下。）假使爱氏有自信之胆力，则所得之变化，当不下百二十一种之多（即11倍11）。此则确为太多，而且有几种假定因在实际上显然无之，故故意略去。

　　其中所论不可有之情形，除见于埃奇沃斯之外，有如下列：（1）在税收仅课之于为住居用而不能为他种用之房屋者（见第166页）；（2）在地主有完全独占权者（见第167页及186页），爱氏亦谓此为"极稀有之特别情形"（caso estremo che quasi mai si verffica）；（3）在房屋之用途不能彼此互相代替，以及房屋税之超过于纯租者（见第178页）。

　　吾人亦雅不欲不论爱氏对于此种情形之研究。就数学上或逻辑上之练习而言，埃、爱二氏之讨论确有非常价值，但就其在经济学上之贡献而言，其贡献对于现世，实无若何用处，其价值总不十分显明云。

而论，其各区税率之划一，远不及于吾美。觉见一市之内，因税区所属之不同，致所纳税收，此处与彼处不同，或同街之两旁，此边与彼边各异。在此等情形下，莫如区分地方税为不变的与可变的二部分而论之。可变的部分即代表高出各区划一之数。惟此不变部分始归租借人负担，余则推定归房主负担，而在顺利情状下，可由房主转嫁于地主。惟房屋税之可变部分，通常为数极微，此盖因各城区之政费通常相同，地方税之差额易致于极微故也。① 且前面议论，昧于一种事实，假令未来的租户某甲因税收而致不租高税地方的房屋，因之其地房屋之需求减少，但因某甲租赁低税地方的房屋，则其地房屋之需求必增加。故就房屋之需求全部而言，未尝有显著之影响，而且就地主之整个阶级而论，亦无若何之负担。② 总之，吾人可以说即在差别的税率之情状下，课于房租之税收，殆全归租借人负担云。③

———————

① 赛更特在《城市地方税归宿研究》第49页上，谓差别的税收，占总税三分二或四分三，赛氏此言似有错误，赛氏名"不变的"税收系统国划一之部分，此言武断。吾人在言差别的地方税，必常比较优劣相等或位于同地之二种房屋，盖吾人显然不能说出差别的地方税多少归房屋负担，多少归宅地负担。吾人必不能将伦敦之房屋与乡间之房屋比较，因彼此之间，无所谓竞争故也。此定则惟在同一竞争下距离较近之房屋适用。赛氏又重述其见解于《会刊》第213页。埃奇沃斯以嘲语批评云："论到减少之程度一节，赛更特不能自谓为定论。"见《经济杂志》卷十第343页附注。参阅匀尔吨在《地价之估定》第21页上所说："自我视之，此种修正更为重要。"

② 参阅马歇尔在《报告》第119页所说："地方税之均一，若减轻上等宅地之税收，增加次等宅地之税收，则宅地价值之总数必增。但此均一，最低亦易同样移转次等宅地之税收负担于上等宅地，而且若果如此，则宅地地租之总数必减。"——埃奇沃斯在《经济杂志》卷十第342—343页，征引《报告》上几个投稿者主张差别地方税有转嫁于地主之倾向之文字，埃氏以为此等学者之议论，"大体甚是，殊少修改云。"

③ 福特对于此种问题之讨论，亦不甚佳。福氏分房屋为二，一为一般房屋，二为在地点上有特殊便利之房屋，福氏根据此区别而论之。福氏谓前一种之地方说归租借人负担，后一种之地方税归宅地所有者负担。"盖若地方税减轻，则所减之数即为地租所增之数，因地租定于宅地之需求，而宅地之需求，并不因地方税之减轻而有所改变也。"吾人可执福氏之说以还攻福氏。吾人自亦谓新税未课以前有某种之需求，新税既课之后，需求必不改变，故地租亦不改变，故地方税必归纳税之租借人负担，而不归宅地所有者负担，因其地租未尝改变故也。其实福氏对于房屋之分类，亦殊不合。夫每个房屋有"便利处，亦有不便利处。"故各种房屋之便利，必因便利与不便利屋有"便利处，亦有不便利处。"故各种房屋之便利，必因便利与不便利之互掩，之互掩，而成看不出的分别。

（转下页）

吾人次乃论及本书第 34 页①上所说之第二点，即苛重的（onerous）地方税与利益的（beneficial）地方税之区别。

英格兰之地方税，并非为如各处通行之单一房租税，此税乃由各种税捐如救贫捐（poor-rate）、阴沟捐（sewers-rate）、水捐（water-rate）、路灯巡夜捐（lighting and watching rate）与卫生捐（sanitary-rate）等等合成。因此有数学者遂谓税收有时实不过纳税人享受利益之酬偿，并谓此种酬偿因依各人所享利益之大小而征收之，故应称之为利益的地方税。至税收之不能估量各人享受之利益者，应称之为苛重的地方税，苛重税是有负担的，利益税是无负担的，因负担可有利益之补偿故也。苛重税依纳税能力之原则而赋课，利益税依利益原则而赋课。②

事实上实无所谓此种利益税，充其极所可称为利益税者，其利益亦不过系住居某地域内一切纳税人所享到之利益耳，此点吾于他书上业已指明。③ 且即在此等情状下，法律亦特别不许应用利益原则于各个纳税人。④ 此种区别，殊为不善，独为英国学者所创，且未能将税收与费、捐等作一适当之分析。⑤

————————

（接上页注） 参阅福氏著《政治经济学手册》六版第 618 页。复次为普通所承认之李嘉图、密尔学说，亦未能定出如本书所指出之各种分类。李嘉图等仅谓宅地税归地主负担，房屋税归租借人负担——此说一部分是不对的，或无论如何，是一部分不准确的。

① 新编本在第 页。——整理者注
② 此种名词似为麦来（Sir G. H. Murray）所首创，见氏在《经济杂志》卷三（1893）第 70 页发表之"论地方税之发达及其归宿"篇，学者多沿用之，而尤为皇家地方税研究委员会所采用云。
③ 见塞利格曼所著之《税收论》九版第 439—443 页。
④ 即举最极端之例而论——例如阴沟捐（虽从前确有其事，然与晚近之所谓都市阴沟捐者毫不相干。吾人不如名此为"土地排水捐"之为适当），法律上明文规定"课于土地之税收，随排水利益而不同者为不法。"见"纳特诉拉格巴特排水调解处"（Knight V. Langport Drainage Board）（1898）判词第 588 页。康斯坦（E. M. Konstam）的《地方税与税收》上曾引证之。其次如水捐，房主或房客纵使不欲用水，或未尝用水，但亦必纳税。凡此几点，均为克能所未顾到。克氏在其《地方税史》第 138 页上，确说："吾人可以说现行税制，依……利益课税之原则者多，依……纳税能力课税之原则者少云。"
⑤ 参阅塞利格曼所著之《税收论》"公共收入之分类"一章。马歇尔教授承认苛重的与非苛重的地方税之区别，但氏以为用"利益的"一词，不如用"报酬的"一词之为愈。见《报告》第 113 页，《经济学原理》五版第 718 页。

就令有利益税，然吾人亦绝不能将此税与所谓苛重税分开，此其理已为第一流之名家所认识，例如爱德华·汉密尔顿在《皇家税收研究委员会会刊》之导言上，明白告吾人曰，"吾无法分清何者为'利益的'地方税，何者为'苛重的'地方税，吾只有将一切地方税合并而论之。"[1] 埃奇沃斯教授在详细研究此问题后，亦断言："利益税与苛重税根本无大区别，无设定两种不同之章程以管理之之理由。"[2]

抑为此二种地方税之区别，对于一般主张地方税颇多转嫁于地主之议论，毫无助力。若地方税真系"利益的"，则税收之赋课，市民必无负担之感觉，如是则房屋之需求必不减少，因之税收不能转嫁于地主。[3] 故假令此杂合的税收中有一部分系如英国学者所误以为"利益的"一部分者，则其理足以使主张地方税转嫁于地主常为甚微之议论更为有力。

最后尚有一点，吾人切勿可忽略，即归宿一词，严格言之，实不可应用之于或有的而实际上微乎其微的地主负担，此只可谓为税收效果之一种。就令税收能使租借人退租次等房屋以自足，因之上等房屋之需求减少，因之政府之收入减少，然课于租借人之税收，仍归于租借人负担。课杂七杂八之轻税于小的房租，与课杂七杂八之重税于大的房租，负担仍是一样。姑不论地主受到如何效果，然租借人总不能逃避其税。吾人总不能说税收之任何部分转嫁于地主，或说税收归宿于地主。[4] 盖因税收之某种意料不到的效果及于地主

---

[1]　见《报告》第 37 页。

[2]　见《经济杂志》卷十，第 182—183 页。

[3]　埃奇沃斯教授亦承认此理，彼说："如果税收为利益的，则税收愈增加，租借人之需求亦应增加，而宅地之需求将不形减缩矣。"——见《经济杂志》卷十第 342 页。

[4]　上面议论为劳和福果所赞成，见《经济杂志》第 145—146 页，他说："若无地方税之存在，则市民可住于较大之房屋，更有许多宅地可以建筑，然则此与租借人计算地方税否之问题有何重要：……关于房屋税及于地主之此种"效果"之研究本文上实不应论到，盖吾人仅欲知地主究竟纳税之一点故也。"……埃奇沃斯亦承认之，彼说："凡国库因房屋使用减少之损失，大概不等于地主因宅地需求减少之损失，而且即使二者相等，于财政上亦无关重要，因地主之所失，并不为国库之所得也。实在言之，究竟此种效果——有害于某一阶级，而国库并无相当收益——可否视为税收之归宿，已引起学者之疑问。"——见《报告》第 131—132 页。

的利益之一种事实，实不足以减损吾人所谓政府所收之税收无论课重税于大的房租、或课轻税于小的房租、完全为租借人所付为租借人所负担之言之准确。即使视此问题为税收效果之问题，吾人亦知殊少理由主张地主有显著之负担。然而相反之学说迄今仍为有数著名学者所主张，推原其故，则多因若辈不注意于若辈自己定出几种限制之非常重要的实际影响，而且轻视此种限制的意义之故。[1]

　　总之，不能谓税收归宿于租借人而即完全解决此问题，此则显然。盖此仅为税收归宿之开端，归宿于租借人之结果，仅初见税收之大概效果耳。然此种问题，前论依照不动产之买卖价值而课之税收时，已经论到，[2] 其所得结论，亦可适用于此云。

第二节　结　　论

　　综上所论，吾人有可得而断言者，即若地方不动产税或房屋税

---

　　①　埃奇沃斯教授之承认，已述于上矣。有几点埃氏又综述于《报告》第 199 页。马歇尔亦作下述之承认："真正苛重的地方税，其额较少，而且随地而变之程度亦不如普通所想像之甚。"（见《报告》第 118 页）"当地方税集合时磨阻有时在租借人方面（见同书第 120 页），租借人所负之负担（一种新税之负担），必较其在一部分由房主缴纳者为多"（见同书）。马氏论到一般时，吾意马氏未尝十分认清此等承认之实际效果。——晚近学者对于课于租借人之税收之研究以字隆登为最著名，字氏所论见《经济评论》卷二上所登"城市地方税之归宿"一文，字氏结论，除一点外，大致与本书相同。字氏欲区分房屋为住宅与商铺或营业机关二者，以为课于地点极好商铺之房税，因地主有独占权，故归地主负担，但字氏初未尝为此区别，因字氏曾告吾人曰（见第 496 页），课于人口稠密区域之寻常住宅之房税，亦归地主负担，至于在地点稍差房屋之房税，无论课之于住宅，或商铺，均不归地主负担。
　　字氏之区别实为一种独占的宅地与竞争的宅地之区别，而非为商铺与住宅之区别。且字氏此种区别亦无足取。盖因宅地之便利，彼此互掩而成不显著之差别故也。（译者按：宅地有利处，亦有不利便，此宅地之利或即彼宅地之不利，此宅地之不利，或即彼宅地之利。）至于公认的独占宅地与地点较次而受竞争之宅地之差异，毫不因课税或免税而有所改变，盖税收比例地影响于二种宅地故也。字氏在其《地方税与财政》上对于住宅与商铺之区别，似有所修改。参阅氏书第 55、56 两页。亦可参阅字氏后来在《报告》第 189—190 及 199 页之文章。
　　②　见本书上第 314—315 页。（新编本在第 228—229 页。——整理者注）

依照房租总额而征课，而且先由租借人缴纳者，则在发达的进步的社会中之房主并无负担，税收之负担将几乎全部归宿于房屋租借人，至地主之负担则甚微云。若在衰落不发达之区域，此等结论，确要修改；但无论如何，在税收先由租借人缴纳时租借人之负担，必较在税收先由地主缴纳时之负担为重云。①

———————

① 　无怪英格兰对于地价税应由地主缴纳之运动，所以日在突飞进展中。依英国制度，地主免纳地方改良特别捐，而以大部分之负担加之于租借人，此事确引起各方之批评。苏格兰与爱尔兰之地方税大概由租借人与地主分担之。英格兰昔时曾一度议行此法，但问题之解决，将在其他方面云。

第四章
动产税、资本税及利息税之归宿①

第一节 一般研究

英美各国之所谓动产（personal property）不特包括经济学上之所谓资本，而且包括非供生产上用之消费物如书籍、图画等，与夫其他财富如货币等。夫税收或课之于财产，或课之于财产之收益。因一切税收，在名义上莫不取之于收益，故就税收之归宿问题而论，吾人无论名之为资本税，或名之为利息与利润税，均无多大关系。晚近有某学者定下一般原则曰："财产税者，即课于财产所有者之税收也。"② 虽然，此事决非如某氏所言若此之简单也。

课于资本以外之动产之税收，不能转嫁。例如若课税于图画、宝玉等奢侈品之永久所有者，则唯其所有者负担之，而不能有所转嫁于他人也。凡有此类奢侈品税之性质者，英国谓之奢侈税（assessed taxes）。（译者按：此为英国古时课于房屋、马车、仆役等之奢侈税。）欧洲大陆诸国谓之戒奢崇俭税（sumptuary taxes）。凡物之仅供享乐而非为出卖，而且使用之而非为生产或营利目的者，皆非资本

① 同本篇第一至第三章，本章两节标题为整理时添加。——整理者注
② 斯巴（Charles B. Spahr）著"单一税论"，见《政治学季刊》卷六第633页。参阅斯巴著《论美国财富分配之现状》（An Essay on the Present Distribution of Wealth in the United States）第154页附注。

也。课于此等财产之税收，不能转嫁，此盖因财产既非出售于人，而又不生产可以出卖之物品故也。若是者，吾人乃可谓财产税实即课于财产所有者之税收。至若课之于资本或课之于利润、利息之税收，其归宿问题，自较为复杂。吾人可分为三项论之如下：

第一，课于一切资本或利息之均一税。

第二，课于一切资本之不均一税，或课于某几种之资本或利息之均一税。

第三，利润税。

从来英国经济学家仅论及第三项。

第一项　课于一切资本之均一税

吾人开头所要明言者，即课均一税于一切资本，仅为一种假定的情形。此乃美国财产税之理论，而非美国财产税之事实，而且决不能见诸事实。然则何故不能哉？请申言之。

盖课税于资本，实际上必有二种之不等。其一，税率之不等；其二，课税的资本之不等。换言之，或对于一切之资本而课以不同之税率，或以同一之税率而课于特种之资本。若夫以同一之税率而课之于一切资本，在晚近世界上，吾未见其能行也，必欲行之，则惟绝世独居之社会，其居民仅用其资本于狭小范围以内。然此殊非今日社会之所能有；当今之世，不但一国有一国之税收，而且资本使用之区域，已广及于全球，而一国税法之效力，仅及于本国而不能施行于异邦。易词言之，资本之国际使用，使课均一税于一切资本之事为不可能。居今日而欲有此种普遍税，必假定世界各国一体实行而后可。然试问此事能乎？否乎？税率之不等，此其一。

复次，吾人即承认国际间有实行均一税之可能，然在各国之内，其税收仍有不平等者在。盖一国纵欲对于各种资本课以同一之税率，然事实上决难有效。一国以内，不但某几种资本常完全逃税（据一切经验之所示），即各种资本税，法律上规定之税率原是同等，但一至实行，则往往各异。吾人试观于利率之一事，即可了然。夫一国之内，利率亦至不齐矣。其大小随资本之种类，投资之稳妥与否，借期之长短，金融市场之状况，与夫其他种种不胜枚举之原因而定。试举纽约一处为例。在纽约之金融街（Wall Street），一年之间，市面利率之变化，有由 25%（如特权证券）至百分之几百（如贷借资本）者。故纵课同一税率于资本，而由资本所生之利息或收益，则实际上呈出极不相同之结果。故由任何点观察，课均一税于一切资本之一事，终属不可能。①

　　吾人先切记课均一税于资本，仅为一种假定，然后吾人乃研究其归宿。此问题自然仅为归资本主抑归借主负担之问题。就此二者而论，课于一切资本之均一税必归于贷主即资本主负担，此则甚明。资本主必无法转嫁其负担。今夫资本主既非消费其资本于非生产上，则资本主于此而欲补偿其税收，唯有投资于事业，或出贷于他人。如投资于某项事业，则某事业对于出借资本之需求必随供给之增多而减少，此盖因贷主之所投资，亦借主之所欲投资也。故利率因之不能增高。若投资于固定资本或土地，则利率亦决无增高之倾向，因固定资本之巨大投资，必变此投资为流动资本，换言之，即使之变为与固定资本购买价格相同之资本。故在任何假定之下，税收皆不能转嫁。

　　然在某一种情形下，税收之负担能免除一部分。如税率过高致资本之报酬降至如密尔所谓实际的最少限度以下者，则民间储蓄之风即被阻止，此时运用资本者必有出而竭力设法改良生产，使增加的利润，于补偿税收以外，尚可获得与前同一之纯利。此种现象，即吾人所谓税收之消转是也。② 有时此为资本税之结果，资本税即可用以促进生产方法之改良。至若不能促进生产方法之改良，则民间资本之积储，将于此阻遏。然即在此状况之下，亦不见得税收转嫁

---

　　①　潘塔莱奥尼在其《税收转嫁论》第 245 页上，已唤起世人注意此事实。关于此点，潘氏所论，极为特出。

　　②　见本书上面第 5 页。（新编本在第 4 页。——整理者注）

于借主。其结果将必使百业衰退，社会全体蒙受损失。至于社会上各阶级所分担之负担究竟多少，此则殊难言之也。①

第二项　不均一的资本税

今试离开假定之范围，而研究日常生活之事实。课于资本之税收，名义上无论如何均一，然一考实际，则随处可以见出不均一。若是，重要之问题是为：不均一的资本税其归宿为何如乎？吾人可分三项论之：（一）资本税之转嫁于原主与新购主间者；（二）资本税之转嫁于债权人与债务人间者；（三）资本税之转嫁于生产者与消费者间者。

（一）资本税之转嫁于原主与新购主间者

此项问题，全以税收还元之法则为根据，税收还元维何？前已详论之矣，兹则重述以前之结论即可。② 盖课一新特别税或骤增特别税于某种资本上，若此税不能转嫁于消费者，或并不使货物之生产渐渐停歇，则必使货物之资本价值折减，其折减之数适与每年税收之还元价值相等。故此税遂归于未课税或未加税前之货物原主负担，而不归于新购主负担。换言之，当二种资本课以不同之税收，其税率超过普通税率之部分，将归于原主负担，盖新购主因课税而必少出资本故也。苟不然者，则购主将宁愿投其资金于其他可获寻常利息之事业矣。虽然，依税收还元说，其税归宿于物之原主固矣，然此购主亦非永无负担也。若当其购买之后，更有新税课于其资本，则此次之税乃为现主所负担。惟吾人对于此说之限制，切勿忘却。③ 有数学者之所以误以资本税为课于资本主之税收者，即因其忽于此原则之限制故也。若税收不能转嫁，或税收不能害及已购事业之生产者，则不均一税之过多额必还元而使被课资本之价值减少。

---

① 密尔在其《经济学原理》卷五第三章第三节上，对于利润税之讨论，实际上已得到此结论；实则此种议论亦可适用于资本税或利息税，如本书之所述也。

② 见本书上面第242—246页。（新编本在第173—176页。——整理者注）

③ 欲阅此原则之详细讨论，参考本书著者所著之《税收论》"公司税"篇。

若税收有所特减时，则必增益其资本之价值而利归原主，此大较也。虽然，吾人切勿胶执此说，而遂以为税收决不能转嫁，或以为税收决不能有所害于继续生产之购主。若胶执此说，必陷于缪误云。

（二）资本税之转嫁于债权人与债务人间者

课税于一切资本，资本主难于转嫁；至课税于特种资本主则易于转嫁，难易虽不同，而其程度则一也。换言之，在课不均一的资本税时，税收通常系债务人而非债权人负担。其理安在？

夫资本之利息，其利率所以消长者，不外资本供求之理，求者多则其利率必增，供者少则其利率亦必增也。而学者间有谓利率之增，由于求者增多。其言曰，若税收课之于贷主而免之于借主，借主得从其财产中扣除借款而免税，因之借款以经营者，获厚利而后可以多付资本之利息。且借款者既无税收之负担，则借款以经营者必踊跃而来，于是资本之有效的需求遂形增加；因借主竞相借钱，故利率自渐增高，故虽课税而债权人仍无若何之损也。①

顾此种议论，殊不适当，前人劳氏论之详矣。② 第一，所谓借主得从其财产中扣除借款一节，未必真确；如美国几州规定债务不得从其动产中扣除免税，是其明证。第二，即令债务得扣除，而所谓资本之需求增加一节，恐亦未必；盖借主之家，未必尽为营业之家，借资以消费，贷款以济急者，颇不鲜焉。如是则债务者于还旧债后其状况之改善，仍与缔结新债时之状况无以异也。第三，假令债务者利润之增加（例如因其债务免税），足以增加资本之需求，然利率之减低，亦必能增加资本之需求，然则需求之增加，同时仍有利率之减低，所以利息永不能跌落。试问利息永不能跌落之事能乎？否乎？此则不待辨而自明也。故谓资本税足以增加资本需求一派之议论为不足取。

或谓此由于资本供给之减少，其说自能言之成理。此说实为资

_____

① 此系克隆开（Kröncke）之议论，见氏所著之《公正税收原理》（Grundsätze einer gerechten Besteurung）第130—138页。

② 见劳所著之《财政学》第381、382节，卷二第156、157页（五版）。

本税转嫁论之真正基础，而此税无论课之于抵押品或其他借贷之资本，均可适用也。此说首为杜尔哥所创导，[1] 且以资本移动之重要假定为论据也。其言曰，资本移动之状态有二：若投资于某业而无利可图，则或在国内由甲业移至不课税之乙业而可得较厚之利；或移往他国而经营同一之业，他国对于此业固不课税者。换言之，即资本常在国内或国际上不断移转——由甲业移至乙业，由此国转至彼国。又曰，投资者常以获得最大收入为目标，是故课税于贷主，则贷主必得提高其利率与税收相等，否则必转其资本而改营国内外不课税之业务焉。

顾特种资本税之必转嫁于借主，在理论上固属真确，然实际上常见资本之绝对移动力因各种经济上磨阻而薄弱。此等反抗的影响，可以分成五种如下：（1）资本主之无知；（2）资本移动之困难；（3）投资于国外之危险；（4）风俗人情之关系；（5）法律之防闲[2]。

资本主之无知，吾人诚可谓为不关重要。在十分发达之工业社会中，消息之往来灵通，见闻之交换迅速，无论何种投资，凡可以谋厚利者皆随处宣传而不可隐蔽。况对于税收问题，何者有税，何者无税，何者税重，何者税轻，此皆显而易见，尤不足以掩蔽寻常投资家之耳目也。故投资家之无知，随晚近社会之发达而愈变为不重要之原因。

其次较重要者，是为资本移于利益较大事业上之困难。夫资本之借贷，若如今日股票交易所之运转自如者，则困难自能减于最低限度。但若资本之性质愈为固定，则其移动愈困难。是故股票之转移，债券之交换，若与放弃甲业之机器器械而改营乙业之事一比，其间难易之相去，诚不可以道里计也。

投资于外国之危险，亦不如曩昔之大。通常债权者固无不希望与其债务人切近。美国资本家愿经营东部利益较少之不动产抵押放

---

① 见杜尔哥著《对于圣佩拉未赞成间接税论文之观察》。

② 防闲，意思是防备约束。——整理者注

款而不愿经营西部高利之各种投资，是其明例。且本国投资家或本国公司，其在税收及其他方面，必常较外人能得宽和之待遇，此歧视阶级之观念，乃古代法律之遗留物。虽然，时至今日，此种国际间资本移转之阻碍，固已渐次失其作用矣。

各种社会的考虑，常为颇大之障碍。曩者斯密有言曰："资本之所有者，确为无国界之人民，而不必定着于某一国家。"虽然，斯密之言，殊不足为训也。爱母国，炫乡里，喜与友朋亲接之观念，以及悠久之风俗与习惯，有时殊有极大之影响。虽曰此种仅可称为非经济的动机，然要非经济学家所应忽而不论也。

最后，法律亦可阻止资本之自由流通。例如美国州银行条例通常规定仅得投资其存款于某州有价证券或不动产抵押，是其明证。在此等情状下，某州不动产抵押放款业甚松，因之抵押放款之普通利率遂趋跌落，而税收之全部负担，亦于是不能转嫁于债务人。

故吾人虽可定出一般原则曰，课税于贷借之资本，其税必由债权人转嫁于债务人，然因阻碍资本之绝对自由流转之力量甚大，税收遂不能完全转嫁焉。若应用此原则于不动产抵押税之问题上，其理甚明，惟以此问题在美国方面占如此重要之地位，故本书有详加研究之必要。

依一般原则言之，课不动产抵押税于贷主或受抵押者（mortgagee），若此税为特别税或非一般税之性质，则必转嫁于借主或抵押者（mortgagor）。税收之转嫁，通常取双方协定形式，即在附于抵押品之保结上，载明借主愿负担一切土地税之字样。倘如美国几州法律上不许此种协定者，则贷主必提高放款之利率，以达转嫁之目的。又若某地实行重利法限制法定利率，而不动产抵押放款利率，与税收相加，超过法定利率者，则贷主于此遂不得不用其诡计以转嫁其税额；以其用诡计之有危险也，遂不得不增加其税额而转嫁于借主。故结果借主之所付，常比税率略高。有时即使无重利法，或在不动产放款利率加上税率并不超过法定之最高利率情形下，亦有此种增高之情事发生，推原其故，则因借主负担税收之协定为法律所不许，故贷主必额外加添之，以保护自己之利益，万一协约宣告无效，彼亦可借此以稍稍弥补也。例如加利福尼亚州法律规定不动产抵押税应于抵押品所在地课之，如抵押者已纳税收，得向承受抵押者如数索回，凡抵押者如有订明愿意纳税之协定，该协定概作无效云云。据详细之统计调查，即知加州自此法律制定后，不动产抵押放款利率若与他种投资比较，即觉涨高，不但依税额而涨高，而且略在税额之上云。[①]

其后纽约之调查亦可为此法之归纳的证明。纽约亦如其他数州规定抵押品亦课一般财产税，但实际上则绝少课税，而尤以工业繁盛之地为更甚，然抵押品有时亦课税。据最有判断力者之估计，在一般财产税率为二三厘之几处，贷主为弥补税吏发见其抵押品之危险起见，大概要将抵押放款利率提高半厘弱。[②] 至 1905 年，制定新法律，征收不动产抵押特别税，而且严厉执行，债权人应向不动产抵押登记处登记，同时并缴半厘之不动产抵押税。柏代（Mr. Lawson Purdy）者，乃当时"纽约税收改革委员会"之秘书也，近水楼台，遂得有几州六个月内一切抵押品之登记文件，及马塞诸塞省[③]与宾夕法尼亚省邻接纽约几州之不动产抵押登记表。宾省不动产抵押税率极低，至马省则实际上免税云。据柏氏详尽研究之结果，[④] 得出一般原则之确证，并有二种事实之确定，（1）在依照旧税法而课不动产抵押税时，抵押放款利率之增加，各州不等，有增加一毫半者，有增加三四毫者（3/10 of 1% to 4/10 of 1%）；（2）在依照新税法年年征收半厘之不动产抵押税时，则利率之增加超过税率以上。证据如此确鉴，故反对此新制者振振有词，卒能取消此税

---

① 参阅普兰（Carl. C. Plehn）著"加利福尼亚州之不动产抵押税制"篇。见《耶鲁评论》（Ths Yale Review）（1899）第 31—67 页。

② 见纽约州议会 1899 年派委之税收特别委员会《报告书》。

③ 此处译者原文用的是"省"，在前文又译为"州"，下文中又将"county"译为"州"（今天一般译为"县"）。为保持原译文的面貌，一律不做调整。——整理者注

④ 见《不动产抵押税与利率》（Mortgage Taxation and Interest Rates. Abstracts of Mortgage Records in Certain Countie of New York, Massachussetts, and Pennsylvania, illustrating the Effect of the New Annual Mortgage Tax Law）。

法而另行抵押品登记税法。依照此法，不动产抵押即于登记时一次纳税，而不必年年纳税云。

　　顾一般原则之确能成立而万无可疑者，如上所云矣，然据威斯康星省（Wisconsin）之最近调查，发现本书上面所述之理论，[①] 有几点限制。威省在 1901 年以前其不动产抵押税制，亦如美国他省，法律上虽规定抵押品与动产一体课税，然实际上大都免税。至1901 年，受全省税收委员会之监督，严厉执行，结果大部分之抵押品均纳税，有几州抵押品之纳税者，达 90%，故漏税者仅 1/10，因此各地哗然不满，卒致此法取消。1903 年乃采行马塞诸塞省之制度，政府认抵押品为不动产之一部，对于何人应纳税一节，允许利害关系人自行决定之。结果贷主毫不纳税，而借主虽纳税，但其借款之数额得由其地价中扣除之，故不动产抵押，实际上为不课税，与马塞诸塞省之情形，可谓毫无差异。威省在 1904 年前二年间之税制如此其严，1904 年后免税、税制如此其宽，其间之不同，实为吾侪研究税收及于利率之影响之绝好机会也。

　　亚当斯教授（Profossor T. S. Adams）从事于此种研究，而以研究之所得刊诸委员会报告书之附录中。[②] 亚氏罗列威斯康星省各州之情形，与明尼苏达省（Minnesota）邻接威省之几州作一比较。明省之抵押不动产盖依地方税而赋课者。比较后发现明省之麦诺密尼州（Menominee county）等处，其抵押放款利率适依税额而增高，至威省之克雷吞州（Clayton county）等处之抵押放款利率则毫无增高。二处之主要异点，显有下列几点：克雷吞州之税率极低——仅为8 毫，麦诺密尼州之税率极高——在 2 厘 7 毫半以上，此不同一也；克雷吞州本地货币之供给颇大，而社会对于资本之需求则不极大，在麦诺密尼州本地人民实际上无储资，而开发实业极需资本，此不

　　①　见本书第 348 页。（新编本在第 253—254 页。——整理者注）
　　②　见"威斯康星省税收委员会"第三期《报告》（2 年 1 期）（Third Biennial Report of Wisconsin Tax Commission）附录。其结论之大要，见亚当斯教授著"威省之抵押不动产税制"篇，登在《经济季刊》第二十二卷(1907)第 1—27 页。

同二也；克雷吞州之地价较无变动，而麦诺密尼州因为新辟之地，故其地价极含有投机性质，此不同三也。故亚氏推出之论断谓"资本供给之微微减缩，必使密诺密尼州之利率飞涨，但若在克雷吞州必无若何之影响云。"①

换言之，吾人用以解释抵押不动产税转嫁于借主之一般原则将有下列四点之修改：（1）税率非常之低，或（2）不动产抵押放款之寻常利率非常之高，或（3）资本之需求非常之大，或（4）地价不甚稳定，致不能吸引外地资本之流入而影响于资本之供给。惟吾人于兹有一点切勿忽略，即在新兴之国，虽确有此种情形，然此种情形要必日趋于罕见，此固极显明之事实，不容疑惑者也。

在寻常不动产抵押税转嫁时，其最后之效果有时殊难于分析。借款如以农业用地为抵押，则其效果恰与前述土地税之效果相似。② 如以城市不动产为抵押，则其影响之所及甚广，如在美国建筑者，通常借款以改良空地，故建筑者之借款，占投资总额之极大部分。结果不动产抵押税其压迫于负债累累之不动产者甚重。故名虽不是房屋税，而实际上已变成房屋税矣。建筑者因利少而不肯经营城市之建筑，而必待房租之涨高而始肯。其极也，房租必涨，房租涨而全社会无不受其影响矣。由此观之，吾人似不可限制税收效果之研究于原始赋课或最初转嫁之问题也。

（三）资本税之转嫁于生产者与消费者之间者

实际上此税与利润税相同。投资者之经营某种有利事业也，其所注全力以打算者，唯在于其利息与投资利润孰大之比较。利率之高低，定于贷借资本之多寡，换言之，此即借主与贷主间之调剂事项。但此问题若变为加税于物价之问题，则此问题实为利润税之问题，本书以此问题之十分重要，故另立一章专论之。

---

① 见"威斯康星省税收委员会"第三期《报告》第17页。
② 见上第二章。

第五章

利　润　税①

第一节　一般研究

　　讨论利润税转嫁于生产者与消费者间之问题，吾人应有几种之区别。或直接课之于利润，如课于生产者之纯收入或纯利之税收是已；或间接课之于利润，如所征之定额执照税，营业资本税，或卖额税是也。卖额税又可细分为二种。第一，依生产者所出产或出卖之货物额量而课税者，此即与所谓间接货物税者相同。就税收归宿之立场观察，此种税收无论课之于生产者，或课之于消费者，均无关系。第二，不依生产者之出产额量，而依其卖得之总收入而课税者——此法未必与前法相同。课于生产者总收入之税收，为一种间接利润税，论其性质殆似居于中间之地位。此税适居于纯收入税与卖额税二者之间也。

　　故吾人若由"利润"之广义言之，则凡由货物之出卖或交换而得之收入，皆可谓之利润也。而影响于利润因而影响于生产者与消费者间之关系之税收，实可分为四大类如下：

　　第一，依出产总额或出卖总额而课之税收。

　　第二，依收入总额而课之税收。

　　第三，依纯收入而课之税收。

　　第四，依定额而课之税收。

---

① 　同于本篇第一至四章,本章两节标题亦为整理时添加。——整理者注

第一项　依出产总额或出卖总额而课之税收

实际上此税与货物税相同。无论此税课之于货物为一种"间接"税，抑或依照出产或出卖之单位而课之于生产者，均无关系。例如美国几省课于缝机公司或电话公司之税收，即依照其所卖或制出之缝机或电话机而课之，是其明例。就税收之归宿问题而论，此税恰似一种课于每个缝机或电话机之间接税也。

试先论课税于在竞争状况下出产或出卖之货品之情形。此为通常之情形，本书于论一般原则一章上，论之详矣，兹重述一般之结论。[①] 即税收之全部或一部易转嫁于消费者，惟转嫁之多寡，与需求弹性之大小成反比例，而与供给弹性之大小成正比例。

夫物价增高，则需求减少，因之出品亦减少，此大较也。但若需求减少甚微，致旧边际生产者仍能维持其固有之地位，抑或价格与最低生产费间之差额极微，致优等生产者不能挤出旧边际生产者。在此情状下，则税收将全部转嫁于消费者，此为在竞争状况之下屡见而不一见之情形——恐系通常之情形。但有时亦有仅税收之一部转嫁于消费者。此在一种工业不但已经达到报酬递减点，而且早已受报酬递减律之支配时为如此。盖在此种情状下，物价因课税而增加，势必致出品减少，其边际生产费亦于是低减，故加全部税收后之新价，必较旧价为低。[②] 但此同一之结果——税收一部分之转嫁——在当旧边际生产者因课税而为能依较低生产费出产之新边际生产者所淘汰，以及在新价较旧价（旧边际生产费加上税收）为略低（有时或甚低）时，亦可得到。企业界日在进步中，则边际生产者继续为优等生产者所淘汰，此固吾人之所已知也。若（1）人群对于货物之需求极有弹性，(2) 各生产者之竞争能力显有差异，（3）事业受报酬递增律而非受报酬递减律之支配，则此种淘汰愈演愈剧，

---

　　①　见上第 266—267 页。（新编本在第 192—193 页。——整理者注）

　　②　参阅本书第 263 页。（新编本在第 190 页。——整理者注）

而边际生产者之新旧更替亦愈速。①

若税收能促进此种淘汰之加速，则较全部税额略少之税收有转嫁之倾向。盖税收之全部转嫁，必在旧边际生产者仍能继续维持时而始实现故也。然则税收促进此种淘汰之加速者究为若何？

课税于出产额——即课于出产品之每个单位——则其物需求之弹性必受影响，因之其出产额亦受影响，此常则也。若各生产者之产额各随其生产力之大小而减少，则各生产者之竞争地位，当无若何之变化。但若各生产者之能力高低悬殊，而于课税后边际生产者更难维持其地位时，则此边际生产者产额之减少，必较他人之所减为独多。于是大生产者排挤小生产者之趋势愈速，而大生产者因其生产之经济，故其加于价格者略比税收全额为少。又若企业集中之运动十分猛进而致于实现完全独占者，则其价格之决定当依后述独占价值之条件。依常例言之，税收仅一部或全部加之于物价，但亦有一例外，即在独占非常稳固而需求非常稳定之时，新价甚且超过于旧价加上税收之总额，美国南北部战争时之火柴税，实为此种例外之良例也。②

当竞争工业受报酬递增律支配时，吾人必须分别言之。凡工业受报酬递增律之支配者，则企业集中之倾向必强；但在旧竞争者能继续存在时——即在旧边际生产者能继续生产时——因课税而致减少之产额，其边际生产费必较课税前为高。于是新价将不能较旧价加上税收之总数为低。③ 但在淘汰之作用已告完全——若继续完全——而工业达到独占之境时，其价格或不如旧价之高，因在独占状况下，假令其他之条件不变，生产费可以减低，而最大独占收入点可以降低故也。由上所论，吾人可以引出重要之推论曰，在竞争工业受报酬递增律支配之过渡情形下，工业趋于独占之倾向不但不因课税而加速，而且反被阻止；至在竞争工业受报酬递减律支配之

① 参阅本书第262—263页。（新编本在第188—189页。——整理者注）
② 参阅本书第372页。（新编本在第304页。——整理者注）
③ 参阅本书第263页。（新编本在第189页。——整理者注）

寻常情形下，税收之赋课——至少在某几种状况下——可使阻挠独占倾向之力量薄弱，并且使小生产者更难维持其地位。

故吾人可综括而言曰，在竞争状况下，课于出产或出卖总额之通常结果，则为全部税收转嫁于消费者。但在特别情形下，仅有税收之一部增加于物价中，此种特别情形大都在工业已经服从报酬递减律，及在优等生产者于课税后犹能削价出卖用以驱逐立于有利生产边际上之敌人时见之。

其次，即论独占之情形。独占价值之定则，与竞争价值之定则，颇有不同，此吾人之所已知也。独占者常以能卖出极多价格极高为标准。在独占已告完成时，独占者对于其生产费自无人贱我贵之考虑——此种考虑，在竞争价格方面，极占重要。然仅就吾人今兹所论之税收——即课于出产总额或货品之税收——之归宿而论，则独占的生产者与竞争的生产者，在几方面，实际上受同一之影响。

若课税于每个出产品，独占者宁愿限制其产额而提高其卖价。独占者虽因价贵而出卖较前减少，但因其纳税少而纯利可以较大。其毛收入虽减少，但其用费可更减少。若税轻而需求因价贵而易于大减者，则独占者必以自己负担税收之大部分为有利。反之，若需求较不变动，则独占者之能转嫁于消费者必愈多。独占者所能加其税于物价之多寡，概视税收与生产及需求弹性二者比较后为轻为重而后定。在此方面，税收在独占情形下之影响，与其在竞争情形下之影响相似。又税收通常全部或一部转嫁，但有时竟全不转嫁者，[①] 试详论之。

今试假定独占者出卖某种货品，在每单位 5 圆时能卖出 1 000 单

----

① 格累齐阿尼教授在其《财政学原理》第 335 页上对于本书此点所论甚表赞同。埃奇沃斯教授先在其《经济杂志》卷七（1897）第 277 页，批评本书之所论，后又在《经济杂志》卷七第 405、406 页上，批评格累齐阿尼之赞成余说（格氏又著一篇，颜曰《税收在独占状况下之转嫁》（Sulla Repercussione delle Imposte nei Casi di Monopolio）以答辩之。而埃氏又在《经济杂志》卷八（1898）第 234—236 页上为文以答。）1899 年埃氏又著"塞利格曼教授所论经济学上之数学方法"一篇，文见《经济杂志》卷九第 286—315 页以攻击本书著者。三年后占那孔教授（Professor P. Jannacone）专著一文，曰《在独占状况下税收转嫁理论之辩论》（Questioni Controverse nella Theoria della Traslazione delle Imposte in Regime di Monopolio）。对于全部辩论，下一统批评。

位。又假定每单位之生产费为 2 圆，则其总收入为 5 000 圆，纯收入为 $(5-2) \times 1 000 = 3 000$，即 3 000 圆，可定此数为其最大独占收入。若此独占者定价比 5 圆高，则销额减；定价比 5 圆低，则收入减。无论销额减或收入减，独占者之纯利必减少而蒙不利。如假定每单位 6 圆，则销额减为 700 单位，总收入为 $6 \times 700 = 4 200$，即 4 200 圆，其纯利为 $(6-2) \times 700 = 2 800$，即 2 800 圆，即较从前减少。反之若每单位 4 圆，其销额必增，假定能卖出 1 200 单位，则其总收为 4 800 圆，其纯利为 $(4-2) \times 1 200 = 2 400$，即 2 400 圆。故独占者仍以定价 5 圆为有利，盖此乃为最大之独占收入也。

今若政府定每单位课税 1 圆，则其结果如何？课税后每单位之纯利减为 2 圆，其纯利总额减为 2 000 圆。独占者若加税收全部于物价，则仅可卖出 700 单位，又其每单位之生产费因课税而增至 3 圆，故其纯利为 $700 \times (6-3) = 2 100$，即 2 100 圆。假定此数为课税后之最高纯收入，独占者抬高物价由 5 圆（可得 2 000 圆纯利）增至 6 圆（可得 2 100 圆纯利），于是税收完全转嫁于消费者。

复次，假定税收仅为 0.25 圆，则每单位之生产费为 2.25 圆，定价 5 圆时之纯利为 $(5-2.25) \times 1 000 = 2 750$，即 2 750 圆；而在定价 6 圆时之纯利为 $(6-2.25) \times 700 = 2 625$，即 2 625 圆。假定在其他定价时之纯利均不如在定价 5 圆时之大，则独占者必继续依每单位 5 圆出卖；换言之，即毫不抬高物价。

愿或者谓不抬高物价一节，殊不可信。[①] 然而余之为此言，有可得而证明者。试举一简单算数之例，即可知除原价外其他任何价格皆不能使独占者得到同样之利润者，亦非无有也。

今试假定独占者不加税收之全部于物价，而仅加其一部。又假定定价 5.25 圆时能卖 900 单位；5.5 圆时能卖 825 单位；5.75 圆时能卖 750 单位；6 圆时能卖 700 单位（此如前所已述）。则在课税

---

①　如埃奇沃斯教授即有此种批评。彼云独占者自己负担全部税收，惟当 (1) 独占者不能自由增加其产额，(2) 独占者为唯一买主时而始可实现。参阅《经济杂志》卷七第 227 页。然观本书之所述，则埃氏所说之二情形，当非唯一之情形也明矣。

圆后之纯收入必为：

每单位 5 圆……（5 - 2. 25）×1 000 = 2. 75×1 000 = 2 750 （圆）。

每单位 5. 25 圆……（5. 25 - 2. 25）×900 = 3×900 = 2 700 （圆）。

每单位 5. 5 圆……（5. 5 - 2. 25）×825 = 3. 25×825 = 2 681. 25 （圆）。

每单位 5. 75 圆……（5. 75 - 2. 25）×750 = 3. 5×750 = 2 625 （圆）。

每单位 6 圆……（6 - 2. 25）×700 = 3. 75×700 = 2 625[①]（圆）。

换言之，独占者还以仍定原价 5 圆时为最有利。故有时独占者发觉自己负担税收为有利。[②] 此即税收毫不转嫁于消费者。

吾人姑认此为例外，而以在寻常情形下独占者至少转嫁其一部分负担为原则，然吾人仍有可述者，即在最大独占收入点已经到达后，凡需求之弹性愈大，则独占者所易转嫁于消费者之部分愈少。欲明此理，则亦莫如引简单数字以说明之。[③]

---

① 　原书为"2525"，有误，应为"2625"。——整理者注

② 　库诺谓税收必常转嫁（惟在前注之二情形下则不转嫁）。埃奇沃斯教授（在《经济杂志》卷七第 405 页）以为"普通"恒如此。后埃氏为格累齐阿尼教授所穷逼，乃假定"价格之变动微小"以维持其主张（见《经济杂志》卷八第 235 页。）但试问埃氏所谓价格之微小变动较大变动为"更普通"一节，是否合理？倘价格变动甚大，埃氏精心制出之公式，是否均可适用？若吾人变更书中之数字，吾人并不否认在每件 2 圆之生产费时，5 圆以上之资价亦有可以产出最大利润者。但由本书举例之证明，此结果未必得到。是以吾人仍坚持本书所述之主张。虽埃氏谓税收常转嫁之理，已为"库诺正式用数学方法证明，理极平常"，（见《经济杂志》卷七第 405 页注一），余亦不愿苟同也。维克塞尔以为从理论上言之，独占者常加其税于物价，但实际上常不如此。——见《财政理论研究》第 12 页。在埃氏之答文（见《经济杂志》卷九第 307 页）上，埃氏亦承认本书上面数字之准确，但主张"理论上之文字自无注重此种显明的限制之必要，此种限制自以归入磨阻一类为妥。"——格累齐阿尼在其《经济学原理》（Instituzioni di Economia Politica）（二版第 232—236 页）重述其主张颇详。埃氏对于格氏所述（见《经济杂志》卷一四（1904 年）第 607 页）发表意见。埃氏至此虽仍谓此非理论之错误，乃理论之"不重要"，然亦承认格氏甚对。——占那孔教授批评余之辨论，而指摘埃氏对于抽象定理只能逼近事实而不能完全一致之理，未曾加以注意。埃氏定理以二种假定为根据：（A）独占者能以极微小之产量而变其物价；（B）物价之变化，不论如何之微，而需求亦必随之而反变。然此二假定之绝不能成立，占氏言之详矣，何待余言。其假定既不能成立，则埃氏所定外观上不能否认之定律，亦可不攻而自破矣。——见占那孔著在《独占状况下税收转嫁理论之辨难》第 12—16 页。

③ 　尤因近来埃奇沃斯教授驳击此说（见《经济杂志》卷七第 227 页注四）及埃氏对于格累齐阿尼之承认吾说之批评（见《经济杂志》卷七第 406 页及卷八第 237，238 页），故不得不反复推阐之。格氏辨答文字，见其《独占状况下税收之转嫁》第 6，7 页。并可参阅埃氏对于本书理论之回答（见《经济杂志》卷九第 302—306 页），及占那孔在其《独占状况下税收转嫁理论之辨难》第 16—21 页。

若价格渐次增高而需求渐次跌落者，则吾人即谓需求富有弹性。上例即假定定价 6 圆时，需求减为 700 单位。今试假定需求之弹性更大，定价 6 圆时仅能卖出 675 单位，则在需求弹性较大时每单位课税 1 圆之纯利为（6－3）×675＝2 025，即 2 025 圆；而在需求弹性较少或较稳定时纯利为（6－3）×725＝2 175，即 2 175 圆。故凡需求愈稳定，则独占者增加全部税收于物价之机会愈大。

上述之真确，可更用反证法以证实之。假定需求弹性愈大，独占者加税于物价之机会愈大，则定价 6 圆时之需求减至 500 单位，独占者之纯利为（6－3）×500＝1 500，即 1 500 圆；减至 400 单位则为（6－3）×400＝1 200 即 1 200 圆；减至 300 单位则为（6－3）×300＝900 即 900 圆；以下依次类推。换言之，即独占者宁愿获小利而不愿获大利，此不通之论也。① 吾故曰，假定其他之条件不

①　埃奇沃斯之辨论乃以需求曲线系连续的曲线为根据——即若物价增贵，需求突然低落；物价减低，需求亦必忽然上升。然而未必如此也。

埃奇沃斯在《经济杂志》卷九第 307 页上，谓其议论根据于数学上连续律。埃奇沃斯以为"寻常事实中之如此者，恒居十之八九"。此即吾与埃氏所争持之一点。本书所论，意在分析独占时与竞争时中间有不同处。吾之假定乃以在最大独占收入点已经达别后，需求总带有多少弹性。至埃氏之假定乃以无论在最大独占收入点未到达之前，抑在已到达之后，需求自始即有多少弹性。埃氏谓吾之假定为不对者，未免武断。占那孔教授在其所著《在独占状况下税收转嫁理论之辨难》书中 17—18 页，对于吾等争点之实在性质，解释极为清楚。占那孔教授曰，"需求不论其如何的无弹性，然价格之增加，在收入额上总必有一个极限，过此极限，则边际购买者（marginal purchaser）即顾愿牺牲而不买。大概一种货物，其起初需求之弹性愈小者，则其价格愈易达到极限，过此极限，则需求即等于零。故若独占品之需求无弹性者，则独占者所定之价格必贵至于无可再贵之极限，若课以税收，则独占者因于新价格与价格极限间之距离减少，故略将物价提高……所谓距离减少云者，意即谓一种原来无弹性之需求，在价格达到某一点时，立刻要变为有极大弹性。故在某点需求之极大弹性，即为独占者在课税后提高物价感觉困难之真正原因，至于原来的无弹性，实非其感觉困难之原因也，因为原来的无弹性，其影响不过促成物价容易逼近价格之极限而已"。

"故在甲乙两种需求情形，每个的最大独占收入价格虽在同一点达到，但越过此一点，甲种需求之弹性大，乙种需求之弹性小，则课税后，价格当以弹性小者（即乙种）为较容易增加，盖由吾人之所已述，自然如此，吾人不云乎在最大独占收入点达到后之需求弹性较大者，其新价与价格极限间之距离，自比在需求弹性较小者之情形为狭乎？"

埃氏亦觉得理屈词穷，于改正其前言时，亦以为由数学上之推理，终不能达到确定

（转下页）

变，税收加于物价之多寡，必与需求弹性之大小成反比例。

若是本书上述一般定律之真确，[①] 已能屹然不移，而在独占状况下，物价因课租而增高之程度，则视税收与出产品对生产费之比率及需求之弹性二者比较后之轻重如何而定。

若吾人研究课于独占业之总产额税收之最后效果，吾人必得注意几种重要结论。今试就独占者加税于物价之情形而论之。在独占者能转嫁其税于消费者时，独占者亦非无损失之可言。盖物价增而销售减，销售减而独占者之纯利必亦较课税前减少，故曰独占者亦受损失也。夫在销售减少之际，独占者固可少纳其税于公家，然此只可谓为税收一部分之逃避，而非所谓独占者之利益也。试举上述寻常状况下之数字以明其理。如每单位课税 1 圆，在卖出 1 000 单位时之税额为 1 000 圆，但若物价由 5 圆涨至 6 圆，致销额减至 700 单位时，则公家仅收 700 圆，生产者固可逃税 300 圆，然其损失亦不少矣。如在课税前之纯利为 3 000 圆，而在课税后加税收全额于物价时之纯利为 2 100 圆，是即生产者名虽转嫁其税收，而实则损失900 圆，此就生产者而言也。至于消费者亦受损失。消费者于物价涨高后仍行购买此物者，其损失自可算出几元几角；盖在税收完全转嫁时，消费者负担税收之全额故也。至若物价涨高后而消费者无力购买而用其他劣品以代替之者，虽不能明白说出其损失，但其受损失，则固可断言也。此时社会上惟制造代用品者从中得利。代用品制造者所得之利益亦不能说出多少，但通常比原物品生产者之损失少。故课于总产额之税收，虽生产者可提高物价而转嫁于消费者，然生产者与

（接上页注）　论断："在任何情形下，若吾人能准确计算需求曲线之曲率（准确为研究本问题所必要的），吾人不能谓弹性之增加，足以增减独占者加税于物价中之能力。"——见《经济杂志》卷九第 312 页。

埃奇沃斯附言曰，在此范围内，"吾不得不撤回吾之原议。"但埃氏仍以"若消费者需求之变动……因价格之增高者小，因于消费者额外之损失者大"，则本书所论消费者之状况（见本书第 363 页。[新编本在第 264 页。——整理者注]）是错的。然吾之议论，则适着重于价格增高之一点，埃氏反对，似不甚重要云。

　　① 　见本书第 359 页。（新编本在第 262 页。——整理者注）

消费者同受损失。估计生产、消费二阶级损失之总数，超过于国库收入之总数。如在上例，生产者损失 900 圆，消费者损失（可以数计者）700 圆，共计 1 600 圆，而国库之收入则仅 700 圆。利少害多，毋庸讳言。故依总出产额而课之税收，其危险固已昭然若揭矣。

以上理论可以图解法及数字法说明之①，昔贞琴在《爱丁堡皇家学会会议录》（1871—1872 会议）624 页上刊登"论决定税收归宿之原则"一篇，曾用下列之图解——

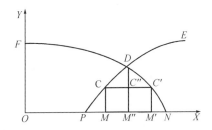

FN 为需求曲线；PE 为供给曲线，CC′ 为每单位之税额。则OM 为卖主所定之市价，OM′ 为买主所出之市价，MM′ 为税收。

所征税收之全额为 MCC′M′，CC″M′M 部分归卖主负担，C″C′M′M″ 部分归买主负担。社会之损失总数为 MCDC′M′，卖主之损失为 CDM″M，买主之损失为 M″DC′M′。买卖二方所受之损失超过税收。卖主多损失 CC″D，买主多损失 C′C″D。若税大，则CC′ 线将与 X 轴切近，则税收将无收入之可言，而买主卖主多损失之 CC′D 将变大。

自然供给曲线 PE，依照工业服从报酬均一律或报酬递增律而作不同之斜形，而需求曲线 FN 亦随需求之弹性而有与 EO 线成平行之倾向。贞琴仅画出一种图，而于此等情形未尝画出。但马歇尔在其《经济学原理》上（三版 523—525 页）已作各种之图解，读者可参阅之。然马氏仅应用其图解于消费者之收入，即贞琴所

---

① 原书的图解法与数字法说明，放在注释中。考虑到放在脚注不方便，此处仍置于正文中，单独用楷体字表示。——整理者注

谓 $C'C''D$ 部分，其实亦可应用于生产者之收入。此种图解，见诸库诺著《论如何以数学原则来研究财富》第 78—82 页，而尤以在其《财富论原理》一书为特详（见该书第 374、378 页）。

至于奖励金之效果，恰恰与税收相反。奖励金通常仅有利于生产者，而无利于消费者。然有时奖励金不但使生产者之利润增加，而且使消费者之费用减少。政府所以常给奖励金者，盖有意于培养生产者能达到减价出售之一点也。顾此种情形，极其稀见，此恰如前例所说税收使生产者、消费者蒙受之损失大于政府之所入之情形。且此种情形我人亦不能执此而为赞成一般奖励金政策之理由。盖就常例言之，纳税者纳于政府以充奖励金之损失，常较认为受奖励金利益之特种阶级之利益为大，以是晚近各国政府惟在上述特别情形时始给奖励金云。

今且不问工业为独占业抑为竞争业，吾人回述课于生产总额一般税收之讨论，论及此，吾人不得不注意于许多学者陷于重大错误之一点。例如库诺以为税收无论课之于独占品或竞争品，生产者可加税额以上之数于价格中以转嫁于消费者。库氏主张之一理由，以为消费者所付之价格，不但包括税收，而且包括必要税额之利息，及仲买人之利润。其必然结论，则为政府之课税以愈近于消费为愈好——即课于消费者——因若税收之赋课愈与生产者贴近，则征税费愈多，手续愈繁，而社会之负担亦愈重。是以消费者之所费，超过于国库之所入。[1]

库诺之税，实即为一般承认之亚当·斯密、李嘉图、密尔之说，而斯密等之说则亦渊源于 18 世纪之学者。其中有几人，本书于前已经述过。[2] 自布立克诺克（Bricknock）之时以还，此说极其通行，

_____

[1]　库诺在其《论如何以数学原则来研究财富》第 78 页上，谓因于"利息而生之额外负担"，"货物之卖价必依税收预征之利息而抬高"。参阅库氏在其《财富论原理》第 273 页论到竞争利润之理论。

[2]　见本书第 28 页、91 页等。此普通见解详见于《论课于零卖商之税收政策》（The Policy of the Tax upon Retailers considered；or a Plan in favor of Manufacturers），第 29 页及《资本税论》（Thoughts on Capital Taxation：in the course of which the policy of a tax on Incomes is impartially investigated）第 11 页。

布氏称此种现象为"税上加税"（supertaxation）。① 昔亚当·斯密说明此理甚晰，彼云：

"课于此等物品（生活必需品）之税收，势必使此等物品之价格涨高在税额以上，因为商人先填出税收，除收回税收之原数以外，通常还要得点利润。夫生活必需品涨则工人之工资亦涨，雇主必以工资之涨高加于物价中，而又得点利润；故最后所付之税收以及此种利润必归于消费者负担。故最后所付之生活必需品税及工资税皆归消费者负担，而且另外有重的负担。"②

李嘉图亦持有此种见解，彼云："一切货品之课税，将使物价提高至少与税额相等。"③ ——依吾人视之，此言未必真确。杜谱诺特、帕烈及其他许多学者，均作同样之论调。福塞特甚且谓此为反对货品税之绝大理由。④

在亚当·斯密形成此种"价涨高于税额说"（the excess—of-tax-above-price theory）后，不久即有汉密尔顿在其《税收原理之研究》上（见本书 170 页 ［新编本在第 118—119 页。——整理者注］），反对此说。汉氏曰，"谓税收之递相传受，渐次积累如雪球之滚于地上，终则归最后纳税人负担者，此断非一种新意见。"⑤ 汉氏以为"税收殆被改良所吸收"，并且"税收不能积累"。汉氏曰，"在百业

———————

① 见布立克诺克所著之《论百年之筹款大计》（A Treatise upon Perennial Ways and Means, with other Political Tracts inscribed to the King）第 2 页。于兹所当提及者，即著者首先提议用印花以为课税之方法——百年后美国政府因卫尔斯之请求而采用此法于内国税制云。

② 见《原富论》卷五第二章。

③ 见李嘉图所著之《政治经济学原理与税收》第十七章。参阅密尔著《经济学原理》卷五第四章第二节。

④ 见杜谱诺特所著之《论货币信用与税收》卷二第 210 页；帕烈著《税收论》卷一第 165 页；塞页（Sayer）著《所得税论》第 58、59 页；福塞特著《经济学》第 550、551 页（六版）。最近此说复见于锡德尼·卫布夫妇（Sidney and Beatrice Webb）合著之《工业民治主义》（Industrial Democracy）第 303 页。"在税收之每次'转嫁'时，必有一种附加的'余额'，故如课税于原料品时，消费者之最后负担远过于原来税额。"

⑤ 原书提示此处有一个注释，但遗漏了内容。查英文版，此处内容是指明引文来自汉密尔顿的《税收原理之研究》的第 145 页。——整理者注

兴盛社会中，税收将随转手之次数而渐次减轻云。"①

　　然汉氏未尝以新眼光论究此问题。彼持"价涨高于税额说"者，殆全以前人所持经常的或自然的利润说（doctrine of normal or natural profits）为根据者也。然吾人忆及依照近代之理论、实际利润不过为边际生产费以外之剩余，则此说不攻而破矣。彼仲买人者不能加其利润于价中，因为在竞争状况下，无论何时，价格总定于最大生产费故也。世间若果有所谓经常利润，则物价将因货物之一再转手而增加，其终也物价增加将远高于税收矣。但在竞争状况下，常有立于生产边际上之生产者或仲买人——换言之，即生产者或居间营业者无利可得，仅仅收回成本——无论何时，市面价格总等于其生产费。此时惟运气较好与技术较精者能获利润。货物之一再移转，商人之所能提高其物价者，不能超过于移转费。移转费未尝含有利润，移转费不过利润之条件。不然，则零卖价格应随无数零卖商之转手而依几何级数增加矣；——此不通之论。夫税收加于生产费，诚有之矣，但决无税收依几何级数增加之事。夫经常利润说既不足取，则"价涨高于税额说"之不真确，直可不言而喻矣。此说不但假定生产者为独占者，而且假定每个仲买人为独占者，惟以此种假定为依据，始能有一种无利的仲买人。虽然，此种假定究不能用以研究实际生活之情状也。②

　　顾或者谓利润虽非生产费之一部，然税收之利息，总可为生产费之一部，就利息一项而论，则在修正方面之价涨高于税额说，仍能真确也。或者此言，不为无理。然因利息之实际效果非常之微，故此说实不能存在。盖所谓利息者，仅指税额之利息，而又为在货物每次转移间经过之短期的利息。夫税收仅为原卖价之一小部分，则在短时期内之利息，实不过小部分之极小部分，实际上自可略而

————————

　　①　见《税收原理之研究》第 45 页。（此处中译者指明的页码有误，英文版指出引文来自《税收原理之研究》第 159、190 页。——整理者注）

　　②　参阅耕吞（Gunton）所著之《社会经济学原理》（Principles of Social Economics）第 380 页。然耕氏对于他方面之结论，则有可疑之处。

不论也。①

　　实在言之，唯在一种情形下而物价始超过税额而涨高。——此即前述之情形，但其理由则与上节之所述全异。因课于出产物或货物之税收，通常由生产者在未出卖前预先缴纳，筹款以纳税，小生产者之负担必增。凡在需求弹性大之某状况下，此种税收——尤其是税收甚重——适足以增长强有力的生产者之便利。若当时状况大有利于大生产者，则税收之赋课实为独占出现之直接原因。故唯因独占而生产者始能格外提高其物价，税收实不过间接促成生产者之所能为而已。反之，税收之取消可使价格之跌落，比税额大；因独占之状况即将变为竞争之状况故也。例如美国南北部战争时之火柴税即其良例。当课火柴税时，即成独占状况，而价格腾贵。但取消后即使火柴价之跌落较税额为多。是故火柴之所以过分涨贵者，原由于独占，至税收则仅间接原因耳。②

　　输出入税归何人负担之问题，实质上与上述各情形相一致。盖输出入税常依每单位之税率而赋课，而单位或为重量之单位，或为价值之单位；换言之，即依从量税率或从价税率而赋课也。故吾人即可明白极端派学说之谬误。极端派以为国内消费者所受之损失，常可以输入税之收入计度之，此言殊不合理。吾人常见价格之涨高略少于税额者，亦有价格毫不涨高者——虽或不如此。例如外国生产者只恐以税额全数加之于物价将使销路大减而致纯利之所得转不如自己负担一部分时为大，如是则物价之涨高略比税收为少。反之，有时消费者之损失将比税额为多。总之，吾人不能下一正确普遍之

────────────

　　①　夫棱德(William Frend)未能顾到此点，夫氏在其《税收之原理》(Principles of Taxation)第 16 页上，谓此说仅在税收利息方面可以连用。

　　②　还有在他种情形下，物价涨高之数超出于税额。如课税于出产大量物品之生产者，其税收较课于出产小量物品之生产者为少时，即见如此。在一般工业方面几无此种税收。此如法人所谓一种"颠倒的累进税"。但在农业上常见每亩之生产力虽异而所课之税收则为均一税，在此种情形下，肥沃土地所产每蒲式耳麦之税率自较土地不肥沃者为低。故在不肥沃土地继续出产期间，农产物之价格必涨至税额以上，关于此点，本书第 277 页(新编本在第 201 页。——整理者注)曾用数学方法说明之。

定则，惟吾人随时留意特种之情形始可。惟原则之应用甚关重要，故有详论之价值，留待他章讨论。[①]

第二项　课于总收入之税收

课于总收入之税收，切勿与课于卖额之税收（系依照卖出货品之数目而课之税收），或课于总出产品之税收，混为一谈。课于卖额或出产品之税收，随出卖或出产数额而不同。但在物价贵时卖额少之总收入，有比卖额多时为大者，亦有在物价贱时卖额多之总收入，反比卖额少时为少者。

若先就竞争情形而论，则知在竞争情形下，某一市场只能有一种价格——即等于其时生产费最贵货物之生产费。今若课税于总收入，势必使生产费最贵者之费用增高；盖市场上之边际生产者，若于课税后而仍能维持其地位者，其收入仅足收回其用费，故非加税于物价不可。故结果税收必转嫁。若夫税收转嫁之多寡，则视需求之弹性与供给之弹性比较如何而后定，此在前节课于出产总额之税收时论之详矣。

至于独占情形，通常亦有同样之效果。虽物价增而需求减，而总收入亦不如课税前时之大，然独占者之纯利常可比前较大，一则因产额减而用费可减，二则因总收入减而税亦可减故也。

税收全部或一部之转嫁，可用图解说明之。[②]

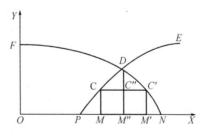

---

① 　参阅本书后面第七章。

② 　考虑到图形与数学说明放在脚注中不方便，跟前面的处理一样，此处置于正文中，用楷体字标出。——整理者注

设价格 OT 时卖出 OM，OT' 时卖出 ON。

又设总收入 $OTCM = 10\,000$ 圆；又设总收入 $OT'C'N = 8\,990$ 圆（所以选用此等数目者其理见下注。）

设 $PP' = $ 生产费线。生产费 $OPYM = 7\,000$ 圆。

又设生产费 $OPV'N = 6\,000$ 圆。

在价格为 OT 时之纯收入为 $10\,000 - 7\,000 = 3\,000$。则价格在 OT' 时之纯收入为 $8\,990 - 6\,000 = 2\,990$ 圆。于是独占者宁定其价格为 OT。

今若对于总收入征百分一税，则总收入为 $10\,000$ 圆时税收 $= 100$ 圆，总收入为 $8\,990$ 圆时税收 $= 89.90$ 圆。纯收入 $= 3\,000 - 100$ 圆 $= 2\,900$ 圆；纯收入 $= 2\,990$ 圆 $- 89.90$ 圆 $= 2\,900.10$ 圆。独占者愿以 OT' 为价格。

故在课税后独占者愿意提高价格，惟此时独占者仍顾到需求之弹性与夫产品与生产费之比率，此则与课税以前无以异也。

课税于独占业之总收入，通常虽使物价涨高，但有时却未必如此。[①] 有时独占者却以自己负担税收为有利，此种情形亦尝有之。如上注（即上一段楷体字部分——整理者注）图解所示，乃假定需求随物价增高而减少，其减少不但不间断，而且有一定之比例，故其需求曲线迳可以直线表示之。但有时物价第一次增高时需求之减少虽甚大，而此后则不如前之减少者。今试用上述之假定，[②] 物价每增高 0.25 圆，需求并不依次减少 100 单位，其需求在定价 5 圆时为 $1\,000$ 单位；5.25 圆时为 900 单位；5.5 圆时为 825 单位；5.75 圆时为 750 单位；6 圆时为 700 单位。今若课总收入以百分十税，则其结

[①] 本书初版曾主张此种税收决不能提高价格，此因对于此特别例，一时偶未注意生产费随产额而不同一层，故致错误。计算上之错误已为几个学者所指出，如罗斯教授（见《美国政治社会科学院年刊》第三期，第 460 页），维克塞尔（《财政学理论研究》第 14 页），及埃奇沃斯教授（见《经济杂志》卷七第 228 页）等，但埃奇沃斯谓课税于独占业之总收入必使物价提高，未免言之太甚耳。

[②] 见本书第 361、363 页。（新编本在第 262—265 页。——整理者注）

果如下：

价格（圆）	总收入（圆）	10%税收（圆）
5	5×1 000 = 5 000	500
5.25	5.25×900 = 4 725	472.50
5.5	5.5×825 = 4 537.50	453.75
5.75	5.75×750 = 4 312.50	431.25
6	6×700 = 4 200	420

又用费等于生产费与税收之和，即：

价格（圆）	生产费加税收（圆）	等于用费总额（圆）
5	2×1 000 = 2 000 + 500	2 500
5.25	2×900 = 1 800 + 472.5	2 272.50
5.5	2×825 = 1 650 + 453.75	2 103.75
5.75	2×750 = 1 500 + 431.25	1 631.25
6	2×700 = 1 400 + 420	1 820

由总收入减去用费总额，即得纯利如下：

价格（圆）	总收入减去用费（圆）	等于纯利（圆）
5	5 000 - 2 500	2 500
5.25	4 725 - 2 272.50	2 452.50
5.5	4 537.50 - 2 103.75	2 433.75
5.75	4 312.50 - 1 931.25	2 381.25
6	4 200 - 1 820	2 380

由此以观，最大独占收入仍在价格5圆时也。

故在课税于总收入及课税于每个卖品时，独占者有时情愿毫不提高物价云。

第三项　课于纯收入或纯利之税收

或谓课于独占者纯利之税收，常转嫁于消费者，盖因消费者必得购买独占者之物品故也。然而或者之言，全然谬误。夫独占品无论其出品非常有限，而且绝对不能再行出产，抑或依报酬均一、递减、递增定律而能再生产，然就其生产者之地位而论，独占者终不能加其税于物价。何则，盖因独占的生产者常以消费者所愿出之最高价格而定价，换言之，价格常高至于无可再高之境。使消费者犹能愿出更高之价格，则独占者在课税前早已提高矣，奚必待于课税以后哉？是故独占价格常定于最大独占利润之一点。课税于此种利润，决不能使价格提高者也。由是观之，课于独占利润之税收，必全归独占者负担。

至于课于竞争纯利之税收，吾人必须辨明一般利润税与特别利润税而论述之。其为特别税也，苟货物仍继续出产，则此税久而久之必转嫁于消费者。盖苟不然，则生产者必较经营他业为不利，不利则必逐渐移其资本于其他最有利之途，于是此业遂渐呈衰落。故经长久之期间，或则税收转嫁于消费者，或则此业之生产完全停止。税收转嫁，则消费者因价贵而受苦；生产停止，则消费者因无消费而亦受苦。然而无论在何一情形下，永续生产者终无若何之负担也。

虽然，吾人切勿忘记下述之实际要点，许多学者对于此点似多忽略。若资本移动之理论不能应用，则所谓"长期"之结果者，亦难遇到也。在固定资本占资本总额之大部分流动资本占资本总额之小部分时，最后之均衡必待生产者倒闭消灭而后始能实现。就令资本最后能转移，然在未转移前，中间暂时之效果，亦常为极重要之效果。均是效果也，由国民经济方面观察虽诚不重要，然由个人经济方面观察，则有非常重要者。吾人之所谓税收在长期内不能归生产者负担云者，乃就一般而言之也。此所谓生产者，乃指决不消灭之各个生产者之整个阶级而言也。至若所谓在任何短期内之生产者，则指某生产者而言也。前者系指团体而言，后者系指个人而言。生产者整个阶级之福利，与个别生产者一人之福利，绝不能视为相同。生产者整个阶级最后总可谋得某种平均之报酬；但此必待正在从事生产之个别生产者之完全消灭。若税收之不公平为非常久的，则此种现象必屡屡反复。于此足见乐观说实不能解释此事，然此不仅此点为然，即其在经济学之他部方面，亦殆不能解释之也。① 换言之，即特种利润税，在某种情状下，无论何时必归原纳税人而必待其离开生产界而后已。利润税之唯一结果，必致于货物之生产完全停止，或事业完全停歇。其时消费者感受之苦痛，不因于价格之腾贵，但因于不能得到物品之享用。

顾实际上所谓营业税或公司税者，大部分系特别税或非一般税性质。例如美国，不但其公司税常多仅课之于某几类公司，即其各种营业如银行等，名义上虽课一般财产税，而实际上却为一种特别税。

如遇到此类特别税时，吾人则知税收之效果随课税之各别方法而不同。如课特别税于银行利润者，则银行必常提高其利率而转嫁其税于消费者，最后效果必致社会全体将因资本价格之腾贵而受害。复次如在美国数邦，银行税课之于银行股票者，银行即于股息中扣除税收，故税收实为课于财产之税收，而非课于营业之税收，结果将有税收之还元出现，而使股票之价值，随之跌落。于此税收非转嫁也，乃还元也。

复次，所有者为消费者，如相互保险公司是。如课特别税于保险公司，如美国一般所行者，则课税之后，结果必使保险之红利减

① 参阅本书前第 288 页（新编本在第 210 页。——整理者注）土地纯利税之归宿之研究。关于特别税归宿之一般原则之修改一节，昔克力夫·勒斯力解释之最佳。氏曰，"课于生产的劳动阶级之许多税收之归宿理论，已被昔人主张特种物品税与特种职业税仅归宿于消费者而不归宿于生产者之学说所朦蔽矣。税收之理论富有偏用经济学上抽象的假设的推理方法之危险。经济学家先从假定立论，此种假定不但有各种条件与限制而自身已有疑问。如学者假定在长期内（in the long run），假定各业利润之平均数有趋于均等之倾向，即其一例。但学者忘却一切限制与条件，遂断定各生产者之利润必为均等，故遂谓凡生产者所填出之特别税必由彼等收回而得相等的或平均的利润。在无论何业中，其各生产者之利润，变化殊甚，有时获巨利，有时反损失。昔密尔有云：'夫同等资本得同等利润，此商业上一般格言也。此言之不确，与所谓年岁身材相若者其体力亦相若之不确，何何各异。'顾吾有可得而确定者，即课于各业之特别税，总有'平均的利润'可得；虽一切每个商人填款之净利全无，虽此等一切税收有利于大资本家……"——见《道德哲学与政治哲学》上之"课于劳动阶级之国地两税之归宿"篇。

少，一般民众之节俭习惯，预防观念，将从而渐形减退矣。若是虽立法之目的似在课税于利润，课税于资本，而其真正结果乃变为费用税与某种特别费用税；此一事实，在其他各国中，殆莫不视此为政府所应特别关心者也。

征课特别利润税，而结果与原来期望相反之其他实例，不一而足。美国密苏里省（Missouri）及德国数邦所课大商店税，是其良例。普鲁士邦关于此税之效果，已作缜密之研究。[①] 此税并不归大商店负担，而且并不抑制大商店而扶植小商店如其原来之期望，其效果乃适成相反。此盖因税收过重致阻止中等商店之设立，于是现有之商店乃愈有操纵市场之能力。又政府行使课税权而不得其道致其结果与目的相反，如前之事例，亦易举出。

又一般利润税或普遍利润税，所谓均一利润税者，依严格言之，并无此种税收，此犹如世间并无课于一切资本之一般税或均一税也。[②] 但利润税亦有在实际上影响于某一社会之许多生产阶级而且影响于多少不受外国竞争影响之多种利润者，则吾人亦得称此为一般利润税，以示与特别利润税有别。此种一般纯利税决不能转嫁。若利润代表生产费以外之剩余，则课于此种剩余之一般税不能影响于生产费。于是价格不生变动，消费者之利益不受影响。故生产者不但直接纳税，而且最后负担之。[③]

世有学者如库诺等，常谓纯利税既限制生产者的消费，而国家对于税收收入之使用，转不如生产者使用之有利，职是二故，遂断

①　见盖林(Hans Gehring)所著之《论普鲁士之仓库税》(Die Warenhaussteuer in Preussen. Ein Beitrag zur kaufmännischen Mittelstandspolitik)第65—72页。
②　参阅本书第343页。（新编本在第250页。——整理者注）
③　学者常谓在"卖主的市场"上，当物价因贸易膨胀或信用充涨而飞腾时，例如在欧战时期，即一般利润税，如欧美各国所征之盈利税，及合众国所征之公司所得税等，亦易于全部或一部转嫁。顾吾人可得确言者，即税收非物价涨高之原因，乃物价涨高之托词，物价涨高，概由于其他全不相同之原因也。参阅里格在《美国经济评论附录》(1920)第155—157页之"论英国之盈利税制"篇。及夫赖代(David Friday)在《美国政治社会科学院年刊》第八九卷(1920)第163—169页之"价格与盈利税"篇，及其所著之《工资利润与价格》(Wages, Profits, and Prices)第十二章。

定利润税终有不良效果及于消费者。虽然，此种推理，殊不完全。吾人诚亦承认税收之使用为非生产的。昔人萨伊（Say）尝谓最少之税即是最良之税，自是千古名言。然若政府支出之经费用之于必要正当之途，则其用费亦未始不为有用的、生产的；吾人未可以为个人用费较公家用费为有利也。凡用费之有利与否，全视其用途之性质，与夫一般对于政府活动之义务与范围见解如何而后定。谓利润税为有害于消费者之言，尚含有待决未定之问题在也。且此问题，其非为利润税之所特有，亦犹如税收归宿问题之非为任何种税收之所特有也，此问题宜归入于税收一般影响之研究。

从上讨论引出之一实际推理，可用以论美国对于公司税应依总收入抑纯收入而赋课之辩论。无论公司为独占业，抑为非独占业，而吾人从上讨论之结果而赞成征收纯收入税制之结论①可更有力。例如课税于转运公司，当因此问题曾引起一场论战与抗辩，然就旅客与运货者而言，其在依总收入课税时之负担感觉，当比依纯收入课税时之感觉为深刻云。

第四项　依定额而课之税收

有时利润税不依纯利总收入或卖额而征课，但课一总额于各生产者，此为美国执照税之普通税法，但非普遍如此耳。依此税制，不管生产者所获利润如何之多，但税收仍是相同。

在独占情形下，此种税收必归独占利润负担。此其理与本书上面所述独占纯收入税不转嫁之理由相同。故独占收入常受影响。

在竞争情形下，定额之税收，通常于生产前征收之。以此吾人可以推定生产者之必要生产费将必因课税而增加，因此税收必转嫁于消费者。但实际上并不如此。盖此种税收，其有害于生产者，当比依出产总额而课之税收为更甚。夫既依定额而课税，则凡大生产

---

①　见塞利格曼著《税收论》九版（1921）第 258—270 页。

者之所纳，绝不多于小生产者之所纳。设若大生产者能任意增加其生产，则彼将持旧价以招徕（即彼自己负担税收），销额既多，则可补益其税收之负担。而小生产者欲加其税于物价而不得，欲持其旧价而不能，乃转相赔累而不足以图存。例如定额执照税，其在甚高而足以诱起大商人之发现时，则税即有归生产者负担倾向——迨到因税收之养育而独占渐次形成时，价格始稍稍增加，于是顾客之利益，始受影响。然则价格之所以增加，并非直接由于税收，彼税收者，乃不过其间接原因耳。且在独占渐次形成后，亦常见价格毫不增加者，盖市场上既为少数生产者所独占，销售增广，其获利之增加自可补益其税收而绰有余裕也。在此种情形下，自某种意义而言，税收既不归宿于消费者，又不归宿于课税后之永续生产者，税收之全部可谓由不幸而被淘汰之生产者负担也。例如酒业执照税，其税率甚高，但其结果未必使酒价有所涨高。其效果乃致于酒店之减少，与酒业之渐次归富商独占。故生产者常负担此税，消费者最后或受影响，或不受影响。

若所谓"执照税"不依定额而征课，但依总收入总生产或纯利为标准者，则其归宿自依本书前几节中所定之法则。"执照"（license）一字，包括性质极不同之各种税收云。

第二节　结　论

综前所论而得下列之结论：课于独占收入之税收，常归生产者负担，惟在依产额或卖额而征课时，税收常一部或全部转嫁，但在某种条件下，税收亦有仍归宿于独占的生产者。课于竞争利润之一般税，无论依定额课税法，或比例课税法，其税总归生产者负担；课于竞争纯收入之特别税，常转嫁于消费者；课于竞争利润之一般税，如以收入总额或出产总额为标准者，则此税转嫁于或不转嫁于消费者——大概税收全部或差不多全部转嫁者，恒居十之八九云。

从过于苛求税收归宿之准确与硬要求出税收归宿之"自然法则"者视之，或嫌上之结论为不满意。然吾人从此亦足以觇出此问题之细微精致，并可证明乐观说或一般分散说理论之浅薄矣。

若吾人对于美国几个现有问题，欲引出推论，则其推论可综括之如下：

（1）所谓"营业"税，未必较国内收入税多含"直接"税之性质。

（2）课于绝对独占业之税收，若立法者意欲归独占业负担，则应依其出产总额或收入总额而赋课。

（3）公司税若立法者意不欲此税转嫁于社会，则此税应依公司纯收入而不应依总收入或其他元素而赋课。

（4）一般营业税——包括所谓执照税——应依纯收入之多寡而课之。[①] 所谓执照税若依定额而课之，则此税足以增速独占之倾向；若依卖额而课之，则此税即有转嫁于消费者之倾向。

（5）国产税或内国收入税，若依出产总额而征课，则易转嫁于消费者。但其转嫁之程度，概视下列三点而定：（a）业务之性质系独占抑系竞争；（b）需求弹性之大小；（c）出品与生产费之关系是否永定的。惟税收之一部则常归生产者负担云。

利润税之一般原则，在土地、房屋、债务与不动产抵押方面之应用，已于前数章论述之矣；兹则无深论之必要。

---

① 关于公司利润税之归宿及效果作一归纳的研究者，普雷开大学教授密尔池秀博士（Dr. Willibald Mildschuh）即其一也。氏曾论奥国银行税，著有"奥国银行与放款利得税之效果"一篇，见《统计月刊》（Statistische Monatschrift）（1912）第 151—241 页。

第六章

工 资 税

自亚当·斯密以来，学者惯分工资为一般劳工之工资，及斯密所称为"精巧的技术家与操持自由职业者之报酬"。吾人试先论课于后一阶级之税收之归宿。

斯密以为课于此种熟练职业之税收，必可转嫁，因其报酬"必与职业较下者之收入保持一定之比例故也"①。若课税之后，其报酬不依税额而增加者，则是此等职业"与其他各业无分上下也，无分上下则此等职业必衰，衰则其报酬必立即回复以前之比例"。此斯密之言也。至密尔则不然，密尔以为一切熟练职业与特权职业，系自然的或赠与的独占，超越于竞争范围之外。并谓此类税收常由彼等自己负担，因彼等无法损人以利己故也。② 二说中果以何说为是哉？

密尔之说，虽不无可评之处，然大体不错。凡专门家之收入，普通定于习惯，而非定于竞争。由一整个阶级观察，其较大的收入应视为如马歇尔所称为准租（quasirents）而论之。是故大唱家、名医、名律师，其报酬未尝因课税而多取之于人也。税收对于彼等实不啻一种不能转嫁之负担。假令不课税，其收入亦必无若何之变更。专门家常略受非经济的影响。彼等之动机常非为金钱，但为更高尚之目的。戏子、画家、医生、律师等其所以选择此业者，并非专为

---

① 参阅前第 160 页。（新编本在第 111 页。——整理者注）
② 见密尔所著之《经济学原理》卷五第三章第四节。

谋生或极大之收入也，谋生营利而外，尚别有其他目的之怀抱。

夫各种专门职业阶级如医生等，其视报酬为自由酬报之报酬，而非视为法律上应付之报酬者，由来非久。即令吾人单从经济的观点观察此等阶级，吾人亦不能谓其报酬与普通工资保持一定之比例。自由职业之收入，不依生产费而定。吾人单从字句与事实之倒转，即可谓某人学习一技时所耗之时间与努力为其资本，其报酬为其利息。实在言之，现今一般所认为职业之过多，其因于私人欲得较大收入之希冀者少，而因于强迫教育与晚近一般社会状况者多。所谓保持一般工价于一定标准之动力，在此方面之作用，未尝有相等之效果。总之，专门职业之工价，非竞争的，但习惯的，或独占的。

国家官吏之俸给，亦是如此。良因官吏薪俸，原定于官吏职务之难易与夫抽象的政治便宜之考虑。在工资寻常标准极低之国中，官吏之俸给可为极高。即令不如此，吾人亦难言课于官吏薪俸之税收之能转嫁也。谓转嫁于政府乎？显然不能也；盖官吏非如市场上之生产者，又非依寻商业原则而行者也。假令税收过重以致在位者皆生厌恶之心，则结果或致于怠于从政，终且致于政绩不良。全体社会将蒙此种政绩不良之损失。然而税收之不能转嫁，则固自若也。

至于普通技工——无论为熟练的，或不熟练的——之寻常工资，其理论则不如此简单。旧说以为因工资势必定于生活费或生活程度，故直接工资税必归利润负担。但在本书叙述古代学说之沿革时，吾人已知前人对于此说曾作几种之反对，兹综括此种反对如下——

（1）或谓劳动者对于其生活程度之减低，必不同意。虽然，同意不同意，大概系劳资间势力孰强之问题，吾人固不能预断劳资两方之孰占胜利也。若所定之工资实际上仅足供劳动者之最低生活费，则工资税必定转嫁。李嘉图虽实非工资铁律之信仰者，然即用此议论以证明其争点。夷考①事实，工资决非在于最低生活费点：生活程度常在此限度以上。在此限度与实际的工资标准间，有一差额，税

---

① 　夷考，意思是考察。——整理者注

收即可侵蚀此差额者也。夫工资低廉之移民，迁居本国，假令其他之条件不变，则势必使生活程度与一般工资率降低。课税于工资，亦同此理。工资税其初必归于劳动者负担，劳动者于此不能得到昔日惯享之享乐品，于是其生活程度降低。彼劳动者亦何常不竭力要求工资之提高，以补偿其所纳之税收，但无如雇主之不允诺何！诚如斯也，则工资决不可减，良因工资一减，则劳动者生活程度常不免于降低故也。总之，工资税之能否转嫁于利润，全视劳工组织之力量，与夫使雇主不得不依税额而加工资之其他情状而定。若无此等情状——而且常无此等情状——则工资税必归宿于劳动者而侵及于最低生活费以上之差额，因而劳动者之生活程度降低。

（2）就令工资税，久而久之，在顺利情状下，可转嫁于利润，然在未转嫁之过渡期间，其负担必归宿于劳动者。夫工价之涨高，常较物价一般涨高为独迟者，此固人人共知之事实也。故此过渡期间，将可变为多少永久之性质。是故期间愈延长，劳动者之受苦愈深，而消费者有效需求之暂时减少、变成劳动者生活程度降低之现象，亦愈显著。[1]

工资税终有种种不良影响。若劳动者之力量愈弱，或其一般生活程度愈低，则其对于雇主减低其工资于最低限度之举动，愈不能反抗。反之，若工资愈高，则其反抗之能力为愈有效，而其工资之递增，亦愈可得到。由此观之，课税于工资，皆有害于劳动者，既有一时之害，又有永久之害。是故工资税不但使劳动者生活程度降低，而且使其能力薄弱，将来愈不能脱离其贫苦状况。使工资税果可转嫁于利润，然此亦必经过长久剧烈之争斗，在此争斗期间，劳动者在物质上蒙受极大之损失，结果必且使劳动界之道德，日就堕落。若是，则所谓税收乐观说与税收绝对说者，又奚足以云此哉！

---

[1]　古时论工资税之效果而完全驳击旧说者，是为洛斯拉（Carl T. H. Roesler），见氏著《论工资税之效果》（Von dem Einfluss der Besteurung auf den Arbeitslohn）。洛氏称李嘉图之议论为"怪异的"。

第七章
其他税收①

第一节 一般研究

关于应用税收归宿之原则于其他尚未论到之税收，应作略略之研究。其他税收中之最重要者如下：

第一项 人 头 税

人头税，除课于劳动者外，均不能转嫁，此则显然。即在课于劳动者时，在此税有可转嫁之情状未发现前，此税亦必侵蚀生活费与劳动者实际生活程度间之差额。且转嫁之可能为一事，实际上之转嫁为又一事，二者决非同一，此则前已示明之矣。

第二项 遗 产 税

遗产税不能转嫁，盖无转嫁之对象故也。世有学者谓遗产税之最后效果为有影响于资本之积聚者，此言实不足以说明转嫁之程序。而况是否有此效果，尚不敢定，故不详焉。②

---

① 本章的第一、二节小标题亦为整理时添加。——整理者注

② 例如巴斯塔尔教授(见氏《财政学》二版第 563 页)根据李嘉图之见解，以为此种税收归资本负担，并谓社会全体将受生产不振之影响。对于此论之批评，见威斯特(West)著《遗产税》(The Inheritance Tax)第 119—122 页。

第三项 国 产 税

国产税，或如美国所称之一种内国收入税，实为上述利润税之一种。此税之转嫁与否，胥视论利润税时各种复杂论点之研究而决定。[1] 第一，此税可一部或全部逃避，而国库亦于是受相当之损失。[2] 第二，因税收之消转，[3] 国库纵有收入，但私人可无负担。第三，若此税不避免，不消转，而又不还元，则此税易于转嫁。其转嫁之大小，如吾人之所已知，[4] 概视需求之弹性，使用代替品之可能，消费者使用稍次代替品之难易以为断。此外亦因税收之苛重，独占之存在，产品与生产费之比率各点，而受影响。若欲详论之，则必重述上面所述之分析。[5] 吾人除记忆一般原则与例外外，每个特别情形必须分开研究，因可能的结合为数甚多故也。本书以限于一般之研究，故未便如此。[6]

国产税之最后效果，亦已于上面述及。有因课税而致使用其他不课税之代用品者；有致奸商搀杂劣质者；有因课税而致消费减缩而大不利于生产者与出产原料品者，终乃至于全社会呈出百业衰颓

---

① 参阅本书第 356—385 页。（新编本在第 260—280 页。——整理者注）
② 参阅本书第 9 页。（新编本在第 7 页。——整理者注）
③ 参阅本书第 5—8 页。（新编本在第 4—7 页。——整理者注）
④ 参阅本书第 359 页。（新编本在第 262 页。——整理者注）
⑤ 参阅本书第 360—365 页。——新编本在第 263—266 页。——整理者注
⑥ 对于国产税之归宿问题作归纳的研究者,有拉斯佩雷斯（E. Laspeyres）著"税收增高影响于课税品价格之统计的研究"（Statistische Untersuchungen über den Einfluss einer Steuerraufhebung auf die Preise der bisher besteuerten Produkte)篇,见《奥国统计月刊》卷三第 495 页及以下,沙兹（G. Schanz）著"根据巴燕国麦芽之涨价研究间接税之转嫁问题"（Zur Frage der überwälzung indirekter steuern auf Grund des bayrischen Malzaufschlage)篇,见什摩拉的《法律政治经济年鉴》（1882）第 56 页及以下;哈革（Carl Hager）著《论糖税之转嫁与德法二国萝卜制糖业之利润》（Die überwälzung der Zuckersteuer und die Prämie der Rübenzucker Industrie in Deutschland und Frankreich.）及兰格（Karl A. Lange）著之《论巴燕国 1910 年 3 月 18 日颁布之麦芽涨价法及于各阶级经济生活之影响》（Die Wirkungen des bayerischen Malzaufschlagengesetzes vom 18 März 1910 auf ... dei einzelnen Schichten des Wirthschaftslebens)。

之景象者。有课税于甲物，而与甲物竞争之乙物，反因之而销售增旺者（但乙物必非为甲物补充品）。有时因价贵而不买，因之不纳税，然其人禁欲之痛苦，有更深于继续购买者。有时消费者剩余之损失极易取偿者。若欲寻求国产税之影响，则对于此税之最后效果，必下一极精微详细的分析而后可以准确认识特种经济情状之一切事实。然吾人所可得而言者，即此税之全部或大部转嫁于他人者，恒居十之八九云。

输入税大抵亦然。通常此税一部或全部转嫁，但其确实之结果，则胥视个别事情之特别情状而定。应用归宿一般原则于关税，颇为重要，故有稍稍详论之价值。

第四项　输入税与输出税

国际价值说，已为正统学派经济学家所继续发挥，此说实不过一般价值律之应用，但系一种非常复杂的应用。[1] 构成国际需求方程式之元素，不但复杂，而且甚繁，故欲研究此税及于任何类物品之实际效果，不但要详悉国际价值说之内容，而且要明了影响二当事国及全世界其他各国的货物供求之一切外力。[2] 关于输出入税归宿问题各点之讨论，下列几点其较重要者——

[1]　晚近学者祖述此说之最好文字，见诸巴斯塔布尔之《国际贸易论》及埃奇沃斯著之"国际价值说"一篇（见《经济杂志》卷四（1894）第 35—50、424—443、603—638 页）。关于关税转嫁之问题，巴斯塔布尔曾著"输出入税之归宿与效果"一篇，登 1889 年《英国学会报告》第 440 页及以下——对于输入税之归宿，作一极精细的数学研究文字，见诸俾克带克（C. F. Bickerdike）著"最初税收论"（见《经济杂志》卷十六（1906）第 529—535 页），及雀颁曼（Chapman）著"论保护输入关税之归宿"（见《经济杂志》卷一九（1909）第 133—139，305—308 页）。

[2]　若有人对于关税效果之每个实际问题欲得一确实回答为问者，吾人可以尼哥尔逊教授所云"唯一之回答则为不能回答"（the only answer is that an answer is impossible）之言以答之为最宜。尼氏在他处曾云"输出入税之归宿，为经济学上最复杂最困难之问题，尤以论此税之间接效果时为更甚。"——见氏著"关税与国际商业"（Tariff and International Commerce）篇，文见《苏格兰地理杂志》（The Scottish Geographical Magazine）（1891 年 9 月号）。

（1）输出国支配货物之供给到若何程度？（2）输入国为消纳货物之唯一市场到若何程度？（3）所研究之货物，其在本国自能制造者到若何程度？（4）出产品与生产费之比率若何？（5）需求之弹性若何？

今试先论关于输入税之问题。税收之赋课通常可视为生产费之增加，并可视为输入国之物价依税额而增高，在此等状况下，则所谓"关税即是税收"，及关税归消费人负担者，自是真确。此种结论乃以二假定为基础：第一，假定生产者毫不负担税收；第二，假定货物之销路虽因价涨而必有多少之减缩（随需求弹性之大小），但生产者仍能推销其物于他国以补偿其在课税国一部分销路之减少者。

然此种假定，不常正确。吾人诚常见输入国为销纳货物之唯一市场，或纵非唯一市场，然却为一个唯一的重要市场者。假令如此，则生产者对于其主要市场销路之减少必竭力避免。然欲达到目的，非生产者自己负担税收一部分不为功。故最有利于输入国消费者之条件：第一，输入国为货物之唯一市场；第二，货物需求有极大之弹性，物价微涨，销额锐减。但自生产者负担大部分税收之稀有情形至消费者负担全部税收之通常情形，其间有各种不同的阶段。

关于关税常即是税收之假定之危险，可引陶息教授（Prof. Taussing）之某篇论文以证明之。[①] 陶息估计美国糖之消费量为 6 370 000 000 磅，而消费者所纳税收之总额为 101 000 000 圆；而海关糖税收入仅为 52 400 000 圆，因之陶氏推断余额 48 600 000 圆必为制糖者所得。然据糖输入商在筹款委员会前讯问之供证，[②] 足证陶氏计算非常错误。盖输入之糖有不纳税者，有一部分免税者，则所谓糖依输入税而增高者，必属谬误。陶息后亦为文自认其错误，[③] 然氏

---

①　陶息著"论糖：互惠与关税"（Sugar：A Lesson on Reciprocity and the Tariff），文见《大西洋月刊》（1908 年 3 月号）。

②　见 1908—1909 年"筹款委员会"之税则审问（Tariff Hearings before the Committee on Ways and Means），尤应参阅亚特钦君（Mr. Atkins）之证明。

③　《经济学季刊》第一一二卷（1909）第 548—553 页。

对于几种教科书之赞引，并未随时加以更正云。①

　　在此问题中又含有他种极重要之元素，即在输入国中其本国生产对于外国输入品之减少，究竟能补充到何种程度。世人所谓"关税即是税收"者，乃以外国减少的输入品，若其卖价涨高，则其供求均衡可以达到之假定为根据。若本国绝不能自行出产——换言之，若输出国有独占权——则此种假定未始不合。然若本国并非不能自行出产，徒以价低利薄，国人不肯自行制造者，则此时本国生产所能补足外货缺乏之程度，全视物价能涨高到多少而定。假定在外国生产之某输入品运到本国可依 10 圆出卖，而本国制造此物须费 12 圆半。倘外货输入课以每单位 2 圆之税收——假定其他之条件不变，则输入品之价格必涨至 12 圆；价涨则需求跌。但若假定输入国能自行出产一部分，且因出产多而成本减轻，即依 11 圆出卖，还能获利。斯时也纵有 2 圆之课税，然价格不能涨到 11 圆以上，需求亦不如前之减少。于是税收遂由外国生产者与本国消费者分担之。本国生产者其所能夺回外货销场之程度，假定其他之条件不变，全视出产品与生产费之比率。若国货依生产费递增律而生产——大概在竞争工业恒如此——则本国生产者之机会不甚良好；反之，若依生产费递减率而生产，则即含有独占之倾向，于是本国生产者之机会必较好。顾无论如何，所谓"关税即是税收"，意谓输入税之全部负担必归消费者负担之言，有时未必真确，此则显然无疑云。②

　　输入税之间接效果，殊为重要，但非在本书研究之范围内。吾人若细心研究，则知此等效果，必有影响及于外国与本国。就外国而论，若本国为输出国货物之重要市场，则输入税之赋课，必使供

<hr>

①　参阅伊来（Ely）著之《经济学概要》（Outlines of Economics）1908 年新版第 359 页。

②　此理现为研究此问题之最著名的学者所承认。参阅埃奇沃斯在《经济杂志》上论文之引证，及其自己议论。普来教授在其《财政学概论》（四版第 149—150 页）曾谓在五种稀有情形下，输入税之一部分将转嫁于外国消费者负担。普氏所述五种情形，惟其中有一种谓在"税收课于外货，而外货之生产须用大宗之固定机器，而且销路有限，若物价一有涨高，则并此有限销路而消失之"之一情形，其理似甚健全，余则多无可取云。

求之均衡略生变动，而不利于外国。① 此理若从关税收入一点观察，即可明白。本国生产夺回外货之销路愈大，则关税之收入愈小，若外国生产者完全被打倒，则关税收入即等于零。其时一般社会直接蒙受损失之多寡，将视本国生产者所定卖价之贵贱如何而定。假令本国生产者依 12 圆出卖其货物，则政府既毫受税收之可言，而消费者则因价涨仍纳税收之全数，其损失与购外货时丝毫无以异。虽然，此就极端者而言者耳。假令国货之价格，在排挤外人竞争及本国生产方生改良后，或可降至 10 圆以下，此时政府虽仍无丝毫之收入，然就本国消费者而言，则毫无损失，社会全体将皆蒙受实业发达之利益矣。由此吾人不能不连带述到自由贸易与保护贸易之争论。若吾人稍稍研究到国际工业政策之阔大的、收效期在百年之后的结果，则此龂龂②之争论，不难迎刃而解矣。吾人今兹所要研究之问题，乃输入税之直接效果，或输入税之实在归宿。

　　至于输出税亦可得到大致相同之结论。输出税常归输出国之人民负担。但若输出国之课税品在外国市场上有独占权，而外国人民对于此独占品之需求又甚强者，则输出税有时要归外国消费者负担。此所以各国所征之输出税，大都课于几乎达到独占状态之货物。例如印度之课鸦片输出税，秘鲁之课人造肥料输出税，此其尤大彰明较著者也。但十分稳定需求之情形，殊不多见，③ 即就独占品而论，恐亦未能如此。世上之物，其无代用品者鲜矣——总有不完全的代用品。是以独占的输出商，惟恐其销路之减缩——即在价格高时，惟恐其最大独占收入之降低，而必负担输出税之大部分云。

---

　　①　　如庇古教授（Professor Pigou）在其《保护关税与特惠关税》（Protective and Preferential Duties）第 23 页上，曾说："经济学家公认输入税之一部直接负担大概永远转嫁于外国人……税收将使汇兑率转逆为顺而有利于本国，故外国一般消费者输入其产品与本国货物交换之额量必不如从前之多。"

　　②　　龂龂(yín yín)，意为争辩的样子。——整理者注

　　③　　参阅本书上第 249—250 页。（新编本在第 178—179 页。——整理者注）

第五项　印　花　税

　　世人每以印花税为转嫁于消费者或购买者；然而未必如此。若印花税课之特种货物之买卖——例如美国课于家传药品之内国收入税——则此税即为上述利润税之寻常一种。又所谓印花税若用贴印花法而赋课，如美国所征之烟草税、麦酒税、啤酒税者，则此税实为生产税。由此而论，印花税实不能成为特别一种税收云。

　　若印花税课之于运输交通业，[①]则多视税率之高低，业务之性质，需求之弹性而定。例如在美国 1898 年之战争收入税时，课于电报业与转运业之一分税即转嫁于消费者，一因此税从电报公司、转运公司视之为颇高，正可转嫁于信件包裹发送者，一因此税甚低，消费者雅不欲遽以税收转嫁而不用迅速传递之方法。美国所用电报，几专为商业上消息传递之用，故其功用大概属于必需的，其需求较少弹性。至于转运公司即在其营业一部分有与邮局竞争之性质，公司亦必转嫁其税于他人，其营业未尝因加税于运价而受影响云。

　　复次，课于特别上等客车票之一分税，则由车运公司负担，一因税归乘客负担，恐失乘客之欢心而失主顾；一因此税占票价之百分率不如前例之高。自消费者视之，特别上等车原系可有可无之享乐，若票价略有涨高则需求必形大减。自生产者视之，以 2 圆乃至 4 圆数（特别上等车票价平均价）之一分税若与 2 角半乃至 4 角数（电报费或转运费之平均价）之一分税比较，自无多大要紧。虽然，亦有问题在，即供求间彼此弹性之情形，是否发生变化致特别上等客车票税有转嫁于消费者之倾向，此则不可不注意。例如欧洲大陆

---

　　①　关于此种税收之唯一详细的研究，是为占那孔教授所论意大利国民出境税，及美国所课之每个侨民 4 圆入境税，成绩甚佳。见占氏著《论国民出境税及其归宿》(L'Imposta sul Trasporto degli Emigrante e la sur Incidenza)第 96 页。

各国课于火车票之寻常税收，亦归乘客负担，即其明例。[1]

至若课重税于交通上或运输上行为而需求之变动又甚大者，则结果恐使价格低落，惟此极其罕有耳。例如美国于1898年课于寻常每次1角5分电话费之一分税，电话公司深恐其最大独占收入减少，乃不但决定不加税于价中，而且将每次电话费减少到1角5分以下，俾可完全避税。通常独占业如电话公司者，在课税前必已依通行价格而得最大之利益矣。一旦政府课税，电话公司自必因此而重新统盘打算。但无论课税或不课税，减价之事终必实现，故税收非减价之原因，乃减价之时机也。

若印花税为行为税或交易税，则其归宿将视此等交易是否含有商业性质而后定。如为诉讼纸上所贴之印花，如有时所谓法庭费或诉讼费者，则纳税者自无可转嫁之人，此则显然。若课于普通商业上之交易者，则其关键在于税收之高低与需求之弹性。若税收极微如所课之寻常买卖收条税，则商人极易自己负担，若税颇重使卖者有不得不转嫁之情形者，则此税如课之于卖主，卖主通常转嫁之于买主，惟若转嫁之而致交易数目减少者，则卖主亦必负担税收之一部分。在此等情状之下，税收之负担随供求弹性之大小而极易为双方所分担，其时课税之结果，适足以使交易减少。

于此吾人遂不得不想到一个要点，此要点常为世人所疏忽。若交易税之结果为交易之减少，则其真正负担不能谓归于卖主，又不能谓归于买主，[2] 此即税收之效果为有害于不纳税者而无害于纳税者之一例证。至于论到交易当事人，例如不动产买卖，减少之结果，

---

[1]　占那孔教授虽不否认此种事实，然嫌本书所述"过于简单"，然须知本书上……所述，原不过促人注意此要点耳。若必详究此问题之内容，而分营业为竞争性质抑为相互性质，独占业抑系竞争业，或如本书以上所述之各点区别，此不过使本书犯重复之病耳。且占氏本人对于侨民入境税之分析，亦仅着重于需求弹性之一点，此又何说者？

[2]　盘格龙·得·沙龙（Pierre Bergeron de Charron）未曾顾到此点。见氏著《印花税之转嫁与归宿》（De l'Assiette et de l'Incidence de l'Impôt d'Enregistrement）第三篇，第一章。氏论此问题，见解极其平凡肤浅云。

使土地卖价跌落。大概一种货物之自由买卖，若一遇有阻力，① 即足以减少货物价值。买主诚已纳税，但仍必于地价中少出此数以补偿之。假令无税，则买主当必愿出稍高之地价也。故结果税收还元，而使土地之卖价跌落。此时惟土地之原主（即在新税未课或旧税未增以前之地主）独有负担。在地主出卖其地时，若税收早已存在，则新地主可因税收之吸收而毫无负担云。②

然此种还元与本书前述之普通现象，③ 究竟不同。盖寻常还元，乃因税收之定时循环，且可由现在收入与将来收入间差额之还元而容易算出其数目，至于不动产税或移转税，虽亦一再循环，但其循环无定期，而其地价之减少乃含有一种未知数之还元。因其极不确定故使不动产之价值亦为不稳定。观于美国各大城市有经营"不动产利益"之掮客阶级而法国无此一阶级者，即可了然于此中事理矣。

上述之理除有几点修改外，均得应用于证券物品交易税（Taxes on Stock-and-Produce-exchange），但其还元之作用为更细微而复杂耳。

常人每以此种税收必由各利害关系人负担——有价证券之买卖者，及占买或趸卖以图市价之抬高或低落之投机家；故税收实可视为投机业税，或课于投机者之不当利得税，或意外利润税。故证券物品交易税为投机利润税。

实则不然。其结果全非如此。

夫投机之真正作用，在能使商人继续公开交易，因之能减少物价之变动，此其理不但为近代经济学家所已详细指明，④ 即在纽约省长休斯（Hughes）委派之交易所监察特别委员会之报告书上，亦已

---

①　原文此处提示有注释，但遗漏了内容。英文版此处没有注释。——整理者注

②　佩特力西（Dr. Leo Petritsch）在其《交易税转嫁之研究》（Zur Lehre von der überwälzung der Steuern mit besonder Beziehung auf den Börsenverkehr）第一章上，即有见及此。氏全部所论，甚为特出。——学者中如拉力-薄留（Leroy-Beaulieu）等虽亦明白土地移转时之课税必使地价减落，然误以土地每次卖出，其地价必跌。

③　见本书上面第 241—246 页。（新编本在第 173—176 页。——整理者注）

④　参阅塞利格曼著《经济学原理》四版第 356—266 页。

详细阐明此理。① 若欲限制此合法之交易，势必妨碍此种平准市价之作用。例如美国当南北部战争时禁止金子之投机，遂引起价格之绝大变动，迫夫下令撤消而后风波始平；又如近时德国议院议禁麦物期货之交易，卒生与期望适成相反之效果，越十年而卒变更法律，② 往事彭彭，可为明证。故物品交易税之效果，必与绝对禁止交易之效果，性质同样，但其效力自远不及耳。换言之，此税势必减少交易之数目，或限制市场。如此，则必使物价变动加剧。但税收虽先由经纪人缴纳，然必由主人——买主或卖主——支付，而且决不由主人负担。因在投机者继续投机期内，其在少数交易上所获之大利润，必可等于多数交易上所获之小利润。故其真正负担，不归于投机者负担，但归于物品交易所中交易品之生产者或消费者负担。此盖因由期货交易而生物价比较稳定之利益，必归生产者或消费者独得，或由生产者消费者分得之故。故物品交易税势必生出常不可料之影响。③ 惟印花税通常甚轻，故此种影响，几不觉得。顾无论如何，此税必不可视为课于投机者利润之税收也。

至于证券交易税，其情形因吾人不能直接研究课税品之生产者与消费者之事实，而更形复杂。税收乃课之于有价证券之移转，而非课于寻常消费品之移转。但吾人亦可断言此税不归于经纪人或经纪人的主人负担——并非如世人之所想像。盖证券交易市场，一如物品交易市场，凡对于自由投机移动，若遇有障碍，势必使价格变动增剧，证券行市之涨落悬殊。故即所称纽约之商人经纪人——实在为本人而投机——亦不顾交易之减少而必获到与前相同之利润。故其真正之负担，不归于交易上之当事人负担，但归于当事人以外之人负担。

然则当事人以外之人究系何人？第一，大概系小资本家中之以

---

① 见纽约《股票物品交易所监察委员会报告书》。

② 参阅爱末力（Emery）著"德国交易所条例"篇，登《政治学季刊》卷十（1895）及卷十三（1898）。

③ 见佩特力西著之《交易税转嫁之研究》。

有价证券抵押借款者，及因票价过于跌落而不堪赔累如其资本稍大者；第二，因课税而使有价证券移转费随之而增，因之资本之移动减少，故极易使利率略高，但若利率涨高，则有价证券之资本价值低落，于是遂有税收还元之一种现象，与课于有价证券之税收之还元，略略相似，但程度不同耳。① 然若不研究一种新税或骤然增加的税收，而研究行之已久之税收，则课税于证券交易业之结果，必使自初在交易所中移转之证券的价格，较其不课税时略低。故真正蒙受损失者，为发行有价证券之银行家，而公司或企业之已允诺担任发行者，亦更易蒙受损失。其最后结果，必致工业界企业或其他企业中之股东——其有价证券在交易所中买卖——利润略减。若有价证券系政府发行之公债，而此发行公债之政府亦课税于其公债，则政府征税费之略增，自必远过于印花税之收入。若是吾人即知税收之效果，与政府希冀的预料的效果，又大相迳庭矣。

第六项　所　得　税

关于所得税之归宿，昔人论之详矣。某一学者甚且欲证明所得税为唯一不能转嫁之税收。② 故氏推断所得税必为理想上之税收——惟行此税而税收公平之原则始可实现。对于此种议论，吾人可有二种理由非难之。第一，所得税而外，税收之不能转嫁者，尚有其他几种，若人头税、遗产税、地租税、薪俸税，与夫几种独占业税，此吾人之所已知也。第二，而且更重要的，谓所得税不能转嫁者，殊非事实。

在有数国家若英国中，所得税实不过课于各种所得之税收之总称，而且普通所谓所得税者，实为课于收入总额或所得总额之税收也。在此等情状之下，所得税之各种，自各依各税之归宿之定律，

① 参阅佩特力西著之《交易税转嫁之研究》第 242 页。
② 见开次尔（Kaizl）著《税收转嫁之研究》（Die Lehre von der Überwälzung der Steuern），第 101—118 页。

此则毫无疑义。然则从税收之归宿言之，所谓所得税者，其与包含所得税之其他直接税间，实无若何之差异。若所得之全部包有工资，则无论吾人称此为股份所得，抑为工资，而其归宿之定律不能有异。若所得全部包有广义的利润，则税收之转嫁与否，一依利润税之归宿定律而定。若所得系房租，则其税最后归何人负担，将依本书不动产税之原则而定。总之构成所得税之各部中，若有转嫁者，则其全部确不能谓其不转嫁云。

若税收课之于如经济学上所谓纯所得者，则此税实为课于经济地租之税收，加上利润税与工资税。夫课于经济地租之税收与纯利润税，不能转嫁者也；故社会上人群除劳动者以外，凡课于纯所得之税收，皆有不转嫁之倾向。若最低所得额免税，则课于劳动者之所得税亦有不转嫁之倾向。但即在此等情状下，亦无所得税绝对不转嫁之理。以吾人在实际生活中，殊少看见纯所得税或均一所得税，故吾人自然不能断定税收完全不转嫁。然若所得税有可视为课于剩余而非课于边际者，则此税有不转嫁之可能云。

此种全问题如印花税交易税之归宿问题，以及一切税收由消费者向前转嫁之阔大问题，实际上成为税收是否可以视为一种生产费或消费上一种用费之旧问题。

第二节 结 论

吾人在上所论之一切情形中，已详究税收转嫁于消费者之理论。如吾人之所已知，税收中有决不转嫁者，亦有有时全部或一部转嫁于消费者。虽然，消费者亦将转嫁其负担于他人否？关于此问题，吾人必须回忆坎那达·退耳与斯泰因诸氏所持之学说，即谓每种税收转嫁于各人——而每个消费者再转嫁税收于第三者，而此第三者又系消费者，亦必转嫁此税于他人，以此辗转转嫁，终乃至于无限。因人人皆消费者，故人人皆将负担他人所纳税收之一部分云。

此说之错误，在于不区分生产的消费与非生产的消费。假令社会上之每个纳税者，皆从事于生产，皆为生产上使用之原料品而纳税，则退耳等之说，未始无几分真理。虽每个消费者仅用其消费品之一部分于生产上，然而许多纳税者往往非生产者，故自无转嫁于消费者之问题。各人之消费，系非生产的，凡个人用以购买奢侈品或凡非必需品之消费，就消费者而论，自不能更生出生产者与消费者之关系。某甲于此以其所入用以购买金刚石，则某甲虽受税收转嫁之负担，然试问某甲能转嫁其税于何人？转嫁于金刚石商乎？曰不能，因某甲对于金刚石商，未尝立于生产者之地位故也。虽某甲诚可因税收而少买金刚石，藉以减轻其负担，但某甲对于其税终不能有所转嫁。少买乃税收之结果，而非税收之转嫁，转嫁为一事，税收之结果为又一事，二者绝不能并为一谈。夫购买金刚石者之不能转嫁既如此，推而至于为生产以外之目的而消费之其他消费者，殆亦莫不如此。故天下断无税收无限分散之理。

惟个人购买或消费一种物品，用以生产其他物品者始可以生产者之资格，能有转嫁其税于其他消费者之可能条件。但此可能条件未必能成事实。恰如有数生产者——而且惟在某种情状下之生产者——始能转嫁其税，故仅有有数消费者（在此方面，其人亦必视为生产者）能转嫁税收——而且仅转嫁税收之一部分。故税收一般分散说，无论其主张一切税收平均分散于社会全体，抑或主张税收最后必归宿于某一阶级，然终为吾人所不取也。

第八章
结　　论

　　吾人之研究，至此终结矣，至此吾人应进而讨论归宿理论经推演之后对于筹划税收计划之政治家有无可资借镜之问题。吾人之研究究有何种的实际结果？税收归宿之理论，于国家税制之擘划上其重要之程度果何如乎？

　　第一，吾人已知税收乐观说之不能成立。立法者既不应以一切旧税势将变为良税为借口，对于税制改革之任何呼声，充耳不闻。又不应以一切税收，无论其如何赋课，最后皆归于社会全体负担，因而任意开辟新财源。所谓"一切税收归宿于各人"，因之一切税收皆为公正税收之学说，实为错误之学说。盖因此说假定一切税收为生产费一部分之故。此种假定，为不真确。盖几种税收或课之于人，或课之于财产，或课之于收入，在此并无生产者与消费者之关系存在故也。即退一步言之，就令一切税收皆可视为生产费之添加，则税收转嫁于消费者究亦未尝一定比例于消费者之纳税能力，夫苟能比例于消费者之纳税能力，则与税收公正之唯一标准，庶几可以吻合矣。若一切税收真归各人负担，则税收必比例于各人之用费，然而以用费为课税标准，实为一切课税标准中之最不公平者。由是观之，税收乐观说必不足采——第一，因一般分散说系不真确；第二，就令真确，亦必酿成不公正之弊。立法者慎毋用此种懒惰方法而放弃其责任哉！

　　复次，悲观说或不可思议说亦无充分之理由可言。就吾人之所知，有数学者以为吾人不能预料任何税收之最后效果，故建设任何税制，皆归无用。但此种无希望的态度，吾人已见出其谬误。诚然，直接税与间接税之区别无大价值，盖许多所谓直接税者亦仍同样的如所谓间接税之转嫁。寻常所谓直接税间接税之区别，实际上与立法者之心意有关系：即凡立法者预期此税归最初纳税人负担者谓之直接税，预期最初纳税人转嫁此税于他人者谓之间接税。顾立法者之预期，往往与实际结果，不相一致。故吾人必须修改吾人所用之术语，或宣告现在的区别为无大价值而后可。

虽有直接税未尝表出不转嫁之事实，然依本书前面之研究，亦可明白确定几种一般之趋向。然则税收归宿之一般趋向究系如何？综括言之，约有下述几项：

第一，一切课税品可由财产或收入立脚点观察。就财产一点观察，吾人已知课于有收益之财产之不均一税或局部税，既不归社会负担，又不归未来所有者负担，但仅归于课税时之财产所有者负担。无论何时，若征新税于某几种财产，或旧税税率变更，则税收还元说即形活动，税收决不前转，但其结果——无论为好为坏——则唯对于财产之原主阶级非常重大。税收延长若愈久，则此类财产之买卖次数亦愈多，故此后之财产所有者实际上可免除一切负担而能买得之。税收已在买价中扣除；税收已完全吸收于货物之资本价值中矣。

第二，并且在美国为特别重要，即若税收制度包含一种财产税，则政府为达到公平的税收制度起见，初不必举各项财产而尽课之，此因于税收之吸收与税收之分散二种作用故也。吾人已知课于某一种财产之税收，大概要前转，要再转，转之不已，迨及其最后效果分散于社会全体而后已，此观于在特别情状下某几种货品税及某几种财产税如不动产抵押税等，确是如此。旧分散说之主张者，其对于税收之剖析入微，未尝不是；唯因其言之过甚，而且将仅在某种情状下之某种税收可以适用之原理应用于一般税收而漫无限制，此不能不谓为此说之弱点。是故谓一切税收尽能一般分散者则无其事，至若谓在某种情状下某种税收能分散者则确有其事，此则吾人之所已知也。

当财产税课之于各种财产，而各种财产之负担，并不均一，如通常之事实,则此税唯在某种情状下而能分散,在他种情状下则自然不能分散。若不能分散,换言之,即课税于财产所有者,财产所有者不能分散其负担于他种财产所有者,吾人于此即见有如前节所说之税收还元或吸收之作用。若税收还元,则税收最后不归于物之新主或新买主负担,但将吸收于卖价中。至此,吾人可以得到最重要之结论。凡课税于各项或各类财产,而实际上之税率不皆相等者,则税收或分散或吸收。因税收分散与吸收之合并作用,结果遂形成所谓税收之分散或最后消灭(The elision or final disappearance of taxation)。此即纳税者之负担离散或消灭于无形是也。例如征收不动产税,其房屋税可转嫁于租借人,终且可分散于社会;至土地税则归地主负担,而且于土地权移转时,吸收于买主之较低买价中。

税收离散说之实际效果,在于国家欲达到税收上之公正、初不必将各项财产一一而课之。夫课税于某项财产,则某项财产之所有者自必人人纳税,至在各类财产间,则自有经济力之作用,而能使彼此调剂均平。惟此经济力之作用,尝使民间发生悲痛,理财者为尽量减少现在所有者之痛苦起见,则在改变现行税法时,自应审慎周详。理财者心中须常以课税于财产而非课税于各个财产所有者为其理想。试就美国而论,政府固欲尽课财产于人人,然卒因吾国乱七八糟之税制、某阶级中有纳税者有逃税者之故,竟生出极不公平之弊病。逃税者类为富户,而纳税者则大部系无力纳税之人,故一般财产税结果仅得公正之名,而无公正之实。若吾人能放弃课税于一切财产所有者之不能实行的行为,若吾人能明了税收亦如价原为社会现象之一种,能知可课税于某几种财产而不必课税于一切财产所有者,则无论在理论的公正方面,或实际的公正方面,皆可大有进步。今日此种趋向,在美国工业较发达各地,已逐渐显著,但国人中能明白此趋向为税收之分散与其吸收而成税收分散说之确证者,殊无几人也。

惟在近世中,财产税断不足以尽税收之种类。除美国外,在大多数国家中,其趋势为课税于各种所得,而不课税于各种财产。因所得来自财产,与其他财源,故问题稍为不同,而且呈出下列几点——

第一,若吾人从收入点观察课税品,则知仅有两种收入,课于此两种收入之税收,即必不转嫁。此即古代经济学家之所谓纯粹差别的地租与纯利二者。若用包括此两元素之术语以名之,则此即系经济的剩余。课于此剩余之税收,决不能转嫁,因为剩余乃生产之结果,而非生产费之一部。例如遗产税、遗赠税、投机利得税等,皆不能转嫁,因为遗产遗赠等系剩余或纯利之一部。故若能寻出一类物品,其收入仅含有经济地租与纯利二者,则立法者可视一般政策之采用直接课税法,或间接课税法,挑选此种课税品或课税或免税(以便课税或免税),但实际上并无此种物品耳。①

第二,由理论上而言,其他一切税收,因其为生产费之一部,故有转嫁之倾向,迨及税收最后归剩余负担而后止。故可推出结论曰,税收可仅课之于利润或货物——在后之情形下,久而久之,税收必归利润负担,而利润收得者未尝有所感觉。但无论在何一情形下,工资税必当视为生产费之一部,而且必由工资转嫁于利润。

此种结论所根据之学说,与吾人前述之"绝对说"极相似。此唯在孤立社会,人工资本能绝对自由移转,经济人(economic man)有最高支配权者而始可真确。顾在实际生活中,此种趋向常遇

_____

① 近来霍柏孙(J. A. Hobson)对于生产费税与剩余税之区别,辨得甚精细(见《论新国家之税收》(Taxation in the New States)。霍氏所下生产费之定义,颇有不同。氏以生产费为"生产要素所有者之各种必需的开支,用以维持生产要素之生产效率,及引起生产要素的应用。"(见氏著第41页。)此必包括(一)"标准工资",(二)"薪资、经费与利润,而此薪资与利润等对于营业之维持,企业创办组织与管理专门才能之供养是必需的"及(三)"最低的利率,此种利率对于储款及应用新资本用以购买机器器具及生产上用之原料品之引起是必要的"。至于"剩余"包括"一切土地的经济地租""一切利息、利润与夫资本劳力劳心之报酬"。生产费税转嫁,剩余税则不转嫁。

然霍氏本人亦承认现在的分配情形下,苦无方法可以直接估计剩余之元素。吾人殊难明白霍氏之分析,在归宿之一般问题上,究竟发现出何种新解释。即就税收实际改革之方法而言,霍氏提议亦不甚佳。既知不能恰恰比例于剩余而课税,于是霍氏乃承认征收一般的累进所得税,及征收遗产税。但如斯腾普在其"营业利润特别税"篇(见《经济杂志》第二九卷第419—423页)所指出,谓累进所得税之能课之于"剩余"者,殊难可必。斯氏本人主张"美国盈利税较其他税收为可更易课及于利润与剩余"。然而熟识现行税收之实际缺点者,鲜有赞成斯氏之言云。

有"经济磨阻"之反对趋向。土地税因国际之关系及资本自由移转之缺乏，故常有不转嫁之倾向；工资税就令其赋课方法巧妙，然亦必致于生活程度之降低，而不能使其提高；课于房屋租借人之税收，未必能转嫁于房主负担；余类推。

第三，吾人尤必辨明收入之种类与社会之各阶级。经济剩余或即特定人之全部收入，但乃他人收入之一部，此收入之种类之所当辨明也。如吾人所已指出，吾人不能根据某一阶级可以转嫁税收之一事实，遂谓税收可无压迫及于此阶级中之各个人。是故吾人若从社会阶级立场观察，而改从个人立场观察，则知世人谓间接税为最良之税，因其终必转嫁于社会之经济剩余之议论，何等谬误！盖间接税唯必由于个人之生产的消费——换言之即因于可以再发生生产者与消费者关系之用费，始能课及经济剩余。但依吾人之所指出，一切消费非皆系生产的消费，而一般用费又为课税标准中之最不公平者，盖依用费而课税，势必使任何社会阶级中之较不幸的有用的分子，常有较重之负担故也。

故谨以税收归宿之正确理论贡献于立法家曰：择几种税收，其结果能稍稍准确预料者而课之；无论如何，可用转嫁机会极少之税收，或能全部转嫁之税收。前者包括独占税、纯利税、遗产税、某种财产税与所得税。后者包括货物输入税、几种国产税、营业执照税及公司总收入税。若立法者意在税收直接归社会某几种阶级负担，则可选第一类税收；若欲税收不令纳税人感觉负担，则可选第二类税收。若行此二类税收中之任何一种，而尚不足以敷国用者，则立法者于此将不得不采用归宿不确定之税收，立法者之目的将因实际的事实而全归失败矣。

故税收归宿说于税制之擘划，确能提出重要之劝告，但此重要之劝告断非最后之劝告。学者慎毋以为既已有此，即可不必研究税收公平均正之原则，若以税收归宿上之乐观说、悲观说及不可知说为俱难成立，则研究财政学者尽可不必信赖假定的绝对律之自动作用，必进而探求公平税制之定则。其选择税收也，当求其合于经济正义之原理；而选择之时可受归宿说确定原理之指导。故税收转嫁论有裨于经济正义之研究，而不能代替经济正义之研究也。昔人曾谓税收归宿之学说既非财政学之天使长，又非财政学之魔王，旨哉言乎！旨哉言乎！

附 录 书 目

亚当·斯密以前（1776 年前）之著作

A. 署名著作

Amhurst, Lord Nicholas. See *sub* Caleb D'Anvers.

Asgill, John. *Several Assertions Proved in order to Create another Species of Money than Gold or Silver*. London, 1696.

Ashley, John. *The Second Part of Memoirs and Considerations concerning the Trade and Revenues of the British Colonies in America*. London, 1743.

Ashley, John. See *The Sugar Trade*, etc., 1734.

Ashley, John. See *Some Observations*, etc., 1735.

B., I. *A Vindication of Commerce and the Arts*, *proving that they are the Source of the Greatness*, *Power*, *Riches and Populousness of a State*. [By William Temple.] London, 1758. [Reprinted in Lord Overstone's *Select Collection of Scarce and Valuable Tracts on Commerce*. London, 1859.]

Baudeau, Nicolas. *Lettres d'un Citnyen à. un Magistrat sur les Vingtièmes et les autres Impôts*. Paris, 1768.

Baudeau, Nicolas. *Première Introduction à. la Philosophie Economique*, *ou Analyes des États Polices*. Paris, 1771.

Boisguilbert, Pierre le Pesant de. *Détail de la France*. Paris, 1697.

Brooks, John. *A short Treatise for reducing the Duty on Starch*. London,

1751.

Brooks, John. *England's Interest: or Free Thoughts on the Starch Duty. Wherein is set forth the Advantages that will attend the Farmers and Landholders; and also some Observations relating to the Powder, and the Hardships and Inconvenience that the Barbers and Peruke-makers are subjected to thereby. Together with a Recatal of what will be laid before the Parliument. Also an Address to his Royal Highness the Duke of Cumberland, relating to the Army. To which is added a Letter to a Member of the Honourable House of Commans. Dedicaled to the Hon. Henry Pelham, Esq., First Lord Commissioner of his Majesty's Treasury.* London, 1752.

Burnaby, A. *Two Proposals Humbly Offer'd to the Honourable House of Commons, now assembled in Parliament. I. That a Duty be laid on Malt, in the stead of the present Duly on Beer and Ale. II. That a Duty be laid on Malt, and the present Duty on Beer and Ale be continued.* London, 1696.

Burnaby, A. *An Essay upon the Excising of Malt, as also the present Case of Tallies considered.* London, 1696.

Cantillon, R. See *Essai sur la Nature du commerce en Général.* 1755.

Cary, John. *An Essay on the State of England in relation to its Trade, its Por and Taxes, for carrying on the present War against France.* Bristoll, 1695.

C., W., Esq. *A Discourse (By way of Essay) humbly offer'd to the Consideration of the Honourable House of Commons, towards the Raising Moneys by an Excise, demonstrating the Conveniency of Raising Moneys that Way.* London, 1695—1696.

C., W. *Trades Dest uction is Enylands Ruine or Excise decryed. Whe ein is manifes'ed the Irregularrty and Inequality of raisinl money by way of Excise toudef ay the Charge of the Nation.* By W. C., a Lover of his

Country. London，1659.

Chamberlayne, Edward. See *Englands Wauts*, etc, 1667.

C (hild), J (osiah). *Brief Oiservations concerning Trade and Interes of Money*. London, 1688.

Child, Josiah. See *A Discourse about Trade*, etc. , 1690.

Cradock, Francis. *An Expedient for Regulating the Customes and Excise. Approvid by divers well affected Marchants, and other of the Citty of London*. London, 1659.

Culpeper, Sir Tho. , Jun. Kt. *A Discourse shewing the many Advantages which will accrue to this Kingdom by the Abatemen of Uury, together with the Absolute neeessity of Redicing I teres of Money to the lowest rate it bears in other Countreus, that, a least, ue may Trade with our Neighbours upon Equal Termes Humbly resented to the High Court of Parliament now Sitting*, London, 1668.

Culpeper, Sir Thomas, Jun. Kt. *The Necessity of Abating Usury rea serted; in a Realy to the Discourse of Mr. Thomas Manley entitled, Usury at Six per Cent. examined, etc. , toge her with Familiar and inoffessive way propounded for the future. Dis covery of Summes a Interest, that they may be charged with their equal shares of Publick Taxes and Burth ns, etc*. London 1670.

Cunningham, J. See *An Essay on Trade and Commerce*, etc. 1770.

D. A. *Proposals to Supply His Majesty with Twelve or Fourteen Millions of Money (or More of R quir'd) for the Year 1697 withoul Sutscriptions, or Advancing the present Texes*. By A D. of Greys-Inn, Esq. , and some others his Friends. London, 1697.

Dangeul, Marquis de Plumart. See *sub* Sir John Nickolls.

D'Anvers, Caleb. [Sir Nicholas Amhurst.] *An Argument against Excises, in several Essays lately published in the (raftsman, and now collected together*. London, 1773.

D'Anvers, Caleb. [Sir Nicholas Amhurst.] *The Second Part of an Argument againet Excises; in answer to the objections of several Writers.* London, 1733.

Davenant, Charles. See *An Essay upon Ways and Means*, etc., 1695.

Davenant, Charles. See *Discourses on the Publick Revenues*, etc., 1698.

Davenant, Charles. See *An Essay upon the Probable Means*, etc., 1699.

Decker, Matthew. See *Serious Considerations*, etc., 1743.

Decker, Matthew. See *An Essay* etc., 1744.

De Foe, Daniel. See *A Short View*, etc., 1706.

De Witt, John. *The True Interest and Politival Maxims of the Rspublick of Holland and West Friesland.* Written by John De Witt and other great Men in Holland. London, 1702.

Dickson, Adam. See *An Essay on the Causes*, etc., 1773.

Downes, Thomas. See *A Scheme plainly demonstrating*, etc., 1732.

Drake, James. See *An Essay concerning the necessity of Equal Taxes*, 1702.

Dupont de Nemours, P. S. *De L'Origine et des Progrès d'une Science Nouvelle.* Londres, 1768.

F (auquier), F. *An Essay on Ways and Means for raising Money for the Support of the Prssent War without increasing the Public Debts.* London, 1756.

Foster, Nathaniel. See *An Enquiry*, etc., 1767.

G., Z. *Excise anatomiz'd, declaring that unequal Imposition of Excise to be the only Cause of the Ruin of Trade, the universal Impoverishment, and destructive to the Liberies of the whole Nation.* By a Wellwisher to the Common Good. London, 1733.

Graslin, Louis Fransois. *Essai Analytigue sur la Richesse et sur l'Impôt, oùl'on réfute la Nouvelle Dochine Économigue ... sur l'Effect des Impôts Indirects.* Londres, 1767.

Hobbes, Thomas. *Leviathan, or the Matter, Forme, and Power of a*

Common-wealth Ecclessiasticall and Civill. London，1651.

Horsley. *Serious Cansiderations on the High Duties examin'd；address'd to Sir Mathew Decker*. London，1744.

Houghton，John. *A Collection of Letters for the Improvement of Husbandry and Trade*. London，1681.

Houghton，Thomas. *A BOOK OF FUNDS：or，Some Reasonable Projections and Proposals for Raising Three Millions of Money per Annum，for Supplies，to be Granted His Majesty. By such Ways and Methods as will be least Burthensome to the People，during the War. Most Humbly Offier'd to the Consideration of Bo ht Houses of Parliament*. London，1695.

Hume，David. *Political Discourses*. Edinburgh，1752.

Locke，John. *Some Considerations of the Consequence of the Lowering of Interest. and Raising the Value of Money*. In a Letter to a Member of Parliament. London，1692.

Lolme，J. L. de. *Observations relative to the Taxes upon Windows or Lights*. London，1788.

M.，M. V. D. ［M. Vivant de Mézagnes.］ *A General View of England：respecting its Policy，Trade，Commerce，Taxes，Debts Produce of Land，Colonies，Manners，etc.，etc. Argumentatively stated from the Year* 1600 *to* 1762. In a Letter to A. M. L. C. D. Now translated from the French，first printed in 1762. London，1766.

Manley，Thomas. *Usury at Six per Cent. examined，and Found unjustly charged by Sir Tho. Culpeper and J. C. With many Crimes and Oppressions，where of 'tis altogether innocent. Wherein is shewed the necessity of retrenching our Luxary and vain consumption of Forraign Commodities，imported by English Money：also the reducing the Wages of Servants，Labourers，and Workmen of all soris，which raiseth the value of our Ma ufactures，*15 *or* 20 *per Cent. dearer than our neighbors* *do afford them，by reason of their cheap Wages，etc.，etc.* London，1669.

Mansfield，Lord. *Speech on Taxing the Colonies.* London，1766.

M（assie），J（oseph）. *Observations upon Mr. Fauquier's Essay on Ways and Means for raising Money to support the present War without increasing the Public Debts，etc.* London，1756.

Massie，J（oseph）. *Reasons humbly offered against laying any farther Tax upon Malt or Beer，shewing that such a Tax would not onty cause great Losses to the Landholders of England，but be prejudic al to several branches of our Manufactures，and prove a pinchbelly Tax to some hundred thousand Families of Labouring People.* London，1760.

Massie，Joseph. See *A Letter to Bourchier Cleeve*，etc.，1757.

Massie，Joseph. See *Calculations of Taxes*，etc.，1756.

Massie，Joseph. See *Olservations on the new Cyder Tax*，1764.

Massie，Joseph. See *Reasons humbly offered*，etc.，1758.

Massie，Joseph. See *The Proposal*，etc.，1757.

Mirabeau，Le Marquis de. *L'Ami des Hommes.* Paris，1757.

Mirabeau，Le Marquis de. *Théorie de l'Impôt.* Paris，1760.

Mun，Thomas. *England's Treasure by Forraign Trade，or the Ballance of our Forraign Trude is the Rule of our Treasure.* London，1664.

Nickolls，Sir John. [Really Dangeul，Marquis de Plumart.] *Remarks on the Advantages and Disadvantages of France and of Great Brieain with Respect to Commercs and to the other Means of Increasing the Wealth and Power of a State. Being a（pretended）Translation from the English，written by Sir John Nickolls and printed at Leyden，1754. Translated out of the French Original.* London，1754.

Nugent，Robert. See *Consideration*，etc.，1749.

Nugent，Robert. See *Further Conside ations*，etc.，1751.

Parker，Ephraim. See *Proposals for a very easie Tax*，etc.，1713.

Petty, Sir William. *A Treatise of Taxes and Contributions*. London, 1667.

Petty, Sir William. *Political Arithmetick*. London, 1690.

Petty, Sir William. *Verbum Sapienti; or ... the Method of raising Taxes in the most equal manner*. Appended to his *Political Anatomy of Ireland*. London, 1691.

Philips, Fabian. See *Restauranda*, etc., 1662.

Postlethwayt, Malachy. *The Universal Dictionary of Trade and Commerce*. London, 1751.

Postlethwyt, Malachy. *Great Britain's True System, wherein is clearly shewn, That an Increase of the Public Debt and Taxes must, in a few Years, prove the Ruin of the Monied, the Trading and the Landed Interests, etc. Humbly submitted to the Consideration of all the Great Men, In and Out of Power*. London, 1757.

Pryune, William. *A Declaration and Protestation against the illegal, detestable, oft condemned new Tax and Exsortion of Excise in general, and for Hops (a native uncertain commodity) in particular*. London, 1654.

Pulteney, William. See *A Letter from a Member of Parliament*, etc., n. d. [1733].

Pulteney, William. See *A Review of the Excise Scheme*, 1733.

Pultency, William. See *The Case of the Revival*, etc., 1732.

Pultency, William. See *The Late Excise Scheme*, etc., 1734.

Quesnay, François. *Le Tableau Économique*. Versailles, 4758.

Quesnay, François. *Maximes Générales du Gouvernement Économique d'un Royaume Agricole*. Paris, 1758 [appended to the preceding work].

Quesnay, François. *Second Pro lème Économique. Déterminer les Effets d'un Impôt Indirect*. Pairs, 1767.

Quesnay, François. *Euvres Économiques et Philosophiques de F. Qnesnay,*

Fondateur du Système Physiocratique. Avec une Introduction et des Notes par Auguste Oncken. Francfort s/M, 1888.

Quesnay, François. See *The Economical Table*, etc. , 1766.

Quid, Oliver. *A Letter of Advice addressed to all Merchants, Manufacturers and Trades of every denomination in Great Britain concerning the odious and alarming Tax an Receipts, in which the oppressive Partiality of the Tax, and the lawful Mcans of avoiding it are plainly, fairly, and honestly set forth*, etc. London, 1783.

Quid, Oliver. *A Second Letter of Advice*, etc. London, 1783.

Reynell, Carew. *The True English Interest, or An Account of the Chief Natural Improvements*. London, 1674.

Richardson. See *An Essay*, etc. , 1744.

Rivière, Mercier de la. *L'O dre natural et essentiel des Sociétés Politiques*. Londres, 1767.

Roberts, Lewes. *The Treasure of Traffike, or a Discourse of Forraigne Trade. Wherein is sheued the benefit and commoditie arising to a Common-Wealth or Kingdome, by the skilful Merchant, and by a well-ordered Commerce and Regular Traffike*. London, 1641.

Saint Péravy, M. *Mémoire sur les Effets de l'Impôt Indirect*. Paris, 1768.

Sheridan, Thomas. See *A Discourese*, etc. , 1677.

Smith, Adam. *An Inquiry into the Nuture and Causes of the Wealth of Nations*. London, 1776.

Steuart, James. *An Inquiry into the Principles of Political Economy: being an Essay on the Science of Domestic Policy in Free Nations*. London, 1767.

Stiff, Mary. *The Good Womens Cryes against the Excise of all their Commodities. Shewing, As the businesse now stands, they are in no Case able to bear such heavy Pressures and insupportable Burthens, occasined by the Juncto's new Impost on their Wares, whereby they are like to fall into great want of Trading, and putting off their Commodities at the prices formerly, to the wtter undoing of their deare Husbauds and Families for ever. Therefore having a Fellow-feeling of one another lamentable and languishing Cases, (notwithstanding any Act to the contrary) have put forwards themselves to sieke redresse of their aggrievances, and inabilities of their over burthened Hvsbands insufficiencies and unsatisfying performances in their several Occupations; have convened together in a Feminine Convention in Doe-little lane, and tendred their aggrievances and complaints to the consideration of Commonwealth; dvsiring speady redrese therein.* Written by Mary Stiff, Chairwoman, in Vinegar Verse. Westminster: Printed at the Signe of the *Mornes* is Queen-Street, near my Lord *Fairfax s* House, and are to be sold at the *Dildoc* in *Distaffe*-Lane, 1650.

Temple, Sir William. *Observations upon the United Provinces of the Netherlands*. London, 1673.

Temple, Sir William. *An Essay upon the Advancement of Trade in Ireland*. Published in his *Miscellanea*. London, 1693.

Temple, William. See *An Essay upon Taxes*, etc.

Temple, William. See B., I.

Temple, William. See *An Essay on Trade*, etc., 1770.

Temple, William. See *Considerations on Taxes*, etc., 1765.

Tucker, Josiah. See *A Brief Essay*, etc., 1750.

Tucker, Josiah. *Four Tracts on Political and Commercial Subjects*. 2d ed., London, 1774.

Turgot. *Comparaison de l'Impôt Direct et do l'Impôt Indirect*. [Reprinted in Daire's *Œuvres de Turgot*.]

Turgot. *Comparaison de l'Impôt sur le Reveuu des Propri'etaires et l'Impot sur les Consommations*. [Reprinted in Daire's *Œuvres de Turgot*.]

Turgot. *Explications sur l'Effet de l'Impôt Indirect*. [Reprinted in Daire's

Œuvres de Turgot.]

Turgot. *Observations sur le Memoire de M. Graslin en faveur de l'Impôt Indirect.* [Reprinted in Daire's *Œuvres de Turgot.*]

Turgot. *Réflexions sur la Formation et la Distribution de la Richesse.* Paris, 1758—1759.

Vanderlint, Jacob. *Money answers all Things: or, an Essay to make Money sufficiently Plentiful amongst all Ranks of People, and Increase our Foreign and Domestick Trade, Fill the Empty Houses with Inhabitants, Encourage the Marriage State, Lessen the Number of Hawkers and Pedlars, and in a great measure, prevent giving long Credit, and making bad Debts in Trade.* London, 1734.

Vauban, Maréchal. *Projet d'une Dime Royale.* Paris, 1707.

Vauban, Marshal. *An Essay for a General Tax, or a Projeet for a Royal Tythe.* London, 1709.

Verri, Pietro. *Meditazione sulla Ecconomia Politica.* Milan, 1771.

Wagstaffe, William. See *The State and Condition*, etc., 1714.

Walpole, Sir Robert. See *Some general Considerations*, etc., 1733.

Waterhouse, William. *One Tale is good, until another is told, or, Some sober Reflections upon the Act for Chimney Money. Drawn up for the Use of some Neighbors, and thought usefull to be communicated to the good people of this Nation.* London, 1662.

Winer, Robert. D. D. *The Origin and Essence of a general Excise, A Sermon preached on a very Extraordinary occasion at a noted Chapel in Westminster.* London, 1732.

Wood, William. See *A Letter to a Member of Parliament*, etc., 1717.

Wood, William. *A Survey of Trade in Four Parts ... together with Considerations on our Money and Bullion.* London, 1718.

Young, Arthur. See *The Farmer's Letters*, etc., 1767.

Young, Arthur. See *The Expediency of a Free Exportation*, etc., 1770.

Young，Arthur. *Political Arithmetic containing Observations on the Present State of Great Britain*； *and the Principles of the Policy in the Encouragement of Agriculture*，etc. London，1774.

B. 匿名著作
(依年代先后排列)

Restauranda：*or the Necessity of Publick Repairs*，*by setling of a certain and Royal yearly Revenue for the King*. ［By Fabian Philips.］London，1662.

England's Wants or several Proposals probably Beneficial for England，*humbly offered to the Consideration of all good Patriots in both Houses of Parliament*. *By a true Lover of his Country*. ［Edward Chamberlayne.］London，1667.

England's Interest Assered in the Improvement of its Native Commodities；*and more especially the Manufacture of Wool*. By a true Lover of his Majesty and Native Country. London，1669.

A familiar Discourse between George，*a true-hearted English Gentleman*，*and Hans*，*a Dutch Merchant*：*Concerning the present affairs of England*. London，1672.

The Grand Concern of England explained；*in several Proposals offered to the Consideration of the Parliament*. By a Lover of his Countrey and Well-wisher to the Prosperity both of the King and Kingdoms. London，1673.

A Discourse on the Rise and Power of Parliaments，*of Laws*，*of Courts of Judicature*，*of Liberty*，*Property*. *and Religion*，*of Taxes*. *Trade and of the Interest of England in Reference to France*. *In a Letter from a Gentleman in the Country to a Member of Parliament*. ［By Thomas Sheridan.］London，1677. ［Reprinted as a separate volume in *Some*

Revelations in Irish History, *or old Elements of Creed and Class Conciliation in Ireland*. Edited by Saxe Bannister. London，1870.］

Reasons for a Limited Exportation of Wooll. London，1677.

Britannia Languens, *or a Discourse of Trade*：*shewing the Grounds and Reasons of the Increase and Decay of Land-Rents*，*National Wealth and Strength*，*etc.*，*etc*. London，1680.

The Groans of the Plantations：*or*，*a true Account of their Grievous and Extreme Sufferings by the Heavg Impositions upon Sugar*，*and other Hardships*，etc. London，1689. Reprinted in 1698.

A Discourse about Trade，*wherein the Reduction of Interest of Money to 4 per Centum is Recommended*，etc. Never before Printed. ［By Josiah Child.］ London，1690 2d ed.，1693，as well as subsequent editions，entitled *A New Dacourse of Trade*.

Taxes no Charge：*in a Letter from a Gentlsman*，*to a Person of Quality*. *Shewtag the Nature*，*Use*，*and Benefit of Taxes in this Kingdom*；*and compared with the Impositions of Foreign States*. London，1690.

A Letter from a Gentleman in the Country to his Friend in the City：*touching Sir William Petty's Posthumous Treatise*；*entituled Verbum Sapienti*，*etc*. ［By Sir Thomas Culpeper.］ London，1691.

A Plain and Easie Way for the Speedy Raising of Money to supply their Majesties Present Occasions：*which will also*，*very much tend to the Advancing the Value of Lands*. By a Divine of the Church of England. London，1691.

A Proposal for an Equal Land-Tax，*humbly submitted to Consideration*. London，1691.

An Essay upon Taxes，*calculated for the Present Juncture of Affairs in England*. ［By Sir William Temple.］ London，1693.

An Essay upon Ways and Means of supplying the War. ［By Charles Davenant.］ London，1695.

*To the Honourable the Knights, Citizens and Burgesses of the House of
Comnons in Parliament assembled. Proposals most humbly offered for
Raising （ in all Like'yhood ） upwards of Five Millions of Money,
without Charging the Poor, or Burthening the Rich, by such Ways and
Means, that （ for the greatet part thereof ） the Payers will voluntarily
Tax themselves.* ［By J. M.］ London, 1696.

An Essay upon Projects. ［By Daniel De Foe.］ London, 1697.

Discourses on the Publick Revenues and of the Trade of England. ［By Charles
Davenant.］ London, 1698.

*An Essay upon the Probable Means of making a People Gainers in the Ballance
of Trade.* By the author of the *Essay on Ways and Means.* ［Charles
Davenant.］ London, 1699.

*The Mischief of the Five Shillings Tax upon Coal, is Here humbly
Represented, That this Tax is Inconsistent with the Safety of England,
Partial upon the Poor, Pernicious to our Shipping, and Seamen,
Destructive of our River-Men, viz. Boat-Men, Keel-Men, Barge-
Men, Ballast-Men, Coal-heavers, &c. Fatal to our Manufactures
made with Sea-Coal; expecially Salt, Glass, and all sorts of Gross
Ironwork; （ that by this Tax must be Run into the Coal Countries, or out
of the Kingdom,） and highly Injurious to His Majesties Revenue.*
London, 1699.

*An Essay concerning the Necessity of Equal Taxes; and the Dangerous
Consequences of the Encourag ment given to U ury among us of ate Years.
With some Proposuls to promate the Former and gire a c eck to the Latter.*
By the author of *The History of the Last Parliament.* ［Probably James
Drake.］ London, 1702. ［This work appeared with the same title
again in 1704.］

*A Short View of our present Trade and Taxes compared with what these Taxes
may amount to after the Union. With some Reasons why （ if we enter in*

an Union) our Trade should be under our own Regulations. [By Daniel De Foe?] London，1706.

Proposals for a very Easie Tax to raise between Two and Three Millions of Money per Annum,（if not a greater Sum）in the room of the Land Tax，to begin to pay the Publick Debts，and to d scharge this Nation not only from all those Taxes that those Two late expensive Wars have loaded Us with，but from all other Taxes that are paid to Her Majesty，in a few years' time，with other happy Consequences，that will accrue to the Kingdom in general，if it should be laid on and continw'd. Also Proposals for the futher Encouraging the Woollen-Manufactures of this Kingdom in foreign Parts. [By Ephraim Parker.] London，1713.

A Proposal for the Payment of the Publick Debts，and an Account of some Things mertioned in Parliament on that Occasion. London，1714.

A Letter to a Member of Parliament，shewing the Justice of a more equal and impartial Assessment on Land：the Sacredness of Publick Engagements：the Advantages of lowering the Customs and high Duties on Trade：and the Ease of reducing by Degress the Debts of the Nation. [By William Wood?] London，1717.

Fair Payment no Spunge：or some Considerations on the Unreasonableness of Refusing to receive back Money lent on Publick Securities. And the Necessity of Setting the Nation Free from the Insupportable Burthen of Debt and Taxes. London，1717.

The State and Condition of our Taxes considered；or a Proposal for a Tax upon Funds：shewing the Justice，Usefulness，and Necessity of such a Tax，in respect to our Trading and Landed Interest，etc. By a Freeholder. [By William Wagstaffe?] London，1714.

Animadversions and O servations upon a Treatise entituled Some Calculations and Remarks relating to the present State of the publick Debts and Funds... by Archi ald Hutcheson ... to which is added a New

Proposition to raise Money for the Use of the Publick Humtly submitted to the Consideration of both Houses of Parliament, etc. London，1718.

The Grasier's Complaint and Petition for Redress: *or the Necessity of Restraining Irish Wool and Yarn*; *and of Raising and Supporting the Price of Wool of the Growth of Great Britain consider'd*. By a Lincolnshire Grasier. London，1726.

A Letter to a Country Gentleman on the Revenue of the Salt Duty. London，1732.

A Letter to a Freeholder on the Late Reduction of the Land Tax to One Shilling in the Pound. By a Member of the House of Commons London，1732.

A Scheme plainly demonstrating how several Hundred Thousand Pounds may be rais'd Yearly to the Government without officers to collect it，*without op resion to the Poor*，*without hurting Trade and without any Person's being oblig'd to pay it*，*but when he pleases so to do*，*etc*. ［By Thomas Downes of St. Albans.］London，1732.

The Case of the Reveal of Salt Duty fully stated and considered with some Remarks on the Present State of Affairs，*in answer to a late Pamphlet intitled a Letter to a Freeholder on the Reduction of the Land Tax to one Shilling in the Pound*. In a Letter from a Member of the House to a Gentleman in the Country. ［By William Pulteney.］London，1732.

The Case of the Salt-Duty and Land Tax offerd to the Consideration of every Freeholder. London，1732.

The Genuine Thoughts of a Merchant; *shewing*，*that in xll the Labels*，*Remonstrances*，*and pretended Letters*，*against a new Method of levying the Duties on Wine and Tobacco*，*there is not so much as one word worth answering*. London，1732—1733.

The Occasional Monitor: *containing a Scheme or Proposal for taking off the* several Taxes on Land, Soap, Starch, Candles, Leather, Plate, etc. and replacing the said Duties by another Tax, which will bring in more Money in a more Easy and Equal Manner and less burthensome to the Subject. Part II. London, 1732.

A candid Answer to a Letter from a Member of Parliament to his Friends in the Country concerning the Duties on Wine and Tabacco. London, 1733.

A Dialogue between Sir Andrew Freeport and Timothy Squart, on the subject of Excises; being a full Review of the whole dispute concerning a Change of the Duties on Wine and Tobacco. London, 1733.

A Letter from a Member of Parliament for a Borough in the West, to a Noble Lord in his Neighborhood there, concerning the Excise-Bill and the Manner and Causes of losing it. London, 1733.

A Letter from a Member of Parliament to his Friends in the Country concerning the Duties on Wine and Tobacco. London, 1733.

A Litter from a Merchant of London to a Member of Parliament, in answer to a Letter from a Member of Parliament to his Friends in the Country, concerning the Duties on Wine and Tobacco. London, 1733.

A Letter from the Mayor of the antient Borough of Guzzle-Down to Sir Francis Wronghead, their R—ve in P—t, in Answer to his Letter of the 19th of Feb., 1732. London, 1733.

A Letter to the Freeholders of Great Britain. London, 1733.

An Answer to the Considerations occasioned by the Craftsman upon Excise, so far as it relates to the Tobacco Trade. London, 1733.

An Appeal to the Landholders concerning the Reasonableness and General Benefit of an Excise upon Tobacco and Wine. London, 1733.

An Impartial Enquiry into the Present Question concerning Excise, in which the advantages arising to the King and Subject from raising Duties by Excise are demonstrated and the Objections thereto obviated. London, 1733.

A Review of the Excise Scheme; in answer to a Pamplet, intitled the Rise and Fall of the late projected Excise impartially considered. [By William Pulteney?] London, 1733.

A Word to the Freeholders and Burgesses of Great Britain, being Seasonable and serious Remarks upon the Inconsistent Conduct of certain Boroughs, in sending Instructions to their Representatives to oppose the Excise Bill, and yet re-electing them after their being rewarded with Places for noing for the same. London, 1733.

Considerations occasioned by the Craftsman upon Excises. London, 1733.

Englishmen's Eyes open'd: or all made to See, who are not resolved to be Blind: Being the Excise Controversy set in a new Light; completely discussed upon the just Principles of Reasoning, and brought to a fair and demonstrative Conclusion: between a Landlord and a Merchant. London, 1733.

Excise: being a Collection of Letters etc. containing the Sentiments and Instructions of the Merchants, Traders, Gentry and Inhabitants of the principal Cities, Counties, Towns and Boroughs in England to their Representatives in Parliament. London, 1733.

Reflections upon a Pamphlet entitled Observations upon the Laws of Excise. London, 1733.

Some General Considerations concerning the Alteration and Improvement of Publick Revenues. [By Sir Robert Walpole.] London, 1733.

Some Observations on National Treaties etc. An impartial Inquiry into the present Question concerning Excise, in which the Advantages arising to the King and Subject from raising Duties by Excase are demonstrated and the Objections thereto obviated. London, 1733.

Some Observations upon a Paper intituled, The List. That is, of those who Voted for and against the Excise-Bill. London, 1733.

Some seasonable Animadrersions on Excases occasioned by a Pamphlet lately published, entitled: Considerations occassioned by the Craftsman. London, 1733.

The Budget opened; or an Answer to a Pamphlet intitled A Letter from a Member of Parliament to his Friends in the Country, concerning the Duties on Wine and Tobacco. London, 1733.

The Golden Fleece. To which is added, a Proposal for taking away many burthensome Duties on some of the most essential Necessaries in Life, viz. Leather, Soap, Candles, &c. London, 1733.

The Nature of the Present Excise, and the Consequences of its farther Extension examined. In a Letter to a Member of Parliament. London, 1733.

The Norfolk Scheme: or a Letter to Hilliom Pulteney, Esq.; on the Present Posture of Affairs, particularly with Relation to the Scheme for allering the Method of Collecting the Revenues, by converting the Customs into Excises, etc. London, 1733.

The Reply of a Member of Parliament to the Mayor of his Corporation. London, 1733.

The Rise and Fall of the late Projected Excise impartially consider'd. By a Friend to the English Constitution. London, 1733.

The Vintner and Tobacconist's Advocate, being Remarks upon, and a Full Answer to those Scandalous Paper published in The Daily Courant, under the title of The Occasional Financier, and under the Names of Carus and Meanwhile. London, 1733.

A Vindication of the Conduct of the Ministry, in the scheme of the Excise on Wine and Tobacco, ... with a General Examination of the Reasons ...; the Consequences and Events it would have had. London, 1734.

The late Excise Scheme dissected: or, an exact copy of the late Bill for Repealing several Subsidies and an Impost, now pay ble on Tobacco &c. with all the Blanks filled up ...; and proper o servations on each

Paragraph. ［By William Pulteney.］London，1734.

The Sugar Trade，*with the Incumbrances thereon laid open*. By a Barbadoes Planter. ［John Ashley.］London，1734.

Some Observations on a direct Importation of Sugar from the British Islands. ［By John Ashley.］London，1735.

Britannica in Mourning：*or a Review of the Pol ticks and Conduct of the Court of Great Britain*，*with Regard to France*，*the Balance of Lower and the true Interest of these Nations*，*etc*. In a Dialogue between two ancient Patriot Englishmen，commonly known by the names of Jest and Earnest. London，1742.

Serious Considerations on the several High Duties which the Nation in general（*as well as its Trade in particular*）*labours under*：*with a Proposal for preventing the Running of Goods*，*discharging the Trader from any Search*，*and raising all the Lublick Supplies by one Single Tax*. By a Well-Wisher to the Good People of Great Britain. ［Sir Matthew Decker.］London，1743.

The Axe（*once more*）*Laid to the Root of the Tree*. *Published for the Universal Benefit of Mankind and dedicated to Landholders of the British Dominions*. By a Friend to Truth and the Christian Religion. *A Supplement on Taxes in General on British Sugar*. London，1743.

The State of our Wool and Woollen Trade Review'd. *Wherein some Objections the Grasier's Advocate are consider'd*，*etc*. London，1743.

An Essay on the Causes of the Decline of the Foreign Trade，*consequently of the Value of Lands of Britain and on the Means to Restore Both*. ［By Richardson or Decker.］Begun in the Year 1739. London，1744.

A Serious Address to the Proprietors of the Publick Funds，*occasion'd by several late Schemes for Reducing their Interest or Subjecting them to Taxes*，*in which the Rights of Publick Creditors are explained and asserted*，*their just Claim* … *to an Exemption from Taxes fully demonstrated*，*etc*.

Humbly submitted to the Consideration of the Members of the House of Commons. London，1744.

Considerations against laying any New Duty upon Sugar，wherein is particulary shewn That a New Imposition will be ruinous to the Sugar Colonies，insufficient for the Purposes intended，and greatly conducive to the Aggrandizement of France. London，1744.

Pro Commodo Regis et P puli. Publick Funds for Publick Service by raising Three Millions of Money，or a Million and a Half，with Ease and Ability，without Charge of Collecting，or offecting Land or Trade，or burdening Tax upon Tax. In an Appeal to the Impartial and Common Understanding of all Mankind. London，1744.

Considerations relating to the laying any additional Duty on Sugar from the British Plantations，wherein shown that such Duty will be injurious to the Commerce and Navigation of this Kingdom，ruinous to our Sugar Colonies，beneficial to those of France，and insufficient for the Purposes intended. London，1747.

The State of the Sugar Trade；shewing the Dangerous Consequences that must attend any additional Duty therein. London，1747.

A short View of the Prejudice arising both to the Country and Revenue from the Imposition on Ale and Beer granted to the City of Edinburgh and other Boroughs in Scotland humbly submitted to the Consideration of the Proprietors and Farmers of Land，etc. Edinburgh，1748.

Ill-Judged Bounties tend to Beggary on both Sides；or Observations on a Paper intituled Reasons for laying a Duty on French and Spanish Indico and granting a Bounty on what is made in the British Plantations. London，1748.

Reasons grounded on Facts shewing that a new Duty on Sugar must fall on the Planter，and that a new Duty will not certainly encrease the Revenue. London，1748.

Considerations upon a Reduction of the Land Tax. [By Robert Nugent.] London，1749.

A Brief Essay on the Advantages and Disadvantages which respectively attend France and Great Britain with Regard to Trade. An Appendix containing a Plan for raising one only Tax on the Consumers of Luxuries. [By Josiah Tucker.] London，1750.

An Appeal to the Public in relation to the Tobacco . . . and a Revival of the old Project to establish a General Excise. London，1751.

Further Considerations upon a Reduction of the Land-Tax；together with a State of the Annual Supplies of the Sinking-Fund and of the National Debt at various future Periods, and in various Suppositions. [By Robert Nugent.] London，1751.

Remarques sur les Avantages et les Désavantages de la France et de la grande Bretagne par rapport au Commerce et aux autres Sources de la Puissance des États. Traduit de l'Anglois du Chevalier John Nickolls. [By Dangeul, Marquis de Plumart.] Leyde et Paris，1754.

Some Observations on the Bill intitled an Act for granting to his Majesty an Excise upon Wines and Spirits distilled, sold by Retail or consumed within this Province, and upon Limes, Lemons and Oranges. Boston，1754.

The Crisis. [By Dr. Samuel Cooper.] n. p. [Boston]，1754.

The Monster of Monsters, a true and faithful Narrative of a most remarkable Phænomenon, which lately made its Appearance in this Metropolis to the Surprize and Terror of all his Majesty's Good Subjects. Dedicated to all the Virtuosi of New England. Boston，1754.

Essai sur la Nature du Commerce en général. Traduit de l'Anglois. [Par R. Cantillon.] Londres，1755.

A Letter from a Member of Parliament on the Plate Tax. London，1756.

Calculations of Taxes for a Family of Each Rank, Degree or Class for one year. [By Joseph Massie.] London，1756.

A Letter to Bourchier Cleeve, *Esq.*, *concerning his Calculations of Taxes*. [By Joseph Massie.] London，1757.

Proposals for carrying on the War with Vigour, *raising the Supplies within the Year and forming a National Militin*. *To which are added Considerations in Respect to Manufactures and Labourers*, *and the Taxes paid by them*；*the Inconveniences of Credit for small Sums*, *and the Courts lately erected to recover them*. *Intended to demonstrate*, *that it is not the Dearness of the Labour of the Poor*, *but the Profits and Expenses of higher Classes of People*, *which are the real Clog on the Foreign Trade and Commerce of England*. London，1757.

The Proposal, *commonly called Sir Matthew Decker's Scheme for one General Tax upon Houses*, *laid open*；*and shewed to be a deep concerted Project to traduce the Wisdom of the Legislatures*；*disquiet the Minds of the People*；*and ruin the Trade and Manufacturies of Great Britain*. [By Joscph Massie.] London，1757.

Reasons humbly offered against laying any further British Duties on Wrought Silks of the Manufacture of Italy, *the Kingdom of Naples and Sicily*, *or Holland*：*shewing the proable Ill Consequences of such a Measure in regard to the Landed Interest*, *Woollen Manufacturies*, *Silk Manufacturies*, *Fisheries*, *Wealth and Naval Power of Great Britain*. [By Joseph Massie.] London，1758.

The Case of the Five Millions fairly stated in regard to Taxes, *Trade*, *Law*, *Lawyers*, *etc*. *Addressed to the Guardians of our Liberty*. London，1758.

Thoughts on the pernicious Consequences of borrowing Money. London，1759.

Doutes proposés a l'Auteur de la Théorie de l'Impôt. Paris，1761.

An Address to such of the Electors of Great Britain as are not makers of Cyder and Perry. By the Representative of a Cyder-County. London，

1763.

Observations on the new Cyder-Tax, so far as the same may affect our Woollen Manufacturies, Newfoundland Fisheries, etc. [By Joseph Massie.] London, 1764.

Considerations on Taxes, as they are supposed to affect the price of Labour in our Manufactures: also, some Refletions on the General Behaviour and Disposition of the Manufacturing Populace of this Kingdom; showing, by Arguments drawn from Experience, that nothing but Necessity will enforce Labour; and that no State ever did, or ever can make any considerable Figure in Trade, when the Necessaries of Life are at a low Price. [By William Temple.] London, 1765.

The Œconomical Table, an attempt towards ascertaining and exhibiting the Source, Progress and Employment of Riches, with Explanations by the Friend of Mankind, the celebrated Margui, de Mrabeau. Translated from the French. [By Quesnay.] London, 1766.

An Enqury into the Causes of the Present High Prices of Provisions. In two parks: I of the General Causes of this Evil. II of the Causes of it in some particular Instances. [By Nathaniel Forster.] London, 1767.

The Farmer's Letters to the People of England: containing the Sentiments of a Practical Husbandman on various Subjects of the utmost Importance. [By Arthur Young.] London, 1767.

Thoughts on the Causes and Consequences of the Present High Prices of Prorisions. London, 1767.

Considerations on the Effects which the Bounties granted on exported Corn, Malt and Flour, have on the Manufactures of the Kingdom and the true Interests of the State. London, 1768.

An Essay on Trade and Commerce: Containing Observations on Taxess, as they are supposed to affect the Price of Labour in our Manufactories: together with some interesting Reflections on the Importance of our Trade to America. By the author of *Considerations on Taxes.* [By William Temple or J. Cunningham.] London，1770.

The Expediency of a Free Exportation of Corn at this Time，with some Observations on the Bounty. By the author of *The Farmer's Letters to the People of England.* [Arthur Young.] London，1770.

Considerations on the Policy，Commerce and Circumstances of the Kingdom. London，1771.

An Essay on the Causes of the Present High Prices of Provisions as connected with Luxury，Currency，Taxes，and National Debt. [By Adam Dickson.] London，1773.

Inquiry in the Connection between the Size of Farms and the present Price of Provisions. London，1773.

(未载年月的)

A Letter from a Gentleman to his Friend by way of Answer to one from Him，shewing the Present Expedient and Easiness of Equal Taxing. [By R. S.] London [about 1692].

Some Considerations about the most proper Way of Raising Money in the Present Conjuncture. London [about 1692].

Considerations relature to a Bill under the Consideration of a Committee of the House of Commons for taking off the Duty on all Raw Silk of every Denomination，that shall be imported into Great Britain. Humbly offered to the Right Hon. Charles Townsend. London，n. d.

The State of the Excise，etc.，vindicated，from the Remarks of the Author of the Short View，etc.，wherein some other Escapes of that author are likewise taken notice of. [By Daniel De Foe.] London，n. d. [c. 6017.] *An Essay on Leases and Annuities.* London [about 1730].

Some Thoughts on the Interest of Money in General，and particularly in the Publick Funds. With Reasons for fixing the same at a lower Rate，with regard especially to the Landholders. London. [Between 1728 and 1740.]

A Letter from a Member of Parliament to his Friend in the Country, giving his Reasons for opposing the farther Extension of the Excise Laws, and shewing that had the late Attempt succeeded, it had been destructive of Parliament and fatal to the Constitution. [By Pulteney?] London [1733].

Observations upon the Laws of Excise: shewing 1 that the Excises must be destructive of Trade in general; 2 that Excises are inconsistent with the Liberties of a Free People. London [1735].

亚当·斯密以后（1776年后）之著作

A. 署名著作

Adams, H. C. *The Science of Finance*. New York, 1898.

Adams, Thomas S. "*Mortgage Taxation in Wisconsin*." In *Quarterly Journal of Economics*, xxii (1907, pp. 1—27), and in Appendix of the *Third Biennial Report of the Wisconsin Tax Commission*. Madison, 1907.

Auspitz, R. und Lieben, R. *Untersuchungen über die Theorie des Preises*. Leipzig, 1889.

Avebury, Lord. "*Inaugural Address on Local and Imperial Revenues*." In *Journal of the Royal Statistical Society*, lxvi (1901).

Barone, E. "*Di alcuni Teoremi Fondamentali per la Teoria Matematica dell' Imposta*." In the *Giornale degli Economisti*. Roma, 1894.

Bastable, C. F. "*Incidence and Effects of Import and Export Duties*." In the *Report of the British Association*, 1889.

Bastable, C. F. *Public Finance*. London, 1892.

Bastable, C. F. *The Theory of International Trade, with some of its Applications to Economic Policy*. London, 1887.

Baudrillart, H. *Manuel de l'Économic Politique*. Paris, 1856.

Baxter, R. D. *The Taxation of the United Kingdom*. London, 1869.

Bergius, C. J. *Grundsütze der Finanzuissenschaft*. Berlin, 1865.

Bickerdike, C. F. *"The Theory of Incipient Taxes."* In *Economic Journal*, xvi (1906).

Biersack, H. L. *Ueber Besteuerung, ihre Grundsütze und ihre Ausführung*. Frankfurt a/M, 1850.

Blanc-Gilli, M. *Plan de Révolution concernant les Finances, ou Découverte Consolante de l'Impôt Unique du Toisé*. Paris, 1790.

Blunden, G. H. *Local Taxation and Finance*. London, 1895.

Bolles, A. S. *Report on Taxation* in *Report of the Revenue Commission appointed by the Act of the Legislature of Pennsylvania*, May 25, 1889. Philadelphia, 1890.

Broglie, Due de. *Les Impôts et les Émprunts*. Paris, 1849.

Broglie, Due de. *Le Libre Échange et l'Impôt. Études d'Économic Politique*. Paris, 1885.

Buchanan, David. *Observation on the Subjects treated of in Dr. Smith's Inquiry*, etc. Edinburgh, 1817.

Canard, N. F. *Principes d'Économie Politique. Ouvrage couronné par l'Institut National*. Paris, an X (1801).

Cannan, E. J. *The History of Local Rates in England*. London, 1896.

Carver, T. N. *"The Shifting of Taxes."* In *The Yale Review*, vol. v. New Haven, 1897.

Chapman, S. J. *"A Note on the Incidence of Protective Import Duties."* In *Economic Journal*, xvi (1906).

Charron, Pierre Bergeron de. *De l'Assiette et de l'Incidence de l'Impôt d'Enregistrement*. Paris, 1898.

Cherbuliez, A. E. *Précis de la Science Économique et de ses principales Applications*. Paris, 1862.

Chortton, J. D. *The Rating of Land Values*. London, 1906.

Cliffe-Leslie, T. E. "The Incidence of Imperial and Local Taxation on the Working Classes." In his *Essays in Political and Moral Philosophy*. London, 1879. 2d ed. under title *Essays in Political Economy*. London, 1888.

Cohn, G. *System der Finanzwissenschaft*. Stuttgart, 1889. English translation under the title of *The Science of Finance*. Chicago, 1895.

Conigliani, C. A. *Teoria generale degli Effeti Economici delle Imposte*. *Saggio di Economia Pura*. Milano, 1890.

Conigliani, C. A. *La Riforma delle Leggi sui Tributi Locali*. Modena, 1898.

Cooley, T. L *A Treatise on the Law of Taxation*. Chicago, 1881.

Courcelle-Seneuil, J. C. *Traité Théorique et Pratique d'Économie Politique*. Paris, 1857.

Cournot, A. *Recherches sur les Principes Mathématiques de la Théorie des Richesses*. Paris, 1838.

Cournot, A. *Principes de la Théorie des Richesses*. Paris, 1863.

Craig, J. *Elements of Political Science*. Edinburgh, 1814.

Craig, J. *Remarks on some Fundamental Doctrines in Political Economy*. Edinburgh, 1821.

Denis, H. *L'Impôt*. Bruxelles, 1889.

Edgeworth, F. Y. "*The Theory of International Values*." In the *Economic Journal*, iv, pp. 35—50, 424—443, 606—638. London, 1894.

Edgeworth, F. Y. "*The Pure Theory of Taxation*." In the *Economic Journal*, vii, pp. 46—70, 226—238. London, 1897.

Edgeworth, F. Y. "*Professor Seligman on the Mathematical Method*". In *Economic Journal*, ix, pp. 286—315. London, 1899.

Edgeworth, F. Y. "The Incidence of Urban Rates." In *Economic Journal*, x, pp. 172, 340, and 487. London, 1900.

Einaudi, Luigi. *Studi sugli Effetti delle Imposte. Contributo allo Studio dei Problemi Tributari Municipali*. Milano, 1902.

Falck，G. von. *Kritische Rückblicke auf die Entwickelung der Lehre von der Steuerberw älzung seit Ad. Smith.* Dorpat，1882.

Fauveau，G. *Considérations Mathématiques sur la Théorie de l'Impôt*，Paris，1864.

Fawcett，H. *Manual of Political Economy.* London，1863.

Florez-Estrada，D. A. *Curso di Economia Politica.* Madrid，1828.

Fox，Arthur Wilson. *The Rating of Land Values.* London，1906.

Garnier，J. *Les Eléments de Finances.* Paris，1858.

Garnier，J. *Traité de Finances.* Paris，1885.

Gehrig，Hans. *Die Warenhaussteuer in Preussen.* Leipzig，1905.

Gibbon，A. *Taxation, its Nature and Properties, with Remarks on the Incidence and the Expediency of the Repeal of the Income Tax.* 1851.

Goschen，G. J. Draft Report to the *Select Committee on Local Taxation.* London，1870.

Graziani，A. *Istituzioni di Scienza delle Finanze.* Torino，1897.

Graziani，A. *La Teoria Generale della Ripercussione delle Imposte.* Napoli，1899.

Graziani，A. *Sulla Ripercussione delle Imposte nei Casi di Monopolio.* Torino，1898.

Gros，Gaston. *L'Impôt sur le Revenu.* Paris，1906.

Hager，Carl. *Die Ueberwälzung der Zuckerindustrie und die Prämie der Rübenzuckerindustrie in Deutschland und Frankreich.* Berlin，1893.

Hamilton，Andrew. *An Enquiry into the Principles of Taxation.* 1790.

Heckel，Max von. *Lehrbuch der Finanzwissenschaft.* I，Leipzig，1907.

Held，A. "Zur Lehre von der Ueberwälzung der Steuern." In *Zeitschrift für die gesamte Staatswissenschaft.* Tübingen，1868.

Helferich，J. A. R. von. "Ueber die Einführung einer Kapitalsteuer in Baden." In *Zeitschrift für die gesamte Staatswissenschaft.* Tübingen，1846.

Hock, C. F. von. *Die Öffentlichen Abgaben und Schulden*. Stuttgart, 1863.

Hoffman, J. G. *Die Lehre von den Steuern als Anleitung zu gründlichen Urtheilen uber das Steuerwesen*. Berlin, 1840.

Inama-Sternegg, K. T. *Der Accisestreit deutscher Finaze-Theoretiker im 17. und 18. Jahrhundert*. Tübingen, 1865.

Jakob, L. H. von. *Die Staatsfinanzwissenschaft*. Halle, 1821.

Jannaccone, Pasquale. *L'Imposta sul Trasporto degli Emigranti e la sua Incidenza*. n. d. (1907).

Jannaccone, Pasquale. *Questioni Controverse nella Teoria della Traslazione delle Imposte in regime di Monopolio*. In *La Riforma Sociale*, xii. and separately, 1902.

Jenkin, F. "*On the Principles which Regulate the Incidence of Taxes.*" In *Proceedings of the Royal Society of Edinburgh*, Session 1871—1872. [Reprinted in the *Papers Literary*, *Scientific*, *etc.*, of Fleeming Jenkin. London, 1887.]

Jones, R. "*Tract on the Incidence of Taxes on Commodities that are consumed by the Laborer.*" In *Literary Remains*, *consisting of Lecture and Tracts on Political Economy*. London, 1858.

Kaizl, J. *Die Lehre von der Ueberwälzung der Steuern*. Leipzig, 1882.

Kauffmann, Richard von. *Die Kommunalfinanzen*. Leipzig, 1906.

Kröncke, K. *Ausführliche Anleitung zur Regulirung der Steurn*. 1810.

Lange, M. E. *Local Taxation in London*. London, 1906.

Laspeyres, E. "Statistische Untersuchungen über den Einfluss der bisher besteuerten Produkte." In *Œsterreichische Statistiiche Monatsschrift*, iii (1877).

Lassalle, F. *Die indirekte Steuer und die Lage der arbeitenden Klassen*. Zürich, 1863.

Launhardt, W. *Mathematische Begründung der Volkswirthschaftslehre*.

Leipzig, 1885.

Leroy-Beaulieu, P. *Traité de la Science des Finances*. Paris, 1877, 7th ed. , 1906.

Leroy-Beaulieu, P. *Traité Théorique et Pratique d'Économie Folitique*. Paris, 1896, 4th ed. , 1905.

Leser, E. *Ein Accisestreit in England*. Heidelberg, 1879.

Le Trosne, G. F. *De L'Interêt Social, par rapport à la Valeur, à la Circulation, à l'Industrie et au Commerce Intérieur et Extérieur*. Paris, 1777.

Levey, Edgar J. "*Municipal Socialism.*" In Political Science Quarlerly. xxiv (1909), pp. 23—56.

Lotz, J. F. E. *Handbuch der Staatswirthschaftslehre*. Erlangen, 1822.

McCulloch, J. R. *A Treatise on the Principles and Practical Influence of Taxation and the Funding System*. London, 1845.

Malchus, C. A. v. *Handbuch der Finanzwissenschaft*. 1820.

Marshall, Alfred. *Principles of Economics*. London, 1889, 5th ed. , 1907.

Martin, R. M. *Tacation of the British Empire*. London, 1833.

Means, David MacGregor. *The Methods of Taxation compared with the Estallished Principles of Justice*. New York, 1909.

Mill, J. Elements of Political Economy. London, 1821.

Mill, J. S. *Principles of Political Economy, with some of their Applications to Social Philosophy*. London, 1847.

Murhard, K. *Theorie und Politik der Besteuerung*. Göttingen, 1834.

Murray, George H. "*Notes on the Growth and Incidence of Local Taxation.*" In *Economic Journal*, iii (1893).

Myrbach "*Die Besteuerung der Gebäude und Wohnungen.*" In *Zeitschrift für die gesammte Staatswissenschaft*, vol. 41. Tübingen.

Natoli, Fabrizio. *Studi sugli Effetti Economici dell' Imposta*. Palermo,

1909.

Nicholson, J. S. *Rates and Taxes as affecting Agricuture*. London, 1905.

Nicholson, J. S. *Principles of Political Economy*, vol. iii. London, 1901.

Nicholson, J. S. "*Tariffs and International Commerce,*" In the *Scottish Geographical Magazine*, Sept. , 1891.

Noble, J. *National Finance*: *a Review of the Policy of the last Two Parliaments*, *and of the Results of Modern Fiscal Leqislation*. London, 1875.

Noble, J. *The Queen's Taxes*: *An Inquiry into the Amount*, *Incidence*, *and Economic Results of the Taxation of the Dnited Kingdom*. London, 1870.

Pantaleoni, M. *Teoria dell Traslazione dei Tributi*. *Definizione*, *Dinamica e Ubiquita della Traslazione*. Roma, 1882.

Parieu, E. de. *Traité des Impôts*, *constdérés sous le Rapport Historique*, *Économique et Politique*. Paris, 1862.

Passy, H. Article "Impôt." In *Dictionnaire de l'Économie Politique*. Paris, 1852.

Petritsch, Leo. *Zur Lehre von der Ueberwälzung der Steuern mit besonderer Beziehung auf den Börsenverkehr*. Graz, 1903.

Pierson, N. G. *Leerboek der Staathuishoudknnde*. Haarlem, 1890, 2d. ed. , 1900.

Pierson, N. G. *Principles of Economics*. Translated by A. A. Wozel. Vol. i. London, 1902.

Pigou, A. C. *Protective and Preferential Duties*. London, 1906.

Pigou, A. C. *The Policy of Land Taxation*. London, 1909.

Plehn, C. C. *Introduction to Public Finance*. New York, 1896. 3d ed. , 1909.

Plehn. C. C. "*The Taxation of Mortgages in California.*" In *The Yale Review*, viii (1899).

Prince-Smith, J. "Ueber die Abwälzung." In *Vierteljahrschrift für Volkswirthschaft und Kulturgeschichte*. 1866. Reprinted in his *Gesammelte Schriften*. Berlin, 1877.

Prittwitz, M. v. *Die Kunst reich zu werden oder gemeinfaszliche Darstellung der Volkswirthschaft*. Mannheim, 1840.

Prittwitz, M. v. *Theorie der Steuern und Zölle*. Stuttgart, 1842.

Proudhon, P. J. *Théorie de l'Impôt*. Paris, 1861.

Purdy, Lawson. *The Burdens of Local Taxation and Who Bears Them*. Chicago, 1901.

Puynode, G. de. *De la Monnaie, du Crédit et de l'Impôt*. Paris, 1853.

Rau, K. H. *Grundsätze der Finanzwissenschaft*. Heidelberg, 1832.

Rew, M. "*Local Taxation in Rural Districts*." In *Journal of the Agricultural Society*. 1906.

Ricardo, D. *On the Principles of Political Economy and Taxation*. London, 1817.

Ricca-Salerno, G. *Le Dottrine Finanziarie in Inghilterra tra la fine del secolo XVII e la prima meta del XVIII*. Bologna, 1888.

Roscher, W. *System der Finanzwissenschaft*. Stuttgart, 1886.

Ross, E. A. "*Seligman's Shifting and Incidence of Taxation*." In the *Annals of the American Academy of Political and Social Science*, iii, pp. 444-463. Philadelphia, 1893.

Row-Fogo, J. *An Essay on the Reform of Local Taxation in England*. London, 1902.

Sargant, C. H. *Urban Rating, being an Inquiry into the Incidence of Local Taxation in Towns*. London, 1890.

Sartorius, A. *Ueber die gleiche Besieuerung des Königsreichs Hannover*. Göttingen, 1815.

Say, J. B. *Traité d'Économie Politique, ou simple Exposition de la Manière dont se forment, se distribuent st se consomment les Richesses*. Paris,

1802.

Sayer, B. See *An Attempt*, etc. , 1833.

Schäffle, A. E. F. *Nationalökonomische Theorie der ausschliessenden Absatzverhältnisse*. Tübingen, 1867.

Schäffle, A. E. F. *Die Grundsütze der Steuerpolitik und die schwebenden Finanzfragen*. Tübingen, 1880.

Schäffle, A. E. F. *Die Stevrn, IUgemeiner Thed*. Leipzig, 1895.

Schall, K. F. v. *Allgemeine Steuerlehre*. In Schönberg's *Handbuch der Politischen Oekonomie*. 4th ed. , Tübingen, 1897.

Schanz, Georg. "*Zur Frage der Ueberwälzung indirekter Steuern auf Grund des bayrischen Mulzaufschlgges.*" In Schmoller's *Jahrbuch für Gestetzgebung, Verwaltung und Volkswirthschaft*. 1882.

Schomberg, A. C. See *Historical and Political Remarks*, 1787.

Senior, N. W. *Political Economy*. London, 1835.

Shearman, T. G. *Natural Taxation*. New York, 1895.

Sherman, I. *Exclusive Taxation of Real Estate and the Franchises of a Few Specified Moneye l Corporations*. New York, 1874.

Sidgwick, H. *The Principles of Political Economy*. London, 1883.

Sinclair, Sir J. *History of the Public Revenue of the British Empire*. 3d ed. , London, 1804, vol. iii.

Sismondi, S. de. *Nouveaux Principes d'Économie Politique, ou de la Richesse, dans ses Rapports avec la Population*. Paris, 1819.

Smart, William. *The Taxation of Land Values and the Single Tax*. London, 1900.

Stein, L. von. *Lehrbuch der Finanzwissenschaft*. Leipzig, 1860.

Stewart, Dugald. *Lectures on Political Economy delivered in 1800—1801*. Now first published. Edinburgh, 1877.

Stourm, Réné. *Systèmes Généraux d'Impôts*. Paris, 1893. 2d ed. , 1903.

Tenerelli, F. G. *L'Azione delle Imposte Indirette sui Consumi con particolare*

Riguardo alla Legislazione Italiana. Torino, 1898.

Thiers, A. *De la Propriété*. Paris, 1848.

Thünen, J. H. von. *Der isolirte Staat in Beziehung auf Landwirthschaft und Nationaloekonomie*. Hamburg, 1826. French translation by Laverrière, *Recherches sur l'Influence que la Prix des Grains, la Richesse du Sol et les Impôts exercent sur les Systèmes de Culture*. Paris, 1851.

Tivaroni, Jacopo. *Traslazione ed Incidenza delle Imposte. Elementi della Teoria*. Verona, 1905.

Tracy, Destutt de. *Eléments d'Idéologie*. Paris, 1804.

Tracy, Destutt de. *Traité d'Économie Politique*. Paris, 1823.

Umpfenbach, K. *Lehrbuch der Finanzwissenschaft*. Erlangen, 1858. 2d ed., 1887.

Van der Linden, P. W. A. Cort. *Leerboek der Financien*. s'Gravenhage, 1887.

Vignes, E. *Traité des Impôts en France*. 4th ed. by Vergniaud. Paris, 1880.

Vocke, W. *Die Grundzüge der Finanzwissenschaft*. Leipzig, 1894.

Wagner, A. *Finanzwissenschaft*. Leipzig, 1880.

Walker, F. A. *Political Economy*. New York, 1883.

Walras, L. *Théorie Critique de l'Impôt*. Paris, 1861.

Walras, L. *Eléments d'Économie Politique Pure ou Théorie de la Richesse Sociale*. Lausanne, 1874.

Walras, L. *Études d'Économie Sociale*. 1896.

Webster, Pelatiah Lee. *Political Essays*, etc., 1790.

Wells, David A. *The Theory and Practice of Taxation*. New York, 1900.

Wells, D. A. "Taxation." In Lalor's *Cyclopoedia of Political Science*, vol. iii. Chicago, 1884.

Wells, D. A. *Second Report of the New York Tax Commission*, Albany,

1872.

Wicksell, K. *Finanztheoretische Untersuchungen nebst Darstellung und Kritik des Steuerwesens Schwedens*. Jena, 1896.

Wolowski, L. F. M. R. Article on "Impôts." In the *Journal des Economistes*. Paris, 1866.

Young, John, D. D. *Essays upon the following Interesting Subjects, viz.: I Government; II Revolution, etc., etc. VII Taxation and VIII The Present War*. Glasgow, 1794.

B. 匿名著作

A capital Mistake of the Legislature respecting the Tax on Receipts. London, 1784.

A Serious Address to the Public concerning the Tax on Receipts: with a few observations on the present critical and very alarming Situation of this Country with regard to Trade, Revenues, National Debt, and Principles of Government. London, 1784.

Considerations-on the National Debt and nett Produce of the Revenue with a Plan for consolidating into one Rate the Land and all other Taxes, by which More Money will be raised, Individuals not pay half the present Taxes; Smuggling altogether prevented; the poor exampted from every Contribution, etc. By a Merchant of London. London, 1784.

Manufactures Improper Subjects of Taxation. Addressed to the Merchants and Manufacturers of Great Britain; being an Attempt to prove that the Riches and Power of the Nation depend in a great degree upon Manufactures being free from all Taxation Pluck the Fruit but do not injure the Root of the Tree. London, 1785.

Honesty shewed to be the true Policy: or a general Impost considered and defended By a Plain Politician. New York, 1786.

A Letter to the Minority in the House of Commons, who voted on the 24*th April,* 1787, *in Favour of a Motion for the Repeal of the Shop Tax.* London, 1787.

Historical an Polditical Remarks upon the Tariff of the Commercial Treaty: With Preliminary Observations. ［By A. C. Schomberg.］ London, 1787.

An Enquiry into the Principles of Taxation, chiefly applicable to Articles of immediate Consumption. ［By Andrew Hamilton.］ London, 1790.

Six Letters on Excise, and particularly on the Act passed in 1789 *for subjecting the Manufacturers of and Dealers in Tobacco and Snuff to the Laws of Excise.* London, 1790.

A Sixth Essay on Free Trade and Finance particularly showing that Supplies of Public Revenue may be drawn from Merchandise, without injuring our Trade or ourthening our People. ［By a Citizen of Philadelphia, 1783.］ Reprinted in *Political Essays on the Nature and Operation of Money, Public Finances and other subjects, published during the American War and continued up to the present Year,* 1791. By Pelatiah Webster. Philadelphia, 1791.

A Short History of the Nature and Consequences of Excise Laws, including some Account of the Recent Interruption to the Manufactories of Snuff and Refined Sugar. Philadelphia, 1795.

An Attempt to shew the Justice and Expediency of substituting an Income or Property Tax for the present Taxes, or a Part of them; as affording the most equi able, the least injurious and (under the modified Procedure suggested therein) the least obnoxious Mode of Taxation. ［By Benjamin Sayer.］ London, 1833.

A Familiar Treatise on Taxation, Free Trade, etc., comprising Facts usually unnoticed or unconsidered in Theories of those Subjects. London, 1846.

C. 公家文件

Report of the Right Hon . C . J . Goschen , President of the Poor Law Board on the Progressive Increase of Local Taxation . House of Commons Paper, no. 470. London, 1870.

Report of the Royal Commission on Agriculture . C. 3309. London, 1882.

Report of Select Committee on Town Holdings . House of Commons Paper, no. 341. London, 1890.

Second Report of the Royal Commission on Agriculture . C. 7981. London, 1896.

Royal Commission on Local Taxation . Memoranda chiefly relating to the Classification and Incidence of Imperial and Local Taxes . [By Sir Edward Hamilton, Lord Farrer, Leonard Courtney Sir R. Giffen, Professors Sidgwick, Marshall, Edgeworth, Bastable and Gonner, and Messrs. E. Cannan, L. L. Price, G. H. Blunden, C. H. Sargant, T. Mackay, G. L. Gomme, J. W. S. Callie and C. P. Sanger.] C. 9528. London, 1899.

Report to the Legislature of New York , by the joint Committee on Taxation . Albany, 1900.

Mortgage Taxation and Interest Rates . Abstracts of Mortgage Records in certain Counties of New York , Massachusetts and Pennsylvania , illustrating the Effects of the New Mortgage Tax Law . New York, 1906.

Third Biennial Report of the Wisconsin Tax Commission . Madison, 1907.

Taxation of Land , etc . , Papers bearing on Land Taxes and on Income Tax , etc . , in Certain Foreign Countries , and on the Working of Taxation of Site Values in Certain Cities of the United States and in British Colonies , together with Extracts relative to Land Taxation and Land Valuation from Reports of Royal Commissions and Parliamentary Committees . Cd. 47 (1), London, 1909.

书 目 补 遗

A. 署名著作

Adams，Thomas S. ，"Tax Exemption through Tax Capitalization." In *The American Economic Review*，vi（1916），pp. 271—287.

Barone，Enrico，"La Traslazione delle Imposte" in "Studi di economia finanziaria." In *Giornale degli Economisti*，xiv（1912）.

Bickerdike，C. F. ，"The Principles of Land Value Taxation." In *The Economic Journal*，xxii（1912）.

Brand，J. ，*The Alteration of the Constitution of the House of Commons and the Inequality of the Land Tax considered conjointly*. London，1793.

Bricknock，T. ，*A Treatise upon Perennial Ways and Means with other Political Tracts inscribed to the Kiny*. London，1762.

Davenport，H. J. ，"Theoretical Issues in the Single Tax." In *The American Economic Review*，vii，26—28.

Einaudi，Luigi，*Osservazioni critiche intorno alla teoria dell' ammortamento dell' imposta e teoria delle variazioni nei redditi e nei valori capitate susseguenti all' imposta*. Turin，1919.

Frend，William，*Principles of Taxation*. London，1799.

Frend，William，*Principles of Taxation or Contribution according to Means*. London，1804.

Friday, David, "Prices and Excess Profits Taxe." In *Annals of the American Academy of Political and Social Science*, vol. 89, 1920, 191—169.

Friday, David, *Wages, Profits, and Prices.* 1920.

Griziotti Benvenuto, "Teoria dell' ammortamento delle imposte e sue applicazioni." In *Giornale degli Economisti*, 1918, and separately.

Haig, R. M., "Tax Exemption through Tax Capitalization." In *Bulletin of the National Tax Association*, ii. 1916—1917, pp. 198—200.

Hagi, R. M., "The Taxation of Excess Profits in Great Britain." *American Economic Review*, Supplement, 1920.

Hamden, John, *Some Considerations about the most proper Way of raising Money in the present conjunction.* 1692.

Hayes, H. G., "Tax Exemption through Tax Capitalization." In *Bulletin of the National Tax Association*, ii, 1916—1917, pp. 69—73.

Hayes, H. G., "The Capitalization of the Land Tax." In *Quarterly Journal of Economics*, xxxiv (1920).

Heron, Denis Caulfield, *Three Lectures on the Principles of Taxationdelivered at Queen's College, Galway, in Hilary term*, 1850. Dublin, 1850.

Hobson, J. A., *Taxation in the New State.* London, 1919.

Jarach, Cesare, "Gli effetti di una imposta generale ed uniforme sui profitti." In *Atti della Reale Accademia delle Science di Torino*, xlvi (1911), pp. 28 *et seq.*

Kopp, H., "Ist die Wertzuwachssteuer überwälzbar?" In *Finanzarchiv*, xxxii (1906), 1—12.

Mildschuh, W., "Ueber die Wirkungen der Erwerbsteuer auf die österr. Kreditbanken und Vorschusskassen." In *Statistische Monatschrift*, 1912, pp. 151—241.

Plehn, C. C. , "A Study of the Incidence of an Increment Value Land Tax." In *Quarterly Journal of Economics*, xxxii (1918), pp. 487—506.

Polhill, Nath. , *Reflections on the present Conduct of the Populace relating to the Government*, *particularly the Prime Minister*; *and the late Motion for a new Excise*. London, 1733.

Pope, Simeon, *Interesting Suggestions to Proprietors and Trustees of Estates respecting the Land Tax Sale and Redemption Act*. London, 1798.

Scheftel, Y. , *The Taxation of Land Value*. 1916.

Scott, John, *A Letter to the Right Honorable Chancellor of the Exchequer on his Proposed Sale of the Land Tax*. London, 1798.

Stamp, J. C. , "The Incidence of Increment Duties." In *The Economic Journal*, xiii (1913).

Stamp, J. C. , "The Special Taxation of Business Profits." In *The Economic Journal*, xxix (1919).

Watts, Jeromiah, *An Answer to Quaeries Touching Reducement of the Fxcise to the Customes*. 1653.

Weyermann, P. , "Die Ueberwälzungsfrage bei der Wertzuwachssteuer." In *Annalen des Deutschen Reichs*. 1910.

B. 匿名著作

The Standard of Equality in Subsidiary Taxes and Payments or a Just and Strong Preserver of Publique Liberty. London, 1647.

A short Account of Excises. 1650.

Quaeries Touching Reducement of the Excise to the Customes. 1653.

A Whippe for the Customes-house Curre or a Survey of Jeremiah Watts his scurrilous Pamphlet. 1653.

A Way to catch the Usurer and to lay the Taxes on those that are best a le to bear them. London, 1689.

Dr. Davenant's Opinion Anent the Salt and Malt Taxes in England. London, 1706.

The Taxes not Grievous and therefore not a Reason for an Unsafe Peace. London, 1712.

The Nature and Weight of the Taxes of the Nation; shewing that, by the continuance of Heavy Tares and Impositions, Trade is destroy'd the Poor increas'd; and the Miseries and Misfortunes of the whole Kingdom demand the Consideration of the Freeholders. London, 1722.

An Excise Elegy. London, 1733.

Remarks upon a Pamphlet entitled Considerations occasioned by the Craftsman upon Excises. London, 1733.

An Humble Address to the People of England. Being a Demonstration that a Land-Tax is more prejudicial to Trade and Liberty than an Inland duty on Wine and Tobacco. London, 1733.

An Examination of the late Conduct of the Ministry with resvect to the Duties on Tobacco and Wine. London, 1733.

Seasonable Reflections occasioned by the Bills expected in Parliament relating to the Duties on Wines and Tobacco. London, 2d ed. (1733).

Cautions of the Maltsters, Hop-Planters, Brewers, Distillers, and others trading in Excis'd Goods or Merchandise to their Brother Electors of Members to serve in the next Parliament of Great Britain. London, 1734.

Occasional Remarks upon the Act for laying a Duty upon the Retalers of Spirituous Liquors and for Licensing the Retalers thereof. London, 1736.

The Man's mistaken who thinks the Taxes so Grievous as to render the Nation unable to maintain a War. By an old Engleshman. London, 1755.

The Case of the County of Devon with respect to the Consequences of the new Excise Capital Duty in Cider and Perry. London, 1763.

Ways and Means for Raising her Extraordinary Supplies to carry on the War for Seven Years, *if it should continue as long*, *without doing any Prejudice to the Manufacturies or Trade of Great Britain*. [By J. Massie.] London，1757.

Occasional Letters upon Taxation. By an Independent Man. London，1780. *Letters on Excessive Taxation*. *From a Philanthropist*. London，1785.

The Policy of the Tax upon Retailers considered；*or a Plan in favor of the Manufacturers*. London，1786.

Consequences of the Act for the Redemption of the Land Tax. London，1798.

Thoughts on Capital Taxation：*in the course of which the Policy of a Tax on Incomes is impartially investigated*. London，1798.

Redemption and Sale of the Land Tax：*Thoughts on that Interesting Subject and Remarks on the Original Act passed for that purpose in June*，1798；*and on the Act lately passed*，*to explain and amend same*. London，1799.

C. 公家文件

Some probable Effects of the Exemption of Improvements from Taxation in the City of New York. *A Report prepared for the Committee on Taxation of the City of New York*. By Robert Murray Haig. New York，1915.

The Exemption of Improvements from Taxation in Canada and the United States. *A Report prepared for the Committee on Taxation of the City of New York*. By Robert Murray Haig. New York，1915.

Final Report of the Committee on Taxation of the City of New York. 1916.